D1678581

शिक्षा, दर्शन और समाज
समकालीन विमर्श

विद्यानिवास मिश्र स्मृति ग्रन्थमाला

के अन्तर्गत प्रकाशित पुस्तकों की सूची

1. भाषा, संस्कृति और लोक
2. इतिहास, परम्परा और आधुनिकता
3. लोक और शास्त्र : अन्वय और समन्वय
4. साहित्य में नारी-चेतना
5. हिन्दी साहित्य में सांस्कृतिक संवेदना और मूल्यबोध
6. श्रीकृष्ण रस
7. हिन्दी का कथेतर गद्य : परम्परा और प्रयोग
8. हिन्दी भाषा की परम्परा : प्रयोग और सम्भावनाएँ
9. जन-जन के राम
10. शिक्षा, दर्शन और समाज : समकालीन विमर्श

विद्यानिवास मिश्र स्मृति ग्रन्थमाला

शिक्षा, दर्शन और समाज समकालीन विमर्श

प्रधान सम्पादक

दयानिधि मिश्र

सम्पादक

अरविन्द कुमार पाण्डेय

उदयन मिश्र

प्रकाश उदय

वाणी प्रकाशन

वाणी प्रकाशन

4695, 21-ए, दरियागंज, नयी दिल्ली 110 002

फ़ोन : +91 11 23273167 फ़ैक्स : +91 11 23275710

शाखाएँ

अशोक राजपथ, पटना 800 004, बिहार

कॉफ़ी हाउस कैम्पस, महात्मा गांधी मार्ग, इलाहाबाद 211 001, उत्तर प्रदेश

महात्मा गांधी अन्तरराष्ट्रीय हिन्दी विश्वविद्यालय, वर्धा 442 001, महाराष्ट्र

सुल्तानिया रोड, मोतिया पार्क, भोपाल 462 001, मध्य प्रदेश

www.vaniprakashan.com
marketing@vaniprakashan.in
sales@vaniprakashan.in

SHIKSHA, DARSHAN AUR SAMAJ : SAMKALEEN VIMARSH
Chief Editor : Dayanidhi Mishra
Editor : Arvind kumar Panday, Udayan Mishra, Prakash Uday

ISBN : 978-93-89563-41-2
Criticism

© विद्याश्री न्यास

प्रथम संस्करण 2020

मूल्य : ₹ 695

इस पुस्तक के किसी भी अंश को किसी भी माध्यम में प्रयोग
करने के लिए प्रकाशक से लिखित अनुमति लेना अनिवार्य है।

सिटी प्रेस, दिल्ली-110 095 में मुद्रित

वाणी प्रकाशन का लोगो मक़बूल फ़िदा हुसेन की कूची से

सम्पादकीय

भारतीय शिक्षा इस समय एक चक्रव्यूह में फँसी हुई दिखती है। उसके समग्र आयोजन की सांस्कृतिक, आर्थिक और विकासात्मक व्यवस्था संशयग्रस्त–सी होती प्रतीत होती है। स्वतन्त्रता–प्राप्ति के उपरान्त इसके स्तर–भेद, क्षेत्र–भेद और गुणात्मक भेद जिस तरह और जितनी मात्रा में बढ़े हैं और व्यावसायिकता जिस तरह से उसके संचालन को प्रभावित कर रही है उससे समतामूलक और संस्कारपरक शिक्षा की आशा धूमिल होती गयी है। हमारे लक्ष्य, उपाय और निवेश की दृष्टि से अनेक विसंगतियाँ दिख रही हैं, जिनके लिए नवाचारों की आवश्यकता है।

समाज के निर्माण में शिक्षा की भूमिका को लेकर शायद ही किसी को सन्देह हो। व्यक्ति और समुयाय दोनों ही स्तरों पर वांछित लक्ष्यों की प्राप्ति के लिए सभी समाजों में शिक्षा की संस्था संकल्पित हुई थी। समय के साथ शिक्षा के स्वरूप में अनेक परिवर्तन आते रहे। विषय–वस्तु, माध्यम, प्रशिक्षण, अध्यापन और उद्देश्य की दृष्टि से इन परिवर्तनों के समानान्तर सामाजिक परिवर्तन भी दृष्टिगत होते हैं। मूलतः शिक्षा या विद्यार्जन को मुक्ति देने वाला उपक्रम कहा गया हैः 'सा विद्या या विमुक्तये' या 'ऋते ज्ञानान्न मुक्तिः'।

यह मुक्ति विविध क्लेशों या तापों से मुक्ति होती है और धर्मानुकूल पुरुषार्थ ही इसे सम्भव बनाते हैं। एक प्रसिद्ध संस्कृत श्लोक के अनुसार "ज्ञान या विद्या की प्राप्ति से विनय आता है, विनय से पात्रता, पात्रता से धन, धन से धर्म और फिर उससे सुख मिलता है"। सुख और कुछ नहीं क्लेशों की परिसमाप्ति है।

विद्या की महिमा अनेकशः प्रतिपादित की गयी है। सुपात्र के लिए वह 'कल्पलता की तरह सब कुछ सिद्ध कर देती है'। यह भी कहा गया है कि वास्तविक ज्ञान कार्य–कुशलता से ही आता है।

भारतीय ज्ञान परम्परा में परा और अपरा विद्याओं और वेद–वेदांग सहित विविध प्रकार के दर्शनों के साथ सर्वांगपूर्ण शिक्षा की अवधारणा, ज्ञान की पद्धति तथा उसके संसाधनों की विस्तारपूर्वक व्यवस्था की गयी थी। धीरे–धीरे यह परम्परा दुर्बल होती गयी।

अंग्रेजी उपनिवेशकाल में शिक्षा का जो कायापलट हुआ उसने शिक्षा और उसके द्वारा भारतीय मानस की बनावट और बुनावट को गहनता से प्रभावित किया। उसने शिक्षा के अमृत वृक्ष को उखाड़ फेंका और ज्ञान की गवेषणा करने वाले जिज्ञासु की जगह अर्थपिपासु की परम्परा स्थापित की। समृद्ध भारतीय ज्ञान परम्परा को निरस्त करते हुए भारतीय चेतना में पाश्चात्य ज्ञान की श्रेष्ठता को स्थापित किया गया। उपेक्षा और अनुपयोग के कारण भारतीय ज्ञान परम्परा अधिकांश भारतीयों के लिए अपरिचित और अप्रासंगिक–सी होती गयी। उसके प्रति दुर्भाव भी पनपने लगा और उसे तिरस्कृत किया जाने लगा।

कालचक्रजन्य परिवर्तन के साथ प्रचलित शिक्षा की अनेकानेक दुष्प्रवृत्तियों की ओर विभिन्न शिक्षा आयोगों और समितियों ने ध्यान आकृष्ट किया परन्तु हमारे मोह और तज्जनित आवरण में कुछ भी स्पष्ट नहीं हो रहा है। फलतः 'गलत है' यह जानकर भी भ्रांतिवश और साहस के अभाव में शिक्षा में अभी तक सार्थक परिवर्तन न हो सका। इसके स्थान पर राजनीतिक पसन्द और नापसन्द के अनुसार शिक्षा में यथासमय विविध प्रकार के परिवर्तन और प्रयोग किये जाते रहे। आज शिक्षा भाराक्रान्त–सी होती जा रही है और उसमें सामर्थ्य की दृष्टि से सार्थक बदलाव नहीं आ सका है।

आज हम जब एक सशक्त भारत की बात करते हैं, भारतीय संस्कृति के क्षरण की बात करते हैं, आर्थिक और नैतिक कदाचरण की बात करते हैं तो हमारा ध्यान प्रचलित (कु)शिक्षा में सुधार की ओर ही जाता है और इसी सन्दर्भ में विद्याश्री न्यास ने अपने एक संवत्सर उपक्रम को 'शिक्षा, दर्शन और समाज : समकालीन विमर्श' पर केन्द्रित करते हुए एक राष्ट्रीय संगोष्ठी एवं लेखक–शिविर का आयोजन किया। भारतीय दार्शनिक अनुसंधान परिषद, नयी दिल्ली, साहित्य अकादमी, नयी दिल्ली, उत्तर प्रदेश हिन्दी संस्थान, लखनऊ, शिक्षाशास्त्र विभाग, महात्मा गाँधी काशी विद्यापीठ, वाराणसी एवं विद्याश्री न्यास के समवेत तत्वावधान में सम्पन्न इस आयोजन के 'शिक्षा–दर्शन', 'कुशलता और ज्ञान की चुनौती', 'शिक्षा की अन्तर्वस्तु',

'शिक्षा के सन्दर्भ', 'माध्यम के प्रश्न', 'समग्र विकासमूलक शिक्षा' तथा 'शिक्षा और मूल्यबोध' जैसे अकादमिक सत्रों में देश के कोने–कोने से आये सुधीजनों ने आधार वक्तव्य, व्याख्यान, आलेख–वाचन, हस्तक्षेप आदि के द्वारा केन्द्रीय विषय के विभिन्न आयामों की समीक्षा की, विमर्श किया और नयी दिशाओं का संधान किया।

विद्याश्री न्यास इस आयोजन और इसके संयोजन में सहभागी सहयोगी सभी व्यक्तियों और संस्थानों के प्रति कृतज्ञ है। 'विद्यानिवास मिश्र स्मृति ग्रन्थमाला' का यह पुष्प 'शिक्षा, दर्शन और समाज : समकालीन विमर्श' भी, हर बार की तरह, उन्हीं की सह्रदयता का सुफल है। समस्त सुधीजन, जिन्होंने इस पुस्तक के लिए अपने आलेख उपलब्ध कराये, अपने व्याख्यानों को लिपिबद्ध किया उनके प्रति हम ह्रदय से आभारी हैं। सर्वश्री विद्या केशव चिटको, चाँद किरण सलूजा, संजीव राय, आलोक कुमार मिश्र एवं अखिलेश कुमार गौतम अपरिहार्य कारणों से संगोष्ठी में न आ सके लेकिन उन्होंने अपने वैचारिक भागीदारी के हमारे आग्रह को स्वीकार किया, इसके लिए हम उनके प्रति कृतज्ञ हैं। प्रो. अंबिका प्रसाद शर्मा को इस संगोष्ठी में सम्मिलित होना था, स्वास्थ्य–सम्बन्धी समस्याओं के चलते वे नहीं आ पाये, लेकिन उन्होंने इस विषय पर अंग्रेजी में अपना आलेख उपलब्ध कराया। वे अब हमारे बीच नहीं हैं, उन्हें श्रद्धांजलि के साथ ही उनके आलेख का हिन्दी रूपान्तर इस पुस्तक का हिस्सा बना, यह हमारी उपलब्धि है। इस पुस्तक में पं. विद्यानिवास मिश्र के तीन आलेख क्रमशः 'शिक्षा की परिभाषा', 'अध्यापन : भारतीय दृष्टि' एवं 'गाँधीजी का पेड़ कैसे फिर रोपें?' सम्मिलित किये गये हैं। विश्वास है वे इस पुस्तक को अधिक उपादेय बनायेंगे और विचार–समृद्ध करेंगे।

संगोष्ठी के विभिन्न सत्रों में सर्वश्री अच्युतानन्द मिश्र, हरिकेश सिंह, ह्रषिकेश सेनापति, सदानन्द प्रसाद गुप्त, मालिनी अवस्थी, आनन्द वर्धन शर्मा, उदय प्रताप सिंह, पाण्डेय शशि भूषण शीतांशु, अनन्त मिश्र, अरुणेश नीरन, रोहित धनकर, जी. एस. पाराशर, अरविंद झा, देवेन्द्र शुक्ल, उमापति दीक्षित, अलका पाण्डेय, अमर नाथ अमर, विद्याविंदु सिंह, प्रेमशीला शुक्ल, सपना गुप्त, नीलकंठ कुमार, समरजीत यादव, कृष्णचंद्र पाण्डेय, राजेश झा, यास्मीन अशरफ, करुणा पांडेय, बलभद्र सिंह, राजकुमार सिंह तथा सपना सिंह प्रभृति विद्वानों ने संवाद में सक्रिय भागीदारी करते हुए विचार–विमर्श को समृद्ध किया। हम उनके प्रति भी कृतज्ञता ज्ञापित करते हैं।

इस पुस्तक के साथ 'विद्यानिवास मिश्र स्मृति ग्रन्थमाला' के प्रकाशन का जो शुभ संकल्प वाणी प्रकाशन और श्री अरुण माहेश्वरी ने लिया है, उसकी एक और कड़ी पूर्णता पा रही है। विश्वास है कि उनकी सफलता विद्याश्री न्यास के साथ ही समस्त विद्यानुरागियों को काम्य होगी।

वाराणसी

दयानिधि मिश्र

अनुक्रम

शिक्षा, दर्शन और समाज

जगमोहन सिंह राजपूत

चार–पाँच दशक पहले शिक्षा, विकास और प्रगति जैसे विषयों पर अन्तरराष्ट्रीय सम्मेलनों में विश्व के समक्ष तीन संकटों की चर्चा होती थी जो हर देश के समक्ष उपस्थित थे, और समाधान की अपेक्षा कर रहे थे। इनमें सबसे पहला था आर्थिक संकट, जिसे हर राष्ट्र किसी न किसी स्तर तक झेल रहा था। दूसरा था विकास की अवधारणा का संकट। कितने ही नये स्वतन्त्र हुए विकासशील राष्ट्र उधार ली हुई विकास तथा प्रगति की अवधारणाओं, योजनाओं तथा सलाहकारों के कारण आगे नहीं बढ़ सके। तीसरा था किसी न किसी प्रकार का नैतिक संकट। देश–काल–परिस्थिति के अनुसार प्रत्येक राष्ट्र की अपनी समस्याओं के समाधान की प्राथमिकताएँ होती ही हैं, और उनका निर्धारण सही ढंग से वहाँ के वे लोग ही कर सकते हैं जो उस राष्ट्र की संस्कृति, विरासत और ज्ञान–सृजन की परम्परा से परिचित हों, कौशल विकास की निरन्तरता के महत्त्व को समझते हों और जिनकी समझ जमीनी गहराई लिए हुए हो। समय के साथ अनेक अवसरों पर लोगों नें इन तीन संकटों में अन्य बड़े संकटों को भी सूची में जोड़ने के लिए तो कहा, मगर किसी ने भी इनकी उपस्थिति से इनकार नहीं किया। सभी ने माना कि यह तीनों उनके देश में भी उपस्थित हैं। आज तो चिन्ता ओजोन लेयर, वायु प्रदूषण, जल प्रदूषण, जलवायु परिवर्तन, बढ़ते तापक्रम इत्यादि के साथ ही असुरक्षा, हिंसा, अविश्वास, आतंकवाद, कट्टरता, युद्ध, आणविक हथियारों के जखीरे के आसपास अवसर के अनुसार केन्द्रित होती रहती है। वैश्वीकरण, निजीकरण, उदारीकरण, संचार तकनीकी और बाजारीकरण की चकाचौंध में अनेक आवश्यक विवेचनाएँ दब जातीं हैं। शहरीकरण बढ़ रहा है। भारत में भी शहरीकरण घोषित लक्ष्य है, शहरों

का आकार बढ़ता जा रहा है, घरों का आकार छोटा होता जा रहा है, पीने का पानी दूषित है, हवाएँ जहरीली हो रही हैं, विकास के वर्तमान मॉडल में महँगाई तो बढ़ेगी ही, प्रदूषण भी बढ़ेगा। लोग गाँव से शहर की ओर पलायन करते ही रहेंगें। जहाँ भी जनसंख्या का घनत्व बढ़ेगा, स्वच्छता नीचे ही जायेगी। गंगा लाख प्रयत्न के बाद भी स्वच्छ हो जाय, यह पावन और पवित्र इच्छा बनी रहेगी, मगर पढ़े लिखे लोग और उद्योग इसे प्रदूषित करते ही रहेंगे। शहरों की गन्दगी गंगा–यमुना में न जाये, इसे हमारे विकास के मॉडल में महत्त्वपूर्ण माना ही नहीं गया। आज स्थिति को सँभालना कठिन हो रहा है। समस्याओं के समाधान में शिथिलता तब आती है जब उनका सामान्यीकरण कर दिया जाता है या हो जाता है। किसानों ने हर प्रकार का कष्ट उठाकर, उधार लेकर, खेत बेचकर, बच्चों को पढ़ाया, मगर आज वे पाते हैं कि शिक्षित होकर युवा नहीं जानते कि जीवन में आगे क्या करें! न शहर के हो पाए न गाँव के रहे! दूसरी ओर समाज का एक वर्ग शिक्षा पाकर अत्यन्त प्रसन्न है, ग्रीन कार्ड का सपना देखता है, उसे साकार करने की उसकी क्षमता बढ़ी है, शहरों में मलिन बस्तियों की संख्या लगातार बढ़ी है, गाँव में किसानों की आत्महत्याएँ बढ़ी हैं, कोटा के कोचिंग संस्थानों में युवाओं की आत्महत्याएँ बढ़ती जा रही है। परिवर्तन हर तरफ है, मगर हर परिवर्तन प्रगति की दिशा में ही जा रहा हो, ऐसा नहीं है। कुछ परिवार अब भारत को इस लायक नहीं मानते कि यहाँ अपनें परिवार की वैवाहिक रस्में पूरी कर सकें, उन्हें विदेश जाना पड़ता है। कहीं कोई ग्यारह साल की बच्ची भात न मिल पाने के कारण भूख से मर जाती है। सरकारें निर्बाध गति से चलती रहती हैं। बदलाव हर तरफ है मगर सोच नहीं बदलती है। इसे बदल पाना कठिन भले ही हो, प्रयास तो जारी ही रखने होंगे। समाज की अपनी अपेक्षाएँ हैं, शिक्षा के कलेवर को उसके अनुसार और अनुकूल बनाने के प्रयास हर देश और समाज में लगातार चलते **रहते हैं। यह वहाँ** के विद्वत वर्ग, समाजशास्त्रियों, वैज्ञानिकों और नीति–निर्माताओं की प्रतिभा और कौशल पर निर्भर करता है कि वे इनमें कितना सामंजस्य बैठा पाते हैं। दोनों के बीच की समीपता या दूरी ही समाज और राष्ट्र की नियति निर्धारित करती है।

सामान्य व्यक्ति के समक्ष इस समय सबसे बड़ा प्रश्न हर तरफ व्यवस्था के उस व्यवहार को लेकर है जो उसे उसकी मानवीय गरिमा नहीं प्रदान करता है। समाज का बड़ा वर्ग नैतिकता तथा मानवीय–मूल्यों

के क्षरण को लेकर पीड़ित है। आज देश में साक्षर समाज जिस अनुपात में है, उतना पहले कब रहा होगा? इस देश ने अपनी परम्परा में ज्ञान और ज्ञानी को सदा ही सर्वोच्च आसन पर प्रतिष्ठित किया है, उनके आचरण को अनुकरणीय माना है, फिर आज का समाज असमंजस में क्यों है? नैतिकता और मानव–मूल्यों के आत्मसात करने तथा साक्षर लोगों के बढ़ते आँकड़ों के बीच क्या सम्बन्ध है? क्या शिक्षा–दर्शन की हमारी समझ में कमी आयी है? या हर तरफ तेजी से हो रहे बदलाव के साथ शिक्षा की अनुकूलता कमजोर हो गयी है? क्या उसकी गतिशीलता मन्द पड़ गयी है? आगे बढ़ने की दौड़ में क्या राष्ट्र दीर्घकालीन लक्ष्यों को भुला बैठा है? प्रश्न अनेक हैं, समस्याएँ अनगिनत हैं, समाधान के प्रयास स्वार्थपरकता के कुहासे में क्यों दब जाते हैं? जो शिक्षित हुए हैं, वे अपने कर्तव्य–बोध को आत्मसात कर उसका निष्पादन किस प्रकार कर रहे हैं? क्या वे इसके लिए सक्षम हो पाए हैं? विचारणीय प्रश्न यह भी है कि क्या केवल शिक्षा संस्थाओं, उनके प्रबन्धन और पाठ्यक्रम में परिवर्तन करने से देश में विकास और प्रगति की गति और उचित दिशा सुनिश्चित हो जायेगी? हर कोई शिक्षा व्यवस्था स्वयं कितने ही दबावों में अपना कार्य निष्पादन करती है, इसे आज सभी जानते हैं। उनमें बदलाव लाये बिना क्या सकारात्मक शिक्षा दी जा सकेगी? शिक्षा के सार्वभौमीकरण को लेकर भारत में अभूतपूर्व प्रगति हुई है। लगभग बीस प्रतिशत साक्षरता से चलकर सत्तर वर्षों में हम पचहत्तर का आँकड़ा पार कर चुके हैं। जब इसकी चर्चा अन्तरराष्ट्रीय स्तर पर होती है तो लोग आश्चर्यचकित रह जाते हैं। जब उन्हें यह बताया जाता है कि इसी बीच हमारी जनसंख्या तैंतीस करोड़ से बढ़कर एक सौ तैंतीस करोड़ हो गयी है, तब तो लोगों के आश्चर्य का ठिकाना ही नहीं रहता। मगर मेरे अपने देश में शिक्षा से कोई सन्तुष्ट दिखाई नहीं देता है! सुधार के लिए सुझाव भी सभी के पास हैं। फिर भी चिन्ता और निराशा हर तरफ व्याप्त है! यह यक्षप्रश्न है, इसी का उत्तर ढूँढ़ना है! इसे यों भी रखा जा सकता हैः शिक्षा के इतने प्रचार–प्रसार और इतने बड़े वर्ग की भागीदारी के बाद भी भारत का समाज क्या पहले से आखिर सभ्य, सुसंस्कृत तथा तथा मानवीय मूल्यों को अपनाने वाला बन पाया है? क्या भारतवासी स्वतन्त्रता पाने के समय की तुलना में आज अधिक सन्तुष्ट, प्रसन्न तथा आशावान है? ज्ञान और ज्ञानार्जन के क्षेत्र में सदा अग्रणी रहा देश जो अपने को विश्वगुरु के पद पर पुनः प्रतिष्ठित

होने का सपना आज भी सँजोता है, इस समय अपनी ज्ञानार्जन परम्परा और गुरुकुलों को लेकर चिन्तित है, अपने गुरुओं को और गुरु–ज्ञान को लेकर भी चिन्तित है।

स्वतन्त्रता प्राप्ति के लिए हुए आन्दोलन के दौरान भावी भारत में शिक्षा का क्या स्वरूप होगा, इस पर जितना जोर भारत में दिया गया उतना शायद ही अन्य किसी राष्ट्र के स्वतन्त्रता आन्दोलन में दिया गया हो! पराधीन भारत में 16 मार्च 2011 को गोपालकृष्ण गोखले ने अनिवार्य प्रारम्भिक शिक्षा का बिल पेश किया था। कई प्रक्रियाओं के बाद वह असफल हुआ। ऐसा तो होना ही था। अनेक अवसरों पर असफलता ही सफलता की अमिट इबारतें लिख जाती है। गाँधी जी की बेसिक शिक्षा, बुनियादी तालीम से सभी परिचित हैं–वह किस लगन के साथ संकल्पित की गयी और किस प्रकार बिना कहे ही भुला दी गयी। मैंने तो चीन के स्कूलों में ही देखा कि वहाँ वह लागू है, आज भी! संविधान में 14 साल तक के हर बच्चे को निःशुल्क और अनिवार्य शिक्षा का प्रावधान उस समय की परिस्थितियों में अत्यन्त साहसपूर्ण निर्णय था। देरी हुई, समय सीमा अव्यावहारिक थी, मगर आज अनुमान लगाया जा रहा है कि अगले बारह वर्षों में भारत पूर्ण साक्षरता प्राप्त कर लेगा। यह संवैधानिक प्रावधान का ही परिणाम था कि भारत आज यहाँ तक पहुँच सका है। उपलब्धियाँ अनेक हैं, कमियाँ भी अनगिनत हैं और आजादी के पहले भी और बाद में भी भारतीयों के लगभग हर सम्मेलन, संवाद, समीक्षा और प्रतिवेदन में शिक्षा के सार्वभौमिक प्रचार और प्रसार को आवश्यक माना गया। इस समय देश में 1986 में बनी और 1992 में परिवर्तित शिक्षानीति यानी एनपीई–1986–92 ही चल रही है, ऐसा मानना चाहिए। 1992 में मानव संसाधन मन्त्रालय में रहते हुए मैंने भी इसमें सक्रिय भागीदारी की थी। नयी शिक्षा नीति पिछले चार वर्षों से बन रही है। 2016 में इसका एक प्रारूप श्री टीएसआर सुब्रमण्यम की अध्यक्षता वाली पाँच सदस्यीय समिति ने भारत सरकार को अप्रैल में 2016 में प्रस्तुत किया था। मैं इसका सदस्य था– अन्य चार सेवानिवृत्त आई.ए.एस. अधिकारी थे। इसके बाद प्रसिद्ध वैज्ञानिक डॉ. कस्तूरीरंगन की अध्यक्षता वाली समिति को यह काम सौंपा गया है।

जो प्रश्न अनेक लोगों को लगातार झकझोरता है वह अत्यन्त सामान्य सा लगता है : नीतियाँ एक आदर्श व्यवस्था–संरचना में ही क्रियान्वयन के लिए ही क्यों बनायी जाती हैं? नीति निर्माता एक ईमानदार, प्रशिक्षित,

कर्मठ क्रियान्वयन व्यवस्था को मानकर ही अपना चिन्तन–विमर्श करते हैं। विकल्प मेरे समक्ष भी स्पष्ट नहीं हो पाता है। इसका खुलासा करूँ तो कहना पड़ेगा कि स्कूली शिक्षा की सारी व्यवस्था का उत्तरदायित्व और काफी हद तक उच्च शिक्षा का भी राज्य सरकारों का ही होता है। आपने कितनी बार, कहीं, किसी राज्य में शिक्षा मन्त्री से लेकर ज़िला या ब्लॉक शिक्षा अधिकारी तक के सम्बन्ध में उनकी ईमानदारी, कर्मठता, संवेदनशीलता, न्यायप्रियता के बारे में सुना है? बहुत कुछ और अवश्य सुना होगा। जो अपेक्षा समाज को व्यवस्था से है, और जो हम और आप सुनते हैं, जानते हैं, उसमें जितना बड़ा अन्तर होगा, किसी भी नीति का क्रियान्वयन उसी अनुपात में कमजोर होगा। जो भी वर्तमान स्थिति निर्मित हुई है उसे समझने में मुझे गाँधी जी के लेखन से सहायता मिलती है। मैंने स्वयं अनेक बार गाँधी जी के अप्रैल 1922 में लिखे गये एक पत्र की चर्चा अपने लेखन में की है। गाँधी जी के उस पत्रांश में लिखा गया था कि स्वराज के आ जाने से मेरे देशवासियों को कोई खुशी नहीं मिलेगी। चुनावों के दुर्गुण, अन्याय, प्रशासन का बोझ तथा अमीरों के छल–कपट उन पर भारी पड़ेंगे। लोग कहने लगेंगे कि पहले की व्यवस्था बेहतर थी, तब अधिक न्याय था! आज इस कथन के लगभग सौ वर्ष बाद ऐसा कौन भारतीय है जो इन चारों के बोझ को नहीं ढो रहा हो? मैं उस पत्र के मन्तव्य को बार–बार दोहराता हूँ, जैसा अभी कर रहा हूँ और अपने से पूछता हूँ कि गाँधी जी कितने सही थे, या कितने सही नहीं थे! मैं मानता हूँ कि उस काल–खण्ड में गाँधी जी से अधिक भारत के भूत, वर्तमान और भविष्य की समझ किसी अन्य को नहीं थी। यह समझ उन्हें गोपालकृष्ण गोखले की उस सीख से मिली थी जिसको स्वीकार कर दक्षिण अफ्रीका से वापस आने के बाद उन्होंने एक वर्ष 'चुपचाप' भारत भ्रमण किया; भारत, उसके इतिहास, विरासत, कमजोरियों और शक्ति को जाना। उस पत्र में गाँधी जी ने रास्ता भी सुझाया था : शिक्षा आशा की किरण बनकर सब तक पहुँचे, उन्हें अन्धकार से बाहर लाये, और वे स्वराज के सक्रिय भागीदार बनें। आशा की इस किरण की ऊष्मा और ऊर्जा क्यों और कितनी कमजोर हो गयी है? इसे पुनः प्रज्वलित करने के लिए प्रेरणास्रोत ढूँढ़ पाने के लिए याद रखना होगा : उत्कृष्टता की आकांक्षा किसी भी व्यक्ति के अन्दर की प्रतिभा को अंकुरित और जाग्रत करती है।

गाँधी की दूरदर्शिता का एक सन्दर्भ और भी मैं देना चाहूँगा जिस

पर ध्यान देने और विचार करने को भी अधिकांश विद्वान तैयार नहीं होते हैं। 1925 में उन्होंने 'यंग इंडिया' में सात सामाजिक पाप चिह्नित किये थे। अपेक्षा तो यही थी कि स्वतन्त्र भारत इन की जकड़न से बचाने का हरसम्भव प्रयास करेगा। मगर उन सातों की यह पकड़ बढ़ती ही जा रही है। पहले इन्हें याद कर लें : 1. सिद्धान्तविहीन राजनीति, 2. काम किये बिना धनार्जन, 3. विवेक रहित विलास, 4. चरित्र विहीन ज्ञान, 5. नैतिकता विहीन व्यापार, 6. मानवता रहित विज्ञान तथा 7. त्याग रहित उपासना। क्या आज किसी भी राष्ट्र की प्रगति इन सात चेतावनियों की ओर ध्यान दिए बिना सम्भव है? इन सभी के प्रभाव को कम करने के लिए सबसे पहले ध्यान शिक्षा के अतिरिक्त और कहाँ जा सकता है? हर सुनहरी सम्भावना का प्रारम्भ शिक्षा और ज्ञानार्जन केन्द्रों से ही हो सकता है। शिक्षा यानी शिक्षा केन्द्र यानी अध्यापक, यानी अध्यापक प्रशिक्षण संस्थान! इस पर विचार करिए : मनुष्यता, नैतिकता, मानवीयता, उत्कृष्टता, मानव–मूल्य, सहृदयता और जो भी मनुष्य और प्रकृति के हित में हो, उसकी समझ विकसित करने के लिए–शिक्षा के सार्वभौमिकीकरण के युग में–सबसे महत्त्वपूर्ण केन्द्र शिक्षक प्रशिक्षण संस्थान ही होंगे। शिक्षा प्राप्ति के जो लक्ष्य गुरुकुल या तपोवन की शिक्षा प्रणाली में समाहित थे, वे बदले नहीं हैं, तौर–तरीके बदल गये हैं, सार नहीं बदला है, न बदलेगा, मनुष्य को मनुष्य बनाने का प्रयास मनुष्य को ही सृष्टि के अन्त तक जारी रखना होगा। यही उसे अन्य जीवधारियों से विशिष्ट बनाता है। मनुष्य ही चिन्तन, विश्लेषण, अन्वेषण कर नये ज्ञान का सृजन और नये कौशलों का अधिग्रहण और उपयोग कर सकता है। वही समझ सका है कि इस पृथ्वी पर मनुष्य जाति के बचे रहने के लिए मनुष्य–प्रकृति सम्बन्धों की परस्परता को बनाये रखना उसका ही उत्तरदायित्व है। भारतीय संस्कृति और परम्परा में उसे इस उत्तरदायित्व का बोध प्रारम्भ से करा दिया जाता था। ऋषि ऋण, पितृ ऋण, देव ऋण और महाभारत में मानव ऋण प्रारम्भ से उत्तरदायित्व बोध करा देते हैं। इसी समझ से कर्तव्यमूलक सामाजिकता की स्थापना भारत में हुई। इसी से पारिवारिक तथा लौकिक सम्बन्ध प्रगाढ़ बने। यही भारतीय संस्कृति और परम्परा में जीवन को सार्थक और सन्तोषप्रद बनाते हैं, सम्बन्धों को प्रगाढ़ता का आनन्द देते हैं। क्या इन्हें शिक्षा की किसी भी अवधारणा में अलग किया जा सकता है? क्या इनका बच्चों से उनकी संवेदनशील आयु में परिचय करा देना भारत में ही अस्वीकार्य हो सकता है? हुआ तो यही

है। विद्वत वर्ग के समक्ष यह प्रश्न उभरना ही चाहिए कि भावी पीढ़ी को प्राचीन भारत की संस्कृति से अपरिचित रखकर क्या संस्कृति के वर्तमान स्वरूप को सही ढंग से समझा जा सकता है? यह कैसी विडम्बना है कि गोस्वामी तुलसीदास की निन्दा एक पंक्ति उद्‌धृत कर–"ढोल गँवार शुद्र पशु नारी, ये सब ताड़न के अधिकारी" की जाय, मगर उस मन्तव्य को न समझा जाय जो "परहित सरिस धरम नहीं भाई, पर पीड़ा सम नहीं अधमाई" में समाहित है और वैश्विक भाईचारे का अप्रतिम सन्देश देता है। आज गीता के श्लोक या तुलसीदास की चौपाई आप कक्षाओं में नहीं पढ़ा सकते, वह सेकुलर देश में असम्भव बना दिया गया है! कहाँ गये वे लोग जो कहते थे–और कहते हैं कि भारत को यदि समझना है तो रामायण और महाभारत के समझे बगैर वह असम्भव है। और यदि और गहराई में जाकर भारत को जानना हो तो गीता, पुराण, उपनिषद्, जैसे ग्रन्थों का सारतत्त्व तो जानना ही होगा। भारत की विविधता की स्वीकार्यता तथा विविधता में एकता की समझ तभी बनेगी जब उस मूल आधार को समझ लिया जाय जिस पर यह संस्कृति निर्मित हुई।

किसी भी देश में शिक्षा प्रणाली और व्यवस्था की जड़ें गहराई तक वहाँ की मिट्‌टी में समाई होनी चाहिए। आयातित व्यवस्था सर्वसाधारण के लिए सफल हो ही नहीं सकती है। गाँधी ने अपने द्वारा प्रतिपादित बेसिक शिक्षा की समझ को इसी मिट्‌टी से खोजा था। उन्होंने 1945 में यूनेस्को को भेजे गये एक पत्र में लिखा था कि उनकी "अनपढ़ किन्तु समझदार माँ" नें उन्हें सिखाया था कि "यदि हर व्यक्ति अपना कर्तव्य करे तो किसी के अधिकारों का हनन नहीं होगा।" इस एक वाक्य में वह निहित है जिस पर अनगिनत किताबें लिखी गयी हैं, आन्दोलन हुए हैं, होते रहते हैं, मगर मानव अधिकारों के हनन की समस्या बनी ही नहीं, बिगड़ती भी जा रही है। लाखों लोग असुरक्षा, भुखमरी, हिंसा और आतंक के कारण देश से विदेश विस्थापित हो रहे हैं। लाखों लोग अपने देश में ही घृणा, द्वेष, अहंकार के कारण शरणार्थी कहलाने लगे हैं, उन्हें यह अपमान सहते पीढ़ियाँ गुजर गयी हैं, समस्या वहीं की वहीं बनी हुई है। मनुष्य मनुष्य पर इतने अत्याचार क्यों करता है? विश्वास तो यही है कि भावी पीढ़ियाँ ऐसी समस्याओं का हल निकालेंगी, मनुष्य को दूसरे मनुष्य के अधिकारों का हनन करने की प्रवृत्ति से दूर कर सकेंगी। यही मूल सिद्धान्त उन तीन ऋणों में भी निहित है जो प्राचीन भारतीय ग्रन्थों में हजारों वर्षों से प्रेरणाश्रोत बने हुए हैं।

शिक्षा के भारतीय स्वरूप को स्वामी विवेकानन्द नें गहराई में पैठकर जाना। उन्होंने अपने परिव्राजक रूप में भारत भ्रमण कर भारत को समझा, भारतमाता को जाना, पहचाना और उस पहचान के बाद उसे देशवासियों के प्रति प्रेम में देखा और अनुभव किया। आज से सवा सौ साल पहले कोई अत्यन्त साहसी व्यक्ति ही देशवासियों से कह सकता था कि पचास साल देवी–देवताओं को भूल जाइए, केवल मनुष्य नाम के देवता की आराधना करिए, उसकी पूजा करिए, उसी का जीवन सँवारिये। शिक्षा तो मनुष्य के अन्तरतम में विद्यमान पूर्णता को साकार करने की प्रक्रिया मात्र है। 1996 में यूनेस्को ने एक अन्तरराष्ट्रीय कमीशन गठित किया जिसे 21वीं शताब्दी में शिक्षा के स्वरूप की संकल्पना करनी थी। उस प्रतिवेदन का शीर्षक रखा गया : 'लर्निंग : द ट्रेजर विदिन'! इसे देखकर स्वामी विवेकानन्द का वह अमर वाक्य पुनः दोहराने की इच्छा होती है : "मनुष्य की अन्तर्निहित पूर्णता का प्रकटीकरण ही शिक्षा है।" स्वामीजी सदा यही कहते रहे कि मनुष्य जो कुछ सीखता है वह अपने अन्तरतम में निहित पूर्णता के अपार खजाने के ही किसी न किसी अंश को खोजता है। हर व्यक्ति की प्राप्ति उसके प्रयत्न के अनुपात में ही होती है। उनके अनुसार ज्ञान और कौशल की उत्कृष्टता प्राप्ति का एक ही रास्ता है : एकाग्रता! एकाग्रता के साथ किया गया मोची, रसोइये या अध्यापक सभी का कार्य उत्कृष्ट होगा, और हर मनुष्य का मुख्य लक्ष्य तो अपने चयनित क्षेत्र में उत्कृष्टता प्राप्त करना होता है। यह प्राप्ति प्रयत्न, एकाग्रता तथा अभ्यास की कर्मठता पर निर्भर करती है। प्रत्येक अध्यापक का अपने दैनन्दिन कार्यकलाप में इसी दिशा में बढ़ते रहना उसे अपने कर्तव्य निर्वहन के योग्य बनाता है। वह पूर्व–ज्ञान के आधार पर ही निर्भर नहीं रह सकता। स्वामी जी के अनुसार शिक्षा का अर्थ चरित्र विकास पर ही केन्द्रित होना चाहिए। ऐसा होने पर हर व्यक्ति के सम्पूर्ण विकास के सभी आवश्यक तत्त्व स्वतः ही समाहित हो जायेंगे। सम्प्रति जब किसान की स्थिति की चर्चा होती है, या समाज के उन लोगों की ओर ध्यान जाता है जो आज भी सामान्य मानवीय जीवन जीने के लिए मूलभूत आवश्यक संसाधनों से वंचित हैं, तब स्वामी विवेकानन्द की याद आना स्वाभाविक है : वे इन लोगों की ओर ध्यान न देने को ही सबसे बड़ा राष्ट्रीय–पाप मानते थे। वे इसे ही भारत के पतन का कारण मानते थे। वह समाज कैसे प्रगति कर सकेगा जो अपने ही बड़े भाग को अपने से कमतर मानता हो, उनके

साथ अमानवीय व्यवहार करता हो? यह सब समाज में कैसे पनपा? केवल शिक्षा की और ज्ञान की रौशनी के सब तक न पहुँच पाने के कारण ही समाज का ऐसा पतन सम्भव होता है। साधन–सम्पन्न विशिष्ट वर्ग सदा ही अपने चारों ओर एक सुरक्षित दायरा बना लेता है, अन्य को उससे बाहर रखने के लिए नियम–उपनियम बना देता है। अस्पृश्यता जैसे प्रचलन सम्भवतः ऐसी ही मानसिकता की उपज रहे होंगे। ऐसा तब ही हो पाता है जब ज्ञान का लोक–प्रवाह शिथिल हो जाता है। ज्ञान की गतिशीलता ही समाज में गतिशीलता को अग्रसारित करती है। यदि ज्ञान की खोज शिथिल हो जाय, तो सामाजिक जड़ता का अन्धकार चारों ओर गहराने लगता है। "लोकाः समस्ताः सुखिनो भवंति, सर्व भूत हिते रतः, ईश्वर अंश जीव अविनाशी, तेन त्यक्तेन भुंजीथाः" जैसे सूत्र वाक्य विश्व सभ्यता में जोड़ने वाले भारतीय अपने ही लोगों से जिस तरह का व्यवहार करते रहे, समाज को अनावश्यक रूप से बाँटे रहे, उस लोक–व्यवस्था का विघटन तो होना ही था। जो मनीषी इसे समझ सके, वे शिक्षा के प्रचार और प्रसार की आवश्यकता पर जोर देते रहे। जिस प्रकार गाँधी के मन–मस्तिष्क में गाँव और ग्रामवासी बसे थे, स्वामी विवेकानन्द के समक्ष भारत की गरीबी और उससे जुड़ी समस्याएँ उन्हें सदा आन्दोलित करती रहती थीं दोनों ही व्यक्तित्व विकास, चरित्र निर्माण और पंक्ति के अन्तिम छोर पर खड़े व्यक्ति की सेवा के लिए ही सदा प्रेरित करते रहे। कई अन्य महत्त्वपूर्ण प्रयास भी सराहनीय रहे हैं।

स्वामी दयानद सरस्वती ने एक सुषुप्त समाज को जाग्रत करने का साहसपूर्ण प्रयास किया, उसे अपने को पहचानने की प्रेरणा दी और शिक्षा की भारत की जुड़ी संकल्पना को साकार स्वरूप दिया। गुरुदेव टैगोर मनुष्य और प्रकृति के सामंजस्य के महत्त्व को इससे जोड़कर देखते रहे। श्री अरबिन्द ने अध्यात्म को समेटकर मानव जीवन को समझने के प्रयास करने की प्रेरणा दी। गुरुदेव रवीन्द्रनाथ टैगोर ने बहुत पहले ही यह पहचाना था कि मानव जाति में हर बच्चे को दो अद्भुत वरदान प्रकृति से मिले हैं : विचारों की शक्ति और कल्पना की उड़ान! यही सभी जीवधारियों से मनुष्य को अलग करता है। इसी से दो अन्य पक्ष भी उभरते हैं : जिज्ञासा और सर्जनात्मकता! ये चार पक्ष किस बालक के पास प्रचुर मात्रा में नहीं होते हैं? यदि इन्हें कुण्ठित न किया जाय तो इनका खजाना कभी खाली नहीं होता है, जितना चाहे उपयोग करें, भण्डार भरा ही रहेगा। इन्हें पंख देने

के लिए ही अध्यापक को अपनी "साथी, सहयोगी, सहकर्मी और सहायक" की भूमिका का निर्धारण करना होता है। गुरु शब्द का अर्थ ही है रास्ता दिखाना। जो अन्धकार या अनिश्चय सामने बच्चे को दिखाई दे, उसे प्रकाशित कर आगे बढ़ने की प्रेरणा दे। ऊपर लिखे चार वरदानों, विचार, कल्पना, जिज्ञासा और सर्जनात्मकता के आपसी सम्बन्ध को आत्मसात करने के बाद ही सभी अध्यापक और विद्यार्थी अपने-अपने उत्तरदायित्व का निर्वाह कर सकते हैं, यानी वे जिस दिशा में भी आगे बढ़ने का निश्चय करेंगे, उसमें उत्कृष्टता प्राप्त करने में सफल होंगें। आत्मविश्वास यह होना चाहिए कि पूर्णता को लक्ष्य मानकर उस मार्ग पर चलने वाला व्यक्ति उत्कृष्टता तो अवश्य ही प्राप्त कर सकेगा।

हम सभी ऐसे लोगों के नामों और कामों से परिचित हैं जिन्होंने जीवन में जो लक्ष्य रखे, उन्हें सफलतापूर्वक प्राप्त किया। इनमें से लगभग सभी ने कहीं-न-कहीं अपने माता-पिता, परिवार और अध्यापकों से प्रेरणा प्राप्त की। युवा मोहनदास करमचन्द गाँधी जब पहली बार पढ़ने के लिए विदेश गये तो माँ को वचन देकर गये थे कि मांस नहीं खायेंगे, उसका सदा सम्मान करते रहे। प्रश्न सही या गलत का नहीं है, प्रश्न उस श्रद्धा का है जो व्यक्ति को अनुशासन प्रदान करती है, उसे अपने आप को समझने में सहायता देती है, अन्य के प्रति आदर और सम्मान के भाव को आकार देती है। इससे आत्मविश्वास बढ़ता है। संयुक्त परिवार से जो प्रेरणा हर बच्चे को इस देश में मिलती रही है वह अपने आप में जीवन के सारतत्त्वों का निचोड़ होती है, पीढ़ियों के खट्टे-मीठे अनुभव से पगी होती है। बच्चे जैसे-जैसे बड़े होते हैं, उन्हें स्वयं आभास होता है कि उनके माता-पिता-परिवार से जो सीख, मार्ग-निर्देशन उन्हें सहज ही मिलता रहता है उसमें कितना प्यार और उनके जीवन को अच्छे से अच्छा बनाने की तीव्र इच्छा और अपेक्षा निहित होती है। परिवार का शिक्षा को संस्कारित करने में अतुलनीय योगदान होता है। परिवार, स्कूल और अध्यापक मिलकर ही बच्चों के क्षितिज का विस्तार करते हैं। समाज और राष्ट्र के प्रति अपनत्व के भाव अंकुरित करते हैं। इसके प्रति संवेदनशीलता जाग्रत करते हैं। उस बड़े क्षितिज और संवेदनशील मस्तिष्क पर कोई एक घटना कितना बड़ा प्रभाव डाल सकती है इसका एक परिचित उदाहरण युवा मोहनदास करमचन्द गाँधी का दक्षिण अफ्रीका के पीटर मॉरित्ज्बर्ग रेलवे स्टेशन पर प्रथम श्रेणी के डिब्बे का है उनके पास टिकट उसी दर्जे का था धक्के

देकर प्लेटफार्म पर फेंक दिए जाने के प्रभाव से समझा जा सकता है। घोर अन्यायपूर्ण अपमान सहकर उस ठण्डी रात में वे प्लेटफार्म पर ही बैठे रहे। मेरा अपना विचार है कि उस दिन बैरिस्टर मोहनदास करमचन्द गाँधी "व्यक्ति से व्यक्तित्व" में परिवर्तित हो गये। एक व्यक्ति के अपमान को उन्होंने बड़े वैश्विक पटल पर देखा। वे अपने को भूल गये, अपमान को नहीं भूले और उनके विचारों का रंगमंच विस्तृत हो गया! काले–गोरे के कृत्रिम और थोपे गये भेद और उससे जनित अत्याचार कितनी ही पीढ़ियों को अकारण ही सहन करने पड़ते रहे थे। कितने ही लोग आज भी यह सब अपमान सहन करते रहते हैं। आज उनके हिस्से में आया है, मगर वे अकेले नहीं हैं। उस दिन वहाँ पर अपमानित युवा मोहनदास करमचन्द गाँधी नें व्यक्ति से बढ़कर समष्टि की समझ प्राप्त कर ली थी। रंगभेद के अमानुषिक अन्याय के तिमिर को हटाने के लिए एक ऐसा दीप जलाया जिसके प्रकाश में रंगभेद सारे विश्व में अमान्य हो गया। वैचारिक उत्कृष्टता, वैश्विकता, तथा वसुधैव कुटुम्बकम् का इससे बड़ा और सटीक उदाहरण और क्या हो सकता है?

किसी भी क्षेत्र में उत्कृष्टता की प्राप्ति के लिए शिक्षा व्यवस्था में व्यावहारिक रूप में क्या किया जा सकता है? इसके लिए वैज्ञानिक जगत से एक प्रकरण को याद करना समीचीन होगा। 20वीं सदी के वैज्ञानिकों में एक बहुत बड़ा नाम था रिचर्ड फाइनमैन का जिन्हें सन् 1965 में भौतिकी के लिए नोबेल पुरस्कार मिला। अपने वैज्ञानिक योगदान के अतिरिक्त उनके व्यक्तित्व के अनेक पक्ष–प्रतिभा, कर्मठता, भविष्य दृष्टि तथा लोगों के साथ व्यवहार में सहजता भी इतने जीवन्त थे कि वे केवल वैज्ञानिकों के ही नहीं, अन्य लोगों के भी प्रिय और आदर्श बने। जब सोवियत संघ ने अन्तरिक्ष में पहुँचने में स्पुतनिक भेजकर अमेरिका को पीछे छोड़ दिया तब वहाँ इस पर गहन विचार–विमर्श हुआ कि कमी कहाँ रह गयी? सभी एकमत थे कि गुणवत्ता की कमी किसी भी क्षेत्र में क्यों न हो, उसका मूल कारण किसी न किसी ढंग से शिक्षा की गुणवत्ता से अवश्य जुड़ा होगा। इसलिए शिक्षा सुधार पर विशेष ध्यान देना आवश्यक माना गया। अमेरिकी शिक्षा व्यवस्था का हर एक पक्ष देखा गया और यह निष्कर्ष स्थापित किया गया कि शिक्षक–प्रशिक्षण संस्थानों में आयी कमियाँ तुरन्त सुधारी जानी चाहिए। मूल कारण वहीं से प्रस्फुटित होता है। विज्ञान शिक्षण की ओर विशेष ध्यान दिया गया और रिचर्ड फाइनमैन नें अपना उच्च स्तर का

शोध तथा प्रयोगशाला छोड़कर स्नातक–पूर्व कक्षाओं में पढ़ाया। उनके तीन खण्डों में प्रकाशित फाइनमैन लेक्चर्स सारी दुनिया में प्रसिद्ध हुए और सराहे गये। उन्होंने ब्राजील में जाकर स्कूलों में फिजिक्स पढ़ायी, कैलिफोर्निया के करिकुलम ग्रुप में पुस्तकों के मूल्यांकन में भागीदारी की। वहाँ उन पुस्तकों का भी मूल्यांकन हो जाता था जो प्रकाशित ही नहीं हुई थीं! उन्होंने यह सब देखकर त्यागपत्र दिया मगर सुधार का संघर्ष एक नागरिक की हैसियत से जारी रखा। उनका उद्देश्य था विद्यार्थी और अध्यापक विज्ञान की पाठ्य–पुस्तक और लिखित परीक्षा में पास होने के लक्ष्य में सीमित होकर न रह जायें। वे पुस्तकों के अन्दर दिए गये वर्णन, अर्थ, तथा जानकारी में ही न सिमट जायें। वे उन सूत्रों, समीकरणों, सिद्धान्तों में निहित गूढ़ार्थ भी समझें। उन्हें विज्ञान–दृष्टि मिले, वैज्ञानिकता उनके जीवन में उतर जाय। किसी अद्भुत दृश्य को देखकर सामान्य व्यक्ति आश्चर्य व्यक्त करता है, आगे बढ़ जाता है परन्तु वैज्ञानिक और वैज्ञानिक दृष्टिकोण वाला व्यक्ति उसे देखकर उसके कारणों को समझने के प्रयास में जुट जाता है। वह जानता है कि जो भी अद्भुत और आश्चर्यजनक होता है उसके पीछे के रहस्यों का वैज्ञानिक आधार पर उद्घाटन सम्भव है। विज्ञान पढ़कर परीक्षा पास कर लेना एक तथ्य हो सकता है मगर उसका अर्थ यह नहीं है कि वह व्यक्ति विज्ञान के मूलार्थ को समझ चुका है। फाइनमैन ने जब ब्राजील से वापस आने के पहले यह कहा कि वहाँ के बच्चे अमेरिका के बच्चों के मुकाबले अधिक विज्ञान याद करते हैं, परीक्षा में अधिकाधिक अंक लाते हैं मगर वे विज्ञान का गूढ़ार्थ नहीं समझते क्योंकि इस अन्तर को वहाँ की शिक्षा व्यवस्था ही नहीं समझ पाई है। फाइनमैन की पुस्तकों, उनके भाषणों तथा लेखों का अध्ययन विश्वभर में किया गया। प्रिन्सटन विश्वविद्यालय में उन्होंने एक नोटबुक बनायी : "नोटबुक ऑफ थिंग्स आई डू नॉट नो अबाउट"! वे स्कूल से ही हर पाठ्य विषय के वर्णन के मूल में जाकर हर छुए और अनछुए पक्ष को परखने का प्रयास करते थे। हर व्यक्ति की सामाजिकता की समझ भी वैज्ञानिक आधार लिए हुए होनी चाहिए, भले ही औपचारिक रूप में व्यक्ति ने विज्ञान न पढ़ा हो!

आगे चलकर उनके नाम से जानी जाने वाली 'फाइनमैन टेक्नीक' सारे विश्व में न केवल विज्ञान वरन हर विषय में उत्कृष्टता प्राप्त करने में, अपनी सहजता और सरलता के कारण, अद्भुत रूप से सहायक मानी जाती है। वे कहते हैं कि जो भी विषय आप समझना या समझाना चाहते

हैं, उसे चुनिए। उसके बारे में जो भी जानते हों, उसे नोटबुक में लिखिए। जब भी, जहाँ से भी कोई नयी जानकारी उस विषय में मिले, उसे भी इसी के साथ जोड़ दीजिये। आप की समझ में हर बार नया जुड़ाव होगा। अगले पायदान पर इसे अपने को ही पढ़ाने का प्रयास कीजिए। आपको अपनी समझ की कमियाँ उजागर हो जायेंगी। अब पुस्तकों में जाकर समाधान ढूँढ़िए। ऐसा तब तक करिए जब तक आप स्वयं सन्तुष्ट न हो जायें। आवश्यकता पड़ने पर साथियों और अध्यापकों से चर्चा करिए। सारी प्रक्रिया की पुनरावृत्ति करिए। भाषा का सदा सरलीकरण करते रहिए। इसके साथ समानताओं को खोज जारी रखिए। राष्ट्रीय अध्यापक शिक्षा परिषद् के अनुरोध पर लिखी गयी पुस्तक 'अध्यापन : भारतीय दृष्टि' में पण्डित विद्यानिवास मिश्र के वे चार सोपान–अध्ययन, मनन, चिन्तन और उपयोग मेरे स्मरण में हर बार आते हैं जब भी मैं फाइनमैन या उनकी 'टेक्नीक' को याद करता हूँ। यहाँ विज्ञान, समाज विज्ञान, कला, संगीत या कोई भी क्षेत्र क्यों न हो, सीखने और सिखाने की मूलभूत अवधारणा की समरसता और मानवीय वैचारिकता की समानता स्पष्ट दिखाई दे ज।ती है। आजकल मीडिया–विशेषकर इलेक्ट्रानिक मीडिया में जिस प्रकार भाषा को तोड़ा–मरोड़ा जाता है, बार–बार एक ही वाक्य को घुमा–फिराकर प्रवाहित किया जाता है, वह दर्शाता है कि सीखने की पद्धति और कला से हम कितने दूर होते जा रहे हैं।

इस सदी में मनुष्य के समक्ष ऐसी अनेक समस्याएँ उभरी हैं जिनका निदान कोई भी एक देश अलग रहकर नहीं कर सकता है। जलवायु परिवर्तन, प्रदूषण, गोबल वार्मिंग, जैसे संकटों का समाधान तो सभी को मिलकर ही करना होगा। प्रकृति और मनुष्य के बीच की कड़ी को पुनः उसी संवेदनशीलता के साथ जोड़ना होगा जिसकी प्रकृति अपेक्षा करती है। इसकी देखभाल की जिम्मेवारी तो मनुष्य की ही है। मानव जीवन 'सत्यं, शिवं, सुन्दरं' के ताने–बाने में ही सफल, आनन्ददायक और सन्तोषदायी हो सकता है। शिक्षा व्यवस्था द्वारा बच्चों को कठपुतली जैसा मानकर उन्हें एक बँधे–बँधाए पूर्व–निर्मित दायरे के अन्दर जकड़ देना पूर्णरूपेण अस्वीकार्य होना ही चाहिए। बच्चों को परिभाषाओं, सूत्रों, समीकरणों, तथ्यों में जकड़ देना, अपरिचित भाषा में पढ़ाना उनके साथ न्याय करना तो कतई नहीं स्वीकार किया जा सकता है। यह उनके नैसर्गिक मूल अधिकारों का हनन है। इस प्रकार की जकड़न में अनुसंधान, नवाचार और

नयी दृष्टि के पनपने और विकसित होने पर तो प्रतिबन्ध लग जाता है। इसमें जिज्ञासा, कल्पनाशीलता, वैचारिकता तथा सर्जनात्मकता निश्चित ही कुंद होगी। शिक्षा द्वारा बच्चों की नैसर्गिकता को नहीं दबाना चाहिए। हमने तो शिक्षा को एक अत्यन्त संकीर्ण दायरे में बाँध दिया है : परीक्षा पास करना! और वह भी परीक्षा पत्र लीक कराकर, नकल करवाकर, या एक की जगह दूसरे को बैठाकर नैतिकता को बड़ों ने छोड़ा है। बच्चे बड़ों का विश्वास करते हैं। बच्चे प्रकृति से जितने निकट होंगे, उनके विकास को उतनी ही सही दिशा मिलेगी। सहजता और स्वाभाविकता से परिपूर्ण वातावरण बच्चों के चारित्रिक विकास के लिया आवश्यक है। जो सामाजिक सहजता 'समान स्कूल व्यवस्था' के अन्तर्गत पनप सकती थी, उसे अब लगभग पूरी तरह समाप्त कर दिया गया है, शिक्षा दो वर्गों में बँट गयी है, समाज भी उसी ढंग से बँटेगा, और दूरियाँ बढ़ती जायेगी। तब शिक्षा सम्पूर्ण व्यक्तित्व विकास कैसे कर पाएगी तथा शिक्षा सामाजिक सद्भाव और पंथिक समरसता को कैसे बढ़ा पाएगी?

इस समय भारत में शिक्षा की संरचना, गुणवत्ता तथा उपयोगिता बढ़ाने पर चर्चा आवश्यक है। स्थितियां कितनी ही चिन्ताजनक क्यों न हों, अन्य क्षेत्रों की समस्याएँ कितनी ही जटिल क्यों न हों, देश को अपनी शिक्षा व्यवस्था में आवश्यक परिवर्तन कर गुणवत्ता, चरित्र निर्माण और कौशल विकास पर विशेष ध्यान देना ही होगा। इसमें कोई कोताही नहीं हो सकती है। यह सभी जानते हैं कि सरकारी स्कूलों में शिक्षा की स्थिति दयनीय है। विद्वत वर्ग व्यावहारिक परिवर्तन सुझा सकता है। सरकारी तन्त्र को उनसे लगातार सम्मानपूर्ण तारतम्य स्थापित करते रहना चाहिए। स्वामी विवेकानन्द की प्रखरता, गुरुदेव का दर्शन, गाँधी की व्यावहारिकता और फाइनमैन जैसे मनीषी का उदाहरण और तरीका भारत की शिक्षा में अपेक्षित बदलाव ला सकता है।

एक उद्धरण

लुइ फिशर ने अपनी पुस्तक 'गाँधी की कहानी' में गाँधी और गुरुदेव की अपनी समझ को लिखा है। यह मुझे इन दोनों के दर्शन को समझने में अत्यन्त सहायक जान पड़ता है : "गाँधी जी और ठाकुर समकालीन थे और भारत के बीसवीं सदी के पुनर्जीवन के मुख्य हेतुओं के रूप में निकट

सम्बद्ध थे। परन्तु गाँधी जी गेहूँ के खेत थे और ठाकुर गुलाब का बाग। गाँधी जी काम करने वाले हाथ थे और ठाकुर गाने वाली आवाज। गाँधी जी सेनापति थे और ठाकुर अग्रगामी अग्रदूत। गाँधी जी मुँडे सिर और चेहरे वाले तपस्वी थे और ठाकुर विशालकाय, लम्बे सफेद बाल और दाढ़ी वाले रईस–मनस्वी, जिनके चहरे पर उच्च कोटि का पितृतुल्य सौन्दर्य था। गाँधी जी शुद्ध त्याग के उदाहरण थे, ठाकुर स्वतन्त्रता के आलिंगन को आल्हाद के सहस्त्र बन्धनों में अनुभव करते थे। परन्तु भारत और मानवता के लिए प्रेम के कारण दोनों एक थे। ठाकुर भारत के दूसरे लोगों के कचरा–पात्रों से चीथड़े बटोरने वाला देखकर रोते थे और सब मानव–जातियों की भव्यता समस्वरता के लिए प्रार्थना करते थे।" इन दोनों के व्यक्तित्व ने इनके जीवन दर्शन को प्रभावित किया, इनके शिक्षा दर्शन को भी प्रभावित किया। इनका एक–दूसरे के लिए प्रेम और श्रद्धा अतुलनीय थी। क्या आज शिक्षा जगत में इस पारस्परिकता की महती आवश्यकता है। वैचारिकता तो तभी आगे बढ़ती है जब वह विभिन्न विचारों से ऊँचाई पाती है।

भारतीय सन्दर्भ में शिक्षा की पुनर्संरचना

भारती बवेजा

ज्ञान, विज्ञान, प्रौद्योगिकी और कला के क्षेत्र में अद्वितीय प्रज्ञा और सम्पन्न विरासत वाला हमारा देश इस समय प्रभावी और व्यवस्थित 'भारतीय शिक्षा' के लिए संघर्ष क्यों कर रहा है? एक स्वतन्त्र और लोकतान्त्रिक गणराज्य ने गुणवत्तापूर्ण शिक्षा के लिए अनेक नीतिगत प्रयास किये हैं। बावजूद इसके औपचारिक शिक्षा की वर्तमान स्थिति के सन्दर्भ में सन्तुष्टि के बदले असन्तुष्टियाँ अधिक क्यों हैं? शिक्षा के लक्ष्य और इसकी संप्राप्तियों में अन्तर क्यों हैं? समाज के लिए शिक्षा की भूमिका को लेकर सन्देह क्यों हैं? इसकी अनेक व्याख्याएँ सम्भव हैं। इस लेख में मैं संस्कृति और सन्दर्भ के साथ शिक्षा के तालमेल के अभाव के पक्ष को उजागर करना चाहती हूँ। शिक्षा के प्रति हम अपने नजरिए का मूल्यांकन करें तो पायेंगे कि हम शिक्षा की समस्याओं और चुनौतियों को पहचानते हैं और उसके समाधान के बारे में सोचते हैं। प्रायः ये समाधान तात्कालिक होते हैं या किसी अंग अथवा खण्ड में सुधार के लिए। शिक्षा की समस्या की समग्र व्याख्या कैसे की जाये? इसके बारे में नहीं सोचा जाता है। हम समस्या की मूल प्रकृति और सन्दर्भ के बदले केवल उसके चयनात्मक समाधान के बारे में सोचते हैं। समाधान के लिए भी प्रायः अनुकरण का रास्ता चुनते हैं। अनुकरण का यह रास्ता अपने देशज प्रयोगों या विचारों पर विश्वास करने या युक्तियुक्त तरीकों की खोज करने के बदले तथाकथित 'विकसित' भू–भागों के प्रयोगों की पुनरावृत्ति में विश्वास करता है। ऐसी स्थिति प्रतिक्रियात्मकता को जन्म देती है। इस प्रतिक्रिया में हमारी संस्कृति और सन्दर्भ गौण हो जाते हैं और जिन अन्य संस्कृतियों या सन्दर्भों को हम 'श्रेष्ठ' मानने लगते हैं उनका अन्धानुकरण करने लगते हैं। यह प्रवृत्ति

समस्या समाधान की मौलिक दृष्टि को भी उपेक्षित कर देती है। सवाल यह उठता है कि क्या समस्या की प्रकृति की व्याख्या के बदले समाधान के 'दूसरे' और प्रतिक्रियात्मक उपागमों के माध्यम से भारतीय शिक्षा व्यवस्था का संस्कार किया जा सकता है? नहीं। इसी कारण हमारी प्रत्येक नीति और पहल सुझावात्मक बनकर रह जाती है। उससे कोई गम्भीर परिवर्तन नहीं हो पा रहा है। यह अवश्य है कि हमने साक्षरता जैसे यान्त्रिक पैमाने पर कुछ उपलब्धियाँ हासिल कर ली है लेकिन मानव निर्माण और समाज निर्माण के बृहद् लक्ष्य पर लगातार असफल हो रहे हैं। हम ऐसे शिक्षित और बौद्धिक समुदाय का निर्माण कर रहे हैं जो कम्प्यूटर के समान तार्किक, क्रमबद्ध और युक्तिसंगत गणनाएँ करते हैं लेकिन दूसरे मनुष्य से, आसपास की प्रकृति से और खुद से कोई संवाद और सम्बन्ध नहीं बना पा रहे हैं (कृष्णमूर्ति, 2002)। शिक्षा भावी पीढ़ी को 'एकरूप' मॉडल में ढाल रही है जहाँ शिक्षित होना केवल जीविका कमाने का रास्ता नहीं है बल्कि ऐसा उपभोक्ता बनना है जो बाजार की श्रीवृद्धि में सहायक हो। ऐसा न हो पाने की दशा में व्यक्तिगत तनाव, कुंठा और असन्तुष्टि जन्म ले रही है जिसका नकारात्मक प्रभाव समाज पर भी देखा जा सकता है। यह शिक्षा की असफलता है। शिक्षा न तो समाज की पुनर्रचना के लक्ष्य को पूरा कर रही है और न ही विकास का टिकाऊ रास्ता दिखा पा रही है। यह सांस्कृतिक अनुगमन करते हुए प्रौद्योगिकी सेवित तार्किक व्यक्तिनिष्ठ समाज की ओर बढ़ रही है।

मेरे अनुसार भारतीय सांस्कृतिक धरोहर से हमारी शिक्षा का अलगाव इसकी समस्याओं की जड़ है। यह अलगाव कोई आकस्मिक घटना न होकर भारत के सांस्कृतिक जीवन में विज्ञानवाद के आवरण में छिपे उपनिवेशवाद और पूँजीवाद के दीर्घकालिक हस्तक्षेप का परिणाम है (पांडे, 1983)। आइए इस प्रक्रिया को थोड़ा समझने की कोशिश करते हैं। प्रत्येक संस्कृति अपने भागीदारों को एक आवरण प्रदान करती है। यह आवरण अनेक मनोवैज्ञानिक, भौतिक और बौद्धिक उपकरणों से सज्जित होता है। इसके माध्यम से व्यक्ति केवल अर्थ ही नहीं निर्मित करता बल्कि उसकी जीवन शैली, जीवन के ध्येय, अपने अस्तित्व के अर्थ आदि में इनका प्रभाव रहता है। इनसे सांस्कृतिक विश्वास और परम्पराएँ निर्मित होती हैं जो जीवन को अर्थ देती हैं। व्यक्ति के 'आत्म' और 'समाज' से सम्बन्ध को परिभाषित करती हैं। इनका आपसी बैर या विरोध नहीं होता और न

ही ये किसी संघर्ष या हिंसा की तरफ ले जाती है बल्कि ये व्यक्ति की चेतना में सांस्कृतिक इतिहास का बोध पैदा करती हैं जो व्यक्ति और समाज के बीच योजक का कार्य करता है। भारत समेत अन्य देशों में औपनिवेशिक युग के दौरान इस सांस्कृतिक आवरण को कमजोर किया गया। ऐसा प्रचारित किया गया कि इसका विज्ञान और प्रौद्योगिकी से विरोध है। आधुनिकता को अंगीकार करने में भारतीय सांस्कृतिक चेतना बाधक है। नगर, उद्योग, शिक्षा, के नये चलन पूँजी पर आश्रित हो गये। इस नयी व्यवस्था और भारतीय समाज मे व्याप्त सांस्कृतिक चेतना में द्वन्द्व पैदा हुआ। शिक्षा सहित राज्य के अन्य अभिकरणों ने इसका समाधान 'नये सांस्कृतिक आख्यान' में प्राप्त किया। इसके अनुसार भारत के गाँव, समुदाय और उसकी परम्पराएँ आदि पुरोगामी हैं। यह सर्वथा उचित है कि इन्हें त्यागकर ऐसी नगरीय सभ्यता की ओर बढ़ा जाये जहाँ इतिहास का गर्वबोध न होकर पिछड़ेपन का बोध हो, अपने समाज को समझने के लिए आयातित भाषा और दृष्टि हो, सामाजिक संरचना के सांस्कृतिक विश्वासों को व्यक्ति और विज्ञान के नाम पर खारिज कर दिया जाये। इसके लिए शिक्षा को साधन बनाया गया। आप देख सकते हैं कि वर्तमान में हम जिस शिक्षा की ओर भाग रहे हैं वह हमारे सांस्कृतिक आवरण को नष्ट कर रही है। हमारा सांस्कृतिक आवरण ओजोन परत के जैसे हमारी सभ्यता की निरन्तरता को बनाये रखने के लिए आवश्यक है। यह उन खतरनाक अवयवों से व्यक्ति और समाज की रक्षा करती है जो जीव और जगत के सम्बन्ध को भौतिक विभाजन तक सीमित रखते हैं, जो समाज की संरचना को ऊंच–नीच में देखने की आदत डालते हैं, जो हमारे व्यवहार और विचार में संग्रह, संचय और सत्ता के आधार पर नियन्त्रण को श्रेष्ठता की कसौटी बनाते हैं। जैसे–जैसे हमने अपने सांस्कृतिक आवरण के बदले 'अन्य' के सांस्कृतिक आवरण को अपनाने की पहल की है वैसे–वैसे समाधान के स्थान पर नयी समस्याओं को खड़ा किया है। आज हम ऐसे दौर के साक्षी बन रहे हैं जहाँ मूल्य संकट, पर्यावरण संकट और हिंसा व युद्धोन्माद का माहौल है। व्यक्ति का खुद से, समाज से और प्रकृति से सम्बन्ध, सहअस्तित्व और सहकार का न होकर शोषण, वर्चस्व और भोग का बनता जा रहा है। यह प्रवृत्ति भारतीय सांस्कृतिक आवरण से तालमेल न रखने का नतीजा है। यदि युंग और एडिंगर के सिद्धान्त के माध्यम से कहूँ तो जो हमारी संस्कृति का केन्द्रीय आख्यान है जैसे–जैसे

उससे हम दूर होते जा रहे हैं वैसे–वैसे जीव और जगत को देखने की विश्वदृष्टि हमारी सांस्कृतिक अस्मिता को भी कमजोर कर रही है। यह अस्मिता सदियों से समावेशी, सहिष्णु, बन्धुत्व और शाश्वत विकास वाले जीवन की प्रतिनिधि रही है।

आइए भारतीय सांस्कृतिक आवरण को समझने का प्रयास करते हैं। इसमें व्यक्ति को निरीह या कमजोर इकाई न मानकर ऊर्जा का पुंज माना गया है जो साधना, विद्या और कला के माध्यम से अपने होने को साकार करता है। उसका साकार होना संचय या भौतिक उपलब्धि के सन्दर्भ मे नहीं है बल्कि यह एक सिद्धि है जो अनन्त की ओर अग्रसर है। यह एक विवेक है जिसमें जिज्ञासा के साथ संवेदना है। जीवन को सम्पूर्णता में जीने की लालसा है और साथ ही इसकी नश्वरता का भान भी है। यही अधिकांश धार्मिक एवं आध्यात्मिक वैचारिकी का मूल है। इस समग्र दर्शन में सह–अस्तित्व, देखभाल करना (केयरिंग), सहानुभूति, तदनुभूति, बन्धुत्व को मानवीय स्वभाव का अनिवार्य हिस्सा माना गया है। इन स्थापनाओं की आलोचना इस आधार पर की जाती है कि इनके ठोस, मूर्त और आनुभविक प्रमाण नहीं मिलते। सवाल है क्या केवल आनुभविक प्रमाणों के अभाव में इन विश्वासों को खारिज कर सकते हैं? और क्या इनके प्रमाणों के लिए केवल विज्ञान की विधि और तरीकों को अन्तिम और एकमात्र तरीका मानना चाहिए। जानने और करने की अनेक विधियों में से विज्ञान एक है। भारतीय मनीषियों ने आत्म चिन्तन और मनन के आधार पर जो अन्वेषण या प्रतिपादन किये हैं वे इसका उदाहरण हैं। कई बार ऐसे तर्क दिए जाते हैं जिनके आधार पर मनुष्य केवल आत्मकेन्द्रित प्राणी सिद्ध होता है। अब तो विज्ञान भी Altruism (दूसरों का उपकार करने की प्रवृत्ति) को मानव स्वभाव का हिस्सा मानता है। मेरी एक स्थापना यह है कि दूसरों की भलाई का मूल्य कोई धार्मिक या नैतिक उपदेश नहीं है बल्कि यह मानव स्वभाव का हिस्सा है। इसकी अलग–अलग भाषाओं में, अलग–अलग संस्कृतियों में सराहना की गयी है। जब आप इस तथ्य को स्वीकार करते हैं तो इसका एक निहितार्थ यह होगा कि आनन्द आत्मकेन्द्रित उपलब्धियों को अर्जित करने से सम्बन्धित नहीं है बल्कि यह हमारे दूसरों के साथ रिश्तों से भी जुड़ा हुआ है। केवल खुद की जरूरतों को ध्यान में रखकर आगे बढ़ना हमारे कष्टों का कारण है और दूसरों के साथ मिलकर आगे बढ़ना हमारी खुशी का मूल है। जोनाथन हैडेट और सुधीर कक्कड़ जैसे

मनोवैज्ञानिकों ने इसके भाव की मानसिक क्रियाओं से सम्बद्धता की विवेचना की है। ऐसा ही एक प्रयोग था जिसमें 45 माताओं को भागीदार बनाया गया। उन्हें दो समूहों में रखा गया। पहले समूह को नैतिक रूप से प्रेरित करने वाला वीडियो दिखाया गया और दूसरे समूह को हास्य–व्यंग्य वाला वीडियो दिखाया गया। ऐसा पाया गया कि पहले समूह की महिलाओं में दुग्ध–स्राव बढ़ गया और इस समूह ने अपने बच्चों के साथ सांवेगिक निकटता वाले व्यवहार भी प्रदर्शित किये। इसी अनुभूति को गोविंद चंद पांडे (1989) साधना और सृजन के द्वारा आत्मोन्नति कहते हैं। यही वह रास्ता है जहाँ अपने पराये का भेद सिमटने लगता हैं। यही वह जोड़ है जहाँ हिंसा, विनाश, घृणा और प्रतियोगिता के स्थान पर आनन्द, सुख और सदाशयता जैसे भाव उपजते हैं।

मेरा सवाल यह है कि क्या दूसरों की भलाई करने के व्यवहार को हम अपने सामाजिक दायरे और शैक्षिक संस्थानों में देख पा रहे हैं? यहाँ ध्यान रखने वाली बात यह है कि दूसरों की भलाई से अभिप्राय केवल अपने से भिन्न जीव मात्र की भलाई से नहीं है बल्कि ऐसे समूह से है जिन्हें आप सामाजिक, सांस्कृतिक एवं आर्थिक दृष्टि से भिन्न पाते हैं। इनकी भलाई के बारे में सोचना कितना दृष्टिगोचर होता है। मेरे दिमाग में बुद्ध, विवेकानन्द, मदर टेरेसा और गाँधी जी की छवि प्रकट हो रही है जिन्होंने दया, करुणा, तदनुभूति को जीवन में साकार किया है। ऐसे प्रतिनिधियों की थाती वाले भारतीय समाज के बारे में टैगोर (1921) ने माना है कि यहाँ 'सह–अस्तित्व और सह–अनुभूति का भाव इतना गहरा बैठा है कि यह अपने, अपने परिवार, अपने कुल का विस्तार करके उसमें समस्त चराचर जगत को शामिल कर लेता है'। टैगोर के विचारों के सहारे यह भी समझ आता है कि जहाँ पश्चिम व्यक्ति के शेष जगत के साथ सम्बन्ध के लिए सत्ता, शक्ति और अर्थ का सहारा लेता है, वहीं हमारे यहाँ अपनेपन के भाव से हम दूसरे से जुड़ते हैं। हमारी विश्व–दृष्टि में भौतिक संसार के नश्वरता का भाव ऐसा समाया हुआ है कि वह न तो शक्ति, अर्थ और सत्ता के दम्भ को हमारे ऊपर हावी होने देता है न ही इस दम्भ के दबाव में आत्मज्ञान का दमन करता है। इसीलिए हमारे यहाँ ज्ञान अर्जित करने या बाँधने का माध्यम नहीं है बल्कि वह मुक्ति का मार्ग प्रशस्त करता है। हम आत्म को साकार करने के लिए खुद को अन्य से अलग नहीं करते बल्कि अन्य और परमशक्ति के साथ एकाकार हो जाना चाहते है। शक्ति,

सत्ता और अर्थ के साथ जब उपनिवेशकों ने अपनी विजय पताका फहरा ली तो भी उन्हें सार रूप में स्वतन्त्रता, समानता और बंधुत्व ही सूझा। मैं यह कहना चाह रही हूँ कि तलवार के बल पर जीवन की विनाशक शक्तियां सांस्कृतिक वर्चस्व को स्थापित तो कर सकती हैं लेकिन संस्कृति के रास्ते सभ्यता को पोषित करने का मन्त्र सह–अस्तित्व और बंधुत्व ही है। यह भारतीय दृष्टि शिक्षा सहित अन्य अभिकरणों का मूल रही है। इसी कारण यहाँ गुरु–शिष्य का रिश्ता 'प्रोफेशनल' न होकर कुल या परिवार का था। इसी कारण सीखना कक्षा तक सीमित न होकर श्रम और सेवा जैसे नैतिक अभ्यासों तक विस्तृत था।

वैश्वीकरण के इस युग में संस्कृतियों के बीच परस्पर अन्तःक्रिया और संवाद बढ़ा है लेकिन इस संवाद में जानने और अपनाने की प्रवृत्ति के स्थान पर संस्कृतियों के बीच श्रेष्ठता का द्वन्द्व भी पैदा हुआ है। आप भी अपने परिवेश में ऐसा पायेंगे कि अर्थ और सत्ता के आभामंडल में चमक रही संस्कृति जिसे शायद यूरोपीय, अंग्रेज़ी, पाश्चात्य, नगरीय प्रतीकों में खोज सकते हैं, के प्रतीकों, रीति–रिवाजों को न केवल उपेक्षित कर रहे हैं बल्कि वर्तमान व भावी पीढ़ी के स्मृति के दायरे से बाहर भी भेज रहे हैं। मैं इस स्थिति की प्रतिक्रियावादिता का समर्थन नहीं करती बल्कि स्वतः स्फूर्त सांस्कृतिक चेतना की बात करती हूँ जो वर्चस्व में नहीं सह–अस्तित्व में निष्ठा रखती है। यहाँ एक बात और स्पष्ट करना चाहूँगी कि विज्ञान और प्रौद्योगिकी ने विकास के फलक खोले, नयी सुविधाएँ तथा समस्याओं के समाधान प्रस्तुत किये, लेकिन मूल्यों के बिना इनके अविवेकपूर्ण प्रयोग ने जीव और जगत के रिश्ते को असंतुलित भी किया है। उपभोग, संसाधनों का दोहन, जीवन में कृत्रिमता जैसे प्रभाव आप देख सकते हैं। सत्य के अन्वेषण के नाम पर हमारे सांस्कृतिक और लौकिक विश्वासों का एक उदाहरण देना चाहूँगी, 'हमने प्रकृति से एक आध्यात्मिक रिश्ता कायम किया था। इस दृष्टि से गंगा, हिमालय आदि केवल हमारे प्राकृतिक संसाधन नहीं थे। वे हमारे जीवन के अंग थे। लेकिन जैसे–जैसे आधुनिक वैज्ञानिकता ने उन्हें संसाधन बना दिया न केवल जल, जंगल, जमीन नष्ट हुए बल्कि मानव के जीवन पर भी संकट आता गया। यह हमारे शाश्वत विकास का संकट है। गाँधी और उनके सहयोगी कुमारअप्पा इसी शाश्वत विकास के संकट को व्यक्त करते हैं। यह संकट ऐसे बौद्धिक मानव समाज की उपज है जो विज्ञान का प्रयोग अपनी लालच की पूर्ति के लिए कर रहा

है। इसी कारण वे हमें सावधान करते हैं कि हमें मशीनों यानी विज्ञान और प्रौद्योगिकी को शक्ति के भोग का जरिया नहीं बनाना है बल्कि यह मनुष्य की प्रतिभा, प्रकृति से उसके रिश्ते और इस रिश्ते को मजबूत करने का माध्यम बनना चाहिए। इसके लिए प्रौद्योगिकी के प्रयोग की बुद्धि के साथ मानवता का विवेक भी आवश्यक है। यह विवेक किसी फैक्ट्री मे नहीं तैयार हो सकता। इसका पोषण केवल संस्कृति के उद्यान में सम्भव है।

औपचारिक शिक्षा में अर्जित ज्ञान को जब एकमात्र ज्ञान के रूप में रूढ़ कर दिया जाता है तो जीवन की जटिलताएं एवं यथार्थ हमसे दूर होने लगता हैं। रोबोट का निर्माण, दूसरे ग्रह पर जीवन की खोज, सुपर कम्प्यूटर से तेज कम्प्यूटर की प्रेरणा विज्ञान और प्रौद्योगिकी की प्रगति को दर्शाते हैं। लेकिन मानव हृदय का संस्कार कितना हुआ? इसके बारे में बहुत अधिक कहने की आवश्यकता नहीं है। विज्ञान हो या समाज विज्ञान इनके खोज और आविष्कार हमारे मूल समस्या का समाधान देने में समर्थ नहीं हो पा रहे हैं। यदि गाँधी के शब्दों में कहूँ तो हमारे विज्ञान एवं प्रौद्योगिकी 'पागल दौड़' के लिए हमें तैयार कर रहे हैं। हमारा सवाल होना चाहिए कि एक खुशहाल एवं स्वस्थ जीवन के लिए हम कैसी दुनिया और इंसान चाहते हैं? लेकिन हमारा सवाल है कि कैसे उत्पादक–इंसान और उत्पादक–सम्बन्ध वाली दुनिया को पोषित किया जाये (कृष्णमूर्ति, 2002)। ऐसा नहीं है कि हम इस द्वन्द्व को या इस विरोधाभास को नहीं समझ पा रहे हैं। लेकिन हम इस नयी दुनिया को वर्तमान सामग्री और औजारों से नहीं बना सकते, इसे समझने की आवश्यकता है। हमारे लिए बौद्धिक विकास का सवाल केवल ऐसे ज्ञान और प्रौद्योगिकी की दक्षता से नहीं जुड़ा हुआ है जो आविष्कार से चमत्कृत करे बल्कि सह–अस्तित्व के मूल्य को भी सिंचित करे। किसी भी समस्या के समाधान के लिए हम एक फार्मूला खोजना चाहते हैं। ऐसा विश्वास करते हैं कि ऐसे फार्मूले से उस समस्या का समाधान हो जायेगा। हर समस्या का केवल बौद्धिक समाधान नहीं होता है बल्कि हमारे अन्य सामाजिक–सांवेगिक दृष्टियों से इसका समाधान होना चाहिए। हम दिमाग को कम्प्यूटर की तरह तैयार करने वाली व्यवस्था की तरफ बढ़ चले हैं जो सूचना के चयन, छँटनी, और विश्लेषण से एक समाधान प्रस्तुत करती है लेकिन नैतिक सरोकार, सांवेगिक सम्बन्ध और अपने होने के अर्थ को नहीं खोज पाती है। अगर हमारी बुद्धि मंगलयान और चन्द्रयान भेजती है तो यही लोगों को अलग–अलग सम्प्रदायों में भी

बाँटती है। ऐसा क्यों हो रहा है? यदि मैं समस्या को ऐसे रखूँ कि संस्कृति की कुछ प्रवृत्तियाँ और मूल्य जीवनदायी होते हैं और कुछ जीवननाशक। ऐसी स्थिति में तो शिक्षा को किसके साथ खड़ा होना चाहिए? स्वाभाविक है जीवनदायी शक्तियों के साथ। क्या हमारी शिक्षा जीवनदायी शक्तियों के साथ खड़ी है? शिक्षा के संस्थानों और प्रक्रियाओं में इसी तत्त्व का अभाव शिक्षा के प्रति हमारी चिन्ता का कारण है। हमने इस मूल सवाल को सम्बोधित करने के बजाय शिक्षा से जुड़े यान्त्रिक व्यवहारमूलक सवालों को सम्बोधित किया है। ऐतिहासिक दृष्टि से देखें तो पिछले 100 सालों से शिक्षा का मॉडल सरकारी नौकरी मूलक और साक्षरता का पर्याय बन चुका है। भारत में अंग्रेजों के जड़ जमाने से लेकर आजादी से पहले तक की शिक्षा व्यवस्था के सवाल इस प्रकार थे कैसे भारतीय जनमानस को राज्याश्रित बनाया जाये? कैसे राज्य की सम्पत्ति के विकास में योगदान करने वाले व्यक्ति का विकास किया जाये? अभिप्राय यह है कि व्यक्ति के विकास के पैमाने उसकी चेतना और उसके आत्म का विकास नहीं चाहते थे बल्कि उनमें उन व्यक्तिगत गुणों का विकास चाहते थे जिसके द्वारा वह राज्य और खुद के लिए पूँजी का प्रत्यक्ष और अप्रत्यक्ष उत्पादन कर सके। जैसा कि लेख के आरम्भ में चर्चा की गयी थी, भारतीय सन्दर्भ और संस्कृति से शिक्षा के कमजोर होते सम्बन्ध के कारण ज्ञान के लक्ष्य को मुक्ति के बदले उपभोग और बाजार में बदला गया। सहअस्तित्व और सबके कल्याण को परीक्षा, प्रतियोगिता और रोजगार में उपलब्धि के पैमाने के रूप में समझा गया। आजादी के बाद से अब तक हम विकास, कल्याण, और गुणवत्ता के पैमानों को नहीं बदल पाये हैं क्योंकि जीवन और जगत के रिश्ते के बारे में हमारी विश्व दृष्टि धीरे–धीरे भारतीय सांस्कृतिक धरोहर से कट गयी है। उसने खुद को एक कृत्रिम सांस्कृतिक आवरण में अनुकूलित करने का प्रयास किया है जिससे केवल नुकसान ही हो रहा है। यह उचित समय है कि हम अपनी शिक्षा कि पुनर्रचना के बारे में विचार करें। इसके लिए भारतीय संस्कृति के बड़े फलक का प्रयोग करें। बुद्धि तत्त्व के साथ संवेग तत्त्व का परिमार्जन करते हुए ज्ञानार्जन को ऐसी साधना बनायें जो भौतिक जगत को माँजने मात्र से सन्तुष्ट न हो बल्कि अपने भीतर निहित सम्भावनाओं को साकार करने के अनन्त बीजों से जीवन और जगत में आनन्द का संचार करे।

समग्र शिक्षा की अवधारणा और चुनौतियाँ

पवन सिन्हा

शिक्षा 'जीवन के सम्पूर्ण विकास की धुरी है' और शिक्षा 'सम्पूर्ण जीवन के विकास की धुरी है।' सतही तौर पर देखने पर यह प्रतीत होता है कि दोनों ही कथन समान हैं लेकिन वस्तुतः ऐसा नहीं है। दोनों ही कथनों में शिक्षा को देखने–समझने की दृष्टि या प्राथमिकता भिन्न है। शिक्षा को देखने–समझने की पहली दृष्टि जीवन के सम्पूर्ण विकास पर बल देती है जबकि शिक्षा को देखने–समझने की दूसरी दृष्टि सम्पूर्ण जीवन पर बल देती है। जब सन्दर्भ 'सम्पूर्ण विकास' का हो तो कहीं–न–कहीं यह भी ध्वनित होता ही है कि अनेकशः विकास 'अपूर्ण' रह जाता है जिसे 'पूर्ण' किये जाने की आवश्यकता है। जब सन्दर्भ 'सम्पूर्ण जीवन' का हो तो यह ध्वनित होता है कि हमारे लिए जीवन का कोई एक हिस्सा या एक पक्ष महत्त्वपूर्ण नहीं है बल्कि 'पूरा जीवन' ही महत्त्वपूर्ण है। इस अर्थ में शिक्षा को देखने–समझने की दूसरी दृष्टि आजीवन शिक्षा को प्रत्यक्षतः अथवा अप्रत्यक्षतः महत्त्व देती है और यह उचित भी है। शिक्षा न तो जीवन के किसी चरण विशेष से संबद्ध है और न ही वह किसी स्कूल/कॉलेज की चहारदीवारी से आबद्ध है। कोई बच्चा या व्यक्ति जब कभी भी किसी से कुछ सीखता है तो वह उसकी 'शिक्षा' का हिस्सा बनता चला जाता है। वास्तव में 'शिक्षा' शब्द 'शिक्ष्' धातु से बना है जिसका अर्थ ही है–सीखना और सिखाने वाला 'शिक्षक' कहलाता है। हम सभी अपने आसपास से, समाज के दूसरे सदस्यों से कुछ–न–कुछ सीखते ही रहते हैं। इस तरह से शिक्षा या सीखना एक सहज प्रक्रिया है जिसमें व्यक्ति अनायास ही सीखता चलता है। किसी बच्चे ने एक बुजुर्ग को सड़क पार करा दी, यह देखकर हमारा मन खुश हो गया तो यही सीख लिया कि दूसरों की मदद

कैसे की जाती है और कैसे की जानी चाहिए जबकि हमारी मंशा 'मदद करना' सीखना नहीं था। कभी–कभी व्यक्ति क्रोध में कुछ 'ज्यादा' ही कह जाता है जो हमें स्वयं अच्छा नहीं लगता तो यही सीख लिया कि क्रोध नहीं करना चाहिए या अगर कभी क्रोध आ भी जाये तो 'मौन' हो जाना चाहिए, अपनी वाणी पर भी नियन्त्रण रखना चाहिए। इसका सीधा–सा अर्थ यह है कि हम जीवन–भर कुछ–न–कुछ सीखते रहते हैं।

शिक्षा और जीवन का सम्बन्ध अटूट है। शिक्षा जब जीवन से जुड़ती है तो वह हमारे जीवन के सभी आयामों को परिष्कृत करती है और जीवन को गुणवत्ता प्रदान करती है। गरिमामय जीवन इसी गुणवत्ता का अभिन्न हिस्सा है। शिक्षा के सन्दर्भ में यह जानना भी आवश्यक है कि शिक्षा जीवन जीने की तैयारी नहीं बल्कि सार्थक रूप से जीवन जीना है। इस रूप में शिक्षा स्कूल के दायरे से 'मुक्त' हो मनुष्य की 'मुक्ति' का मार्ग प्रशस्त करती है। समूचा भारतीय दर्शन शिक्षा को व्यापक दृष्टिकोण से देखता–समझता है और इसलिए वह 'विद्या' में विश्वास रखता है–''सा विद्या या विमुक्तये!'' अर्थात् 'विद्या वह है जो मुक्ति प्रदान करती है।' भारतीय जनमानस के लिए 'विद्या' किसी विषय की पढ़ाई के अर्थ में प्रयुक्त नहीं होती और न ही 'मुक्ति' 'मोक्ष' का पर्याय है और न ही 'मोक्ष' जीवन, जगत और देह से मुक्ति के अर्थ में प्रयुक्त हुआ है। वस्तुतः मोक्ष तो 'मोह का क्षरण' है। भारतीय समाज में अनेक शब्दों को लेकर जो सीमित दृष्टिकोण है वह अवधारणाओं को सही से और स्पष्ट रूप से समझने में बाधा उत्पन्न करता है। 'शिक्षा' के सम्बन्ध में भी कमोबेश यही स्थिति है।

शिक्षा और विद्या में अन्तर

'शिक्षा' 'विद्या' का पर्याय नहीं है। शिक्षा 'सीखने' के अर्थ में प्रयुक्त होती है और 'विद्या' 'ज्ञान' के रूप में, 'जानने' के रूप में। 'विद्या' 'शिक्षा' की अपेक्षा अधिक बृहद् अवधारणा है और 'शिक्षा' 'स्कूलिंग' की अपेक्षा अधिक बृहद् अवधारणा है। 'स्कूलिंग' का अर्थ है–स्कूल जाना और औपचारिक रूप से पढ़ना–लिखना। जबकि शिक्षा अनौपचारिक स्वरूपी होते हुए स्कूल की सीमाओं को ध्वस्त करती है और समाज, परिवार, संगी–साथी, मीडिया आदि सभी से कुछ–न–कुछ सीखने का मार्ग प्रशस्त करती है। इस तरह से देखा जाये तो शिक्षा का स्वरूप गत्यात्मक होता है जो अनौपचारिक

अधिक होती है। जैसा कि पूर्व में स्पष्ट किया जा चुका है कि शिक्षा जीवन जीने की तैयारी नहीं बल्कि सार्थक रूप से जीवन जीना है। यह जीवन भी स्वयं में एक जटिल अवधारणा है। जीवन को गरिमामय तरीके से जीना सभी का मौलिक अधिकार है लेकिन सभी के लिए इसका अर्थ समान नहीं है। सामाजिक आर्थिक परिप्रेक्ष्य 'जीवन' की इस अवधारणा को परिवर्तित करने की क्षमता रखता है। एक वह व्यक्ति जो भोर होते ही अपने हाथ में कूची, डिब्बा, रंदा अपने झोले में रख काम की तलाश में निकल जाता है और किसी चौक पर या सड़क के किनारे किसी 'ठेकेदार' की प्रतीक्षा करता है कि कब वह आयेगा और हमें काम दिलवायेगा। जिस दिन उसे चौक पर पहुँचते ही काम मिल जाता है उस दिन वह अपना 'जीवन' सफल मानने लगता है। लेकिन अब आप उस व्यक्ति के सन्दर्भ में इसी बात को सोचिए जिसकी 'पक्की' नौकरी है, वह कार में अपने ऑफिस आता–जाता है। क्या उसके लिए दिन में काम करना 'जीवन को सफल' मानने के समान होगा? नहीं! इसी तरह से 'गरिमामय' और 'सार्थक' के अर्थ में भी अन्तर है। 'स्कूलिंग' विषय की पढ़ाई से अधिक जुड़ी हुई है जबकि शिक्षा विषयों की इन सीमाओं को तोड़ती है। इसका प्रमुख कारण यह है कि शिक्षा की प्रक्रिया में हम जो कुछ भी सीखते हैं उसे किसी एक विषय विशेष में बाँधना कठिन हो जाता है। कौन–सी मिट्टी में कौन–सी फसल बहुत अच्छी होती है–यह सामाजिक विज्ञान का विषय है या भूगोल का या भाषा का? इस एक निश्चित विषय–सीमा में बाँधना कठिन है। जीवन को गरिमामय और सार्थक तरीके से जीने के लिए परिस्थितियों के साथ समायोजन करना भी आवश्यक है। जीवन है तो उतार–चढ़ाव तो आयेगे ही। समस्त उतार–चढ़ाव को स्वीकार करते हुए उनका सामना करने की सामर्थ्य और कुशलता का विकास करना शिक्षा का दायित्व है। आर्थिक बोझ तले दबा व्यक्ति जब आत्महत्या कर लेता है तो वह शिक्षित होने के दायरे से परे हो जाता है। सही और गलत में भेद न कर पाने वाला व्यक्ति जब कुसंगति में पड़ अपना और दूसरों का नुकसान कर बैठता है तो वह भी शिक्षित होने के दायरे से बाहर हो जाता है। वास्तव में शिक्षा में यही सीखना होता है। लेकिन जब हम 'स्कूलिंग' या स्कूल जाने को शिक्षा मान बैठते हैं तो अनेक प्रकार की विसंगतियाँ उत्पन्न होने लगती हैं। 'स्कूल' की चिन्ता विषय की पढ़ाई, उसका पाठ्यक्रम और उसकी परीक्षा तक सीमित रह जाता है। आखिर कहाँ जगह है किसी 'स्कूल' में

कि वह बच्चे के मन को समझे? आखिर कहाँ समय है 'स्कूल' के पास कि वह मीडिया के दुरुपयोग के बारे में बच्चों के साथ स्वतन्त्र रूप से चर्चा करे? आखिर कहाँ है किसी 'स्कूल' में वह 'घंटी' जो किशोर अवस्था के किशोर–किशोरियों को यह समझने में मदद करे कि अगर मुँहासे निकल आये तो क्या करना चाहिए और यह भी कि सौन्दर्य के असली मायने क्या है? जबकि किशोरवय के बच्चों की अधिकांश चिन्ता यही रहती है कि वे 'सुन्दर' नहीं दिख रहे, रंग कुछ साँवला हो गया है, खाने–पीने की सही चीज़ें कौन–सी हैं आदि। स्कूल को लगता है कि यह बताना उनका काम नहीं है क्योंकि यह 'सिलेबस' में नहीं है और जो चीज 'सिलेबस' में नहीं है वह परीक्षा में भी नहीं आयेगी। और जब कोई चीज़ परीक्षा में नहीं पूछी जायेगी उस पर कक्षा में 'समय बर्बाद' करने से क्या लाभ? लेकिन स्वास्थ्य और शारीरिक शिक्षा तो है! तो फिर क्यों नहीं इन बिन्दुओं, समस्याओं पर बच्चों के साथ खुलकर चर्चा नहीं होती?

व्यापक शिक्षानीति का अभाव

यह भी एक विडम्बना है कि विश्व के सबसे युवा देश के पास एक लम्बे अरसे से कोई शिक्षा नीति ही नहीं है। जिस देश के पास अपने समयानुकूल कोई ठोस नीति नहीं होती उसका विकास सम्भव नहीं है, क्योंकि शिक्षा समाज का वह उपकरण या औजार है जिसके माध्यम से देश अपनी आकांक्षाओं और अपेक्षाओं को पूर्ण करता है। जिस तरह से शिक्षा का ढाँचा और ढर्रा चल रहा है उसमें स्कूलों की कोई उपादेयता नजर नहीं आती, क्योंकि स्कूल जो दे रहे हैं वह तो बच्चे के पास घर पर 'ढाई बाई तीन की टेबल' पर भी उपलब्ध है। और जो वह स्कूल में सीखने जाता है, उसे सिखाने का समय शिक्षकों के पास नहीं है। इसका अर्थ यह है कि बच्चे स्कूल में केवल सूचनाएँ एकत्र कर रहे हैं जो उसे अपने घर पर कम्प्यूटर पर भी उपलब्ध हो सकती है और हो रही है। सवाल यह उठता है कि क्या सूचना शिक्षा का पर्याय है? नहीं! अगर नहीं तो फिर बच्चा स्कूल क्यों जाये? फिर तो स्कूल जाने से तो बेहतर है कि वह अपने घर में ही कंप्यूटर से सूचनाएँ एकत्र कर ले। मुद्दा यह भी है कि स्कूलों के पास बच्चों के चारित्रिक विकास, तार्किक विश्लेषण, समूह में रहने, समूह में काम करने की आदत का विकास करने के लिए न तो कोई सुचिन्तित

योजना है और न ही उसे क्रियान्वित करने की कोई 'नीयत' है। शिक्षकों के पास अनेक गैर–अकादमिक कार्य ऐसे भी 'लाद' दिए गये हैं जिनके कारण शिक्षक बच्चों के साथ बहुत कम समय बिताते हैं। शिक्षकों पर एक सबसे बड़ा दबाव 'सिलेबस पूरा करना' होता है। 'सिलेबस' यानी 'पाठ्यक्रम'! लेकिन यह भी समझ से परे है कि अन्ततः यह 'सिलेबस' है क्या? शिक्षा का 'सिलेबस' शिक्षा के उद्देश्यों से अलग तो हो नहीं सकता और शिक्षक अक्सर यही कहते हुए 'पाए' जाते हैं कि 'सिलेबस' पूरा करना है यानी एक तरह से शिक्षा के समस्त उद्देश्यों को पूरा करना है। लेकिन स्कूलों में शिक्षा के ये उद्देश्य पूर्ण होते हुए नजर नहीं आ रहे।

प्रमाणपत्र–उन्मुखता

इसी से जुड़ा एक और मुद्दा यह है कि जिस तरह से वर्तमान शिक्षा व्यवस्था है, उसमें वह 'सर्टिफिकेट और डिग्री' तक सीमित होकर रह गयी है। उच्च स्तर की कक्षा अथवा उच्च स्तर के पाठ्यक्रम में शामिल होने के लिए 'रीतिवश' जो 'सर्टिफिकेट और डिग्री' चाहिए वह प्राप्त कर लेने पर 'शिक्षा' की इतिश्री मान ली जाती है। जो शिक्षा व्यक्ति की उन्नति के साथ–साथ समाज और राष्ट्र की उन्नति का भी उपकरण हो, आधार हो वह 'सर्टिफिकेट और डिग्री' के बन्धन में बँध ही नहीं सकती और यदि इसे इस बन्धन में बाँधने का दुस्साहस किया गया तो स्वयं शिक्षा की अवनति निश्चित है। अब हमें तय करना है कि हम शिक्षा की उन्नति चाहते हैं अथवा अवनति? शिक्षा और समाज के आपसी सम्बन्धों की चर्चा में इस मूल बिन्दु की ओर भी ध्यान दिया जाना चाहिए कि शिक्षा समाज के लिए है न कि समाज शिक्षा के लिए! अतः शिक्षा को समाज के अनुरूप स्वयं को ढालना होगा। हम यह जानते हैं कि समाज निरन्तर परिवर्तनशील है और समाज में आने वाले हर तरह के सकारात्मक अथवा नकारात्मक परिवर्तन को स्वीकारने का दायित्व और उन परिवर्तनों के अनुरूप शिक्षा से जुड़े सभी आयामों को भी परिवर्तित करने का नैतिक बोध भी हमारी शिक्षा व्यवस्था में होना चाहिए। किसी भी परिवर्तन की यह माँग होती है कि वह अपने अनुरूप 'शेष' में भी परिवर्तन चाहती है। अतः परिवर्तित होते समाज के अनुरूप शिक्षा के शिक्षण–शास्त्र यानी 'पैडागॉजी' में भी परिवर्तन किया जाना चाहिए। अन्य शब्दों में कहा जाये तो सीखने–सिखाने के तरीकों में

परिवर्तन किया जाना चाहिए और साथ ही सीखने–सिखाने की सामग्री में भी! इस परिवर्तन का एक आयाम शिक्षा का उद्‌देश्य भी हैं, क्योंकि शिक्षा समाज के लिए है, शिक्षा समाज की आकांक्षाओं और अपेक्षाओं को पूर्ण करने में सफल होती है तभी हम शिक्षा के माध्यम से न्यायप्रिय, समतापूर्ण समाज की स्थापना करने में सफल हो सकेंगे।

शिक्षा में परिवर्तन के लिए हमारे पास अपना 'नैरेटिव' या आख्यान होना चाहिए तभी हम समाज और उसके लिए शिक्षा के साथ न्याय कर सकेंगे। प्रायः ऐसा होता है कि हम परिवर्तन की दिशा को निर्धारित करने के लिए 'विदेशी सामान' लेने लगते हैं अथवा उसका समर्थन करते हैं और यह समझने की भूल करते हैं कि हमने परिवर्तन के साथ न्याय कर दिया। लेकिन भारतीय समाज की शिक्षा की दिशा उसी भारतीय समाज से उपजनी चाहिए। 'विदेशों से उधार लेना' बुरा नहीं है, अगर उसमें कोई विशिष्टता नजर आती है, किसी प्रकार का 'तत्त्व' नजर आता है तो उसे अपने समाज के सन्दर्भ में परखना होगा और तब सुनिश्चित करना होगा कि यह 'जो हम ले रहे हैं' वह सफल होगा अथवा नहीं! लेकिन उसे ज्यों का त्यों क्रियान्वित करना अनुचित होगा और असफलता के अतिरिक्त कुछ प्राप्त भी नहीं होगा। हो भी कैसे सकता है? आप स्वयं ही विचार कीजिए! भारतीय समाज को अपनी शिक्षा नीतियाँ अपने अनुसार निर्धारित करनी होगी।

स्कूली/औपचारिक शिक्षा का लक्ष्य

शिक्षा से सम्बन्धित एक अन्य मुद्‌दा यह भी है कि अन्ततः बच्चे स्कूली शिक्षा में क्या हासिल करें? इस सन्दर्भ में यह बिन्दु ध्यान में रखना होगा कि बच्चे के मस्तिष्क का विकास बारह वर्ष तक की आयु तक होता है अतः आधारभूत शिक्षा आठवीं कक्षा तक हो जिसमें बच्चों को भाषा, गणित, कला, खेल–कूद, चिन्तन, सृजन सिखाया जाये। भाषा किसी भी अध्ययन के लिए माध्यम का कार्य करती है। अतः भाषा पर अधिकार और 'भाषा की तहज़ीब' अत्यन्त आवश्यक है। जीवन में गणित जहाँ और जिस रूप में उपयोग में लाया जाता है उतना गणित बच्चा सीख जाये। किसी दुकान से सामान खरीदकर पैसों का हिसाब–किताब कर सके। दूरी और भार का ठीक–ठीक अनुमान लगा सके! बच्चे अपने मस्तिष्क का अधिकतम विकास

कर सकें और अपने मस्तिष्क का अधिकतम उपयोग कर सकें इसके लिए आवश्यक है कि बारह वर्ष तक की आयु तक बच्चों को अधिकतम ऐसे अवसर उपलब्ध कराए जायें जिससे वे चिन्तन, तार्किक विश्लेषण, सृजन, भाषा का उचित प्रयोग करने के क्रियाकलापों में सक्रिय रूप से शामिल हो सकें। उच्च शिक्षा भी प्रत्येक बच्चे के लिए अनिवार्य नहीं होनी चाहिए। केवल वही उच्च शिक्षा के लिए जाये जो किसी विषय विशेष में निपुणता प्राप्त करना चाहते हैं और आगे चलकर उस विषय–क्षेत्र में कुछ विशिष्ट करना चाहते हैं, अध्यापन करना चाहते हैं।

बच्चों के सीखने के सन्दर्भ में एक और महत्त्वपूर्ण बिन्दु यह है कि बच्चे 'डिमोन्स्ट्रेशन' से सीखते हैं। इसका अर्थ यह है कि हम बच्चों को जिस रूप में देखना चाहते हैं, हम शिक्षकों और बड़ों को भी वैसा ही व्यवहार करना होगा। अगर हम बच्चों से यह चाहते हैं कि वह मोबाइल पर अनावश्यक समय नष्ट न करे, सच बोले, ईमानदार हो, भाषा का उचित प्रयोग करें तो शिक्षकों और घर के बड़ों को भी वैसा ही करना होगा। बच्चे अनौपचारिक अथवा गैर औपचारिक रूप से अधिक सीखते हैं। आपने छोटे बच्चों के व्यवहार का अवलोकन करते हुए स्वयं यह जाना होगा। छोटे बच्चे हमें अपनी बातों से, अपने कार्यों से हतप्रभ कर देते हैं–तब हम सोचने लगते हैं कि 'यह इसने कहां से सीखा? हम तो ऐसा बोलते नहीं। ऐसा तो कभी किसी ने किया नहीं।' आदि–आदि। अनौपचारिक रूप से सीखी हुई बातें अपेक्षाकृत स्थायी होती हैं, क्योंकि उनके सीखने में बच्चे की स्वयं की स्वायत्तता, स्वयं का निर्णय, स्वयं का विवेक शामिल होता है। यही कारण है कि गुरुकुल प्रणाली अधिक सफल है क्योंकि वह औपचारिकता के बन्धन में नहीं बंधी है। गुरु के सान्निध्य में, गुरु के साथ रहते हुए सामान्य रूप से जीवन जीते हुए शिष्य अधिक बेहतर रूप से विद्यार्जन करता था। शिक्षा के औपचारिक रूप में अनेक प्रकार के बन्धन हैं–समय का बन्धन, विषयों को पढ़ने–पढ़ाने का बन्धन, क्रियाकलापों का बन्धन, परीक्षा का बन्धन और भी न जाने कितनी तरह के बन्धन। जो शिक्षा स्वयं ही अनेक तरह के बन्धनों में बँधी हो वह शिक्षार्जन करने वाले को कैसे 'मुक्ति' दिला सकती है?

भारतीय संविधान का 'अनुच्छेद 21A' छह से चौदह वर्ष तक के बच्चों को निःशुल्क और अनिवार्य शिक्षा का मौलिक अधिकार देता है।

इस आधार पर कोई भी स्कूल इस आयु वर्ग के बच्चों को स्कूल में दाखिला देने से इनकार नहीं कर सकता। बच्चों को स्कूल भेजने के लिए अभिभावकों का भी दायित्व सुनिश्चित किया गया है। लेकिन अधिकांशतः शिक्षा के नाम पर बच्चों को केवल सूचनाएँ या जानकारी ही मिल रही हैं। उनके सर्वांगीण विकास के रूप में शिक्षा का अधिकार देने वाला मौलिक अधिकार बच्चों के सर्वांगीण विकास में असफल है। इस तरह से 'शिक्षा का अधिकार' वास्तव में 'स्कूलिंग' का अधिकार बन गया है। स्कूल में बच्चे को गुणवत्तापूर्ण शिक्षा मिल जायेगी—यह सुनिश्चित नहीं है। आपको विषय की पढ़ाई तो मिलेगी लेकिन किसी उम्र विशेष के पड़ावों का कैसे सामना किया जाये—इसके लिए मार्गदर्शन नहीं मिलेगा।

विद्या की उपस्थिति

'विद्या' शिक्षा से उच्च स्तर पर अवस्थित है। भारतीय दर्शन में 'विद्या' 'आत्मज्ञान' और 'ब्रह्म ज्ञान' के अर्थ में प्रयुक्त होती है। मुण्डकोपनिषद् के प्रथम खण्ड (1.1.4.5) में दो प्रकार की विद्याओं का उल्लेख है—'परा विद्या' और 'अपरा विद्या'। परा अर्थात् 'परमात्मविद्या' और अपरा—'धर्म, अधर्म के साधन और उनके फल से सम्बन्ध रखने वाली विद्या'! अपरा विद्या को व्याख्यायित करते हुए कहा गया है कि 'ऋग्वेद, यजुर्वेद, सामवेद, अथर्ववेद, शिक्षा, कल्प, व्याकरण, निरुक्त, छन्द और ज्योतिष (छः वेदांग)—यह अपरा है तथा जिससे उस अक्षर परमात्मा का ज्ञान होता है वह परा विद्या है।' यह 'परा विद्या' तो हमारी पाठ्यचर्या और पाठ्यक्रम से 'नदारद' है। अगर स्कूल में यह सब जानने के अवसर उपलब्ध नहीं कराये जाते तो 'स्कूल' को 'विद्यालय' कहना उचित न होगा। 'विद्या' का अर्थ तो हम जान ही चुके हैं और उस कसौटी पर परखें तो ज्ञात होगा कि जहाँ शिक्षा प्राप्त होती है वह 'शिक्षालय' कहलाया जाना चाहिए लेकिन ऐसा नहीं है और जिसे हम 'विद्यालय' कहते हैं वहाँ 'विद्या' है नहीं। अगर शास्त्र 'अपरा विद्या' और 'परा विद्या' की बात करते हैं, जिसे जानना चाहिए तो उसके पार्श्व में कोई गहन कारण या औचित्य होगा। वह औचित्य यही है कि हम शिक्षा के माध्यम से जिस आत्मसाक्षात्कार या आत्मानुभूति की बात करते हैं वह 'परा विद्या' द्वारा ही सम्भव है। अद्वैतवाद के अनुसार 'मैं ब्रह्म हूँ' (अहम् ब्रह्मास्मि)। इसके अनुसार आत्मा और परमात्मा में कोई भेद

नहीं रह जाता। यही आत्मानुभूति है, आत्मसाक्षात्कार है और यही है स्वयं को जानना। 'अपरा विद्या' के अन्तर्गत जिन छः वेदांगों की चर्चा की गयी है वे इस जगत को समझने, इस जगत में कर्म करने और समुचित व्यवहार करने के लिए आवश्यक हैं। इस प्रकार 'परा और अपरा विद्या' वास्तव में जीवन को समझने और उसे सार्थक रूप से जीने में सहायता करती है। यह 'विद्या' ही है, 'शिक्षा' नहीं! अस्तु, कहा जा सकता है कि विद्या की संकल्पना शिक्षा से कहीं अधिक बृहद् और व्यापक है। यदि गहराई से देखें तो ज्ञात होता है कि जिसे हम 'विद्यालय' की संज्ञा देते हैं वह वस्तुतः 'शिक्षालय' है जहाँ 'शिक्षा' की प्रक्रिया सम्पन्न होती है। 'विद्यालय' तो केवल वह स्थान हो सकता है जहाँ 'परा और अपरा'—दोनों विद्याओं को जानने, समझने और समुचित रूप से व्यवहार में लाने के लिए पर्याप्त अवसर हों। यह स्थान भी 'गुरुकुल' या 'गुरुकुल सरीखा स्थान' हो सकता है। यहीं से एक बात और संज्ञान में आती है कि 'शिक्षक' और 'गुरु' की संकल्पना में भी अन्तर होता है।

उल्लेखनीय है कि स्कूली शिक्षा के लिए एनसीईआरटी द्वारा प्रस्तुत राष्ट्रीय पाठ्यचर्या की रूपरेखा (2005) भी शिक्षा के सन्दर्भ में इस विचार को पोषित करती है कि शिक्षा स्वयं जीवन जीना है, जीने की तैयारी नहीं और शिक्षा को स्कूल की परिधि से बाहर कहीं व्यापक पटल पर अवस्थित करते हुए कहती है—"शिक्षा के मूल सरोकार आज भी निस्सन्देह महत्त्व रखते हैं, ये हैं—बच्चों को इतना सक्षम बनाना कि वे जीवन का अर्थ समझ सकें और अपनी योग्यताओं का विकास कर सकें, अपने जीवन का एक उद्देश्य निश्चित करें और उसे प्राप्त करने का प्रयास करें तथा दूसरे व्यक्ति को भी ऐसा करने का अधिकार दें।" जब हम 'अपने साथ—साथ' किसी 'दूसरे' के अधिकार की बात करते हैं, उसे महत्ता प्रदान करते हैं तो हम वास्तव में व्यष्टि से समष्टि की यात्रा तय करते हैं और समाज से राष्ट्र की ओर अग्रसर होते हैं। इस तरह शिक्षा का सरोकार व्यक्ति, समाज और राष्ट्र के सरोकार से अलग हो ही नहीं सकता! इसका अर्थ यह है कि जब हम शिक्षा की बात करते हैं तो उसमें व्यक्ति, समाज और राष्ट्र—तीनों ही महत्त्वपूर्ण हैं। तीनों ही परस्पर एक—दूसरे पर निर्भर करते हैं। शिक्षा इन तीनों के विकास में एक महत्त्वपूर्ण साधन या उपकरण का काम करती है। अतः किसी भी राष्ट्र की उन्नति का मार्ग उसकी शिक्षा—व्यवस्था से होकर गुजरता है।

मूलभाव सरोकार

किसी भी राष्ट्र की शिक्षा–व्यवस्था को बेहतर बनाने के लिए यह जरूरी है कि हम कुछ बुनियादी सवालों के जवाब पूरी ईमानदारी से खोजें–

- हम 'शिक्षा' को किस अर्थ में देखते–समझते हैं?
- स्कूली शिक्षा के माध्यम से हम किन उद्देश्यों को प्राप्त करना चाहते हैं?
- हम अपने बच्चों को किस रूप में देखना–समझना चाहते हैं?
- हमारे बच्चों के व्यक्तित्व, परिवार और समाज का स्वरूप क्या है?
- वे कौन–से शैक्षिक अनुभव हैं जो शिक्षा के उद्देश्यों को प्राप्त करने में सहायक होंगे?

और अन्तिम सवाल अत्यन्त महत्त्वपूर्ण है–

- हम बच्चों की शिक्षा के लिए इतने चिन्तित क्यों हैं?

इस अन्तिम सवाल के मूल में एक गहरा सवाल यह छिपा है कि हम वास्तव में किसके लिए चिन्तित हैं–बच्चों के लिए, समाज के लिए या फिर राष्ट्र के लिए? सम्भवतः तीनों के लिए क्योंकि तीनों का अस्तित्व एक–दूसरे पर निर्भर करता है। इस अर्थ में हमारा दायित्व और भी बढ़ जाता है क्योंकि हमें व्यक्ति, समाज और राष्ट्र–तीनों को ही ठीक से समझना होगा। यह समझ इसलिए जटिल होगी कि तीनों ही बेहद जटिल संकल्पनाएँ हैं और देश, काल, वातावरण के अनुसार इनमें निरन्तर बदलाव आता रहता है।

समग्र शिक्षा के स्वरूप में 'परा और अपरा' विद्याओं का समन्वित रूप ही सटीक बैठता है। यदि एक बार को 'परा और अपरा विद्या' का मुद्दा एक तरफ कर भी दिया जाये तो भी वर्तमान शिक्षा में 'समग्रता' के दर्शन दुर्लभ हैं। यदि एक बार पुनः राष्ट्रीय पाठ्यचर्या की रूपरेखा 2005 के अंश का उल्लेख करें–"शिक्षा के मूल सरोकार आज भी निस्सन्देह महत्त्व रखते हैं, ये हैं–बच्चों को इतना सक्षम बनाना कि वे जीवन का अर्थ समझ सकें और अपनी योग्यताओं का विकास कर सकें, अपने जीवन का एक उद्देश्य निश्चित करें और उसे प्राप्त करने का प्रयास करें तथा दूसरे व्यक्ति को भी ऐसा करने का अधिकार दें।" स्पष्ट है कि जीवन आयाम बहुविध हैं। इनमें बच्चे के शारीरिक, मानसिक, सामाजिक, भावात्मक, आध्यात्मिक पक्ष

शामिल हैं। लेकिन हमारी पूरी शिक्षा व्यवस्था में अंकों पर अधिक बल रहता है। विषय की पढ़ाई सर्वोपरि है और उसकी परीक्षा भी। यह शिक्षा व्यवस्था सिद्धान्तों को गढ़ने, सिद्धान्तों को तोड़ने और पुनर्रचना करने में विश्वास नहीं रखती। न तो यह शिक्षा व्यवस्था स्वयं ही कोई जोखिम उठाती है और न ही बच्चों को जोखिम या खतरे उठाने के लिए प्रोत्साहित करती है। बनी–बनायी परिपाटी पर 'टुक–टुक–टुक' चलने की संस्कृति को बढ़ावा देने वाली शिक्षा व्यवस्था बच्चों को वह अवसर नहीं देती कि वे 'पराजय' का भी सामना कर सकें। जबकि वास्तविकता यही है कि जीवन में विजय है तो पराजय भी है। बच्चों को हर स्थिति को साधने का अभ्यास भी आना चाहिए। इसी अभ्यास से कुशलता का विकास होता है। जब मैं 'अभ्यास' की बात कह रहा हूँ तो इसमें 'यान्त्रिक अभ्यास' नहीं है कि पूरे पन्ने पर अ/आ/ई/आम/नाना लिख दो। मैं यहाँ सार्थक अभ्यास की बात कर रहा हूँ क्योंकि लगभग समान परिस्थितियाँ तो प्रतिदिन, प्रतिपल आती हैं। बस, हमें इन स्थितियों को साधने का अभ्यास ही चाहिए। शिक्षा ऐसी हो जिसमें बच्चे का सामाजिक और भावनात्मक पक्ष भी पर्याप्त स्थान पा ले। अक्सर होता यह है कि उच्च कक्षाओं में जाने के लिए अंक का प्रतिशत देखा जाता है। यह प्रतिशत 'विषयों' का ही होता है, शेष 'प्रतिशत या अंकों' की दौड़ से बाहर कर दिए जाते हैं। एक बच्चा जिसमें दूसरों की सहायता करने की भावना है, नेतृत्व करने के गुण हैं या फिर पहल करने का भाव है लेकिन वह विषयों की परम्परागत पढ़ाई में उतना उत्कृष्ट प्रदर्शन नहीं कर पाता, वह अपने सहपाठियों से पिछड़ जाता है तो यह शिक्षा व्यवस्था उसे स्वीकार करेगी? नहीं, कदापि नहीं!

जीवन की समग्रता शिक्षा की समग्रता नहीं बन पा रही है। हालाँकि हम एक लम्बे समय से 'समावेशी शिक्षा' की बात तो कर रहे हैं, ज़ोर–शोर से कर रहे हैं लेकिन तब भी बच्चों का 'समावेशन' नहीं हो पा रहा! वे 'स्कूल' तो आ गये हैं लेकिन अभी स्कूल में रचना–बसना शेष है। अनेकशः वे 'बस्ते के बोझ तो कभी किताबों के बोझ तो कभी वे विचारों के बोझ' तले दबा–दबा सा अनुभव करते हैं। यह स्थिति तब आती है जब बच्चों के मन को समझने वाला 'कोई' नहीं होता। वे कब क्या चाहते हैं, कैसे समझना चाहते हैं, क्या करना चाहते हैं, उनकी क्या उलझनें हैं, वे क्या सोचते हैं, वे क्या डर महसूस करते हैं, उनकी पसन्द–नापसन्द क्या है–ऐसे अनेक सवाल हैं जिनके जवाब खोजने के लिए बच्चों के पास, बच्चों के

साथ रहना आवश्यक है। तभी हम उनके मन को भी समझ सकेंगे और उनके समावेशन के लिए समुचित उपाय भी कर सकेंगे।

जीवन की समग्रता को शिक्षा की समग्रता बनाने के लिए आवश्यक है कि शिक्षक और बच्चे भी जीवन के हर आयाम, जीवन के हर पहलू को, जीवन के हर रंग को गहराई से देखें, विश्लेषणात्मक दृष्टि से परखें और अपनी स्पष्ट समझ बनायें। समग्र शिक्षा का दर्शन, समाजशास्त्र और मनोविज्ञान इस ओर संकेत करते हैं कि भारतीय समाज निरन्तर परिवर्तित हो रहा है। इस परिवर्तन में केवल आधारभूत संरचना ही शामिल नहीं है बल्कि और भी बहुत कुछ है जिसे अनदेखा नहीं किया जा सकता।

शिक्षा से जुड़े आयाम में परिवर्तन को प्रत्यक्षतः देखा–समझा जा सकता है। कई बार यह परिवर्तन सकारात्मक होता है तो अनेक बार नकारात्मक। सोशल मीडिया इसका एक उत्कृष्ट उदाहरण है। सोशल मीडिया से बढ़ता परिचय पूरे संसार को बहुत निकट ले आता है और साथ ही ज्ञान की पूरी दुनिया को हमारे समक्ष 'खोल' देता है। ज्ञान से लाभ उठाना हो तो सकारात्मक परिवर्तन है लेकिन इसी सोशल मीडिया का जब अनैतिक कार्यों के लिए दुरुपयोग किया जाता है, वैमनस्य फैलाया जाता है तो नकारात्मक परिवर्तन की श्रेणी में आ जाता है। समाज बदला है तो बच्चों की चिन्ताएँ और दबाव भी बदले हैं। वे समय से पहले 'बड़े' हो रहे हैं और 'बड़ों की दुनिया का हर ऐब' भी उनमें आने लगा है। अगर वे स्वयं न भी चाहें इस 'ऐब' में फँसना तो भी हमउम्र साथियों का दबाव इतना भयंकर होता है कि बच्चे इस 'ऐब' में फँस ही जाते हैं। फिर एक और द्वन्द्व–यात्रा, एक और प्रताड़ना–यात्रा का प्रारम्भ होता है जिसकी विभीषिका अधिकांशतः बच्चे को ही झेलनी पड़ती है। जब बच्चे उस विभीषिका को झेल नहीं पाते तो अपने जीवन को ही समाप्त कर बैठते हैं। क्या लाभ ऐसी शिक्षा का जो सार्थक रूप से जीवन को जीना सिखाने के उद्देश्य से आगे बढ़ रही थी लेकिन बच्चों का जीवन ही संकट में पड़ गया।

ऐसी स्थिति में सवाल उठता है कि फिर क्या करें? सबसे पहले बच्चों को समझना है, उनके मन को समझना है और उनका मित्र बनना है। अभिभावकों को परवरिश के तरीके और शिक्षकों को शिक्षण–शास्त्रीय तरीके बदलने होंगे। ऐसे प्रयास करने होंगे जिससे बच्चों के साथ निरन्तर सार्थक संवाद स्थापित हो सके, वे एकांगी न हो पाएँ। सोशल मीडिया का उचित प्रयोग, उचित दूरी और उचित निकटता पर भी ध्यान देने

की ज़रूरत है। बच्चों की तार्किक शक्ति का विकास किया जाना चाहिए जाकि वे चीज़ों, घटनाओं और व्यक्तियों को ध्यान से देख सकें, विश्लेषण कर सकें और सही निर्णय ले सकें। बच्चों के हिस्से के निर्णय उन्हें लेने दें, बस अभिभावक और शिक्षक उनकी सहायता के लिए उनके साथ खड़े रहें। अगर बच्चे हमेशा ही हम बड़ों के द्वारा लिए गये निर्णयों पर अमल करते रहेंगे तो वे कभी सही निर्णय लेने की क्षमता का विकास नहीं कर सकेंगे। और एक समय ऐसा भी आयेगा जब हम 'बड़े' उनके साथ नहीं होंगे तो वे निर्णय लेने में असहाय महसूस करेंगे। समग्र शिक्षा के लिए बच्चों की एकाग्रता और बुद्धि/मेधा पर कार्य करने की आवश्यकता है। बच्चों की एकाग्रता और स्मरण शक्ति का स्तर निरन्तर गिरता जा रहा है। बच्चे अधिक समय तक एकाग्र नहीं हो पाते। चीज़ों को समझने के लिए एकाग्रता और स्मरण शक्ति का अच्छा होना आवश्यक है। इसके लिए बच्चों को ध्यान करने की सही तकनीक सिखानी चाहिए और उसका निरन्तर अभ्यास भी करवाना चाहिए, फिर चाहे वह स्कूल हो या घर।

शिक्षा और समाज की पारस्परिकता

आरती स्मित

जन्म से लेकर बड़े होने तक अनजाने ही हम अपने–अपने परिवार और उससे बाहर अपने समाज से जो सीखते हैं, उससे हमारा चरित्र गठित होता है। इससे एक बात तो स्पष्ट होती है कि समाज और शिक्षा को अलग–अलग करके नहीं देखा जा सकता। जो जितने बड़े समाज का हिस्सा बनता है, उसकी शिक्षा की परिधि भी उतनी ही व्यापक होती है। जिसकी शिक्षा जितनी गहन और व्यापक होती है, उसका व्यक्तित्व उतना ही अधिक निखरता है। शिक्षा से मेरा तात्पर्य केवल किताबी ज्ञान से नहीं, अपने आसपास के परिवेश से प्राप्त ज्ञान से भी है। जिस तरह, मछुआरों के समाज में पला बच्चा किताब पढ़कर मछली पकड़ना और नाव चलाना नहीं सीखता, आदिवासी समाज के बच्चे ढोल, मांदल, टिमकी बजाना और लयबद्ध नृत्य करना स्कूल जाकर नहीं सीखते, उसी प्रकार शिल्पकार समाज का बच्चा छेनी और हथौड़ी की ध्वनि में बचपन से ही संगीत सुनता है और धीरे–धीरे यह संगीत उसके भीतर उतर आता है, और वह तकनीक भी। इस शिक्षा के लिए उसे किसी कॉलेज की डिग्री की आवश्यकता नहीं होती। कृषक समाज को पता है माटी का स्वभाव, उसकी जरूरत, उसे फसल बोने और सिंचाई करने के लिए किसी डिग्रीधारी की आवश्यकता नहीं होती। ये सभी अपने–अपने क्षेत्र में दक्ष होते हैं। साक्षर होकर ये अपना बौद्धिक विकास करते हैं, अपने अधिकारों को जानते–समझते हैं और अपने व्यक्तित्व को निखारते हैं, किन्तु अपने कार्यक्षेत्र के लिए इन्हें डिग्री की आवश्यकता नहीं। डिग्री की अनिवार्यता होती है, खुद को किसी कला या गुण में दक्ष प्रमाणित करने के लिए। बस यहीं से शुरू होता है संघर्ष। किताबी शिक्षा पाए लोग ऐसे लोगों को निरक्षर नहीं कहते, मूर्ख

कहते हैं। उन्हें कमतर आँकते हैं और, यह आज से नहीं, हजारों वर्षों से चला आ रहा है।

एक बात और, यह वह शिक्षा नहीं, जिसके पीछे हम निरन्तर भाग रहे हैं और भागते–भागते समाज के गठन के मूल उद्देश्य को भूल गये हैं। समाज से मिलने वाली ऊर्जा को भूल गये हैं। न सिर्फ भूल गये हैं, बल्कि समाज के विखण्डन के साथ ही प्रत्येक व्यक्ति के चारित्रिक गठन की चरमराहट को भी अनदेखा कर रहे हैं।

बचपन में, किताबों से यह समझा कि समाज समान सभ्यता–संस्कृति, भाषा–भूषा की पोषक मानव इकाइयों का संघटित रूप है। दूसरे शब्दों में, कुछ परिवारों का समूह या लोगों का समुदाय, जिसके भीतर व्यवहार, सुरक्षा और निर्वहन की भावना शामिल होती है,समाज कहलाता है। जैसे– आर्य समाज, द्रविड़ समाज। कालान्तर में, हम बात करें तो हिन्दू समाज, मुस्लिम समाज, सिक्ख व ईसाई समाज, जैन समाज, बौद्ध समाज, आदिवासी समाज। इसी प्रकार बंजारा समाज, बंगाली, पंजाबी, नेपाली समाज और इसी तरह के अन्य कई समाज। सबके नाम गिनाना ध्येय नहीं। किसी भी समाज का नाम कहने मात्र से उससे संबद्ध सभ्यता–संस्कृति की ओर हमारा ध्यान चला जाता है और साथ ही ध्यान जाता है, प्रत्येक समाज की निजी विशिष्टताओं की ओर, उनके विकास के अवयवों और सोपानों की ओर, चाहे वह वर्ण अथवा कर्म पर आधारित समाज हो या क्षेत्रगत।

शिक्षा और समाज की पारस्परिकता समझने के लिए कबीलाई समाज से लेकर शहरी विकास तक पहुँचे समाज को एक बार फिर टटोलना होगा। हड़प्पा और मोहनजोदड़ो के सच से विश्व परिचित है। उस समय भी समाज के विकास के साथ ही शिक्षा का उत्तम प्रचार–प्रसार रहा होगा, ऐसी सम्भावना भग्नावशेष कलाकृतियों, आभूषणों, बरतनों और स्नानघरों की शिल्पकला और नृत्य–मुद्रा में बनी मूर्तियों को देखकर बनती है। आदिवासी समाज का व्यक्ति कहने मात्र से जल, जंगल, जमीन के प्रति प्रेम और समर्पण रखने वाला व्यक्ति दृष्टि के समक्ष उभर आता है, चाहे वह पहाड़ी टीले पर रह रहा हो, घने जंगल में या गाँव में कृषक की भाँति, या कि मछुवारे और केवट की भाँति। एक बात उल्लेखनीय है कि पहाड़ी टीलों और जंगलों में रहने और वन सामग्री पर ही जीवनयापन करने वाला आदिवासी समाज गाँव के बीच रहने वाले आदिवासी समाज से भिन्न रहा है और उनकी शिक्षा के स्वरूप में भी वही भिन्नता दिखती है। वर्तमान शिक्षा का

तात्पर्य यदि केवल स्कूली शिक्षा से है तो टीले पर बसे आदिवासी अपने मौलिक अधिकारों के ज्ञान से शून्य, मूढ़ कहे जा सकते हैं, जिन्हें न पहले की तरह जंगल से कुछ भी तोड़ लेने और उपयोग करने की आजादी है न वर्तमान शिक्षा तक आसान पहुँच। त्रिशंकु का–सा जीवन है उनका।

नर्मदा किनारे उद्भूत मानव संस्कृति के संवाहक गोंड समुदाय का इतिहास बताता है, गोंडी बहुत समृद्ध भाषा थी, और उनका धर्म गोंडी पुनेम कहलाया, जिसके अन्तर्गत मानव, पशु–पक्षी और प्रकृति की रक्षा के लिए नियम बनाये गये थे और यही उनकी शिक्षा का आधार बना। इसलिए उनकी समग्र शिक्षा–राजनीतिक, धार्मिक, सामाजिक और सांस्कृतिक सभी रूपों में पृथ्वी और मानवता का कल्याण करने वाली ही हुई। यह भी उल्लेख करना जरूरी लग रहा है कि उस समय भी अनाथ आश्रम और विधवाश्रम थे और तैंतीस अनाथ बच्चों को ही अलग–अलग गोत्र में बाँटकर समग्र शिक्षा द्वारा इतने उन्नत मस्तिष्क का बनाकर भिन्न दिशाओं में भेजा गया कि वे स्वयं नये समाज की नींव रख सकें। कुमालिंगों ने यह अनुभव किया था कि जब आबादी बढ़ेगी, तब मानव किसी एक जगह, एक समाज के भीतर रहकर विकास नहीं कर पायेगा और नये और उन्नत समाज का गठन वही कर सकता है, जो इसके गठन विविध आयामों से परिचित हो। यानी यदि किसी समाज का सही विकास करना हो तो उसकी समुचित शिक्षा ही भविष्य में उन्नति का मार्ग दे सकती है।

पुरातन काल से हम आर्य–अनार्य की कई मिली–जुली कहानियाँ सुनकर बड़े हुए। आज भी अलग–अलग क्षेत्रों के आदिवासियों की जीवन–शैली अलग है। किन्तु जो आदिवासी पुश्तैनी जमीन से विस्थापित होकर कहीं भी जाकर बसने को विवश हुए, उनकी बाद की पीढ़ी अपने समाज से कटती चली गयी, उस पुरातन शिक्षा से कटती चली गयी, जो उनके जीवन का अंग थे। अब वे नाम के उस गोत्र या जाति के रह गये, भाषा–संस्कृति के नाम पर शून्य में ताकते हुए। आज, राजनीतिक पाट के साथ ही वर्तमान शिक्षा की अनिवार्यता के पाट में पिसते हुए अपनी मौलिक शिक्षा भूलते जा रहे हैं। जहाँ समाज विघटित हुआ, वहाँ शिक्षा का मूलाधार विघटित हुआ, वे संस्कार, वे मान्यताएँ कमजोर हुईं जो अपने समाज से पोषक तत्त्व पाती हैं।

यही बात पुरातन आर्य समाज पर भी लागू होती है। आर्य बुद्धिमान थे, अध्यात्म की ओर अग्रसर। उन्होंने संस्कृत भाषा की लिपि तैयार की,

उसमें अपने उन विचारों को सूत्रबद्ध किया जो उनके समाज के विकास में सहायक होते। और कोई भी समाज तभी उन्नत होता है, जब उस समाज के लोग एक अनुशासन के भीतर रहते हुए निज जीवन–मूल्यों को बनाये रखते हैं। तो जिन बातों–विचारों, अनुशासित जीवन हेतु आवश्यक नियमों की रचना की गयी, कालान्तर में उन विचारों की ही शिक्षा दी जाने लगी। वेद, पुराण, उपनिषद् इसके जीवन्त प्रमाण हैं। गार्गी, मैत्रेयी, लोपा मुद्रा आदि ऋषि कन्याओं द्वारा वेद की ऋचाओं का लिखा जाना उस समाज के उन्नत स्तर को दर्शाता है।

रामायण मूलतः दो समाजों की उन्नति–अवनति को रेखांकित करता हुआ हमारे लिए नैतिक शिक्षा का भंडार छोड़ जाता है, भले ही हम उसे धर्म ग्रन्थ कहकर केवल मस्तक से लगाएँ और सार तत्त्व से अछूते रह जायें। इसी प्रकार, महाभारत तत्कालीन समाजों की अन्तर्बाह्य स्थितियों को सलीके से गूँथते हुए धर्म और धर्म के नाम पर कर्म तथा मानवीय मूल्यों के क्षरण से उपजे दुष्परिणाम की शिक्षा का विशद दस्तावेज है।

भारतीय इतिहास की ओर दृष्टि डालें तो भिन्न–भिन्न कालों में जो आक्रमण हुए, उससे समाज की जो रूपरेखा बदली, उसने अपने समय की शिक्षा की बनावट और बुनावट को जितना प्रभावित किया, उतना ही शिक्षा ने भी भीतरी तह में प्रवेश कर समाज को प्रभावित किया और यह शिक्षा नैतिक रूप लिए थी, जनमानस में फैलती थी। पतनशील समाज भी उठ खड़ा होता था। यहाँ एक बात कहना चाहूँगी, इतिहास के पन्नों पर वही समाज उन्नत रूप में उकेरा जाता है जो उस काल के शासक से संबद्ध होता है और लिखित शिक्षा की रूपरेखा भी शासक की भाषा और धर्म से संबद्ध होती है। शेष, जो चेतना जनमानस में फैलती रही है वह मौखिक को आधार बनाकर ही। अपनी भाषा–बोली को सँजोकर ही। एक बात और, जिस समाज में स्त्री को शिक्षा से विलग रखा गया, कालान्तर में उस समाज में मूढ़ता बढ़ी, चेतना का ह्रास हुआ।

धर्म का आधार भी नीतिसम्मत विचारों को धारण करना था, आडम्बर को नहीं। इसलिए, जीवन के उन्नयन के लिए धार्मिक और नीतिगत शिक्षा की अनिवार्यता स्वीकारी जाती रही। जो परम्परागत मूल्य अपना नैतिक स्वरूप खोकर आडम्बर और कुरीतियों के चोले में आने लगे, जिनसे समाज के गठन को हानि पहुँचने लगी, उनका विरोध और बहिष्कार हुआ। इस विरोध को भी परवर्ती समाज को शिक्षा देने के लिए लिखित या मौखिक

रूप में दर्ज किया गया। ये रूप गीत, लोकोक्ति, दोहे आदि किसी भी रूप में प्रयुक्त हुए। ईसा पूर्व बौद्धकाल में लिखित 'थेरीगाथा' इसका एक सशक्त उदाहरण है। तत्कालीन समाज में विधवाओं की स्थिति बुरी होने का कारण, धर्म के नाम पर पनप आई कुरीतियाँ थीं, इनसे समाज भीतर ही भीतर खोखला होने लगा था। 500 विधवाओं का बुद्ध की शरण में जाना, वहाँ शिक्षा प्राप्त कर समाज को दुर्लभ शिक्षा प्रदान करना कोई चमत्कार नहीं था, चेतना के विकास की समुचित प्रक्रिया थी। इसी प्रकार, जैन मतावलम्बी समाज द्वारा जीवन को एक नयी दिशा देने का संकल्प भी उन्हें मिली शिक्षा का ही परिणाम है। जो समाज शिक्षा का सही प्रारूप तैयार करता है और शिक्षा का उद्देश्य आत्मिक विकास का रखता है, वह समाज निरन्तर विकसित होता है। इसके विपरीत, जब कोई समाज शिक्षा की व्यापकता को अवरुद्ध करता है तो वह अपनी ही जड़ की ओर कुल्हाड़ी फेंकता है।

गौर करें तो बीच के कालखण्डों में, संस्कृत भाषा समाज के मुट्ठी भर लोगों के बीच प्रचलित, मुट्ठी भर लोगों के लिए सहज प्राप्य थी, जिससे वह अतुल शिक्षा का माध्यम होते हुए भी धीरे–धीरे सिमटती चली गयी। जनमानस उस शिक्षा से वंचित रहा, जिससे उनकी आत्मा चैतन्य होती। परिणाम, वह शिक्षा संकुचित हुई और भारतीय समाज की चेतना पतनशील। जब कोई समाज चेतना के स्तर पर अवनत होता है तब वह बाह्य शक्तियों का सामना करने में सक्षम नहीं होता। वह भीतर ही भीतर टूटता–बिखरता है, भले ही उसका टूटन प्रत्यक्ष न दिखे। और तभी बाह्य शक्तियाँ हावी होती हैं।

संस्कृत के समानान्तर में बौद्ध और जैन समाज ने पालि, प्राकृत को जनभाषा बनाना चाहा, मगर दीर्घकाल तक टिक न सकी। मुगल आक्रमण और लम्बे समय तक शासन के दौरान फारसी राजभाषा भले रही, मगर भारतीय हृदय तक न पहुँच सकी, इसलिए उसकी शिक्षा भारतीय मन को बहुत प्रभावित नहीं कर सकी। आम लोगों के भीतर जो ऊर्जा बनकर काम करती थी, वह जन–जन की बोली में फैली, अनुभवों से गूँथी मानवीय मूल्यों को बचाने वाली शिक्षा थी जो कभी प्रकृति गीत, ईश्वर वंदना तो कभी भक्ति और नीति के दोहे, रेखता तो कभी कहावत और मुकरी के रूप में प्रचलित हुई।

प्रत्येक समाज ने शिक्षा का आधार अपनी परम्परागत मान्यताओं और धारणाओं को बनाया। इतिहास रचा और बाद की पीढ़ी को सौंप दिया।

वर्तमान भारत कई समाजों के मिश्रित संस्कारों, मान्यताओं का समन्वित रूप है, इसलिए व्यापक रूप में जब हम भारतीय समाज की बात करते हैं तो हमें शिक्षा के कई स्वरूप और कई द्वार दिखते हैं। ऐसी शिक्षा, जिसके लिए शास्त्रीय विद्वत्ता की आवश्यकता नहीं समझी गयी, बल्कि चेतना के मार्ग से अनुभव को प्रवाहित किया गया और इस शिक्षा ने अवसादित मन में जीने की उमंग पैदा की। अमीर खुसरो और मलिक मुहम्मद जायसी से लेकर स्वामी रामानन्द, सन्त कबीर, सन्त तिरुवल्लूवर, सन्त तुकाराम, रहीम, तुलसी, रैदास, मीरा, सूर, उमा, गंगाबाई , राबिया, तुलसी साहिब, गुरुनानक और अन्यान्य जाने कितने समाजोद्धारक हुए, जिन्होंने अपने समाज को अपनी वाणी से झकझोरा, उसमें चेतना जगाई और एक नया रास्ता सुझाया और वह समाज अपनी नींद से जागा, अपने को बँधी–बँधाई मान्यताओं की बेड़ियों से मुक्त करने को प्रतिबद्ध हुआ।

शिक्षा का मुख्य उद्देश्य ही सोई चेतना को जगाना है। यही कारण रहा कि भारत का एक बड़ा हिस्सा, जो अपने समाज के बाहर, अन्य किसी भी प्रकार की शिक्षा को न पा सका, उनका बौद्धिक विकास अपेक्षाकृत कम हुआ। वे अपने समाज के उत्थान के प्रति युगों–युगों तक सोच ही नहीं पाए, समझ ही नहीं पाए कि वे भी मानव हैं और उन्हें भी सम्मान के साथ जीने का अधिकार है। कालान्तर में, जब–जब जहाँ–जहाँ शिक्षा का बिगुल बजा, चेतना जगी, उस–उस समाज के लोग गहरी तंद्रा से उठे। जैसे–सावित्री बाई फूले, ज्योतिराव गोविंदराव फुले, रमाबाई रानाडे, महादेव गोविंद रानाडे की शिक्षा का परिणाम है कि आज दलित समाज में उठ खड़े होने का साहस जगा। स्वयं को पहचानने की दृष्टि मिली।

पिछले दो सौ वर्षों में तिलका माँझी, सिदो कान्हू, बिरसा मुंडा से लेकर बड़कु पहाड़िया, जयपाल सिंह मुंडा, जगदीश माँझी जैसे न जाने कितने आदिवासी नायकों ने समाज को स्वतन्त्र अस्तित्व की महत्ता और दृढ़ संकल्प की शिक्षा देकर उन्हें अपना गौरवशाली इतिहास याद दिलाने की कोशिश की, जो मुट्ठी भर आदिवासी पढ़–लिख लिए, उनमें से कुछ तो अपनी अस्मिता को लेकर जाग्रत हुए, किन्तु अधिकांश सरकारी नौकरी या किसी भी रोजगार में लग जाने की जद्दोजहद में लग गये। उनकी सोच में वे ही तत्त्व पनपने लगे हैं जो अन्य शिक्षित समाज में हैं। इस प्रकार, अब समाज का स्वरूप एक बिन्दु पर आधारित न होकर कई बिन्दुओं पर आधारित होने लगा है।

स्वामी दयानन्द, स्वामी विवेकानन्द, स्वामी सहजानन्द, महात्मा गाँधी ने शिक्षा के जिस–जिस स्वरूप को लिया, जिस–जिस माध्यम में ढाला और भारतीय समाज में जिस तरह फैलाया, उन सबका मूल उद्देश्य क्या था–गौर करें तो एक ही मूलोद्देश्य था–करोड़ों भारतीयों की सोयी चेतना को जगाना, उन्हें उनकी दिव्य ऊर्जा से परिचित कराना, उन्हें उनकी अपनी ही सोना उगलती मिट्टी की महत्ता बताना और गुलाम भारत को एक बार फिर पूर्ण स्वाधीन भारत बनाना–सिर्फ चोले से नहीं, अपितु आत्मा से, जहाँ हर एक को मानव होने का पूरा अधिकार मिले। ये सभी ऐसे शिक्षक थे और ऐसे समाजोद्धारक, जो जानते थे कि केवल अंग्रेजों के चले जाने से देश आजाद नहीं होगा, उसके लिए स्वाधीन गर्वोन्नत मस्तक चाहिए और किसी भी देश का मस्तक तभी गर्वोन्नत हो सकता है, जब वह स्वावलम्बी होगा, जब उस देश का हर नागरिक स्वाधीनता के मर्म से परिचित होगा, जब हर भारतीय की शारीरिक, मानसिक, बौद्धिक और आर्थिक विकास का आधार यथार्थपरक होगा। हालाँकि अंग्रेजों ने एक वर्ग–विशेष को अपने कार्य–संचालन के लिए आक्षरीय शिक्षा की महत्ता समझायी और बाद में इसे विस्तार देते हुए अपनी भाषा को हमारी गुरुता और प्रभुता का परिचायक बना दिया।

निस्सन्देह, शिक्षा समाज को गति देती है; चेतना के प्रवाह को गति देती है। एक ओर ऋषि–मुनियों के ज्ञान से प्राचीन भारत समृद्ध हुआ तो दूसरी ओर निरक्षर निम्नवर्णीय सन्तों की वाणी से मध्यकालीन भारतीय समाज ने दिशा पाई। मगर, हुआ क्या? शिक्षा अध्यात्म से उतरकर आडम्बर पर टिक गयी। सन्तों की शिक्षा समाजोत्थान के ध्येय से फिसलकर पीएच.डी. का हिस्सा बनकर रह गयी या चन्द विद्वानों के बीच एसी हॉल में हो रही चर्चा का। शेष, उस शिक्षा के व्यापक प्रभाव से परवर्ती भारतीय समाज अछूता ही रहा।

जब कोई समाज सही रूप में परवर्ती समाज को अपनी शिक्षा प्रेषित नहीं करता, फिर वही होता है जो आज हम भोग रहे हैं–इस रूप में कि कभी कोई तो कभी कोई विदेशी भाषा हमें लुभाती–बाँधती रही। हमने केवल भाषा नहीं ली, उनके साहित्य के माध्यम से उनके संस्कारों को अनजाने में ग्रहण किया और करते चले गये। ध्यान दें तो पायेंगे कि उस समय भी अंग्रेजी के विस्तार ने अंग्रेज़ीदाँ भारतीयों की सोच को बदल दिया था। वे अपने ही अनपढ़ भाइयों को कमतर समझने लगे थे। अंग्रेजी

शिक्षा ने हमसे हमारी पोशाक ही नहीं बदलवायी, खान–पान, रहन–सहन, चाल–ढाल सब कुछ बदलवा लिया। कितने विवेकानन्द और गाँधी हो पाए? न के बराबर। नकल करके ही हमारा शिक्षित समाज स्वयं को सभ्य मानने लगा था। उन्हें अंग्रेज शत्रु नहीं, दाता नजर आने लगे थे–क्या कारण था? कारण था अंग्रेज समाज की प्रभुता और उनके द्वारा दी जा रही शिक्षा। हम मन से गुलाम होते गये। अवचेतन मन ने ऐसी गुलामी स्वीकारी कि आज तक मुक्त नहीं हो पाए। अब तो यह गुलामी सिर चढ़कर बोल रही है और हम शिक्षित समाज के सभ्य जन तालियाँ बजा रहे हैं।

महापुरुषों के आह्वान पर आजादी के लिए वे ही निरक्षर, दलित, शोषित जन अपने घरों से निकल आये थे, जिन्होंने सन्तों और भक्तों की वाणी को, उसके मर्म को अपने भजन–कीर्तन में जीवित रखा और उससे ऊर्जस्वित होते रहे थे। क्योंकि उन्होंने मानवीय मूल्यों को अपने भीतर बचा रखा था। अलग बात है, आजादी के बाद भारतीय समाज का चेहरा चन्द स्वार्थियों और अंग्रेज़ीदाँ के कारण ऐसा बिगड़ा कि आज उसकी विद्रूपता कई रूपों में सामने आ रही है।

पिछले 71 वर्षों में आजाद भारतीय समाज का जो स्वरूप बनता–बिगड़ता रहा है, एक बार रुककर सोचने को विवश करता है कि क्या हम वाकई भारतीय समाज का एक महत्त्वपूर्ण हिस्सा हैं या हम सबने खुद को अलग–अलग इकाइयों के घेरे में कैद कर लिया है। जीवन–मूल्यों की जो शिक्षा मिली थी, नैतिक मूल्यों की जिन शिक्षाओं को हमने ग्रहण किया था, स्वावलम्बन का वास्तविक अर्थ जो हमारे शिक्षक सिखा गये, क्या उनकी शिक्षा का कोई अंश हमारे कर्म में फलीभूत हुआ है? ईमानदारी से उत्तर दिया जाये तो नहीं! आधुनिक भारतीय समाज इन बातों को अमल करने को विवश नहीं, ये बातें अब केवल संस्थागत रूप में धीरे–धीरे किसी कोने में एक दीया जलाने की कोशिश कर रही हैं। वे संस्थाएँ अपने–अपने आदर्श पुरुष के विचारों को फैलाने की जद्दोजहद में लगी हैं और उससे हमारे समाज का एक बहुत ही छोटा हिस्सा रोशनी पा रहा है। प्रश्न उठता है–क्यों? इसका सरल उत्तर है–आज, आजादी के बाद हम सभ्य समाज के शिक्षित नागरिक अनदेखी गुलामी की गिरफ्त में हैं। राजनीतिक कारण तो जो हैं, वे हैं ही, मैं उन पर नहीं जाती, मगर लॉर्ड मैकाले की शिक्षा पद्धति को ढोते हुए हमने एक तो शिक्षा को रोजगारपरक ही रहने दिया, दूसरे शिक्षा के अन्य अनौपचारिक किन्तु अनिवार्य स्रोतों को सूख जाने

दिया। बच्चे पहले मुहल्ले से सिमटकर परिवार में टिके, अब एक परिवार के भीतर जाने कितने सुराख होते जा रहे हैं। अब हँसते–खेलते, कहानी सुनते, पड़ोसी के घर जाकर हमउम्र के साथ खुद भी अनजाने में ही बहुत कुछ सीख लेने का न समय है, न परिवेश और न मानसिक भूख।

आजादी के पहले अंग्रेज जो रोप गये, शिक्षा का वही उद्देश्य आज फसल बनकर लहलहा रहा है। शिक्षा का मतलब आज हर समाज में डिग्री और सरकारी या गैर–सरकारी नौकरी पाना मात्र रह गया है, क्योंकि जो शिक्षा दी जा रही है, वह सब धान बाईस पसेरी वाले राग पर आधारित है; जिस शिक्षा पर हम गौरवान्वित हो रहे हैं, उसने हमारी चिन्तनशक्ति गौण कर दी है। इतना ही नहीं, यदि गौर करें तो अंग्रेजों की 'फूट डालो' नीति का काम अब वर्तमान शिक्षा प्रणाली कर रही है। अब हर समाज अपनी भावी पीढ़ी को लेकर आशंकित है कि यह पीढ़ी कहाँ जायेगी और उन्हें कहाँ पहुँचायेगी।

दरअसल, आज हम शिक्षण संस्थानों में एक अच्छे पैकेज पर काम करने वाले रोबोट तैयार कर रहे हैं और बचपन से उसके दिमाग में प्रोग्रामिंग करने को विवश हैं कि 95% नहीं आया तो आगे किसी मनचाहे करियर को चुनना कठिन है। वैदिक पद्धति से गणित हल करना सरल है, मगर शिक्षा विभाग अंग्रेज़ी पद्धति छोड़ने को तैयार नहीं। आदिवासी क्षेत्रों में, उनकी बोली या संस्कृति से संबद्ध पाठ्यक्रम की व्यवस्था नहीं है। आज, नकल बढ़ी है, सुविधापरस्ती बढ़ी है, जी हुजूरी की प्रवृत्ति भी बढ़ी है। हम अपने बच्चों को ये नहीं सिखा रहे कि जिस समाज में वह पल–बढ़ रहा है, उसकी अपनी भी कुछ मान्यताएँ हैं, कुछ परम्पराएँ हैं, भाषा–संस्कृति है, कुछ कला है कुछ नैतिक मूल्य हैं जो उसे भीड़ से अलग पहचान देती हैं। समाज के प्रति जो संवेदना पनपनी चाहिए, उसकी ओर हमारा ध्यान नहीं होता। हम बच्चे को स्कूल, ट्यूशन, होमवर्क के बीच बाँटते हैं, बाकी समय बच्चा अपने मनोरंजन के लिए रखता है। उसे मोबाइल में गेम खेलकर या कार्टून या एनिमेटेड मूवी देखकर राहत मिलती है, हमने उसके पास वक्त कहाँ छोड़ा है परिवार और समाज से मेलजोल बढ़ाने का! मध्यवर्गीय शहरी समाज का बच्चा आज ऐसे ही परिवेश में जी रहा है, चाहे वह किसी भी वर्ण का हो। यही हवा धीरे–धीरे गाँवों–कस्बों से होते हुए जंगलों का रुख कर चली है।

स्कूल बच्चे के दिमाग को कचरा पेटी समझता है जहाँ अव्यावहारिक पाठ्यक्रम को हर पीरियड में सिर्फ ठूँसा जाता है। इस बात से कोई

मतलब नहीं रहता कि बच्चा कितना ग्रहण कर पा रहा है! उदाहरण के लिए, कबीर का दोहा लें,

कस्तूरी कुंडलि बसै, मृग ढूँढै बन माँहि।
ऐसै घटि घटि राँम है, दुनियाँ देखै नाँहि।।

इसका सारतत्व क्या बारह से पन्द्रह वर्ष का बच्चा तीन से पाँच मिनट में समझ सकता है? नहीं। उसे समय चाहिए, मगर इतने भारी–भरकम पाठ्यक्रम को पूरा करने के बोझ से दबे शिक्षक अर्थ बताते हैं, वह अर्थ लिखता है और रटकर परीक्षा में लिख देता है, इसके गूढ़ार्थ को समझ पाने की न उसकी उम्र है, न परिवेश। इस तरह के कई पाठ अलग. –अलग विषयों के मिल जायेंगे जिसे पाठ्यक्रम में शामिल कर हम बच्चे को कुछ सिखा नहीं रहे, केवल परीक्षा में प्रश्नोत्तर का दबाव बना रहे हैं। इस शिक्षा से किसका भला हो रहा है? बच्चे का, स्कूल का, परिवार का या समाज का? उत्तर हमें पता है, बस, हम मौन धारण किये हैं। किसी प्रकार की व्यावहारिक शिक्षा के लिए न आज हम सचेत हैं, न शिक्षा बोर्ड, जो बच्चे को उसके अपने मन से जोड़े या उसके परिवार और उसके समाज से जोड़े। नतीजा सामने है। बच्चा पढ़ाई से आनन्द नहीं पाता, बोझ की तरह ढोता है और युवा होते ही इस बोझे को नये रूप में जॉब के लिए अनिवार्य रूप में पाता है। जॉब पाते ही उसे लगता है, शिक्षा का ध्येय पूरा हुआ और वह निश्चिन्त होकर अपनी नौकरी के हिसाब से नये समाज का हिस्सा बन जाता है। अब, इस नये समाज के लिए न तो उसके भीतर से आत्मीयता के प्रवाह की अनिवार्यता होती है और न पुराने समाज के लिए उसके भीतर कहीं आत्मीयता शेष रहती है। जो है, वह बाह्य आवरण की भाँति ही। ऐसे में, समाज किस तरह केंचुल बदल रहा है–उसका स्वरूप भीतर ही भीतर परिवर्तित होता जा रहा है, यह आज सबके सामने है। पहले गाँव से बच्चे नौकरी और पढ़ाई के लिए शहर विदेश जाते और वहीं के होकर रह जाते थे तो बड़े–बुजुर्ग कहते थे समय बदल रहा है। आज एक ही शहर में रहते हुए भी माता–पिता अपने खण्डहर हो रहे शरीर के साथ या तो अपने पुराने मकान में होते हैं या वृद्धाश्रम में और उनकी सन्तान कहीं कोई लज्जा अनुभव नहीं करती। अब तो कुँआरे भी जरा–सी असुविधा को कारण बताकर माता–पिता से अलग रहने का निर्णय लेते हैं और माता–पिता स्वयं अपनी अनिर्णय की स्थिति को छिपाते हुए सहमति प्रकट करने का ढोंग रचते हैं। ध्यान दें,

क्या इसके पीछे छिपा सूक्ष्म कारण हमारी शिक्षा–प्रणाली और उससे आये दिन प्रभावित होता समाज नहीं है? क्या हमें एक बार फिर से यह नहीं सोचना चाहिए कि शिक्षा का सही अर्थ और ध्येय क्या है? जो शिक्षा हम नयी पौध को दे रहे हैं, क्या उससे उसके चरित्र–निर्माण पर प्रभाव पड़ेगा? क्या वह पारिवारिक और सामाजिक सम्बन्धों के प्रति संवेदनशील होगा? क्या वह जीवन–मूल्यों के प्रति सचेत है? क्या वह निसर्ग और कृत्रिम में अन्तर कर पा रहा है?

सौ बात की एक बात, वर्तमान समाज जो शिक्षा देगा, नयी पीढ़ी वैसा ही समाज रचेगी। दूसरे, जो समाज जैसी शिक्षा देगा, वैसा ही चरित्र उस समाज का बनेगा। यह समाज विशेष पर निर्भर करता है कि वह उत्थान रचे या पतन। वह पारम्परिक हुनर सिखाये या जय श्रीराम, जिहाद या हूल जोहार के नाम पर भारत के भविष्य को विषैला बनना सिखाये। मगर इस बात से भी इनकार नहीं किया जा सकता कि थोपी गयी शिक्षा की अनिवार्यता के समक्ष लगभग सभी समाजों की अन्दरूनी स्थिति मजबूत नहीं रही है। शिक्षा ऊर्जा स्वरूप अग्नि है इससे दीया जलाकर अँधियारे को भगाया जा सकता है, यज्ञ का शुभारम्भ किया जा सकता है या बारूद की ढेर पर फेंककर संसार तहस–नहस किया जा सकता है। दोनों शक्तियाँ हमारे समाज के हाथ में है और दोनों प्रकार के परिणाम का भोक्ता भी हमी सब होंगे।

शिक्षा के सामाजिक सन्दर्भ

राजशरण शाही

सामान्यतया शिक्षा को सामाजिक परिवर्तन लाने वाले एक सबल साधन के रूप में देखा जाता है परन्तु यह शिक्षा का एक पक्ष है। इसका दूसरा पक्ष यह भी है कि सामाजिक यथास्थिति को बनाये रखने में शिक्षा की महत्त्वपूर्ण भूमिका होती है। मैनहीम (1960) लिखता है कि कोई भी शिक्षा तब तक सार्थक नहीं है जब तक वह लोगों को अपनी सामाजिक स्थिति के प्रति सचेत न बना दे। इसीलिए कुछ दर्शनशास्त्रियों का मानना है कि शिक्षा ऐसी हो जिससे गतिशीलता की प्राप्ति हो, चिन्तन एवं कार्य शक्ति में लचीलापन आये और जो लोगों को ऐसी उच्च स्थिति प्रदान करे, ताकि वे बदलती आर्थिक व सामाजिक दशाओं के प्रति स्वयं को अनुकूल बना सकें। डीवी (1916) ने 'डेमोक्रेसी एंड एजुकेशन' में लिखा है कि विद्यालयों के शैक्षिक तरीकों पाठ्यक्रम एवं प्रशासन की उपादेयता उस हद तक होती है जिस हद तक वह सामाजिक भावना से अभिभूत होती है। सर्वप्रथम तो विद्यालय स्वयं में ही सामाजिक जीवन होने चाहिए। इसीलिए डीवी ने पब्लिक स्कूलों का यह कहते हुए विरोध किया कि यह ज्ञान और जीवन्त अनुभव के बीच असम्बद्धता उत्पन्न करते हैं। अतः विद्यालय सामाजिक अनुभवों से जुड़ा पाठ्यक्रम विकसित करने का कार्य करें। कामत (1985) शिक्षा और सामाजिक परिवर्तन के सन्दर्भ में चार स्थितियों का उल्लेख करते हैं। पहला–शिक्षा का सरोकार अपने आप से है और सामाजिक परिवर्तन से इसका कुछ लेना–देना नहीं है। दूसरा–शिक्षा का निर्धारण पूरी तरह से सामाजिक कार्यों से होता है और इसीलिए समाज को बदलने में इसकी कोई भूमिका नहीं होती है। शिक्षा सामाजिक परिवर्तन का अनुसरण करती है। तीसरा–शिक्षा एक स्वायत्त या शैक्षिक रूप से स्वायत्त कारक है और

इसीलिए सामाजिक परिवर्तनों को प्रेरित कर सकती है और करती है। चौथा–शैक्षिक परिवर्तन और सामाजिक परिवर्तन दोनों एक साथ उत्पन्न होने चाहिए। (पृ. 172)

सामाजिक परिवर्तन का अर्थ यदि समाज में होने वाले मूलभूत परिवर्तनों से है तो यह स्पष्ट है कि सामाजिक परिवर्तन की प्रक्रिया में शिक्षा की बजाय सामाजिक, आर्थिक व राजनीतिक कार्य को अधिक महत्त्व प्राप्त है। शिक्षा अनिवार्य एवं महत्त्वपूर्ण सम्पार्श्विक कारक के रूप में सामाजिक प्रक्रिया को सुगम बना सकती है। यह अक्सर सामाजिक, आर्थिक एवं राजनीतिक संरचना के अनुरूप ज्ञान, सूचना, कौशल व मूल्यों को विस्तृत व परिष्कृत करके प्रक्रिया को तीव्र करती है और उसे बनाये रखती है। इसके अलावा तेजी से बदलती स्थिति में उदाहरण के रूप में उत्तर क्रान्तिकारी काल में जब मूलभूत संरचनात्मक परिवर्तन तेजी से हो रहे हों तो शिक्षा निःसन्देह सांस्कृतिक एवं सैद्धान्तिक रूप से निर्मित अधिसंरचना को नष्ट करने का साधन भी बन सकती है और अपने लिए ऐसा स्थान बना सकती है जो नये समाज के अनुकूल हो।

शिक्षा का समाजशास्त्र : प्रमुख सैद्धान्तिक उपागम

प्रकार्यवाद–दुर्खीम (1956:17) के अनुसार शिक्षा का प्रमुख कार्य सामाजिक मानदण्डों और मूल्यों को सम्प्रेषित करना है। समाज या सामूहिकता आधारित जीवन तभी कायम रह सकता है जब समाज के विभिन्न सदस्यों में एक हद तक एकरूपता हो और इसकी प्राप्ति समाज द्वारा तय नियमों/विनियमों का पालन करके की जाती है। दुर्खीम लिखते हैं कि शिक्षा वयस्क पीढ़ी का अगली पीढ़ी पर पड़ने वाला प्रभाव है जो सामाजिक जीवन यापन के लिए अभी तैयार नहीं है। इस प्रकार वे सामाजिक मनुष्य बनाने में शिक्षा की भूमिका को उजागर करते हैं। उनके अनुसार जटिल समाज में शिक्षा की भूमिका और महत्त्वपूर्ण हो जाती है क्योंकि ऐसे समाजों में परिवार या अन्य प्राथमिक समूह अपने बच्चों को ऐसी व्यवस्था के लिए तैयार करने में सक्षम नहीं होते जैसा कि समाज उनसे बनने की आशा करता है। विद्यालय सूक्ष्म सामाजिक व्यवस्था के आदर्श के रूप में कार्य करते हैं, जिसमें बच्चा ऐसे बच्चों के साथ सहयोग करना सीखता है जो उनके प्राथमिक समूह के भाग नहीं होते। विद्यालय में अर्जित प्रशिक्षण विद्यालय

के बाहर उनके व्यवहार के आधार बनते हैं। दुर्खीम लिखते हैं कि समाज में श्रम विभाजन को बनाये रखने के लिए शैक्षिक संस्थाओं में विशिष्ट वस्तुओं की शिक्षा देना बेहद जरूरी है।

पार्सन्स (1959) का शैक्षिक व्यवस्था आधारित दृष्टिकोण दुर्खीम के दृष्टिकोण के समान है। पार्सन्स के अनुसार शिक्षा के दो ऐसे मुद्दे हैं जिनका समाज में सर्वोच्च महत्त्व है। पहला–कक्ष में बच्चों की क्षमताओं को वयस्क की भूमिकाओं के लिए मोड़ना। यहाँ कक्ष को समाजीकरण के अभिकरण के रूप में देखा जा सकता है जिसके माध्यम से बच्चों को वयस्कों की भूमिकाओं को निभाने के लिए अभिप्रेरित और प्रशिक्षित किया जाता है। दूसरा–समाज में विभिन्न भूमिकाओं के निर्वहन हेतु मानव संसाधनों का बँटवारा। समाजीकरण की प्रमुख एजेंसी के रूप में विद्यालयी कक्षा महत्त्वपूर्ण है जो बच्चों के पहली कक्षा में प्रवेश से शुरू होते हुए श्रम बाजार या विवाह की उनकी भूमिका तक कायम रहती है। इसलिए शैक्षिक व्यवस्था बच्चे के लिए ऐसी पहली सामाजिक एजेंसी के रूप में कार्य करती है जो गैर–जैविक आधारों पर मनुष्य की स्थिति में होने वाले उतार–चढ़ाव को संस्थागत बनाती है (पार्सन्स, 1959)।

द्वन्द्व सिद्धान्त–हैरेलैम्बोस और हियल (1980) द्वन्द्व परिप्रेक्ष्य में अल्थुसर, सैमुअल बाउल्स, हार्बट गितिनिस और इवान इलिच के योगदान की चर्चा करते हैं। अल्थुसर, जिसके विचार मार्क्सवाद से उद्भूत हैं, के अनुसार समाज को पूँजीवादी वर्ग और श्रमिक वर्ग के बीच बाँटा गया है। पूँजीवादी वर्ग को श्रम शक्ति की हमेशा जरूरत रहती है और पूँजीपति उनका शोषण करके मुनाफा कमाते हैं। अपनी जरूरत के अनुरूप श्रम शक्ति तैयार करने हेतु पूँजीवादी वर्ग शैक्षिक पद्धतियों का प्रयोग करते हैं, कामगारों को शासी वर्ग की विचारधारा को स्वीकार करने हेतु सामाजिक रूप से तालमेल बिठाने वालों के रूप में विकसित किया जाता है, जो पूँजीवादी व्यवस्था को वैधता प्रदान करते हैं। पूँजीवादियों को कामगारों को काम देते समय अपनी सौदेबाजी करने की क्षमता को विकसित करने के लिए अतिरिक्त श्रम शक्ति की जरूरत पड़ती है। शैक्षिक व्यवस्था ऐसे अतिरिक्त कामगारों की संख्या को बढ़ाती है, जिनके कौशल कम पैसे और रोजगारों के अनुकूल हों। बेरोजगार और ऐसे श्रमिक जिन्हें कभी भी बदला जा सके, के माध्यम से पूँजीपति कामगारों पर नियन्त्रण करते हैं और निम्न मजदूरी की स्थिति बनाये रखने में वे सफल रहते हैं। शासी

संरचना और शैक्षिक पद्धतियों की पाठ्यचर्या का निर्धारण पूँजीवादी वर्ग द्वारा किया जाता है। विद्यालय में पनपने वाले सामाजिक सम्बन्ध पूँजीपतियों के हितों के अनुरूप होते हैं और वे वैसे ही होते हैं जैसे कि बड़े होने पर कार्यस्थल पर उनके सम्मुख आने वाली चुनौतियाँ होती हैं। अतः शक्तिशाली अभिजात वर्ग शैक्षिक व्यवस्था की प्रकृति का निर्धारण करता है। एप्पल और किंग (1979) के अनुसार विद्यालय अपनी पाठ्यचर्या के माध्यम से ऐसी प्रच्छन्न कार्यसूची का अनुसरण करते हैं जो समाज में सर्वाधिक शक्तिशाली वर्गों की सैद्धान्तिक प्रधानता को कायम रखने में अनूकूल होती है। विशिष्ट प्रकार के ज्ञान के भेदपूर्ण वितरण के माध्यम से विद्यालय सामाजिक समानता लाने में योगदान देते हैं। बोर्दियू का सांस्कृतिक पुनर्निर्माण (मेजर बैंक 1985) भी द्वन्द्व सिद्धान्त के दृष्टिकोण को पुष्ट करता है। गिडन्स (1933) के शब्दों में सांस्कृतिक पुनर्निर्माण का अर्थ ऐसे तरीकों से है जिससे विद्यालय अन्य सामाजिक संस्थाओं के साथ मिलकर आने वाली पीढ़ी में सामाजिक और आर्थिक असमानता को कायम रखने में सहायता करते हैं। यह संकल्पना हमारा ध्यान ऐसे साधनों पर केन्द्रित करती है जिससे प्रच्छन्न पाठ्यचर्या के माध्यम से विद्यालय मूल्य, मनोवृत्ति तथा आदतों को प्रभावित करते हैं। बर्दियू और पार्सन्स (1977) के अनुसार शैक्षिक व्यवस्था की मुख्य भूमिका प्रबल वर्गों की संस्कृति का पुनर्निर्माण करना है। प्रबल वर्ग शैक्षिक व्यवस्था के आधार को वैध बनाकर अपने निजी हितों को थोपने का प्रयास करते हैं। प्रबल संस्कृति के बच्चे, जो पहले ही सांस्कृतिक पूँजी के धनी हैं अच्छे निष्पादन की ओर प्रवृत्त होते हैं क्योंकि शैक्षिक व्यवस्था उन्हें ऐसे सामाजिक अर्थों का ज्ञान देती है जिन्हें वे पहले से जानते हैं। प्रभुत्वहीन संस्कृतियों से आये बच्चे शिक्षा व्यवस्था में निर्मित अवरोधों का सामना करते हैं क्योंकि उन्हें सामाजिक अर्थ सीखने के लिए बाध्य किया जाता है जो उनके लिए अनजान हैं। मुख्य रूप से श्रमजीवी वर्ग व्यवस्था से वे बाहर कर दिए जाते हैं क्योंकि प्रबल वर्ग की संस्कृति को वह समझने में असफल होते हैं। इस असफलता के कारण समाज में उनकी स्थिति सुविधावंचित जैसी हो जाती है। यह विचारधारा शैक्षिक पाठ्यचर्या की रूपरेखा विकसित करते समय ग़ैर–प्रबल वर्ग की संस्कृति को पाठ्यचर्या में शामिल करने की आवश्यकता पर जोर देती है।

उत्तर आधुनिकतावाद—उत्तर आधुनिकतावाद समाज को समझने में ग्रैंड थ्योरी अर्थात् महासिद्धान्तों को नामंजूर करता है और स्थानीय छवियों को महत्त्व देता है। उत्तर आधुनिक समाज में उपभोग के सन्दर्भ में बाजार उन्मुख जगत का बोलबाला है। यहाँ विकेन्द्रित उत्पादन पद्ध तियाँ प्रबल होती हैं। समाज खुद ऐसे विजातीय समूहों में बँटा होता है जहाँ विविध संस्कृतियों और जीवन शैलियों का महत्त्व है, जहाँ निजीकरण, वैश्वीकरण और नागरिक अधिकारों के नये स्वरूपों में राष्ट्र को संकुचित कर दिया जाता है। (थॉमस एंड वाल्श, 1984)। इलिच (1973) विश्वव्यापी अनिवार्य शिक्षा की धारणा पर यह कहते हुए प्रश्नचिन्ह लगाता है कि इस प्रक्रिया में आत्मनिर्भर लोगों के परम्परागत कौशलों को दरकिनार कर दिया गया था। विद्यालय ऐसी दमनकारी व्यवस्था के रूप में कार्य करते हैं जो विद्यार्थियों को मनमाने रूप से यह समझने के लिए प्रेरित करती है कि जो उन्हें पढ़ाया गया है उन्हें आलोचनात्मक रूप से सोचने की अनुमति नहीं होती है। उन्हें ऐसे कानूनों का पालन करने के लिए तैयार किया जाता है जो शासन ने उनके लिए निर्धारित किये हैं। विद्यार्थियों से सिखाई जाने वाली हर बात को मानने की आशा की जाती है। इस सन्दर्भ में इवान इलिच डिस्कूलिंग सोसायटी के विचार को प्रस्तुत करते हैं जो मौजूदा शैक्षिक व्यवस्था का खण्डन करता है। उनका कहना है कि शैक्षिक तन्त्र का निर्माण इस प्रकार से होना चाहिए जिससे सीखने की प्रक्रिया में प्रत्येक विद्यार्थी को मुक्त तथा अप्रत्यक्ष सहभाग का अवसर प्राप्त हो। इसी प्रकार का तर्क फेरो (1970) के कार्यों में नजर आता है, जो पाठ्यचर्या आधारित शिक्षा की जगह संवाद आधारित शिक्षा का सुझाव देते हैं। फेरो प्रचलित शिक्षा व्यवस्था की आलोचना एक ऐसी बैंकिंग प्रक्रिया के रूप में करते हैं जिसमें विद्यार्थी को एक खाली पात्र के रूप में देखा जाता है जो इस प्रतीक्षा में रहता है कि अध्यापक उसे कब भरेगा। वे गुरु शिष्य को अलग देखने के बजाय इन दोनों के मस्तिष्क में पारस्परिकता अथवा आपसी संवाद की बात करते हैं। संवाद के लिए आलोचनात्मक चिन्तन की आवश्यकता होती है। संवाद के बिना कोई सम्प्रेषण सम्भव नहीं है इसीलिए स्वतन्त्रता के अधिकार के रूप में शिक्षा की प्रकृति तब तक शुरू नहीं होती है जब तक गुरु शिष्य मानसिक स्थिति में एक—दूसरे से नहीं मिलते हैं। वास्तव में इसकी शुरुआत तब होती है जब पहला स्वयं से पूछता है कि वह दूसरे से क्या बात करेगा। (फेरो, 1970, पृ. 153)

भारतीय शिक्षा का समाजशास्त्रीय विश्लेषण–एलफिंस्टन (1820), मुनरो (1826), विलियम एडम (1835), एच. एस. रीड (1850–1851) के प्रतिवेदनों से यह स्पष्ट होता है कि लगभग सम्पूर्ण भारत में अंग्रेज़ी साम्राज्य की स्थापना से पूर्व देश में ऐसे देसी संस्थानों–जैसे पाठशाला, टोल, मकतब और मदरसा का जाल बिछा हुआ था। इसमें सबसे अधिक संख्या पाठशालाओं की थी। लगभग प्रत्येक गाँव में पाठशाला थी, जिसमें जीवनोपयोगी शिक्षा दी जाती थी। विद्यार्थियों को उन कौशलों की शिक्षा एवं प्रशिक्षण दिया जाता था, जो उन्हें उनके सामाजिक, आर्थिक और सांस्कृतिक परिवेश में अधिक कुशलता एवं सफलतापूर्वक जीने के लिए तैयार करती थी। शिक्षा व्यवस्था में उन विषयों को स्थान नहीं दिया गया था, जिनसे छात्रों को उनके वास्तविक जीवन में कोई लाभ मिलने वाला नहीं था। इस प्रकार पाठ्यक्रम सीमित, परन्तु व्यावहारिक थे। उस समय पाठशाला में प्रयोग में आने वाली पुस्तकें थी–दान लीला, सुदामा चरित, सुन्दर सुदामा, सूर्य पुराण, सरस्वती वन्दना, वन्दना, सुन्दरकाण्ड आदि। उस समय पाठ्य–पुस्तकों का चलन बहुत कम था इसीलिए ऐसी पाठशालाओं की संख्या अत्यन्त सीमित थी जहाँ पर किसी भी तरह की पुस्तक या पाण्डुलिपि का प्रयोग किया जाता था। 1838 में बंगाल और बिहार में कुल 1467 विद्यालयों में से 976 में किसी भी तरह की पुस्तक का प्रयोग नहीं किया जाता था। पुस्तकों में एकरूपता नहीं थी। पाठ्यक्रम का निर्धारण शिक्षक द्वारा किया जाता था, किसी बाहरी शक्ति द्वारा पाठशाला पर पुस्तकों को थोपने की परम्परा नहीं थी। (भोक्ता, 2003)

औपनिवेशिक शासकों को भारत में अपनी विचारधारा को प्रचलित करने एवं पश्चिमी जगत की श्रेष्ठता को सिद्ध करने के लिए भारतीय शिक्षा व्यवस्था पर नियन्त्रण स्थापित करना आवश्यक प्रतीत हुआ। इस उद्देश्य की प्राप्ति हेतु पाठ्य–पुस्तकों की आवश्यकता महसूस की जाने लगी, ताकि सरकार द्वारा स्वीकृत ज्ञान ही भारतीयों को दिया जा सके। इस नयी प्रणाली का उद्देश्य भारतीयों को यूरोपीय मनोवृत्ति एवं दृष्टिकोण के अनुरूप ढालना था। साथ ही साथ उन्हें उन कौशलों और ज्ञान को भी प्रदान करना था, जो औपनिवेशिक प्रशासन की मध्यम और निचली श्रेणी के कार्यों के लिए आवश्यक थे। कृष्ण कुमार (1998) के अनुसार औपनिवेशिक शिक्षा नीति का उद्देश्य यह था कि शासित अपने आप को और अपने समाज को उपनिवेशकों की दृष्टि से देखें। वे अपने आप को

नये ज्ञान के सृजनकर्ता के रूप में देखना छोड़ दें। यह नयी शिक्षा व्यवस्था अंग्रेज़ी दृष्टिकोण के अनुसार शिक्षित भारतीयों का समाजीकरण करने के लिए की गयी थी। पाठ्य–पुस्तकों का प्रयोग समाजीकरण की इस प्रक्रिया को गतिमान बनाने के लिए एक प्रभावशाली साधन के रूप में किया गया। अंग्रेज़ी सरकार, ईसाई मिशनरी एवं अंग्रेज़ी शिक्षा प्राप्त भारतीय–तीनों को ही नयी शिक्षा व्यवस्था को मजबूत बनाने हेतु बड़े स्तर पर पाठ्य–पुस्तकों की आवश्यकता महसूस होने लगी थी। इन सबके संयुक्त प्रयास का फल था कि 1817 में कोलकाता स्कूल बुक सोसायटी की स्थापना हुई। इस सोसायटी द्वारा इतिहास, भूगोल, विज्ञान जैसे अनेक विषयों की पुस्तकों का प्रकाशन किया गया। इन विषयों में पाठ्य–पुस्तकों के प्रकाशन से पाठ्यक्रम में विषयों का भी समावेश हुआ जो विद्यार्थी एवं समुदाय के जीवन से नहीं जुड़े थे। 19वीं शताब्दी के चौथे दशक तक आते–आते अंग्रेज़ी सरकार ने पाठ्य–पुस्तकों के सन्दर्भ में एक निश्चित नीति बनाने का निश्चय किया तथा पहली बार पाठ्य–पुस्तकों को तैयार करने हेतु एक योजना तैयार की। इस समिति ने पहले अंग्रेज़ी में पाठ्य–पुस्तकों को तैयार करने का सुझाव दिया। उसके उपरान्त भारतीय भाषाओं में उसका अनुवाद किया जाना था। इस तथ्य से इनकार नहीं किया जा सकता कि अनुवाद अन्ततः अनुवाद ही है और मौलिक रचनाओं की तरह रुचिकर और विचारोत्तेजक नहीं हो सकते थे। इसका सीधा प्रभाव था कि वर्नाकुलर पाठ्य–पुस्तकें छात्रों के अनुभव और सामाजिक–सांस्कृतिक परिवेश से भिन्न थीं। परिणामस्वरूप वे छात्रों, अध्यापकों एवं जनसामान्य में लोकप्रिय नहीं हो सकीं। देसी पाठशालाओं के छात्र व अध्यापक ही नहीं, सरकारी विद्यालय के अध्यापकों और छात्रों ने भी पाठ्य–पुस्तकों को स्वीकार नहीं किया। सरकार ने धीरे–धीरे विभिन्न उपायों से आर्थिक सहायता या दण्ड देकर इन पुस्तकों को विद्यालयों में लागू कराने में सफलता पाई। इसके बावजूद अंग्रेज़ी अनुवाद की कमजोरियों को समझाते हुए बंगाल के लेफ्टिनेंट गवर्नर ने 1873 में कहा कि भारतीय भाषाओं में साहित्य का विकास होना ही चाहिए। यह विकास सरकारी आज्ञा के द्वारा नहीं किया जा सकता। लोकप्रिय होने के लिए इसका देसी होना आवश्यक है। लेखक को अपना विषय स्वयं चुनकर अपनी दृष्टि से रचना करनी होगी, तभी यह उम्मीद की जा सकती है कि वह भारतीय परिवेश एवं विचार परम्परा के अनुरूप पुस्तकों की रचना कर पायेगा।

समिति ने यह तय किया कि पाठ्य–पुस्तकों को तैयार करने के क्रम में भारत और इंग्लैंड में उपलब्ध सभी पुस्तकों की समीक्षा की जाये और उपयुक्त पाठ्य–पुस्तकों का अनुवाद कर विद्यालयों में प्रयोग में लाया जाये। यह स्पष्ट है कि अधिकांश अंग्रेज़ी अधिकारियों एवं अंग्रेज़ी पढ़े भारतीयों की पहली पसन्द इंग्लैंड की ही पुस्तकें थी। फलस्वरूप पुस्तक निर्माण की प्रक्रिया को इंग्लैंड में उपलब्ध पाठ्य–पुस्तकों ने व्यापक रूप से प्रभावित किया। इस तरह से मॉडल के रूप में स्वीकृत पाठ्य–पुस्तकों का भारतीय ज्ञान परम्परा से कोई सम्बन्ध नहीं था।

पाठ्य–पुस्तक समिति आर्थिक–सामाजिक जीवन से जुड़े लोकप्रिय भारतीय विषयों जैसे कृषि एवं महाजनी लेखा विधि (अकाउंट्स) की भारतीयों में लोकप्रियता का अनुमान नहीं लगा सकी। फलतः पाठ्य–पुस्तक लेखन की योजना में इन महत्त्वपूर्ण देसी विषयों को उस समय स्थान नहीं दिया गया।

नवीन विषयों में पाठ्य–पुस्तकों के प्रकाशन से पाठ्यक्रम का निरन्तर विस्तार होता गया। इन नवीन विषयों का छात्रों की आर्थिक आवश्यकता या सामाजिक–सांस्कृतिक परिवेश से कोई सम्बन्ध नहीं था। फलतः जीवन से जोड़ने वाली नहीं बल्कि काटने वाली शिक्षा पद्धति का विकास होता गया। एक अन्य तथ्य जिसने पाठ्य–पुस्तक लेखन को बहुत अधिक प्रभावित किया, वह था उपनिवेशी शासकों द्वारा लिया गया यह निर्णय कि वे ही व्यक्ति पुस्तक लेखन के योग्य माने जायेंगे जिन्हें अंग्रेज़ी भाषा के साथ–ही–साथ भारत की प्राचीन भाषा संस्कृत का भी ज्ञान था। ये पुस्तकें भाषायी आडम्बर होने के कारण जनसामान्य के समझ से परे थीं। साथ–ही–साथ ये लोग सुविधा प्राप्त भारतीय उच्च जाति वर्ग से ही आते थे। अतः इनके द्वारा लिखी हुई पुस्तक उस सामाजिक–सांस्कृतिक सन्दर्भ को प्रतिबिम्बित करती थी जिससे कमजोर तबके के लोग अपने को जोड़ नहीं पाए। पश्चिमोत्तर प्रान्त के डी.पी.आई.ई. व्हाइट (1888) ने स्वीकार किया कि अंग्रेज़ी पुस्तकों का अनुवाद पर्याप्त नहीं है। आवश्यकता इस बात की है कि हम बिल्कुल नये सिरे से विषय की व्याख्या भारतीय दृष्टिकोण से करने का प्रयास करें, जो कि ग्रामीण विद्यालय के बालकों के अनुभव से प्रारम्भ हो। इस तथ्य से कोई इनकार नहीं किया जा सकता कि अगर पाठ्य–पुस्तकों में वर्णित विषय, चित्र, उदाहरण उस देश के बच्चों विशेषतः ग्रामीण क्षेत्र के बच्चों की समझ में नहीं आते हैं या उनकी उसमें रुचि नहीं है तो पुस्तक बच्चों में शिक्षा की प्रक्रिया को बाधित ही

करेगी। बच्चे अगर पाठ्य–पुस्तकों की विषयवस्तु नहीं समझ पाते तो परीक्षा उत्तीर्ण करने हेतु पाठ्य–पुस्तकों को रटने के अलावा उनके पास कोई दूसरा विकल्प नहीं होता था।

गाँधी जी ने औपनिवेशिक शिक्षा को जड़ से उखाड़ फेंकने का भरसक प्रयास किया, क्योंकि उनका मानना था कि पश्चिमी शिक्षा भारतीयों को अंग्रेज़ी ढाँचे में छोटे पदों पर कार्य करने हेतु तैयार करती थी। परिणामस्वरूप लोगों ने अपने सामाजिक तथा स्वयं की प्रतिष्ठा को खोकर उपनिवेशियों द्वारा प्रस्तुत आकर्षक अवसरों का लाभ उठाना शुरू कर दिया। गाँधी जी का मुख्य ध्यान लोगों में उभरती हुई उस प्रवृत्ति पर था, जहाँ लोग पश्चिमी शिक्षा प्राप्त कर अपने व्यवसाय को छोड़ रहे थे। इसीलिए गाँधी जी ने नयी तालीम या बुनियादी शिक्षा का प्रस्ताव रखा जिसने स्कूल पाठ्यक्रम में लाभप्रद कला की पेशकश पर जोर दिया था और ऐसा करके उन्होंने उन लोगों को शिक्षा के माध्यम से सम्मान और प्रतिष्ठा देने की बात की थी जो सामाजिक व्यवस्था में निचले सोपान पर थे। बुनियादी शिक्षा के माध्यम से गाँधी जी भारत में स्कूली शिक्षा के समाजशास्त्र का पुनर्निर्माण करना चाहते थे, क्योंकि औपनिवेशिक शिक्षा में ऐसे ज्ञान और कौशल पर बल दिया था, जो शासक वर्ग के हितों का पोषण कर सके।

अतः बुनियादी शिक्षा ने सामाजिक परिवर्तन की प्रक्रिया को सुविधाजनक बनाया। गाँधी जी के अनुसार स्कूल को इतना स्वावलम्बी होना चाहिए कि गरीब से गरीब व्यक्ति भी स्वयं को शिक्षित कर सके। गाँधी जी का मानना था कि भारत में जहाँ आबादी का 80% से भी अधिक भाग खेती–बाड़ी करके और लगभग 10% उद्योगों में काम करके रोजी रोटी कमाता है वहाँ शिक्षा के विषय क्षेत्र को किताबों तक सीमित करना उपयुक्त नहीं है। बालक और बालिकाओं को शारीरिक श्रम के महत्त्व को समझाना और प्रोत्साहित करना चाहिए।

गाँधी जी ने मातृभाषा के बजाय माध्यम के रूप में अंग्रेज़ी के प्रयोग की आलोचना की। गाँधी जी शिक्षा के माध्यम या अनिवार्य विषय के रूप में अंग्रेज़ी के दृढ़ विरोधी थे। गाँधी जी के अनुसार भारत में जितने अंधविश्वास हैं उनमें सबसे बड़ा यह है कि आजादी के विचार और सही विचार अपनाने के लिए अंग्रेजी भाषा का ज्ञान निहायत जरूरी है। यदि हम राष्ट्रीय आत्महत्या नहीं करना चाहते तो अंग्रेजी को विचारों का माध्यम नहीं बनाया जाना चाहिए। प्रसिद्ध विद्वान और भद्रलोक के कबीले

के सच्चे प्रतिनिधि राजेन्द्र लाल मित्र ने एक बार कहा था कि अंग्रेजी के त्याग का अर्थ बौद्धिक आत्महत्या करना होगा। उधर गाँधी जी का विचार था कि यदि अंग्रेजी में न सोचा होता और अंग्रेजी में अपने विचार प्रकट न करने पड़ते तो राजा राममोहन राय अधिक बड़े सुधारक होते और लोकमान्य तिलक अधिक विद्वान। इसमें शक नहीं कि उन दोनों ने अंग्रेजी साहित्य की विपुल राशि से काफी ज्ञान हासिल किया। लेकिन यह ज्ञान उन्हें अपनी भाषा में मिलना चाहिए था। कोई भी देश अनुवादक पैदा कर राष्ट्र नहीं बन सकता। मानवता विरोधी पश्चिम की शिक्षा की विकल्प के रूप में गाँधी जी ने ग्राम आधारित तन्त्र और कार्य आधारित शिक्षा की कल्पना की। गाँधी जी के लिए शिक्षा वास्तव में उनके सम्पूर्ण राजनीतिक कार्यक्रम का हिस्सा थी। गाँधी जी का विश्वास था कि राजनीति एक ऐसी प्रक्रिया है जिसका उद्देश्य मानव मूल्यों को मुक्त करना होना चाहिए। उनके दृष्टि में जनता का स्वराज हासिल करने के लिए जनता की शिक्षा का राष्ट्रीय कार्यक्रम होना जरूरी था। उनके अनुसार राष्ट्रीय शिक्षा का अर्थ जनता के लिए शिक्षा है। इसका अर्थ जनता के बीच राष्ट्रीय चेतना जगाना है।

टैगोर के विचार भी गाँधी के विचार से काफी हद तक मिलते–जुलते हैं। उनके विचार से वर्तमान शिक्षा प्रणाली अँधेरे से गुजरती ट्रेन के डिब्बों के समान थी। कुछ विशेष लोग ही पढ़ पा रहे थे और भारी संख्या में जनता पीछे छूटी जा रही थी। उनकी दृष्टि में मातृभाषा जब तक शिक्षा का माध्यम नहीं बनेगी तब तक आम जनता में शिक्षा का प्रसार नहीं हो सकता है। किताबी शिक्षा के खिलाफ टैगोर बच्चों को एक पैकेट बन्द सूचना के प्राप्तकर्ता के रूप में शिक्षित करने सम्बन्धी पश्चिमी शिक्षा की आलोचना करते हुए कहते हैं कि यह एक ऐसी शिक्षा है जो बच्चे को निजी सृजनात्मकता और उसकी जन्मजात योग्यताओं को जाग्रत नहीं करती। टैगोर ऐसे उधार लिए ज्ञान के विरुद्ध थे जिससे बच्चे अपनी निजी सामाजिक एवं सांस्कृतिक गरिमा से दूर हो जायें। उनका कहना था कि पाठ्यचर्या को अध्यापकों और विद्यार्थियों के मिले–जुले प्रयासों से विकसित किया जाना चाहिए। उसे उनके जीवन की आवश्यकता के अनुरूप होना चाहिए। श्री अरविन्द के अनुसार भारत में एक ऐसी शिक्षा पद्धति को विकसित करने की आवश्यकता है जो लोगों की जरूरत, उनकी संस्कृति और उनके स्वभाव के अनुकूल हो।

राधाकृष्णन का मानना था कि शिक्षा पद्धति मन और मस्तिष्क दोनों को परिष्कृत करने की ओर उन्मुख होनी चाहिए ताकि इन दोनों के तालमेल से मनुष्य का संतुलित विकास हो सके। संतुलित विकास हेतु विद्यार्थियों का बौद्धिक दृष्टि से सक्षम और तकनीकी दृष्टि से कुशल होना ही पर्याप्त नहीं है बल्कि उन्हें भावनाओं, शब्द और उद्देश्य में परिष्कृत होना चाहिए, क्योंकि समाज के सदस्य के रूप में उनकी योग्यता सिर्फ बौद्धिक क्षमता या तकनीकी कुशलता की ही दृष्टि से नहीं आँकी जाती बल्कि समाज के महत्त्वपूर्ण उद्देश्यों के प्रति समर्पित होने से भी पता चलती है। राधाकृष्णन (1948–1949) ने कहा है कि इमारतों से विश्वविद्यालय का निर्माण नहीं होता है। विश्वविद्यालय तो अपने अध्यापकों और विद्यार्थियों और उनकी ज्ञान कुशलता से बनते हैं। इनसे ही विश्वविद्यालय की आत्मा बनती है। विश्वविद्यालय देश के बौद्धिक जीवन के मंदिर हैं। राष्ट्रीय चेतना के स्रोत और समाज के क्रान्तिकारी आन्दोलन की भावना भी हैं। अतः विश्वविद्यालयों में विद्यार्थियों के अंदर अन्याय, उत्पीड़न और डर से जूझने की शक्ति को विकसित करने की जरूरत है। छात्रों में अनुशासनहीनता तभी बढ़ती है, जब विद्यार्थियों को जीवन की समस्याओं का धैर्य से मुकाबला करना नहीं आता है, या उनका स्वयं पर नियन्त्रण नहीं है और वे संतुलित नहीं है। इस प्रकार विश्वविद्यालय का महत्त्वपूर्ण कार्य अन्तरराष्ट्रीय समझ को विकसित करना और अन्तरराष्ट्रीय शान्ति को बनाये रखना है।

जे. कृष्णमूर्ति का मानना है कि शिक्षा का कार्यक्षेत्र सिर्फ पुस्तकों से पढ़ाई–लिखाई करने, परीक्षा उत्तीर्ण होने और रोजगार प्राप्ति हेतु शैक्षिक अर्हता का प्रयोग करने तक ही सीमित नहीं है। वर्तमान समय में शिक्षा का प्रयोग सामाजिक, आर्थिक और राजनीतिक धारा में मिलकर समाज और संस्कृति के साथ सामंजस्य स्थापित करना है। व्यापक तौर पर यह माना जाता है कि लोगों की समस्याओं को सुलझाने का एकमात्र तरीका उन्हें शिक्षा प्रदान करना और पढ़ने–लिखने के योग्य बनाना है। लोगों के मस्तिष्क में सूचना अथवा जानकारी ठूँसने के बजाय उनके दृष्टिकोण को ऐसा बनाना है जिससे वे सही व गलत की पहचान कर सकें। उनका मानना था कि विषयों में सक्षमता प्राप्त करने मात्र से जीवन में सक्षमता का निर्माण नहीं हो सकता। अतः हमारा बुनियादी लक्ष्य सही किस्म की शिक्षा का निर्माण होना चाहिए, जो हर तरह के नकारात्मक प्रभाव और सभ्यता की पाशविकता का प्रतिरोध करने की क्षमता मानव मस्तिष्क में विकसित कर सके।

छिन्नमूल शिक्षा–व्यवस्था : बदलाव की दरकार

भारती गोरे

शिक्षा–व्यवस्था, उसका औचित्य, सार्थकता–निरर्थकता पर एक बहस के रूप में शिक्षा–विमर्श को छेड़ना वर्तमान समय की आवश्यकता बन चुकी है। सम्भवतः आज तक एक–आध छोटी–मोटी टिप्पणी कर शिक्षा–व्यवस्था पर बात–बहस को टाला जाता रहा हैं लेकिन विगत पच्चीस–तीस वर्षों में स्थितियाँ इतनी विचित्र बन चुकी हैं कि अब यदि स्वस्थ एवं समझदार समाज की रीढ़ की हड्डी कहलाने वाली शिक्षा–व्यवस्था पर सार्थक विमर्श न किया गया तो समाज को विकलांग व अधोन्मुख बनते देर नहीं लगेगी। इस समस्यापूर्ण व्यवस्था के प्राथमिक से लेकर विश्वविद्यालयीन तक हर सोपान पर अनगिनत समस्याएँ हैं लेकिन उन पर बात करना, अपने नफे–नुकसान से परे सोचकर बेबाक राय देना अपनी सुरक्षाप्रिय जिन्दगी में बवाल लाने के समान है। शायद इसीलिए इस समस्या पर व्यापक बहस अपवादस्वरूप ही देखी जाती है।

कोंकण क्षेत्र में अपने आराध्य 'रवळनाथ' को अपना मनोवांछित वर माँगते समय, क्षेभ कुशल चाहते समय 'व्हय बा म्हाराजा' बोलने की प्रथा है। सम्भव है, भारत के अन्यान्य क्षेत्रों में भी ऐसी या इससे मिलती–जुलती प्रथाएँ हों जिसमें 'जी हुजूर' के लहजे में तमाम विपरीत स्थितियों में 'ठीकठाक चकाचक' का आभास निर्माण किया जाता हो। आज की शिक्षा–व्यवस्था बाहर से ऐसा ही कुछ चकाचक आभास निर्माण करती है और हम जैसे शिक्षा–व्यवस्था के बल पर रोजी–रोटी पाने वाले लोग खामियों को तलाशकर सुधारने की बजाय 'जैसे थे' वाली स्थिति बनाये रखते हैं। वैसे यह रोग काफी पुराना है। 19 अगस्त 1902 में लिखे हुए अपने एक मराठी लेख में लोकमान्य तिलक ने विश्वविद्यालयों

को लेकर लिखा था–'युनिवर्सिटिया उर्फ सरकारी हम्मालखाने' अर्थात् युनिवर्सिटियाँ उर्फ सरकारी कुलीखाने। लोकमान्य का आक्षेप ब्रिटिशों के प्रभाव में, उन्हीं की देखादेखी बनाये गये विश्वविद्यालयीन पाठ्यक्रम और तमाम सारी कार्यपद्धति पर था। यह लोकमान्य तिलक ने तब कहा था जब भारत में मुश्किल से दो–चार विश्वविद्यालय रहे होंगे। आज सैकड़ों की तादाद में खुले विश्वविद्यालय और हजारों–लाखों की तादाद में खुले स्कूल–कॉलेजों के पाठ्यक्रम और उनकी शिक्षा–पद्धति को देखकर एक सौ सोलह साल पहले लिखे उनके वक्तव्य की प्रासंगिकता समझ में आती है। कहते हैं कि अंग्रेज चले गये और पीछे 'अंग्रेजी', 'सॉरी' और 'थैंक यू' छोड़ गये। इस थैंक्यू–सॉरी की सभ्यता का जतन करने का दायित्व लॉर्ड मैकाले की बनायी शिक्षा–व्यवस्था कर रही है। आजादी के इकहत्तर साल बाद भी हम न गुलाम मानसिकता से छुटकारा पा रहे हैं न ही अपने अस्तित्व, अपनी संस्कृति तथा उन्नत परम्पराओं का अभिमान अपने हृदय में जीवन्त रख पा रहे हैं। इस दुर्दशा के मूल में ब्रिटिशों द्वारा लागू की गयी शिक्षा–व्यवस्था है। बहुत सीधी–सी बात है, राजकाज चलाने के लिए इंग्लैंड से यहाँ भारत में लाखों की तादाद में अंग्रेजों को सेवकों के रूप में लाना (अंग्रेजों के लिए) सम्भव न था न ही उसमें उन्हें कोई समझदारी नजर आयी। मुसलमानों की भांति यहाँ बसना अंग्रेजों का लक्ष्य नहीं था, वे यहाँ महज लूटने के इरादे से आये थे अतः अपने देश से हिन्दुस्तान में लोग लाने की अपेक्षा यहीं गुलाम प्रशिक्षित करना उन्हें अधिक श्रेयस्कर लगा। गुलाम–निर्मिति के जो 'कारखाने' अंग्रेजों ने बनाये, उन्हें 'शिक्षा–व्यवस्था' नाम दिया गया। अंग्रेजों के जाने के इतने सालों बाद भी इन कारखानों से गुलाम मानसिकता का निर्माण बदस्तूर जारी है। चूँकि अब हम स्वाधीन हैं, अब गुलामी पश्चिम के संस्कारों की है, संस्कृति की है, भाषा की है और यहाँ तक कि बोलचाल, वस्त्र परिधान, खान–पान आदि की है। खैर ! अंग्रेजों की बनायी इस शिक्षा–व्यवस्था में न शिक्षार्थी के मन–मस्तिष्क और व्यक्तित्व का विकास शामिल था न ही उसे आत्मनिर्भर बनाने की युक्तियाँ। इसी पृष्ठभूमि पर एक और मोहक संकट ने दस्तक दी। भारत में उदारीकरण, निजीकरण, भूमंडलीकरण का ऐसा सैलाब आया कि उसमें शिक्षा–व्यवस्था की बची–खुची नैतिकता भी तिनका–तिनका बन बिखर गयी। आज शिक्षा–व्यवस्था छिन्नमूल बेरोजगारों

की फौज का निर्माण करने वाली व्यवस्था भर बनकर रह गयी है। अतः इस व्यवस्था की सार्थकता–निरर्थकता पर जीवन्त बहस अनिवार्य है।

भारत में प्रचलित गुरुकुल व्यवस्था में छात्र को विनम्र, कर्मरत और आत्मनिर्भर बनाया जाता था। धर्म–अर्थ–काम–मोक्ष को साधने वाली शिक्षा प्रदान करने पर बल दिया जाता था। किन्तु इस मूल शिक्षा–व्यवस्था को दर किनार कर लागू की गयी मैकाले की शिक्षा–व्यवस्था जिन तीन स्तम्भों पर टिकी हुई है, वे तीनों स्तम्भ अत्यन्त लचर सिद्ध हो रहे हैं। इस शिक्षा–व्यवस्था के तीनों स्तम्भ–शिक्षक, विद्यार्थी और परीक्षाएँ आज अपना मूल चरित्र खो चुके हैं। इस व्यवस्था में शिक्षक या तो दयनीय है या फिर घाघ, विद्यार्थी आलसी, अवसरवादी और कर्मच्युत तथा पाठ्यक्रमाधारित परीक्षाएँ फार्स या नौटंकी।

शिक्षा के आरम्भिक पड़ाव अर्थात् प्राथमिक स्तर पर शिक्षक खिचड़ी बनाने में, क्लर्की–किरानी के कार्यों में व्यस्त हैं। छात्रों और अभिभावकों को उनके अधिकार, शिक्षा का महत्त्व आदि समझाना महाकठिन कार्य है। परीक्षाओं की गम्भीरता को स्वयं सरकार ने ही खत्म कर दिया है। मूलभूत सुविधाओं के अभाव को ढोती पाठशालाएँ शिक्षा के पहले ही सोपान को अत्यन्त खस्ताहाल साबित करती हैं। 'पढ़ें हम बढ़ें हम' या 'स्कूल चले हम' की बातें नारेबाजी या विज्ञापन तक सीमित हैं। भारत में लाखों की संख्या ऐसे विद्यार्थियों की है जिनके माँ–बाप उन्हें स्कूल से मिलने वाले अण्डे, दूध या चावल की खातिर स्कूल भेजते हैं। आँगनबाड़ी से लेकर प्राथमिक, माध्यमिक, उच्च माध्यमिक स्तर की शिक्षा ऐसी 'आपसी समझदारी' पर चलती है जिसमें छात्रों और शिक्षकों का सम्बन्ध मात्र दूध या चावल को लेने या देने भर तक सीमित होता है। इस लेन–देन के बाद छात्र और शिक्षक अपने–अपने 'जरूरी कार्य' करने में जुट जाते हैं। अपने गाँव के आसपास ही, शिक्षण के साथ–साथ खेती भी करने की सुविधा देखते हुए, हजारों की रिश्वत देकर पाया हुआ तबादला शिक्षकों को ज्ञान–दान के अलावा सब कुछ करने की अनुमति देता है। जो शिक्षक तिकड़में लड़ाकर मनोवांछित स्थान पर नौकरी या तबादला नहीं पा सके, वे घर परिवार, पूरक व्यवसाय या खेतीबाड़ी सँभालने लायक स्थान पाने का जुगाड़ बैठाने में जुट जाते हैं। आखिर डी.एड., बी.एड. में नम्बर लगने के लिए जो हजारों की रिश्वत दी है, तत्पश्चात शिक्षक की 'नौकरी' पाने हेतु जो लाखों की घूस दी है, वह कहीं से वसूलनी भी तो पड़ेगी। इस 'वसूली'

के लिए ट्यूशन पढ़ाने से लेकर स्कूली छात्रों में बँटने के लिए आये अनाज को बेचने तक तमाम सारे उलटे सीधे काम किये जाते हैं। इस वास्तविकता की पृष्ठभूमि पर शिक्षा–क्षेत्र में मूल्यवत्ता की चर्चा बेमानी और हास्यास्पद बात लगती है। अर्थ के ये समीकरण शिक्षा–व्यवस्था की इस बुनियादी सीढ़ी से आरम्भ होकर अन्त तक अर्थात् सर्वोच्च शिक्षा–सोपान विश्वविद्यालय तक बराबर बने रहते हैं।

विगत कुछ दशकों में उच्चशिक्षा प्राप्ति की ओर रुझान काफी बढ़ा है लेकिन इसके कारणों की मीमांसा करें तो पुनः अर्थाधारित मुद्दे ही उभर आयेंगे। शिक्षा का उद्देश्य ज्ञान पाने की आकांक्षा नहीं बल्कि कोई ठीकठाक नौकरी पाकर आराम से जिन्दगी गुजारने की आकांक्षा है। बेशक, आर्थिक आवश्यकताओं को दरकिनार कर शिक्षा–प्राप्ति की बात वायवी आदर्शवाद है लेकिन केवल आर्थिक आवश्यकताओं की पूर्ति हेतु शिक्षा प्राप्त करना भी तो नीतिमत्ताहीन बात ही है। मात्र धन को केन्द्र में रखकर शिक्षा लेना और देना, दोनों ही बातें शिक्षा–व्यवस्था में लगा दीमक रोग है जो धीरे–धीरे इस व्यवस्था को खोखला बना रहा है। इस स्थिति में शिक्षा–व्यवस्था को मजबूत बनाने हेतु, उसे गुणवत्तायुक्त बनाने के उद्देश्य से कई प्रयास किये जा रहे हैं। इस विशाल देश में विद्यालयों, महाविद्यालयों और विश्वविद्यालयों की संख्या लाखों की तादाद में है लेकिन यदि अन्तरराष्ट्रीय गुणवत्ता सूची में देखें तो भारत की स्थिति दयनीय है। इसका सबसे प्रमुख कारण यह है कि जिस शिक्षा–पद्धति का निर्वाह हम कर रहे हैं, वह विदेशी है, हमारे स्वभाव–धर्म और आवश्यकताओं के विपरीत है। दशकों से जिसे ढो रहे हैं उसे न निगलते बनता है न उगलते ! अतः हम इस अप्राकृतिक व्यवस्था को एकमात्र विकल्प के रूप में निभा रहे हैं क्योंकि इस व्यवस्था को हटाना असम्भव तो नहीं पर कठिन अवश्य है। इसमें सुधार के जो भी प्रयास किये गये हैं, वे न केवल विफल साबित हो रहे हैं अपितु शिक्षा–क्षेत्र को अधिक शोचनीय बना रहे हैं।

वर्तमान शिक्षा पद्धति में जो पाठ्यक्रम विद्यमान हैं, उनकी प्रासंगिकता संदिग्ध है। इनसे न संस्कारों का सम्प्रेषण होता है न ही आधुनिक युग की आवश्यकताओं की पूर्ति ही होती है। अर्थात् अपनी जड़ों से कटे इन पाठ्यक्रमों में समय से कदमताल करने की क्षमता नहीं, इस कड़वे सत्य को नकारा नहीं जा सकता। नवीनता के अभाव में इन पाठ्यक्रमों को पढ़ने को लेकर न छात्रों के मन में उत्साह है न पढ़ाने को लेकर

शिक्षकों में। शिक्षा–व्यवस्था में पाठ्यक्रम अत्यधिक महत्त्वपूर्ण मुद्दा है। आखिर क्या पढ़ाया जाता है, इसी बात पर ही पढ़ने वालों का भविष्य निर्भर करता है। वर्तमान पाठ्यक्रमों में रोजगार प्रदान करने की क्षमता लगभग न के बराबर है। जो डिग्रियाँ छात्रों के लिए रोजगार–क्षेत्र के रूप में केवल शिक्षा–व्यवस्था में नौकरियाँ दे सकती हैं, उन्हें कितनी सार्थक माने? आवश्यकता है ऐसे पाठ्यक्रमों की जो छात्रों के सामने रोजगार के अधिक से अधिक क्षेत्र खोलें आखिर इस बात को कैसे भुलाया जा सकता है कि शिक्षा का मुख्य उद्देश्य शिक्षार्थी को आर्थिक दृष्टि से सक्षम बनने में सहायता करना है। प्रत्येक छात्र अपने आप में अद्वितीय होता है। उसे अपने भीतर छिपी इस कस्तूरी का एहसास दिलाने वाला पाठ्यक्रम सर्वोत्तम माना जायेगा। छात्र के कौशल को विकसित कर उसे अपनी रुचि के अनुरूप रोजगार प्रदान करने वाले पाठ्यक्रम की आज दशकों बाद भी प्रतीक्षा है। अवांछनीय, अतार्किक बातों को मन मारकर सहने–समझने के लिए छात्र बाध्य हैं। ऐसे पाठ्यक्रम पर आधारित परीक्षा–व्यवस्था की क्या चर्चा करें? इन परीक्षाओं में गुणप्राप्ति के आधार पर छात्रों का मूल्यांकन किया जाता है। कितना ज्ञान प्राप्त किया है, यह देखने की अपेक्षा कितने नम्बर पाये हैं यही गुणवत्ता का एकमात्र निकष बन चुका है। छात्र ने यह अंक रट्टा मारकर पाये हैं या नकल करके हासिल किये हैं, इससे किसी को कोई लेना–देना नहीं। जैसे भी हो अंक मिलने चाहिए इस उद्देश्य से प्रेरित होकर छात्र सौ तिकड़में लड़ाता है। मात्र परीक्षा को, अंक प्राप्ति को केन्द्र में रखकर रटाया गया पाठ छात्र को कब तक साथ देगा ? परीक्षा–सम्बन्धी सारे घोटालों का मूल इसी अंककेन्द्रित व्यवस्था में निहित है। इसमें सुधार करने के उद्देश्य से अब अंक की अपेक्षा श्रेणी (ग्रेड) निर्धारित कर दी गयी है। जिस प्रकार भ्रष्टाचारी सोचते हैं कि पैसा तो पैसा है, उस पर कहाँ लिखा है कि सफेद है या काला है, उसी तर्ज पर छात्र और अभिभावक सोचते हैं कि श्रेणी तो श्रेणी है, उस पर कहाँ लिखा है यह दूर गाँव–देहात का परीक्षा केन्द्र प्राप्त कर, नकल या पैसा देकर पाई है या मेहनत के बल पर? इस श्रेणी का भी वही महत्त्व है जो मेहनती छात्र की पायी श्रेणी का है। यह परीक्षा–व्यवस्था साध्य को सर्वेसर्वा मानती है। साधन शुचिता इसके लिए गैर–जरूरी मुद्दा है। अप्रासंगिक पाठ्यक्रम और उस पर आधारित अंक प्राप्ति को महत्त्व देने वाली व्यवस्था में छात्रों की अगम्भीर वृत्ति एक खतरनाक मुद्दा है। छात्रों

में अत्यधिक मात्रा में उदासीनता है। उन्हें न पढ़ने में रुचि रही है न ही उनमें कुछ कर दिखाने का जज्बा बच रहा है। सरकार पढ़ने वाले को छात्रवृत्ति देती है। उसका आधार मूलतः जाति या धर्म होता है। मात्र छात्रवृत्ति प्राप्त करने के लिए पढ़ने वालों की भी कमी नहीं। छात्रों की एक बड़ी संख्या अपनी आधी जिन्दगी छात्रवृत्ति पाकर आराम से गुजारती है। एक विषय में शिक्षार्थी को मिलनेवाली छात्रवृत्ति जब समाप्त हो जाती है, वही छात्र दूसरे विषय में एडमिशन लेकर पुनः छात्रवृत्ति प्राप्त कर लेता है। इस तरह वह केवल छात्रवृत्ति के लिए कई विषयों में मास्टर से लेकर अनुसंधान सम्बन्धी डिग्रियाँ प्राप्त कर लेता है। ऐसे कई विषयों में उच्चशिक्षा प्राप्त 'विद्वान' छात्र आज हजारों की मात्रा में हैं। अनुशासन, कक्षा में उपस्थिति, अध्ययनशीलता जैसी बचकानी बातों में आज छात्रों को कोई रुचि नहीं, इसी आलस्य, कामचोरी के परिणामस्वरूप यह छात्र निगेटिव मार्किंग, सेट–नेट जैसी परीक्षाएँ आदि का जमकर विरोध करते हैं। योग्यता–परीक्षाओं को बुढ़ापे तक पार न कर पाने वाले 'आजीवन छात्र' इस व्यवस्था में कदम–कदम पर मिलेंगे। ऐसे छात्रों के लिए शिक्षा–संस्थान राजनीति करने का अड्डा होते हैं। सालोंसाल हॉस्टल में पड़े ये छात्र 'लोकल लीडर' बनकर किसी न किसी छात्र संगठन, राजनीतिक संगठन का आश्रय पाकर ऊलजलूल नारेबाजी करते हुए शिक्षा–क्षेत्र को बराबर गँदला करते रहते हैं। यही राजनीति शिक्षकों को भी पथभ्रष्ट कर चुकी है। शिक्षा–क्षेत्र में लगभग सारी नियुक्तियाँ राजनीतिक प्रभाव के चलते होती हैं। जिसके पास राजनीतिक या आर्थिक बल है, उसमें गुणवत्ता हो या न हो, वह नियुक्ति पा लेता है और आजीवन उसी की सेवा में धन्यता मानता है जिसके प्रभाव से नियुक्ति पाई गयी थी।

गुरु को गोविंद के समकक्ष, बल्कि गोविंद से बढ़कर दर्जा देने वाली हमारी संस्कृति में आज के गुरु की गरिमा में बड़ा ह्रास हुआ है। अध्यापन, छात्रों के सर्वांगीण विकास के लिए गुरु अपने आप को कहीं भी प्रतिबद्ध नहीं मानते। हेराफेरी कर डिग्रियाँ पाने वाले, पैसा देकर या राजनीतिक प्रभाव का प्रयोग कर नौकरी हासिल करने वाले शिक्षकों में मगरूरी–सी है। 'ठोक बजाकर, पैसा देकर नौकरी क्या गलाफाड़ पढ़ाने के लिए पायी है?' यह अनपूछा सवाल सभी के व्यवहार से झलकता है सो अब शिक्षक और अध्यापन यह समीकरण लगभग 'आउटडेटेड' हो चुका है। सालोसाल पीले पड़ चुके, तार–तार बने नोट्स से काम चलाने वाले 'आँधले' गुरु के

छात्र भी खरे 'निरन्ध' सिद्ध होते हैं। कम काम, अधिक छुट्टियाँ और भरपूर वेतन जैसे प्लस प्वाइंट्स के चलते शिक्षक बनने वाले लोग शिक्षा–व्यवस्था की पवित्रता को क्या बनाये रखेंगे?

यह दुरवस्था तब सीमातीत मात्रा में बढ़ी, जब ए.पी.आई., अनुसंधान–बाध्यता आदि बातों को सेवाशर्तों के रूप में लागू कर दिया गया। गुणवत्ता वृद्धि हेतु लागू इन शर्तों के विपरीत परिणाम सामने आने लगे। अध्यापन हेतु नियुक्त शिक्षक अपने 'ए.पी.आई. ' को बढ़ाने के लिए कक्षाओं में कम और सेमीनारों में अधिक नजर आने लगे। चार किताबें सामने रखकर झटपट तैयार किया गया शोध–प्रपत्र प्रकाशित करवाने के लिए आई.एस.एस.एन. पत्रिकाओं को खोजा जाने लगा। कुछ दूरंदेशी लोग समय की आवश्यकता भाँपकर अपनी पत्रिका में आलेख–प्रकाशन की कीमत वसूलने लगे। पैसा देकर लिखवाने से लेकर छपवाने तक सारे बेकायदा काम बाकायदा होने लगे। इस बीच अपने प्रश्न लेकर शिक्षक के दर पहुँचे छात्रों को समयलेवा तत्त्व जानकर परे सरकाया जाने लगा। जो छात्र शिक्षा–व्यवस्था के केन्द्रबिन्दु हैं, उन्हीं को शिक्षा व्यवस्था में अवांछनीय तत्त्व माना जा रहा है। 'ए.पी.आई.' वृद्धि हेतु छात्रों की उपेक्षा कर देशाटन करता शिक्षक ही अब प्रशंसा का पात्र है। ऐसे शिक्षकों की अधिकाधिक संख्या ही शिक्षा–संस्थाओं को 'नैक' की बढ़िया मानांकित श्रेणी दिलाती है। अतः इस मुद्दे पर शिक्षक और शिक्षा–संस्थान दोनों ही परस्पर सहमति से चुप्पी साधे हुए हैं।

अनुसंधान की वर्तमान स्थिति शिक्षा व्यवस्था की दुर्दशा को अधिक कारुणिक बना रही है। अनिच्छा से एम.फिल., पीएच.डी. कर अनुसंधान से तौबा करनेवाले लोगों को 'ए.पी.आई.', 'कैस' आदि के कारण पुनः जबरन अनुसंधान की ओर मुड़ना पड़ रहा है। तथ्य के नवनवीन, उपेक्षित, लुप्त–गुप्त आयाम खोजने की बेचैनी से प्रेरित होकर अनुसंधान करने वालों की तुलना में खानापूर्ति करने वाले अनुसंधाताओं की संख्या प्रचंड मात्रा में पाई जाती है। ऐसे 'कट पेस्ट' में विश्वास रखने वाले लोगों के कारण अब शोध में कोई गरिमा शेष नहीं। अब अधिक–से–अधिक जानकारी का संकलन ही शोध कहलाता है। वर्णन और विश्लेषण को एक मानकर किया गया अनुसंधान सफेद कागजों को काला बनाने भर तक सीमित है।

कुल मिलाकर शिक्षा–क्षेत्र एक विशाल अन्धेर नगरी में परिवर्तित हो चुका है। यहाँ लचर पाठ्यक्रम, पीतल और सोने में फर्क न करने वाली

अंकप्रधान परीक्षा पद्धति, कामचोर छात्र, राजनीति में लिप्त–योग्यता से कोसों दूर खड़े शिक्षक सभी मिलकर शिक्षा–व्यवस्था को इस कदर दूषित बनाये हुए हैं कि निकट भविष्य में इसका कोई निस्तार नजर नहीं आ रहा है।

इस विडम्बनापूर्ण स्थिति से बचने के लिए कुछ विशेष प्रयास पूरे नैरन्तर्य के साथ करने की दरकार है। सबसे महत्त्वपूर्ण मुद्दा रोजी–रोटी का है। जो शिक्षा रोजगार दिलायेगी, ससम्मान जीवनयापन के द्वार खोलेगी उस शिक्षा के प्रति शिक्षार्थी में श्रद्धा भी होगी और रुचि भी।

भारत ऐसा देश है जहाँ सभ्यता, संस्कृति से सम्पन्न जीवन–शैली पायी जाती है। आध्यात्मिक–दार्शनिक चेतना से युक्त इस देश के युवा अपनी जड़ों से कटकर वांछित लक्ष्य पाने में सफल नहीं होंगे और यदि हुए भी तो यह सफलता उन्हें आन्तरिक शान्ति व समाधान नहीं दे पायेगी। इसका तात्पर्य यह कतई नहीं कि नितान्त वायवी और अलौकिक आदर्शवाद के पीछे दौड़ा जाये बल्कि भौतिक आवश्यकताओं तथा व्यावहारिकता को पूरी तरह बनाये रखते हुए भी अपनी सम्पन्न विरासत का जतन और संवर्धन करने वाले पाठ्यक्रमों को शिक्षा–व्यवस्था में स्थान मिलना चाहिए। आज अधिकांश विकसित देशों ने अपनी शिक्षा–व्यवस्था में इसी नीति को अपनाया है। चीन, जापान, जर्मनी जैसे कई देश अपनी भाषा, अपनी सभ्यता, अपने आचार–विचार आदि के प्रति कटिबद्ध होकर विज्ञान व तकनीक को अपनाकर विकास का सुयोग्य संतुलन साधे हुए हैं।

इस व्यवस्था में शिक्षक तथा शिक्षार्थी को इस वास्तविकता का एहसास कराना होगा कि कर्मनिष्ठा, ईमानदारी, सभ्यता–संस्कृति की एक महान विरासत को बनाये रखने का दायित्व उनका है। शिक्षक और छात्रों का सम्मिलित प्रयास केवल उनके अपने घर को ही नहीं बल्कि समूचे भारतवर्ष को दिशाहारा होने से बचा सकता है। अपने घर की आवश्यकताएँ भाँपकर बाहर वालों के थोपे हुए परीक्षा आदि से जुड़े नियम–कानूनों को त्याग देना बेहतर है। यदि अंक और श्रेणी आधारित इस परीक्षा पद्धति से पल्ला छुड़ाकर उसका सही विकल्प खोजा जाये, योग्यता–प्राप्ति के लिए तन–मन–धन से प्रयासरत हों और यह सारे प्रयास तृणमूल स्तर से उच्च शिक्षा तक प्रत्येक स्तर पर किये जायें तो भारत की शिक्षा–व्यवस्था को न केवल जीवन–संजीवनी मिलेगी बल्कि भारतीय शिक्षा–व्यवस्था सारे संसार के लिए अनुकरणीय सिद्ध होगी।

समता, समरसता और शिक्षा

सुनील कुमार उपाध्याय

किसी भी सभ्य समाज की संकल्पना शिक्षा के बिना सम्भव नहीं। व्यक्ति या समाज के विकास में शिक्षा की भूमिका प्रश्नों से परे है, बल्कि प्रश्न तो यह है कि क्या शिक्षा समग्र विकास की चुनौतियों का समाधान खोज पा रही है? क्या इस शैक्षिक व्यवस्था से हर बच्चे के पास अपनी योग्यता के अनुरूप विकास के अवसर उपलब्ध हैं? और यदि ये अवसर उपलब्ध नहीं है तो फिर हमें विचार करना होगा कि इतने वर्षों के बाद भी हम अपने संवैधानिक आदर्शों को प्राप्त करने में क्यों असफल हुए? स्वतन्त्रता और समता के लोकतान्त्रिक मूल्यों को अपने समाज में क्यों नहीं स्थापित कर पाये? जब तक हम समतामूलक समाज की स्थापना नहीं कर सकेंगे तब तक समाज में समरसता भी स्थापित नहीं हो पायेगी। ऐसी स्थिति में समग्र विकास की संकल्पना स्वप्न ही बनी रहेगी।

आज हमारे सामने शायद सबसे बड़ी चुनौती समतामूलक समाज की स्थापना है, लेकिन इसके साथ ही एक और बड़ी चुनौती जो आज ज्यादा भयावह रूप में सामने आ रही है वह यह है कि विषमता दूर करने के प्रयास कई बार वैमनस्यता बढ़ाने के साधन भी साबित होते जा रहे हैं। ऐसा नहीं कि हमने इसके लिए प्रयास न किया हो, गाँधी, नेहरू, जय प्रकाश, लोहिया और पूरा समाजवादी आन्दोलन हमेशा से इस बारे में प्रयत्नशील रहा। लेकिन वर्ग संघर्ष की बजाय भूदान जैसे आन्दोलन और लोकतान्त्रिक प्रयासों से, स्वतन्त्रता और समता के बीच सामंजस्य स्थापित करते हुए, राष्ट्रवाद और समाजवाद को बिना एक–दूसरे का विरोधी बनाये, बिना धार्मिक आस्थाओं पर प्रहार के समरसता के साथ समता के आदर्शों को प्राप्त करने हेतु हम प्रयत्नशील रहे। आचार्य नरेन्द्र देव का तो पूरा दर्शन ही वैमनस्यता के बिना

विषमता दूर करने का रहा है। राष्ट्रीयता और समाजवाद दोनों से वे प्रेरणा प्राप्त करते रहे। लेकिन आज समता की ओर बढ़ते हमारे कदम वैमनस्यता दूर करने की जगह इसे बढ़ाने के भी कारण साबित हो रहे हैं? आज शिक्षित, समृद्ध वर्ग क्या जाति और नस्ल की विभेदकारी अलोकतान्त्रिक सोच को बढ़ाने में अपनी शिक्षा की सार्थकता नहीं देख रहा? प्रो. राजाराम शास्त्री ने कहा Democracy needs Education and Education Democracy, शिक्षा लोकतन्त्र की जरूरत है और लोकतन्त्र शिक्षा की जरूरत। लेकिन हमारी शिक्षा न तो लोकतान्त्रिक मूल्यों की स्थापना कर पा रही है और न ही लोकतन्त्र शिक्षा को सही दिशा दे पा रहा। आज शिक्षा के सम्मुख सबसे बड़ी चुनौती है कि किस तरह समरसता के साथ समतामूलक समाज की स्थापना करे।

आखिर कौन से ऐसे कारण थे कि आजादी के बाद भी हमने अपनी शिक्षा में मैकाली व्यवस्था को अपनाए रखा? क्या आजाद भारत में शिक्षा के वहीं उद्देश्य थे जो ब्रिटिश भारत में थे? इस बारे में कोई दो राय नहीं कि ब्रिटिश सरकार का उद्देश्य भारत को जाति, नस्ल, धर्म, भाषा के आधार पर विभाजित कर अपने हितों का संरक्षण करना रहा और इसके लिए उन्होंने साहित्य और शिक्षा को साधन बनाया। और हम अपनी पीढ़ी–दर–पीढ़ी इसी साहित्य को पढ़ा गर्व की अनुभूति करते रहे। आश्चर्य की बात तो यह कि हम अपने प्राचीन ग्रन्थों को भी इनके अनुवाद और व्याख्याओं के माध्यम से पढ़ उनकी दृष्टि से भारत और भारत की समस्याओं को समझते रहे।

अंग्रेजों ने भारत में अपनी जड़ें मजबूत करने के उद्देश्य से भारतीय मानस की स्वीकृति, सद्भावना प्राप्त करने के लिए भारतीयों को न्याय उनकी प्राचीन संहिताओं के आधार पर देने का प्रयास किया। इसी प्रयास में वे संस्कृत ग्रन्थों के सम्पर्क में आये और इसे पढ़ते ही चकित से होने लगे कि जिस देश को इतना पिछड़ा समझ रहे थे, उस देश में इतने गम्भीर दार्शनिक चिन्तन इतने प्राचीनकाल में होने लगा था और फिर विलियम जोंस, मैक्समूलर आदि ने हमारे अतीत का अन्वेषण करने का प्रयास व्यवस्थित अध्ययनों के माध्यम से किया। लेकिन बिना इन प्रयासों के महत्त्व को नकारे मैं यह कहना चाहूँगा कि इन प्रयासों का एक दुष्परिणाम भी रहा।

मूलतः ब्रिटिश लोग भारत की आर्थिक समृद्धि से आकर्षित हो व्यापार के लिए आये थे और उनके व्यापार से भारत की आर्थिक और

सामाजिक व्यवस्था पर बहुत बुरा प्रभाव पड़ा। 'राइज एंड फाल ऑफ ग्रेट पावर्स' (1987) में पॉल केनेडी अर्थशास्त्री पॉल बेरोच का हवाला देते हुए कहते हैं कि 1500 ई. में पूरी दुनिया की जीडीपी में भारत की हिस्सेदारी 35 प्रतिशत तक थी, जो 1750 ई. में 24 प्रतिशत तक आ गयी और 1900 में 1.8 प्रतिशत तक पहुँच गयी क्योंकि 1750 से 1900 के बीच भारत में 700 प्रतिशत तक डिइंडस्ट्रिलाइजेशन हुआ। अमीय कुमार बागची (2010) 'कॉलोनियलिज्म एंड इंडियन इकोनॉमी' में लिखते हैं कि अंगेजों के पूर्व भारत में अर्थव्यवस्था में राज्य का कोई दखल नहीं था, जिसे पश्चिम में एडम स्थिम ने आर्थिक पूँजीवाद का सिद्धान्त कहा था, लेकिन अंग्रेजी सरकार की नीतियों व हस्तक्षेप के कारण 1800 से 1900 तक भागलपुर, पटना, गया, पूर्णिया में 50 प्रतिशत लोग बेरोजगार हो गये, इसी अवधि में पूरे देश में 2.5 से 3 करोड़ लोगों की भुखमरी से मृत्यु हुई। स्वाभाविक है ये बेरोजगार लोग ही रहे होंगे।

बिल दूरन्त (1930) 'द केस फॉर इंडिया' में लिखते हैं कि अंग्रेज भारत के उत्पादक वर्ग को लूटने आये थे और 1757 से 1930 के बीच 4 खरब पौंड धन की लूट की। वे लिखते हैं कि दुनिया की कोई भी वस्तु ऐसी नहीं थी जो उपयोगी हो या आकर्षक, वह भारत में न बनती हो। डिइंडस्ट्रियलाइजेशन और कृषि पर कर के बोझ से बड़ी संख्या में लोग बेरोजगार हुए और ये लोग मजदूर बनने को विवश हो गये तो बहुत से लोग कोई काम न मिलने के कारण मैला उठाने के काम में लग गये।

कार्ल मार्क्स (1853) भारत के बारे में लिखते हैं कि एशियाटिक मॉडल ऑफ प्रोडक्शन में उत्पादक और उपभोक्ता दोनों एक हैं, खुद ही निर्माण करते हैं और खुद ही इस्तेमाल। लेकिन ईस्ट इंडिया कम्पनी ने कृषि को बर्बाद कर दिया। आगे लिखते हैं जहाँ ब्रिटेन आयातक और भारत निर्यातक था पर ब्रिटिश नीतियों के कारण ब्रिटेन निर्यातक बन गया और भारत आयातक। ढाका में 150,000 की मैन्यूफैक्चरर आबादी थी जो 20,000 रह गयी। त्रिभुवन सिंह (2017) मैन्यूफैक्चरिंग कास्ट और मनुवाद में प्रश्न उठाते हैं कि इस बेरोजगार आबादी का क्या हुआ? स्वाभाविक है यह उत्पादक वर्ग मजदूर बन गया होगा। शशि थरूर (2016) भी 'एन इरा ऑफ डार्कनेस : दि ब्रिटिश एम्पायर इन इंडिया' में ब्रिटिश लूट और उसके दुष्प्रभावों की बात करते हैं। त्रिभुवन सिंह (2017) लिखते हैं कि एक तरफ लोग बेरोजगार और गरीब हो रहे थे वहीं अंग्रेज पादरी एम.ए. शेरिंग यह

चिन्ता व्यक्त कर रहा होता है कि आखिर भारत के हिन्दू उस समयकाल में दरिद्र हो जाने के बाद भी ईसाइयत में शामिल क्यों नहीं हो रहे? अपने व्यापारिक हितों के लिए उन्हें यहाँ अपनी सत्ता और जड़ें मजबूत करनी थी, जिसका एक माध्यम धर्मान्तरण भी था और इसके लिए भारत की धर्मभीरु जनता के मन में भारतीय धर्म के प्रति नकारात्मक भाव भरना उन्हें आवश्यक लगा और फिर बड़े ही संगठित तरीके से उन्होंने अपने उद्देश्य के लिए भारतीय धार्मिक साहित्य का अध्ययन, उसमें नकारात्मक तथ्यों की खोज और सन्दर्भ से हटकर शब्दों के अर्थ किये और अपनी व्याख्या दी। इसी की शिक्षा भारतीयों को भी दी।

'आर्य' शब्द जो सभ्य, कुलीन होने का पर्याय था उसे एक नस्ल के रूप में मान्यता दी जाने लगी। संस्कृत में 'रेस' शब्द का कोई समानार्थी नहीं, सुविधा के लिए हमने फारसी शब्द 'नस्ल' या नया शब्द 'प्रजाति' बनाया। जिस देश के हजारों साल के इतिहास में 'रेस' जैसा कोई शब्द न रहा हो, स्वाभाविक है कि समाज में इस तरह की कोई अवधारणा नहीं रही होगी और न ही इस आधार पर कोई विभाजन भी रहा होगा, लेकिन आर्य इनवेजन सिद्धान्त की बात शुरू हुई। यह प्रचारित किया गया कि आर्यों ने बाहर से आकर यहाँ के मूल निवासी द्रविड़ों को हराकर उन्हें या तो दास बना लिया या उत्तर भारत से दक्षिण की ओर जाने के लिये विवश कर दिये। लेकिन अगर यह प्रवृत्ति रही होती तो पूरे भारतीय प्राचीन इतिहास या साहित्य में क्या ऐसा कोई प्रसंग नहीं मिलता जिसमें विजेता ने हारने वालों को दास बनाया हो या उन्हें उनके मूल निवास से विस्थापित किया हो? समसामयिक साहित्य को उपेक्षित कर क्या केवल अन्य दूसरे तरीकों से किसी काल के बारे में उचित निर्णय लिया जा सकता है?

भारत में वर्ण व्यवस्था रही है। गीता में कृष्ण कहते हैं, 'चातुर्वण्यं मया सृष्टं गुण कर्म विभागशः' गुणों से उत्पन्न कर्मों के आधार पर वर्ण व्यवस्था रही। कौटिल्य ने सवर्ण शब्द का प्रयोग समान वर्ण और असवर्ण शब्द का प्रयोग असमान वर्ण के लिए किया है, जो विवाह के सन्दर्भ में है। लेकिन रंगभेद व नस्ल के सिद्धान्त को मानने वालों ने अपनी सोच के अनुरूप सवर्ण शब्द को तीन वर्ण और आर्य नस्ल के साथ जोड़ दिया और काले लोगों को असवर्ण और अनार्य बता दिया। रोचक तथ्य यह है कि शंकर, अष्टावक्र, राम, कृष्ण, व्यास सब श्यामवर्ण के माने गये हैं।

भारत में जाति शब्द का प्रयोग कुल, वंशवृक्ष तथा पेशे के लिए किया जाता था। लेकिन इसे कास्ट शब्द का समानार्थी मान लिया गया। पश्चिम में कास्ट शब्द का प्रयोग नस्ल के लिये किया जाता था। परिणाम यह हुआ कि जातियों को नस्ल के आधार पर बाँट दिया गया।

एच.एच. रिश्ले जो 1901 में जनगणना आयुक्त था, जनगणना रिपोर्ट 'पीपल ऑफ इंडिया' में लिखता है कि कास्ट शब्द का भारतीय भाषाओं में कोई समानार्थी शब्द नहीं है, लेकिन रिश्ले नाक की चौड़ाई से जातियों की सामाजिक स्थिति को जोड़ उनका अनुक्रम बना हिन्दुओं को 42 नस्लों और 2000 से ज्यादा जातियों में वर्गीकृत कर देता है। हालाँकि द्वितीय विश्वयुद्ध के दुष्परिणामों के बाद यूनेस्को ने इस आधार पर नस्लों के वर्गीकरण के सिद्धान्त को खारिज कर दिया। डॉ. अम्बेडकर खुद इस सिद्धान्त को अस्वीकृत करते हैं और आर्यों को एक नस्ल की बजाय विशेष धार्मिक, आध्यात्मिक, दार्शनिक विश्वासों वाला सामाजिक समूह मानते हैं और भारत से उनका गहरा लगाव भी मानते हैं। पर त्रिभुवन सिंह (2017) लिखते हैं कि डॉ. अम्बेडकर 'व्हू वर द शूद्राज?' में जिस जान मुइर की 'ओरिजनल संस्कृत टेक्स्ट्स ऑन द ओरिजिन एंड हिस्ट्री ऑफ द पीपुल ऑफ इंडिया, देअर रिलीजन एंड इंस्टीट्यूशन' (1858) को बार–बार उद्धृत करते हुए भारत की सामाजिक स्थिति का वर्णन करते हैं, वह जान मुइर खुद संस्कृत के शब्दों की सन्दर्भ से हटकर व्याख्या करता है। जॉन मुइर कास्ट को चमड़े के रंग से जोड़ते हुए लिखता है कि यह अनार्य नस्ल के लोग अमेरिका के रेड इंडियन की तरह कमजोर नस्ल के थे, जबकि कौटिल्य ने शूद्र सेना को कुछ मामलों में ब्राह्मण सेना से बेहतर माना। टैवर्नियर जोकि 17वीं शताब्दी का फ्रांसीसी यात्री था और जिसने 1630 से 1668 के मध्य 6 बार भारत की यात्रा की, वह अपनी पुस्तक 'ट्रेवल्स इन इंडिया' (1676) में सेना में शूद्र सैनिकों की उपस्थिति व उनकी बहादुरी की बात करता है। हैमिल्टन बुचनान (1807) 'जर्नी फ्रॉम मद्रास' में धनी शूद्रों की बात करता है जो धर्म परिवर्तन से बचने के लिए गोवा छोड़कर कर्नाटक आये।

ब्रिटिश सरकार की आर्थिक नीतियों के कारण उत्पादक वर्ग जिसे कौटिल्य भी शूद्र मानते हैं, बुरी हालत में पहुँचा और इस हालत के कारण इनको जान मुइर ने कमजोर और अनार्य मान लिया और इनकी इस स्थिति के लिए ब्रिटिश सरकार को जिम्मेदारी से बचाने व इसके विपरीत

धार्मिक व्यवस्था को जिम्मेदार मानने के लिए षडयन्त्रपूर्वक संस्कृत शब्दों की सुविधानुसार व्याख्या की।

एम.ए. शेरिंग (1872) ने 'कास्ट एंड ट्राइब्स ऑफ इंडिया' में नमक के कारोबार में बनारस और मिर्जापुर में लोनिया ठाकुर, मुसहर आदि जातियों की चर्चा की है। जब नमक का कारोबार सरकारी नियन्त्रण में आया तो इनकी स्थिति बदतर हुई और लोनिया ठाकुर को भी कमजोर और अनार्य मान लिया गया। शेरिंग कोरी जाति को भी वैश राजपूतों का वंशज मानता था, जो समय के साथ नीचे के क्रम में चले गये। बहुत से उदाहरण ऐसे हैं जहाँ बेरोजगार होने के कारण लोग सामाजिक क्रम में नीचे की ओर गये।

डॉ. अम्बेडकर ने स्मृतियों के आधार पर 12 अछूत जातियों का वर्णन किया है। लेकिन 1935 में गवर्नमेन्ट काउंसिल ने 429 जातियों को अछूत माना। भारतविद् त्रिभुवन सिंह प्रश्न उठाते हैं कि इतनी अछूत जातियाँ कहाँ से आयीं? अगर इतनी अछूत जातियाँ पहले से थीं तो मेगस्थनीज, अलबरूनी, वर्नियर, टैवर्नियर किसी ने तो जिक्र किया होता। हैमिल्टन बुचनान (1807) 'जर्नी फ्राम मद्रास' में दक्षिण भारत की सामाजिक स्थिति का विस्तार से वर्णन करता है, पर वह भी अछूतों का जिक्र नहीं करता। स्वाभाविक है कि ब्रिटिश शासनकाल में उत्पादक वर्ग के बेरोजगार होने के कारण उन्हें मैला ढोने या अन्य निम्न कार्य करने पड़े होंगे। यह सर्वविदित है कि हिन्दुओं में घर में शौच करने व मैला ढोने की परम्परा का कोई वर्णन नहीं मिलता। अब यह स्पष्ट है कि किसके कारण लोग मैला ढोने के लिए मजबूर हुए और किसके यहाँ का मैला उन्हें ढोना पड़ा। त्रिभुवन सिंह कहते हैं कि डॉ. अम्बेडकर की मंशा तो बिलकुल सही थी पर तथ्यों को प्राप्त करने के उनके स्रोत पश्चिमी लेखकों की पुस्तकें ही थीं। ये लेखक भारत की संस्कृति से परिचित न होने के कारण संस्कृत ग्रन्थों के तथ्यों व शब्दों की उनके सहीं सन्दर्भों में व्याख्या नहीं कर पाये। हालाँकि ऐसा नहीं कि भारत में जाति के बन्धन नहीं थे लेकिन जहाँ गुण और शील मिले वहाँ ये बन्धन कच्चे धागे की तरह चटक गये। ए. एल. बाशम (1954) 'द वन्डर दैट वाज इंडिया' में लिखते हैं कि इस्लामी आक्रमण के पूर्व भारत में जाति व्यवस्था तरल थी। बहुत से उदाहरण ऐसे भी मिलते हैं, जहाँ वर्ण परिवर्तित होता रहा है। पेशे या कार्य को बदलने पर सामाजिक स्थिति बदलती रही है। हालाँकि जाति व्यवस्था को समाप्त करना आज

सबसे महत्त्वपूर्ण आवश्यकता बन चुका है। इसे समाप्त करने की दिशा में आगे भी बढ़ना होगा और इसे बिना पूर्वाग्रह के आनुवंशिकता, शुचिता, पेशा और इसके कारण होने वाले अनुबन्धन के मनोवैज्ञानिक सिद्धान्तों के आलोक में समझना भी होगा, जिससे समरसता स्थापित की जा सके और जाति समाप्त कर समता के मूल्यों की तरफ भी हम बढ़ सकें।

अंग्रेजों की विभाजनकारी नीतियों का एक और उदाहरण देना चाहूँगा। खालसा पंथ हिन्दू धर्म की परिधि में ही अपने विश्वासों के साथ वर्षों से बना हुआ था पर मैक्स आर्थर मैकलियो जो 1882 में पंजाब का डिप्टी कमिश्नर था, उसने सर्वप्रथम यह माना कि सिख और हिन्दू अलग–अलग धर्म हैं। इनके पंजाबी ट्यूटर कान्ह सिंह नाभा ने 1898 में 'हम हिन्दू नहीं' नाम से एक पुस्तक लिखी। खुद मैक्स आर्थर मैकलियो ने 1909 में 'सिख रिलिजन : इट्स गुरुज, सेक्रेड राइटिंग्स एंड आथर्स' नामक पुस्तक लिखी और सिखों को हिन्दू धर्म से अलग पहचान देने का प्रयास किया। इन्हीं सबका प्रयास रहा कि गुरुद्वारों से हिन्दू महन्त व पुजारियों को हटा सिख पुजारियों की नियुक्ति शुरू कर दी गयी और हिन्दुओं व सिखों के बीच विभाजन के दूसरे भी प्रयास शुरू हुए।

इसी तरह के प्रयास भाषा के मामले में भी किये गये। 1801 में एच.टी. कोलरब्रुक सभी भारतीय भाषाओं की उत्पत्ति संस्कृत से होने की बात करता है। पर 1816 में एलेक्जेंडर डी. कैम्पबेल व फ्रांसिस व्हाइट इलिस ने तेलुगू भाषा का व्याकरण लिख उसे अरबी और हिन्दू से निकली भाषा बताने का प्रयास किया। रॉबर्ट काडवेल (1856) ने तो 'ए कम्परेटिव ग्रामर ऑफ द द्रविड़ियन ऑर साउथ इंडियन फेमिली ऑफ लैंग्वेजेज' के माध्यम से यह बताने का प्रयास किया कि दक्षिण की भाषाएँ संस्कृत से अलग हैं और उसमें संस्कृत जबरदस्ती डाली गयी है। क्या यह उनकी मंशा नहीं दिखाता है?

एक और भ्रम भारत में शिक्षा के सन्दर्भ में फैलाया जाता है कि अंग्रेजों के आने के पूर्व भारत में शिक्षा कुछ वर्गों तक सीमित थी। 1931 के गोलमेज सम्मेलन में गाँधी ने कहा कि आज से 50 या 100 वर्ष पूर्व भारत में शिक्षा आज से ज्यादा अच्छी हालत में थी। तब फिलिप हर्टोग जो साइमन कमीशन द्वारा शिक्षा सम्बन्धी समस्याओं के अध्ययन के लिए बनी समिति का अध्यक्ष था, ने गाँधी से असहमति जताते हुए अंग्रेजी शासन के पूर्व भारत में शिक्षा की सुलभता ब्रिटिश शासन की अपेक्षा कम होने की बात की थी जिससे गाँधी सहमत नहीं हुए।

संयोगवश जब 1813 के चार्टर के बाद कम्पनी को शिक्षा की जिम्मेदारी दी गयी तब अंग्रेजी सरकार ने बोर्ड ऑफ रेवेन्यू को आदेश दिया कि शिक्षा से सम्बन्धित आँकड़े लिए जायें। 1820 से 30 के बीच का वह आँकड़ा उपलब्ध था, जिसके आधार पर गांधीवादी धरमपाल (1983) ने 'द ब्यूटीफुल ट्री' लिखी है। मद्रास, बंगाल और पंजाब के आँकड़ों के आधार पर, जिसमें कुछ जिलों के आँकड़े तो यह बताते हैं कि शूद्र छात्रों की संख्या ब्राह्मण छात्रों की चार गुनी तक थी।

लड़कियों के मामले में तो ब्राह्मणों की तुलना में शूद्र वर्ग की छात्राओं की संख्या बहुत अधिक थी। हालाँकि तब भी लड़कियों की शिक्षा की स्थिति बहुत अच्छी नहीं थी। यह एक विचारणीय विषय है कि जहाँ मैत्रेयी याज्ञवल्क्य से कहती है कि 'येनाहं नामृता स्याम् किमहम् तेन कुर्याम्' (बृहदारण्यक उपनिषद्) जिस धन से मुझे अमृत न प्राप्त हो उसको लेकर मैं क्या करूँगी, मुझे अमरत्व वाला तत्त्वज्ञान चाहिए। उस देश में स्त्री शिक्षा की स्थिति क्यों इतनी बुरी हुई? इसके लिए औपनिवेशिक काल से भी पहले की परिस्थितियों में जाना पड़ेगा जो शायद अभी अभीष्ट नहीं है।

ब्रिटिश शासन के पूर्व शिक्षा के सम्बन्ध में रामधारी सिंह दिनकर (1956) 'संस्कृति के चार अध्याय' में लिखते हैं कि नगरों व गाँवों में रहने वाले प्रत्येक पण्डित का घर छोटी–मोटी पाठशाला होता था। प्राथमिक पाठशालाओं की संख्या बहुत अधिक थी जिनमें पढ़कर लोग व्यावहारिक काम में लग जाते थे। 1821 में टॉमस मुनरो ने भी मद्रास में 2 लाख लोगों के विद्यालयों में पढ़ने की बात की। एम. आर. परांजपे ने भी लिखा कि उस समय मद्रास के प्रत्येक गाँव में एक स्कूल था।

1835 के बाद ब्रिटिश शिक्षा व्यवस्था और उनके छन्नीकरण (Filtration) सिद्धान्त की वजह से शिक्षा की स्थिति बदतर होती गयी। ब्रिटिश सरकार की आर्थिक नीतियों के कारण बहुत से उत्पादक वर्ग के लोग गरीब होते गये और फिर छन्नीकरण सिद्धान्त के कारण शिक्षा इनकी पहुँच से बाहर होती गयी, जिस कारण से मिशनरियों के लिए वे धर्मान्तरण के आसान शिकार भी प्रतीत हुए। साथ ही जिन्हें शिक्षा उपलब्ध थी उनको जाति, वर्ण, नस्ल, धर्म के आधार पर बहुत–सी तथ्यहीन बातें पढ़ा अपनी संस्कृति से दूर कर वैमनस्यता बढ़ाने का भी प्रयास किया गया।

आज आवश्यकता है कि शिक्षा को हमें किसी भी तरह के पूर्वाग्रहों से मुक्त करने की जिम्मेदारी लेनी होगी, इस क्षेत्र में अध्ययन और स्वस्थ

विमर्श को प्रोत्साहित करना होगा और साथ ही शिक्षा को रोजगार से भी जोड़ना होगा। जब तक शिक्षा लोगों को रोजगार व स्वरोजगार हेतु कौशल नहीं दे पायेगी, बालकों को स्वस्थ वातावरण में अपनी येाग्यता के अनुरूप विकास का अवसर नहीं दे पायेगी, औपनिवेशिक काल में पैदा हुए पूर्वाग्रहों, दुराग्रहों से भावी पीढ़ी को मुक्त नहीं कर पायेगी, सही तथ्यों को उद्घाटित नहीं कर पाएगी तब तक समरसता के साथ समता के मूल्यों को नहीं पाया जा सकेगा।

हमारे मूल्य और हमारा समाज

सुनील कुमार मानस

हमारे 'मूल्य' जीवन में आदर्श की स्थिति का निर्देश देते हैं। वे 'लक्ष्य' के रूप में व्यक्ति और समाज को प्रेरित करते हैं। वे गन्तव्य की दिशा तय करने, कराने में अपनी महत् भूमिका निभाते हैं। स्वभाव से ही ये सकारात्मक स्थिति को बताते हैं। मूल्य का बोध और उसके प्रति संलग्नता सभी में एक–सी नहीं होती है। ऐसे ही मूल्यों की वरीयता भी सबके लिए भिन्न होती है। धर्म, अर्थ, काम और मोक्ष भारतीय समाज में प्राचीनकाल से मूल्य के रूप में स्थापित हैं। भारतीय मानस की आकांक्षा 'सत् की प्रतिष्ठा' है– "असतो मा सद्गमय, मृत्योर्मामृतं गमय, तमसो मा ज्योतिर्गमय।" (असत्य से सत्य की ओर ले चलो, मृत्यु से अमरत्व की ओर ले चलो और अन्धकार से प्रकाश की ओर ले चलो)।

आधुनिक युग में एक अवधारणा के रूप में 'मूल्य' 19वीं शताब्दी के पहले तक ज्ञान मीमांसा, तत्त्वमीमांसा एवं नीति मीमांसा के एक पहलू के रूप में विवेचित एवं विश्लेषित किया जाता रहा है, किन्तु 19–20वीं सदी में यह मूल्य–मीमांसा के स्वतन्त्र शास्त्र रूप में देखा व समझा जाने लगा, जो पाश्चात्य के 'वैल्यू' शब्द के सन्दर्भ से आयातित हैं। भारतीय सन्दर्भ में मूल्य हमेशा पुरुषार्थ के सम्बन्ध में विवेचित हुआ है, जो मनुष्यों की चिन्तन–दृष्टि से जुड़ता है। यही है, जो उसे पशुओं की प्रवृत्ति से विलगाता है। प्रसिद्ध सुभाषित में स्पष्ट है कि आहार, निद्रा, भय और मैथुन तो पशुओं एवं मनुष्यों दोनों में समान रूप से विद्यमान होते हैं, किन्तु विवेकपूर्ण आचरण अर्थात् 'धर्म' ही मनुष्य को पशुओं से भिन्न और उनसे श्रेष्ठ बनाता है। कठोपनिषद् में यही बात प्रेयस एवं श्रेयस के रूप में व्याख्यायित है, जिसमें स्पष्ट है कि पशु एवं मनुष्य दोनों प्रेयस का वरण

करते हैं, किन्तु श्रेयस का केवल मनुष्य। इससे स्पष्ट होता है कि 'मूल्य' वह है, जिसका वरण किया जा सके, कई बार संकल्प स्वयं ही 'मूल्य' बन जाता है। यह 'प्रयत्न' के रूप में भी अभिलक्षित है, जैसे–सत्य बोलना एक मूल्य है, तो सत्य बोला भी जा सकता है। मनुष्य चाहे तो झूठ भी बोल सकता है, लेकिन तब सत्य की मूल्यवत्ता उस मनुष्य के लिए नहीं रहेगी।

मूल्य केवल 'ज्ञान' या प्रज्ञा का व्यापार नहीं है बल्कि 'क्रतु' या संकल्प का भी विषय है। यह एक आदर्श स्थिति है, जिसे अपनी दृढ़ता एवं पवित्रता के साथ चरितार्थ किया जा सकता है। यह भाव–अभाव, सत्–असत् की सीमा से परे भी हो जाता है। इसका सम्बन्ध हमारे नैतिक, सामाजिक, सांस्कृतिक एवं धार्मिक जीवन के सन्दर्भों से है, जिनका अपना–अपना सौन्दर्य–विधान भी है। पुरुषार्थ के सन्दर्भ में 'धर्म' सबसे मूल्यवान है। यह 'अर्थ' एवं 'काम' पुरुषार्थों को मर्यादित एवं संयमित कर उन्हें भी मूल्यपरक बनाने में बल देता है। यह भी देखा जाना महत्त्वपूर्ण है कि अर्थ की अपेक्षा 'काम' स्वतः मूल्य है, लेकिन 'धर्म' की अपेक्षा 'काम' स्वतः मूल्य नहीं रहता। काम और अर्थ की दृष्टि से धर्म स्वतः एक मूल्य है, लेकिन पुरुषार्थ योजना के अन्तर्गत धर्म अन्ततः मोक्ष का साधन बन जाता है। ऐसी स्थिति में मोक्ष ही सर्वोच्च एवं साध्य मूल्य हो जाता है और धर्म साधन मूल्य।

मूल्य मनुष्य के आध्यात्मिक स्वरूप में पहले से ही आयातित रहता है। मनुष्य जैसे–जैसे अस्तित्व के निम्नतर सोपानों से मुक्त होता जाता है, वैसे–वैसे आध्यात्मिकता की ओर बढ़ता जाता है। उसका सर्वोच्च–मूल्य 'मोक्ष' ही ठहरता है, जिसे वह प्राप्त करने का प्रयत्न करता रहता है। इस तरह आत्मानुभूति ही सर्वोच्च मूल्य से जुड़ने का मार्ग प्रशस्त करती है। शेष सभी 'आत्म–सापेक्ष' या 'आत्म–संकेत' के अतिरिक्त कुछ नहीं। यह आत्मानुभूति व्यापक आत्मबोध की उपलब्धि होती है, जब व्यक्ति 'सर्वं खल्विदं ब्रह्म' की भावना का अनुभव करता है।

यहाँ पर मूल्य और तथ्य के भेद एवं अन्तःसम्बन्धों को भी समझने की जरूरत है। 'मूल्य' आदर्श एवं मर्यादा की कोटि में आते हैं, इसलिए वे 'चाहिए' के अर्थ में व्यंजित किये जाते हैं। अर्थात् मूल्य 'होने चाहिए' और तथ्य केवल 'होते हैं'। ऐसे ही कहा जा सकता है कि मूल्य मूल्यवान होते हैं, जबकि तथ्य अस्तित्ववान। हमेशा मूल्य आदर्शों, प्रतिमानों एवं प्रयोजनों के रूप में मानवीय आचरण को प्रेरित करते हैं। इसलिए वे 'हैं' की श्रेणी

में आते हैं लेकिन तथ्यगत रूप से किसी देश–काल में अस्तित्ववान होने के कारण नहीं भी हैं, किन्तु तथ्य हमेशा उपस्थित रहता है। कई–बार जो विषय दृष्ट होता है, और व्यक्ति के लिए साध्य हो, उसे भी मूल्य के लिए अभीष्ट माना जाता है। तथ्य के अन्तर्गत ही सारी नीतियाँ, सारे विचार, सारे उपदेश आदि रखे जाते हैं।

भारतीय चिन्तन के आधार पर जीवन की पंचकोश की संकल्पना में मूल्यों की एक क्रमिक अवधारणा भी प्राप्त होती है, जो क्रमशः अन्यमय कोश से प्राणमय कोश, प्राणमय कोश से मनोमय कोश, मनोमय कोश से विज्ञानमय कोश और फिर विज्ञानमय कोश से आनन्दमय कोश तक पहुँचती है। यहाँ पहुँचकर परम शान्ति का बोध होता है। यही चिन्मय है।

उल्लेखनीय है कि जीवन दृष्टि के बदलाव के साथ मूल्य दृष्टि में भी बदलाव होता है, पर मूल्यों में नहीं। बाजारवादी व्यवस्था के वर्तमान दौर में हर चीज खरीद–फरोख्त की वस्तु मात्र बनकर रह गयी है। दौड़–भाग इतनी बढ़ गयी है कि सोचने–समझने एवं जानने का समय ही, किसी के पास नहीं है। 'भोग' और भोगवादी–व्यवस्था 'साधन' के बजाय 'साध्य' बनती जा रही है। ऐसे में मूल चिन्तन एवं चिन्तनधारा की ओर लोगों का ध्यान ही नहीं जा पाता। बात सिर्फ इससे प्राप्तव्य 'लाभ' (आर्थिक) तक ही चुक जा रही है। सांसारिकता से आगे की कोई सोच नहीं। मनुष्य का सिर्फ एक वस्तु के रूप में परिवर्तित होते जाना ही, आज की नियति बन रही है। वह महज चलती–फिरती मशीन के रूप में प्रयुक्त होने के लिए अभिशप्त है। विडम्बना तो यह है कि भ्रमवश हम इसी को ही सफलता का मूल–मन्त्र मानते जा रहे हैं।

भारतीय समाज में मूल्यों की दृष्टि से युग–सापेक्ष तमाम परिवर्तन होते रहे हैं, जो तत्कालीन परिस्थितियों के अनुरूप आवश्यक भी रहे हैं। बाद में उनकी उपयोगिता एवं अर्थवत्ता में बदलाव होता रहा है, जिन्हें सभ्यताओं के इतिहास से लेकर आज के समकालीन जीवन के विविध संदर्भों में देखा जा सकता है। इसलिए मूल्यों को केवल एक आयाम में रखकर नहीं देखा जा सकता और न ही उनके सरोकारों को। समय के साथ संस्कृति एवं परम्परा में परिवर्तन होते रहते हैं। विचार बदलते हैं, चिन्तन बदलता है और दृष्टि भी बदलती है।

ऐसे में भले ही मूल्यों की सैद्धान्तिकी एक–ही व्याख्यायित की जाये पर उसका व्यावहारिक स्वरूप कभी एक–सा नहीं रहा। अपने खुद के

जीवन में हम व्यक्ति के अनुरूप, समाज के अनुरूप, भौगोलिक परिस्थितियों के अनुरूप अलग–अलग मूल्यों के अनुपालन से बँधे होते हैं। ऐसे में मूल्यों को स्थिर रूप में रखकर उसकी व्याख्या करना, उसे जड़वत रूप में स्वीकार करना हो जायेगा।

आज का हमारा समाज बाजारवादी व्यवस्था के जाल में दिन–प्रतिदिन फँसता जा रहा है और उसी के कीचड़ में धँसता जा रहा है, जिसके कारण मूल्यों में संक्रमण का दौर भी हम देख रहे हैं। इसी को लेकर हमारे अकादमिक केन्द्रों में चर्चाएँ–परिचर्चाएँ भी तेज हो रही हैं। विचार, चिन्तन और अनुचिन्तन के विविध दृश्य और परिदृश्य भी देखने को मिल रहे हैं। एक तरफ चिन्ता का भाव है तो दूसरी ओर पीड़ा एवं वेदना का भी भाव है। पुरानी पीढ़ी बदलाव नहीं चाह रही और नयी पीढ़ी आज की भौतिकवादी दृष्टि से वैज्ञानिक प्रमाण ढूँढ़ रही है, ज्यों का त्यों स्वीकार करने की वृत्ति उसमें नहीं रही। वह युग–सापेक्ष की तमाम व्यक्तिगत चुनौतियों को भी प्रतिदिन स्वीकार कर रहा है। सीख रहा है, समझ भी रहा है। उसे अपने मूल्यों के प्रति गौरव और सम्मान का भाव है।

हमारा समाज 'मूल्यों' को बनाता है। हमारे मूल्य 'समाज' को बनाते हैं। दोनों का अन्योन्याश्रय सम्बन्ध है। जब तक समाज है तब तक मूल्य हैं और जब तक मूल्य हैं तब तक समाज। भारतीय समाज और उसके मूल्यों में समय–समय पर बहुत–सी हलचलें हुई हैं पर जैसे बाढ़ के बाद नदी अपने शान्त और निर्मल स्वभाव में पुनः वापस लौटती है, सहज गति में प्रवहमान होती है और अपने रागमय संगीत से सभी के तापों को हरकर ऊर्जावान एवं स्फूर्तिमय बना देती है उसी तरह से हमारे मूल्य भी हमें आकर्षित करते हैं, दिग्दर्शित करते हैं और मर्यादित भी बनाते हैं। इसी मर्यादा के सहारे हम 'हम' होते हैं।

शिक्षा, व्यक्ति और समाज : मंथन और चिन्तन

विद्या केशव चिटको

शिक्षा एक अनवरत चलने वाली प्रक्रिया है जो लगातार ज्ञान की खोज करती है और फिर अगली पीढ़ी को सौंप दी जाती है। हमारी शिक्षा व्यवस्था का मुख्य उद्देश्य बालक की सुप्त अविकसित क्षमताओं के विकास के लिए उसके लिए पोषक परिस्थितियों के घटक का निर्माण कर, उसे मनुष्य, मानवीय संवेदना और मूल्यों की पर्याप्त जानकारी देते उसकी बौद्धिक क्षमताओं को पूर्णतः विकसित कर अर्थार्जन हेतु सक्षम बनाये ताकि वह अपनी रीति, नीति, संस्कृति, आचरण, व्यवहार द्वारा नयी सुसंस्कृत पीढ़ी का निर्माण करने योग्य बने।

इस शिक्षा के चार मुख्य घटक हैं–शिक्षक, शिक्षार्थी, शिक्षण संस्था और परिसर। समाज का पाथेय शिक्षक है। वह छात्र को वैसे ही गढ़ता है जैसे कुम्हार घड़े को गढ़ता है। शिक्षक बच्चों को केवल शिक्षा ही नहीं देता वरन् संस्कार भी देता है। वह पथ प्रदर्शक होता है। विद्वान लेखक रूफिनी ने बहुत सटीक कहा है कि शिक्षक वह दीपक है जो स्वयं जलकर दूसरों को रोशनी देता है। यानी वह प्रकाशदाता है। शिक्षा छात्र जीवन को सँवारती है। शिक्षक के पास ज्ञान का खजाना तो होता ही है वह अनुभवों का पिटारा भी है। गुरुदेव रवीन्द्रनाथ टैगोर ने तो गुरु को स्वभावसिद्ध ऋषि कहा है। उसका मुख्य कर्तव्य है कि वह केवल किताबी ज्ञान न दे, कर्मक्षेत्र में सभी बाधाओं से लड़ने, जूझने, निपटने और उन पर विजय प्राप्त करने में समर्थ बनाये।

हमारे देश में वैदिककाल से चली आ रही ऋषि आश्रम पद्धति, गुरुकुल पद्धति जीवन व्यवहार की कलाओं में निष्णात करती शिक्षा पद्धति को कालबाह्य बताकर बड़ी चतुराई से बाहर कर दिया गया और

उसके स्थान पर ब्रिटिश शासनकाल में नित्य नये परिवर्तन लाए गये। आजादी के बाद सात दशक में भी सुधार के नाम पर अनेक समितियाँ बैठाई गयीं और छिटपुट सुधार किये गये। शिक्षा के क्षेत्र में वर्तमान में जो काले बादल छाये हुए हैं उन पर विचार मंथन आवश्यक है।

अन्तरराष्ट्रीय स्तर पर आज इस बात पर ध्यान केन्द्रित किया जा रहा है कि छात्र को कौशलयुक्त करती शिक्षा दी जानी चाहिए। 'स्किल बेस्ड एजुकेशन' उसके लिए प्रात्यक्षिक 'वर्क एंड लर्न' छात्र को कृतिप्रवण बनाने के लिए कल्पना, स्वचिन्तन, स्वक्षमताओं को बढ़ाना और निरन्तर अभ्यास से पुष्ट करना जरूरी होता है, शिक्षा संस्थाओं की उसमें अहम भूमिका है। आज प्राथमिक विद्यालय से शुरू कर महाविद्यालय तक सभी संस्थाएँ व्यावसायिक अर्थार्जन का केन्द्र बन गयी हैं। रटन्त पद्धति शिक्षा संस्थाओं में चमक–दमक, ऊपरी दिखावा, बाह्य प्रदर्शन, आकर्षक लुभावने विज्ञापनों के द्वारा अभिभावकों माता, पिता, समाज को अपनी ओर आकृष्ट करना। दूरदर्शन, मोबाइल और इंटरनेट निरन्तर उसका प्रचार–प्रसार कर दिग्भ्रमित करने में लगे हुए हैं। परिणामस्वरूप आज शिक्षा ने समस्या का विकराल रूप धारण कर लिया है। आज हमने शिक्षा के मूलभूत तत्त्वों को ही भुला दिया है। सन् 1972 में अल्विन टाफलर की पुस्तक 'फ्यूचर शॉक' ने विश्व में तहलका मचा दिया था। टाफलर ने एक नवीन विचार दिया कि आने वाले समय में शिक्षा के क्षेत्र में किस प्रकार के बदलाव सम्भव हैं? समाज किस प्रकार का होगा और उसमें छात्र, शिक्षक, शिक्षा संस्था की क्या भूमिका होगी? इस पुस्तक को केन्द्र में रखकर शिक्षा संस्थाओं ने 'फ्यूचरालॉजी' (भविष्य वेधशास्त्र) विषय पर अल्पावधि प्रोग्राम की शुरुआत भी की गयी थी। वर्ष 2001 में कैलिफोर्निया के फॉस्टर सिटी लाइब्रेरी में इस प्रकार का प्रोग्राम आयोजित किया गया था जिसकी डायरेक्टर मारिया हेंसबार्ड थी। मैं इस प्रोग्राम में उपस्थित थी। मैंने वह पुस्तक पढ़ी थी और जानने की उत्सुकता थी कि आखिर किस प्रकार के बदलाव अभिप्रेत हैं। अनेक राष्ट्रों में भारत भी था जहाँ इसकी दखल ली गयी थी। कुछ स्थानों, जैसे राजस्थान, वनस्थली और चित्रकूट में इसकी शुरुआत भी की गयी थी, पर खेद है कि वह सफल नहीं हो पायी।

उसके अनेक कारणों में से सर्वप्रमुख कारण योग्य, कुशल, निष्णात, अनुभवी शिक्षकों की अनुपलब्धता। दूसरा कारण नये के प्रति अधिक से अधिक जानकारी प्राप्त करने में परिश्रम न करने की वृत्ति, उसके प्रति

उदासीनता। आज आवश्यक है कि हम SWOT - Strength, Weakness, Opportunities, Threats शक्ति, दुर्बलता, अवसर और खतरे इनका शिक्षा के क्षेत्र में विचार करें। यह समय की माँग है।

सर्वप्रथम हमें शिक्षा के माध्यम पर विचार करना होगा। आज हमारे देश में छोटे से छोटे गाँव में भी अंग्रेजी माध्यम के स्कूलों की संख्या बढ़ रही है। हम अपनी मातृभाषा, बोली, भाषा सहज सरलतापूर्वक बच्चा समझ सके उसी भाषा में उसे सिखायें। छात्र की आकलन क्षमता, ग्रहण शक्ति और परिवेश को भी समझना आवश्यक है। एक ही लाठी से सबको हाँकने की पद्धति से नयी पौध को बचाना ही होगा। उसके लिए शिक्षक और शिक्षा संस्थाएँ कृतसंकल्पी बनें। अभिभावकों तथा माता–पिता को पूणरूपेण आश्वस्त कराना होगा, विश्वास दिलाना होगा कि रोजी–रोटी कमाने, उच्च पद, प्रतिष्ठा, सम्मान, पुरस्कार और सम्पत्ति प्राप्त करने का जरिया सिर्फ अंग्रेजी में निष्णात होना नहीं है।

अमेरिका में मैंने बहुत निकट से देखा है कि वहाँ की नागरिकता प्राप्त कर लेने पर भी चीनी अपनी मेंडारिन (चीनी भाषा) में ही सात वर्ष का बच्चा हो जाने तक पढ़ाते हैं। अंग्रेजी के 'यस और नो' से ही वे अपनी रोजी रोटी कमा लेते हैं। कोरिया जैसे छोटे देश में अंग्रेजी के लिए कोई स्थान ही नहीं हैं। इजराइल जैसा देश जिसने हमारे बाद आजादी हाासिल की उसे भी देखें जिसने अल्पकाल में ही अपनी हिब्रू भाषा में अद्यतन टेक्नोलॉजी, स्पेस एरोनॉटिक्स, अन्तरिक्ष विज्ञान का सारा प्रगत ज्ञान उपलब्ध कराकर दुनिया के सामने मिसाल रखी है। महाराष्ट्र पर हमें गर्व करना चाहिए कि बीड और लातूर जैसे स्थानों पर अपनी मातृभाषा में स्कूलों में पढ़ाई की जा रही है। सतारा जैसे शहर में मराठी, अंग्रेजी सेमी माध्यम के स्कूलों ने विशेष स्थान बना लिया है। अपनी मातृभाषा मराठी में समाजशास्त्र, विज्ञान, संगणकशास्त्र, अन्तरिक्ष विज्ञान, भूगर्भ शास्त्र, सामरिक शास्त्र पर अनुभवी विद्वानों द्वारा पुस्तकें तैयार की जा रही हैं। ग्रन्थालयों में छात्रों के लिए उनकी समय सुविधा से उपल्ब्ध कराने की व्यवस्था करा देने में अधिकारी वर्ग अपना पूर्ण सहयोग दे रहे हैं।

जयन्त विष्णु नारलीकर, रघुनाथ माशेलकर, विजय भटकर, अनिल काकोडकर जैसे अन्तरराष्ट्रीय ख्याति प्राप्त वैज्ञानिकों का कार्य इस क्षेत्र में सिर्फ प्रशंसनीय ही नहीं अनुकरणीय भी है। ये अविकसित ग्रामों मे जाकर वीडीयो डाक्युमेंटरी दिखाकर चेतना जगाने का काम कर रहे हैं। छात्रों के

बस्ते का बोझ कम करने के लिए अनेक शिक्षा संस्थाओं ने तो व्रत ही ले लिया है। वे जगह–जगह पर शिविरों का आयोजन कर माता–पिता का प्रबोधन करने का काम कर रहे हैं पर इस काम में अपने आप को समर्पित होकर काम करने वालों की संख्या अत्यल्प है। महात्मा गाँधी की बुनियादी शिक्षा, डॉ. सर्वपल्ली राधाकृष्णन की कृतिप्रवण शिक्षा, विनोबा भावे जी की अनुभव कौशल्य ज्ञान के समन्वित रूप को अपनाकर शहर ही नहीं 'ग्राम की ओर चलो' शिक्षा अभियान में युवा वर्ग आगे आये।

हम अपने देश में भावी उभरती पीढ़ी को स्वस्थ, सुन्दर, समृद्ध, सुखकर, आदर्श और दुनिया के अन्य देशों की कतार में आने की ही नहीं उनसे भी आगे बढ़ने के लिए तैयार कर सकते हैं। इस कार्य के लिए एकजुट होकर संकल्पी बनकर डटकर आगे बढ़ काम करना होगा। अपने व्यक्तिगत स्वार्थ, लोभ, लाभ से अलग होकर दलगत राजनीति को छोड़ 'स्व' की नहीं 'पर' कल्याण की सोचने की आवश्यकता है। आज शिक्षा का क्षेत्र गँदला गया है। उसकी सफाई करनी आवश्यक है। सभी काम, सभी योजनाओं को शासन, सरकार ही करे इस दुराग्रही विचार से मुक्त होवें। इस दुश्चक्र से बाहर निकलें। यह काम सहज और सरल काम नही है पर शुरुआत तो करनी होगी। बूँद–बूँद से घट भरै न्याय से नयी पीढ़ी काम करे। इंजीनियरिंग की पढ़ाई करते छात्रों को छोटे–छोटे कारखाने, फैक्टरी, मशीन के कलपुर्जे तैयार करते केन्द्र स्मॉल इंडस्ट्री वर्कशॉप भी इन संकटों से छुटकारा दिलाने में बहुत सहायक, उपयोगी होते हैं यह अनुभवों से सिद्ध है। उन तक योग्य पद्धति से पहुँचना तथा सम्पर्क स्थापित करना होगा। साधनों की उपलब्धता, परीक्षा पद्धति, गुणांकन, छात्रवृत्ति जैसे महत्त्वपूर्ण मुद्दे हैं–जिन पर गम्भीरता से विचार करना होगा।

शिक्षा में सुधार, परिवर्तन और नये को अमल में लाना न सिर्फ शासन का काम है बल्कि समाज सुधारकों और शिक्षाविदों का भी है। उसके लिए सभी को अपना कर्तव्य समझकर सहयोग देने की आवश्यकता है। सब मिलकर काम करें। प्रगति एक के किये से नहीं होगी। इस दिशा में आगे बढ़ना होगा। यदि सब लोग अपनी शक्ति, बुद्धि, श्रम का सहयोग दें तो आज की स्थिति में अवश्य सुधार आयेगा। छात्र की सर्जनशील अभिरुचि से व्यावहारिक जीवन के साथ समन्वय, सामंजस्य स्थापित किया जाना समय की जरूरत है। विज्ञान और टेक्नोलॉजी, अन्तरिक्ष विज्ञान, अणुविज्ञान तथा संगणक के सॉफ्टवेयर क्षेत्र में भारत ने जो प्रगति की है उसके लिए अमेरिका के पूर्व राष्ट्रपति

श्री बराक ओबामा ने बारम्बार गौरवोद्गार निकाले हैं। उनके पहले भी बुश और क्लिन्टन ने नेहरू युग की सर्वोत्तम उपलब्धि की स्तुति की थी। आई.आई.टी., राष्ट्रीय प्रयोगशाला, अन्तरिक्ष अनुसंधान केन्द्र, भाभा अणुशक्ति अनुसंधान केन्द्र, एन. सी. एल., भेल, आयुका आदि संस्थाएँ युवकों की नयी पीढ़ी तैयार करने में जुटी हैं। यह विज्ञान के क्षेत्र में विकास के बढ़ते चरण हैं इस सत्य को कोई भी झुठला नहीं सकता फिर भी एक प्रश्न हमारे सामने मुँह बाये खड़ा है कि प्रतिभा, बुद्धिमत्ता, कार्यकुशलता, परिश्रमी वृत्ति होते हुए भी सत्तर साल में एक भी भारतीय को नोबेल पुरस्कार क्यों नहीं प्राप्त हुआ। चिन्तन आवश्यक है। कारणों की खोज करने पर यह स्पष्ट दिखाई पड़ता है कि अमेरिका में उपलब्ध सुविधाएँ और अनुसंधान के लिए पोषक वातावरण तथा परिस्थितियों की सहजता ये मुख्य कारण हैं जिनके चलते डॉ. गोविन्द खुराना, कल्पना चावला, गोडबोले इफैक्ट की रोहिणी गोडबोले, अंटार्टिका में जाकर अनुसंधान करती देवयानी बोरलेकर विदेश में बस गये हैं। उनकी प्रतिभा से वे देश समृद्ध हो रहे हैं। आज विज्ञान के शिक्षा जगत को अधिकाधिक उन्नत करने के लिए विज्ञान प्रौद्योगिकी की चुनौतियों को स्वीकार कर कार्य करना होगा।

विज्ञान के क्षेत्र में अन्य शाखाओं की पर्याप्त जानकारी न होने के कारण माता–पिता अपने पाल्य को उसकी अभिरुचि न होते हुए भी जबरन डॉक्टर बनने के लिए बाध्य करते हैं। माता–पिता का प्रबोधन भी अति आवश्यक है। उसके लिए समय–समय पर सम्बन्धित जानकारी देते कार्यक्रमों और मीडिया का आधार लेना जरूरी है।

महिलाओं को और ग्रामीण भागों में विज्ञान और टेक्निकल क्षेत्र में आगे बढते वर्ग के लिए पर्याप्त साधन और तथ्यों को प्रवृत्त किया जाना एक मार्ग है। दीर्घकाल तक उन क्षेत्रों में कार्य कर सेवानिवृत्त पदाधिकारियों को सम्मान उनकी पद प्रतिष्ठा को ध्यान में रखते हुए उनके अनुभवों का लाभ उठाकर विज्ञान क्षेत्र में बढ़ती गँदलाती स्थिति को सँवारा जाय। इस प्रकार से हम अपने विज्ञान और तन्त्रज्ञान राष्ट्रीय अनुसन्धान को आदर्श उन्नत बनाने की दिशा में अग्रसर होवें।

शिक्षा का स्वरूपः बाजार की भूमिका

आलोक कुमार मिश्र

मोहल्ले में हमारे एक पड़ोसी की चर्चा उनकी तीन साल की बेटी की वजह से आजकल खूब जोरों पर है। कारण है तोतली आवाज में बच्ची द्वारा कुछ याद करा दिए गये प्रश्नों का उत्तर अंग्रेजी में फटाफट देना। अधिकतर प्रश्न सामान्य ज्ञान जैसे ही हैं जिन्हें दूसरों के सामने वह पड़ोसी दम्पति बड़े विश्वास के साथ बच्ची से अंग्रेजी में पूछता है और बच्ची भी कभी खुश होकर, कभी ऊबते हुए उनका उत्तर फटाफट देती जाती है। प्रश्नों की खास प्रवृत्ति यह भी है कि उसमें अमेरिका सम्बन्धी भौगोलिक, राजनीतिक और सामाजिक जानकारी पर फोकस है। यह दम्पति हर बार की प्रश्नोत्तरी के बाद यह बताना और जताना नहीं भूलता कि वे अपनी बेटी को पढ़ने के लिए यू.एस.ए. भेजेंगे और इसी की तैयारी के लिए उसका दाखिला एक महँगे इंग्लिश मीडियम प्राइवेट स्कूल में कराया गया है। हमारे यहाँ बच्चों के लिए अपेक्षाओं से परे भविष्य की तैयारी वैसे तो लगभग हर माँ–बाप के लिए सामान्य बात है। पर मध्यमवर्गीय परिवारों में अपेक्षाओं का यह बोझ पूँजीवादी बाजार व्यवस्था में टिके रहने के लिए निरन्तर कौशल विकास करते रहने, अंग्रेजी में पारंगत रहने जैसे खुद उनके द्वारा भोगे गये अनुभव से निर्मित होता है। इन अनुभवों में रचनात्मकता और आलोचनात्मक क्षमता जैसे गुणों के विकास की जगह निर्देशों के कुशलतापूर्वक पूर्ण होने, किसी खास काम को करने में निपुण होने जैसी बातें ज्यादा जरूरी मानी जाती है। चूँकि निरन्तर परिवर्तनशील बाजार व्यवस्था में टिके रहने के लिए यह भी कोई गारंटी नहीं होती इसलिए बदलाव के अनुरूप हमेशा तैयार रहना, वो भी बिना कुछ सोचे–समझे या प्रश्न उठाये बहुत जरूरी है। यहाँ शिक्षा की भूमिका मात्र आर्थिक संरचना

और उसके लक्ष्यों की पूर्ति करने वाले साधन की है। पर क्या यह पर्याप्त है? क्या मानव जीवन का लक्ष्य चल रही व्यवस्था में जगह बनाना मात्र है? इसमें स्वयं उनकी इच्छा, क्षमता, रचनात्मकता और विकास के अवसर के लिए क्या कोई जगह है।

हाल ही में एक संगोष्ठी में बोलते हुए प्रमुख शिक्षाविद् प्रो. कृष्ण कुमार ने वर्तमान में प्रचलित शिक्षा के इसी सीमित आर्थिक समझ पर आधारित होने पर अपनी निराशा जताते हुए इसे भावी पीढ़ियों के लिए खतरनाक बताया। उनके अनुसार इतनी असुरक्षित और गैर–टिकाऊ विकास पर आधारित यह दुनिया ज्यादा आगे तक नहीं जा सकती। इसके लिए हमें अपने बच्चों को जागरूक, संवेदनशील और आलोचनात्मक चेतना से लैस बनाना होगा जिससे वे उपयोगी व सकारात्मक हस्तक्षेप करने योग्य बनें, अपने आसपास की दुनिया की समस्याओं की समझ बनाकर और उनसे जूझते हुए निदान ढूँढ़ पायें। पर आज जब टिके रहने हेतु आवश्यक आर्थिक कौशल को ही शिक्षा का पर्याय माना जा रहा हो, समाज और प्रकृति की स्वाभाविक विविधता से परे एकल व उग्र राष्ट्रीय पहचान पर लोगों को भावुक बनाकर भ्रमित किया जा रहा हो तो इन पर कैसे बात की जाये? कैसे मौजूद स्वरूप और विमर्श को बदलकर शिक्षा के व्यक्तिगत और सामूहिक लक्ष्यों की पुनर्व्याख्या की जाये?

इसका कोई जवाब तो निश्चित रूप से नहीं दिया जा सकता। मजबूती से जम चुकी पूँजीवादी–बाजारवादी अर्थव्यवस्था जो प्रतियोगिता के नियम और लाभ के उद्देश्य से संचालित है, शिक्षा व्यवस्था को भी इसी के अनुरूप सहयोजित करने में लगी हुई है। आज भले ही विभिन्न देशों में निर्धारित और घोषित शैक्षिक पाठ्यचर्या स्वयं में लोकतान्त्रिक–मानवीय मूल्यों व लक्ष्यों से लैस दिखती हो किन्तु व्यावहारिक रूप से इसे व्यक्त नहीं करती। हमारे देश में इस समय स्कूलों में पढ़ाए जा रहे पाठ्यक्रम और समस्त शैक्षिक प्रक्रियाएँ 'राष्ट्रीय पाठ्यचर्या की रूपरेखा, 2005' पर आधारित होने का दावा करती हैं। यह दस्तावेज स्कूलों में बच्चों की व्यक्तिगत भिन्नताओं–क्षमताओं के सम्मान देते हुए अधिगम के अवसर देने, विविधताओं को सम्मान देते हुए लोकतान्त्रिक मूल्यों का विकास करने, अपने आसपास के परिवेश से जुड़ने, समस्याओं पर चिन्तन करने और आलोचनात्मक चेतना से लैस होकर निर्णय लेने योग्य बनाने जैसे बृहद् शैक्षिक लक्ष्यों को स्वयं में समाहित किये हुए है। पर वास्तव में हमारी

शिक्षा व्यवस्था आज भी रटन्त आधारित और परीक्षा परिणामों पर केन्द्रित बनी हुई है। स्कूलों में भी निजी और सरकारी का विभाजन इसके शैक्षिक स्वरूप को गहरे तक प्रभावित करता है। इस मोटे विभाजन में भी कई अन्य तरह के स्तरीकरण समाहित हैं। जैसे निजी में कुछ बहुत महंगे स्कूल जो स्वयं को अन्तरराष्ट्रीय स्तर के होने का दावा करते हैं तो कुछ कम महँगे और साधारण मध्यवर्गीय लोगों के आर्थिक समूहों के हितों और हैसियत के अनुरूप स्कूलों की श्रृंखला है। जैसे बिल्कुल साधारण व सामान्य सरकारी स्कूल जिसमें अधिकांशतः गरीब घरों के बच्चे शिक्षा लेते हैं। ग्रामीण मध्यवर्गीय परिवारों की अपेक्षाओं के अनुरूप नवोदय विद्यालय, सरकारी कर्मचारियों के बच्चों हेतु केन्द्रीय और सैनिक स्कूल और इसी तरह प्रतिभा और एक्सीलेंस जैसे अंग्रेजी माध्यम स्कूल आदि। स्कूली व्यवस्था में व्याप्त यह स्तरीकरण 'शिक्षा के' और 'शिक्षा में' निर्धारित किये गये लोकतन्त्रीकरण के लक्ष्यों को बाधित करता है। नयी शिक्षा नीति, 1996 के समय से ही 'समान स्कूल व्यवस्था' (कॉमन स्कूल सिस्टम) के लिए घोषित राष्ट्रीय संकल्प को पूरा करके ही दूर किया जा सकता है। इसमें 'पड़ोस के स्कूल में ही सबके लिए अनिवार्य शिक्षा' और 'प्राथमिक शिक्षा में मातृभाषा को माध्यम बनाने' जैसे कदम मददगार हो सकते हैं। मुझे याद है कि अभी दो–ढाई दशक पहले भी मेरे बचपन के दिनों में अपनी तमाम कमियों और सीमाओं के बावजूद विविधताओं के समायोजन व समावेशन में स्कूली व्यवस्था कहीं अधिक सफल थी। आसपास के गाँवों और उसमें रहने वाले विभिन्न समुदायों के बच्चे वहाँ उपलब्ध सरकारी स्कूल में ही पढ़ने आते थे। निजी स्कूल इक्के–दुक्के ही थे। यह परिस्थिति वास्तव में कहीं अधिक लोकतान्त्रिक और सीखने के अनुकूल थी। आखिर बच्चों के मध्य व्याप्त यह विविधता, अन्तर व अनेकानेक अनुभवजन्य जीवनदृष्टि उन्हें आपस में संवेदनशील, सहिष्णु, उदार और दूसरों के नजरिए से सोचने समझने योग्य बनाती थी जिसे किसी किताब से नहीं सीखा जा सकता। आज हम भले ही वैश्विक नागरिकता की बात करते हों किन्तु उसमें समाहित विचारों का आर्थिक पक्ष ही व्यवहार में सबल दिखाई देता है, जिसमें पूँजी, वस्तु, सेवाओं और श्रम के अबाध प्रवाह व एकीकरण शामिल है। हालाँकि इस सीमित समझ को भी हाल में उभरे राजनीतिक दक्षिणपन्थी लहर ने कमजोर किया है। वैश्विक नागरिकता की संकल्पना में स्थानीयता के महत्त्व, संस्कृतियों के सह–अस्तित्व, लोकतान्त्रिक अधिकारों

व मानवीय मूल्यों की स्वीकार्यता, पर्यावरणीय चिन्ताएँ आदि को स्थान देना और शिक्षा की अन्तर्वस्तु में इसे पिरोना बहुत आवश्यक है। हमारे समय की बहुत–सी समस्याएँ तभी सुलझ सकती हैं। राष्ट्रवाद की संकीर्ण और नयी लहर लोगों को भ्रमित करके उन्हें गैर–जरूरी मुद्दों में उलझा रही है। शिक्षा को इन स्थितियों से जूझना होगा। पर इसके लिए स्वतन्त्रचेता लोगों को लड़ाई लड़नी होगी। अधिकतर मामलों में प्रभावशाली–वर्चस्वपूर्ण समूहों के हितों द्वारा संचालित राजसत्ता शिक्षा में आसानी से इन बदलावों के लिए तैयार नहीं होगी। वर्तमान स्कूली संरचना में व्याप्त स्तरीकरण जहाँ विभेदों को मजबूत बनाता है वहीं घोषित शैक्षिक लक्ष्यों को भोथरा भी। इसके अलावा शिक्षा की प्रक्रिया में ऐसे आर्थिक कौशलों को भी समाहित करना होगा जो हमारे बच्चों को बड़े होने पर आत्मनिर्भर, स्वतन्त्र और खुशहाल जीवनयापन योग्य बनाये न कि निर्देशों को मानने वाले रोबोट जो बस दूसरों की इच्छा या कृपा पर निर्भर हों।

वर्तमान पूँजीवादी बाजार–व्यवस्था अपनी बृहद् उत्पादन प्रणाली और मुनाफाखोर प्रकृति से मात्र प्रकृति का अन्धाधुन्ध दोहन करके पर्यावरण व जीविका सम्बन्धी संकट ही पैदा नहीं कर रही अपितु इसके एक प्रमुख परिणाम के रूप में कुछ प्रतिशत लोगों के हाथ में विश्व की अधिकांश सम्पत्ति का संकेन्द्रण भी कर रही है। यहीं कुछ लोग बेतहाशा संसाधन अपव्यय कर रहे हैं और अभावों में जी रहे अधिकांश लोगों के जीवन को प्रभावित करने वाले निर्णय लेने का अधिकार भी इन्हीं के हाथों में आता जा रहा है। आधुनिक लोकतन्त्रीय देशों में चुनावों में धन की भूमिका में हो रही बेतहाशा वृद्धि इसका एक उदाहरण है। पिछले दिनों इन्हीं सब से तंग आकर अमेरिका में लोगों ने निन्यानबे बनाम एक प्रतिशत का नारा देते हुए पूँजीवादी वर्चस्व के खिलाफ झंडा बुलन्द किया था। वर्चस्व जमा चुकी यह बाजार व्यवस्था अपने जटिल उत्पादन व वितरण–व्यवस्था में लोगों की क्षमता को खण्डित करते हुए उन्हें उनके ही श्रम और उत्पादित वस्तु पर नियन्त्रण या उसके निर्धारण से अलग कर देती है। शिक्षा में भी अपने इसी स्वरूप के अनुरूप वह निर्देशित भूमिका को मानने वाले और खण्डित कौशल से लैस श्रमबल तैयार करने पर जोर देती है। इस खण्डित कौशल को हम इस तरह समझ सकते हैं कि एक पूर्ण उत्पाद जैसे कार या कोई मशीन पूरी तरह से कोई एक व्यक्ति नहीं बनाता या बना सकता है, इसके लिए अलग–अलग पार्ट अलग–अलग लोग बनाते

हैं। वास्तव में यह विखण्डन स्वयं मनुष्य का भी विखण्डन है जिसमें उसकी स्वायत्तता, लगाव व स्व का निषेध हो जाता है। इसमें व्यक्ति अपने परिवेश या समाज की चिन्ता से दूर अपनी ही उत्तरजीविता को बनाये रखने के प्रयास से नहीं निकल पाता। जबकि इस व्यवस्था से पहले अधिकतर कामों में लगे लोग चाहे किसान हो या कुम्हार हो या कोई और अपने काम में पूर्ण कुशल व निर्धारक की भूमिका में थे। शिक्षा को वह रास्ता तलाशना होगा जिससे वह इस आर्थिक दबाव से मुक्त होकर पूर्ण मनुष्यता का पाठ पढ़ा सके।

इन गुणात्मक बदलावों की सिद्धि हेतु बच्चों में आलोचनात्मकता, रचनात्मकता और संवेदनशीलता का विकास बहुत मायने रखता है। निर्देशित शिक्षण के बजाय उन्हें अपने सन्दर्भ में समस्याओं को पहचानने, उनका निदान ढूँढ़ने, पहल करने, सकारात्मक हस्तक्षेप कर पाने, दूसरे के नजरिए से सोच सकने विविधताओं के लाभ समझ पाने जैसे अनुभव प्राप्त करने के भरपूर अवसर मिलने चाहिए। तभी वे इस संकटग्रस्त दुनिया को बेहतरी की ओर बढ़ाने में सक्षम बन पायेंगे साथ ही फिजूल में खड़े किये गये मुद्दों और संकीर्णताओं के जाल से निकलकर मानवतावादी समाज की स्थापना कर पायेंगे। इस उद्यम में आधारभूत संरचना के विकास सहित कक्षा कक्ष की शिक्षण–अधिगम प्रक्रिया और शिक्षकों के प्रशिक्षण में प्रासंगिक बदलाव भी महत्त्वपूर्ण है। शिक्षा जैसे नितान्त जरूरी मुद्दे पर भी हमारे देश में गहरी सरकारी उदासीनता दिखाई देती है जिसके परिणामस्वरूप निजी स्कूलों की बाढ़–सी आ गयी है। सरकारी शिक्षा व्यवस्था की खस्ता हालात और छवि धूमिल होने से लोग भी अपने बच्चों को निजी स्कूलों के हवाले कर रहे हैं। पर एक महत्त्वपूर्ण बदलाव को यहाँ जरूर रेखांकित करना चाहूँगा और वो है पिछले कुछ वर्षों में दिल्ली के सरकारी स्कूलों की स्थिति में सुधार हेतु किये जाने वाले प्रयास। एक शिक्षक के रूप में मैंने इसे बहुत करीब से अनुभव किया है कि संरचनागत बदलावों के साथ–साथ मूल्यांकन, कक्षा में प्रक्रिया, सेवाकालीन शिक्षक प्रशिक्षण आदि में बदलाव हेतु सरकार द्वारा प्रयास किये जा रहे हैं। यद्यपि इसके परिणाम दीर्घकाल में ही देखे जा सकेंगे। पर राष्ट्रीय स्तर पर शिक्षा न तो अभी तक मुख्य एजेंडा है और न ही इसमें बदलाव का कोई गम्भीर प्रयास दिखाई देता है। इस मुद्दे पर बिना व्यापक सामाजिक जागरूकता और दृढ़ राजनीतिक प्रतिबद्धता के वांछित बदलाव होना मुश्किल है।

सामाजिक, राजनीतिक व मानवीय चेतना की विरासत जो विश्व स्तर पर हमने फ्रांस व रूस की क्रान्ति, फासीवादी संकटों के सबक आदि से तथा अपने देश में उपनिवेशवाद विरोधी स्वतन्त्रता आन्दोलनों के दौरान उपजी राष्ट्रीय सहमति से अर्जित की और जिसे हमारा संविधान भी अभिव्यक्त करता है, को सहेजना होगा। यह मानवीय विरासत ही हमें मार्ग दिखा सकती है। आज धर्मनिरपेक्षता, विविधता और सह–अस्तित्व के विचारों पर बढ़ रहे खतरों से निपटने में हमें प्रत्येक क्षेत्र की पुनर्रचना करनी होगी। हमें गम्भीर होकर सोचना पड़ेगा कि शिक्षा का स्वरूप चन्द पूँजीपतियों के हितों से संचालित बाजार निर्धारित करेगा या हमारे सामूहिक इतिहास और विकास यात्रा में निर्मित श्रेष्ठ मानवीय चेतना इसे आकार देगी। बेशक दूसरा विकल्प ही हमें बचा सकता है।

समग्र विकास के लिए शिक्षा

अनीता पंडा

'शिक्षा मनुजत्व को देवत्व प्रदान करती है'—स्वामी विवेकानन्द का यह कथन शिक्षा की अहम् भूमिका को सार्थक करता है। वेदों में "ज्ञानं मनुजस्य तृतीयं नेत्रं" अर्थात् ज्ञान मनुष्य का तीसरा नेत्र कहा गया है। वैदिक काल से ही शिक्षा को वह प्रकाश माना गया है, जो जीवन के प्रत्येक क्षेत्र को प्रकाशित करने में सक्षम है। मानव को मनुष्य बनाने और उसका सर्वांगीण विकास करने में शिक्षा का महत्त्वपूर्ण स्थान है। शिक्षा के अभाव में उसमें और पशु में विशेष अन्तर नहीं रह जाता है क्योंकि "ते मृत्युलोके भुविभारभूता मनुष्यरूपेण मृगाश्चरन्ति" अर्थात् बिना ज्ञान के मनुष्य मृत्युलोक में पृथ्वी पर भार स्वरूप और पशु के समान रहता है।

शिक्षा से ही हम अपने विचारों और निर्णयों का विस्तार कर सकते हैं और उन्हें सही अभिव्यक्ति दे सकते हैं। यह चीजों को उनके वास्तविक रूप में देखने की शिक्षा देती है और गंतव्य तक पहुँचना सिखाती है। इससे हमारे विचारों का परिष्कार होता है। शिक्षित व्यक्ति किसी भी समाज में सहज रहता है। वह किसी भी पद पर योग्यतापूर्वक कार्य करने में सक्षम होता है। वह रोटी से आनन्द तक की यात्रा सफलतापूर्वक तय कर लेता है।

शिक्षा प्रणाली कब अस्तित्व में आई? यह कहना मुश्किल है। वेदों—पुराणों के अनुसार वनों में गुरुकुल होते थे, जहाँ बच्चों को अल्पायु में ही भेज दिया जाता था। जहाँ वह गुरु के सान्निध्य में रहकर पच्चीस वर्ष तक विद्यार्जन करता था। वहाँ रहकर धर्म, दर्शन, लोकाचार, अस्त्र—शस्त्र, वाणिज्य एवं श्रमदान आदि की शिक्षा प्राप्त करता था, जो उसे एक सच्चा तथा ज्ञानवान और समाज के लिए उपयोगी मनुष्य बनाती थी। भारत पूरे विश्व में ज्ञान गुरु था जैसा कि मैथिलीशरण गुप्त ने कहा है—

"आये नहीं थे स्वप्न में भी जो किसी के ध्यान में
वे प्रश्न पहले हल हुए थे एक हिन्दुस्तान में।"

इतिहास साक्षी है कि दर्शन, अध्यात्म, ज्ञान–विज्ञान के क्षेत्र भारत अग्रणी रहा है। समय–समय पर भारत के उन्नत शिक्षा केन्द्रों को विदेशी आक्रमणकारियों द्वारा ध्वस्त किया गया। नालंदा एवं तक्षशिला इसके जीते–जागते उदाहरण हैं। शनैः शनैः भारत की शिक्षा व्यवस्था प्रायः लुप्त–सी होती गयी और राष्ट्रभाषा देवभाषा संस्कृत की जगह उर्दू और फारसी ने ले ली।

भारत की सशक्त शिक्षा प्रणाली को अंग्रेजों ने परख लिया था। उन्होंने भारतीय इतिहास और साहित्य को नष्ट करने के साथ ही शिक्षा को अपने अनुकूल बनाया। उन्होंने ऐसी शिक्षा–प्रणाली भारत में लागू की जिससे भारतीय केवल क्लर्क बनें और वे भारत में उनके शासन को मजबूत बनाने में अपना सहयोग दें। सन् 1828 में लॉर्ड विलियम बैंटिक ने भारतीय शिक्षा–प्रणाली में सुधार किया। उसी समय भारत की राष्ट्रभाषा अंग्रेजी घोषित की गयी थी। इससे भारतीय भाषाओं पर प्रहार तो हुआ ही साथ ही भारतीयों की सोच संकुचित हुई और शिक्षा का एकमात्र उद्देश्य नौकरी भर रह गया।

समय के परिवर्तन के साथ–साथ शिक्षा–प्रणाली में परिवर्तन हुआ परन्तु वह अपने वास्तविक उद्देश्य की पूर्ति नहीं कर पा रही है। आधुनिक शिक्षा व्यक्ति को साक्षर तो बनाती है परन्तु शिक्षित नहीं। इसका कारण है–आजादी मिलने से पहले जो शिक्षा–व्यवस्था चल रही थी, उसमें कोई विशेष परिविर्तन नहीं आया। शिक्षा का अर्थ केवल डिग्रियाँ हासिल करना नहीं है, न ही व्यवसाय और नौकरी दिलाना है बल्कि व्यक्ति का बौद्धिक विकास कर उसमें अच्छे–बुरे में अन्तर करने का विवेक उत्पन्न करना है। वह मनुष्य के सहज मानवीय गुणों व शक्तियों को उजागर करती है ताकि मनुष्य जीवन जीने की कला सीख सके। ऐसा कर पाने में समर्थ शिक्षा को ही सही अर्थों में शिक्षा कहा जा सकता है।

तत्त्ववेत्ता शिक्षाविदों के अनुसार विद्या दो प्रकार की होती है। प्रथम वह, जो हमें जीवनयापन के लिए अर्जन करना सिखाती है और द्वितीय वह, जो हमें जीना सिखाती है। इनमें से एक का अभाव जीवन को निरर्थक बना देता है। वर्तमान शिक्षा–प्रणाली को पूर्णतया नकारा नहीं जा सकता। यह शिक्षा कुछ सीमा तक हमारे दृष्टिकोण को भी विकसित करती है;

हमारी मनीषा को प्रबुद्ध बनाती है तथा भावनाओं को चेतन करती है किन्तु कला, शिल्प, प्रौद्योगिकी आदि की शिक्षा नाममात्र होने के कारण देश के स्नातक के लिए जीवकोपार्जन टेढ़ी खीर बन जाता है। जीवन के सर्वांगीण विकास को ध्यान में रखकर शिक्षा के क्रमिक सोपानों पर विचार करना आवश्यक है। सर्वप्रथम भारतीय विद्यार्थियों को ऐसी शिक्षा देनी चाहिए, जो आवश्यक हो, दूसरी जो उपयोगी हो, तीसरी जो जीवन को परिष्कृत एवं अलंकृत करती हो। ये सोपान एक के बाद एक क्रमानुसार आते हैं। इस क्रम में व्याघात नहीं आना चाहिए अन्यथा उद्देश्य की पूर्ति नहीं हो पाएगी। शिक्षा का मूल उद्देश्य जीवन की पूर्णता है।

शिक्षाविहीन समाज से विकसित राष्ट्र की कल्पना करना किसी भी देश के लिए सम्भव नहीं है। शिक्षित समाज ही राष्ट्र के विकास की अवधारणा को साकार करने में समर्थ होता है। यह एक निर्विवाद सत्य है कि शिक्षा किसी भी राष्ट्र या समाज की प्राणवायु है, प्रेरणा है, ऊर्जा है। किसी भी राष्ट्र का भविष्य उसके द्वारा हासिल किये गये शैक्षिक स्तर पर ही निर्भर करता है। शिक्षा तभी सम्पूर्ण होती है, जब वह व्यक्ति को ज्ञान प्रदान करने के साथ–साथ उसका चरित्र निर्माण करती है। एक चरित्रवान व्यक्ति समाज की शोभा है, शक्ति है। अच्छे चरित्र से व्यक्ति ही नहीं समाज भी सुवासित होता है और इस सुवास से राष्ट्र यशस्वी बनता है। ध्यातव्य है किसी राष्ट्र के चरित्र का निर्माता उस देश का हर नागरिक होता है अतः शिक्षा पर हर नागरिक का समान अधिकार है।

समतामूलक समाज और राष्ट्र कैसे विकसित हो? यह एक बड़ी चुनौती है। जब ज्ञान एक विशेष वर्ग तक ही सीमित हो और शिक्षा इतनी महँगी हो कि आम नागरिक उसे हासिल न कर सके तो पूरे राष्ट्र का विकास नहीं होगा। शिक्षा को प्रचारित–प्रसारित करने वाली तकनीकों और माध्यमों का विकास हुआ है, पाठ्य–पुस्तकें, समाचार–पत्र, रेडियो, टेलीविजन और इंटरनेट आदि सूचना एवं जानकारियाँ देने के माध्यम भी हैं तदपि शिक्षा के क्षेत्र में विसंगतियाँ और चुनौतियाँ घटने की जगह बढ़ती जा रही हैं। शिक्षित वर्ग और जनसाधारण के बीच आज भी सार्थक संवाद स्थापित नहीं हो पाया है।

झुग्गियों, गन्दी बस्तियों तथा गाँव में रह रही गरीब आबादी इस कड़वे सच का सामना हर पल कर रही है। इन वंचित वर्गों तक शिक्षा की कितनी पहुँच है? यह एक प्रश्नचिन्ह है। दूसरी ओर वर्तमान

शिक्षा–प्रणाली विद्यार्थियों में अनिश्चितता एवं निराशा को जन्म देती है। वे सरकारी नौकरी के लिए अपना श्रम, धन, समय व्यर्थ करते हैं। ऐसी शिक्षा–प्रणाली मनुष्य बनाना, आत्मनिर्भरता की भावना भरना, चरित्र–निर्माण करना जैसे उद्देश्यों से कोसों दूर है। वह उदरपूर्ति की एकमात्र साधन बनकर रह गयी है साथ ही बेरोजगारी की समस्या को जन्म दे रही है।

आज ऐसी शिक्षा चाहिए जो देश के लिए अच्छा नागरिक, कुशल कार्यकर्ता उत्पन्न करे तथा व्यक्ति में आत्मनिर्भरता भरे। शिक्षा में व्यावहारिकता तथा रचनात्मकता हो जिससे आगे चलकर वही छात्र देश के विकास में हर तरह का सहयोग दे सके। वह अज्ञानान्धकार से निकलकर ज्ञान के प्रकाश की ओर अग्रसर हो।

शिक्षा के क्षेत्र में पुनर्विचार की आवश्यकता इतनी गहन है कि अब तक बजट, कक्षा–आकार, शिक्षक–वेतन, और पाठ्यक्रम के परम्परागत मतभेदों आदि से बहुत दूर निकल गयी है। हमारी जनशिक्षा–प्रणालियाँ प्रायः लुप्त–सी हैं। शिक्षा में भी कार्यक्रम विविधता के व्यापक विस्तार और नये मार्गों की बहुत आवश्यकता है। शिक्षा और नयी संचार–प्रणाली के छह सिद्धान्तों–पारस्परिक क्रियाशीलता, गतिशीलता, परिवर्तनीयता, संयोजकता, सर्वव्यापकता और सार्वभौमिकता–के बीच बहुत कम सम्बन्ध खोजे गये हैं। अब भी भविष्य की संचार–प्रणाली के बीच सम्बन्ध की उपेक्षा करना शिक्षार्थियों को धोखा देना है।

सार्थक रूप से शिक्षा की प्राथमिकता अब माता–पिता एवं मुट्ठी भर शिक्षा–सुधारकों के लिए ही नहीं बल्कि व्यापार के आधुनिक क्षेत्र के लिए प्राथमिकता में है। 21वीं सदी के इलेक्ट्रॉनिक आधारित संरचना, एम्ब्रेसिंग कम्प्यूटर्स, डाटा संचार और अन्य नवीन मीडिया के बिना आज की अर्थव्यवस्था का संचालन नहीं कर सकता। इसके लिए ऐसी शिक्षा की आवश्यकता है जो सूचनात्मक आधारित संरचना से शिक्षार्थी को परिचित कराये। साथ ही शिक्षा–क्षेत्र में संचार–प्रणाली का ज्ञान कम्प्यूटर, फैक्स और विकसित दूरसंचार को सम्मिलित करे और यह मुफ्त और आसान हो ताकि सबको इसका लाभ मिल सके।

व्यक्ति के व्यावहारिक ज्ञान, एकाग्रता, मौलिकता एवं रचनात्मकता तथा समस्याओं के समाधान हेतु शिक्षण में परियोजना कार्य एक महत्त्वपूर्ण भूमिका निभाता है। इससे नये–नये तथ्यों के कौशल और लेखन सम्बन्धी नवीन शैलियों का विकास होता है। इसके साथ ही चिन्तन करने और भूत

और भविष्य को जोड़कर देखने की शक्ति का विकास होता है। इसके द्वारा क्षेत्र विशेष की समस्याओं का समाधान एवं सम्भावनाओं का भी पता चलता है। विद्यार्थियों को विभिन्न राज्यों का दौरा करने और उन्हें करीब से जानने का मौका मिलेगा। उन्हें समाज के कमजोर वर्ग, गरीबी, शोषण, शिक्षा, स्वास्थ्य, भेदभाव, दलितों, जनजातियों, महिलाओं, बच्चों आदि की कठोर सच्चाई का सामना करने का अवसर प्राप्त होगा। इस प्रकार की वास्तविकता से सामना कर वे भावनात्मक रूप से जुड़कर संवेदनशील बनेंगे और उनमें नैतिक मूल्यों की स्थापना होगी। ऐसी शिक्षा उनके समग्र विकास में सहायक होगी।

भारतवर्ष के लिए शिक्षा का मॉडल क्षेत्र विशेष की परिस्थितियों और माँग को ध्यान में रखकर बनाना चाहिए। दक्षिण भारत, जहाँ साक्षरता अधिक है, वहाँ का मॉडल पूर्वोत्तर भारत में लागू नहीं किया जा सकता क्योंकि दोनों की परिस्थितियाँ अलग–अलग हैं। पूर्वोत्तर जनजातीय बहुल इलाका है, जिनकी सर्वथा पृथक–पृथक बोली, संस्कृति, लोक एवं परम्पराएँ हैं। अतः शिक्षा का माध्यम इनकी मातृभाषा में तथा पाठ्यक्रम में स्थानीय लोक एवं संस्कृति से सम्बन्धित अध्याय शामिल करने से शिक्षा के प्रति रुचि उत्पन्न होगी। यहाँ के दूरदराज के क्षेत्र में समुचित प्राथमिक शिक्षा तक उपलब्ध नहीं है तो कॉलेज की बात तो बहुत दूर है। पाँचवीं कक्षा के बाद सबसे ज्यादा विद्यालय छोड़ने वाले बच्चों की संख्या मेघालय में है। धन के अभाव में गिने–चुने विद्यार्थी ही उच्च शिक्षा हेतु शहर जा पाते हैं। आजादी के बाद भी विश्वविद्यालयों की सीमित संख्या और सीट यहाँ के लोगों के लिए पर्याप्त नहीं है तो बिना समुचित शिक्षा के समग्र विकास की बात टेढ़ी खीर है और मानव अधिकार का हनन है क्योंकि मानव अधिकार और शिक्षा एक–दूसरे से घनिष्ठ रूप से जुड़े हैं।

शिक्षा ही लोगों को सशक्त बनाती है, जीवन स्तर में सुधार लाती है तथा सामाजिक, सांस्कृतिक और आर्थिक नीतियों के निर्णय में उनकी सच्ची भागीदारी बढ़ाती है। महात्मा गाँधी को चिन्ता थी कि 'यदि स्वतन्त्रता–प्राप्ति के बाद मूल्यों पर आधारित शिक्षा नहीं दी गयी तो हमारे देश का भविष्य क्या होगा?' नागरिकों का शिक्षित होना एक प्रकार से सुशासन एवं पारदर्शिता को जन्म देता है। शिक्षा मानवता की प्रशंसनीय उपलब्धि है और इसकी भूमिका देश, समाज और मानव की जटिलताओं को सुलझाने में निहित है; यही सच्ची शिक्षा है और मनुजत्व भी।

शिक्षा, समाज और भविष्य

ऋषभ कुमार मिश्र

ज्यों ही हम औपचारिक शिक्षा के बारे में सोचना शुरू करते हैं वैसे ही विशाल भवन, शिक्षक, विद्यार्थी, कक्षा और परीक्षा की छवि व धारणाएँ हमारे मन में बनने लगती हैं। ये छवियाँ वर्तमान की तुलना में भविष्य का सुन्दर चित्र उकेरती हैं। ऐसा विश्वास किया जाता है कि शिक्षा हमारे सुरक्षित भविष्य को सुनिश्चित करने वाला साधन है। हम मानते हैं कि शिक्षा अपने भागीदारों में मनुष्यता के बीज रोपेगी। उन्हें नये संस्कारों और मूल्यों में विश्वास करने और व्यवहार में अपनाने के लिए तैयार करेगी। जटिल होते समाज में व्यक्ति को उसकी भूमिकाओं के लिए तैयार करेगी। उसकी व्यांवसायिक अस्मिता के साथ–साथ सांस्कृतिक अस्मिताओं को मजबूत करेगी। उसमें दुनिया के प्रति सहिष्णुता, मैत्री भाव और समानता के मूल्यों का परिष्कार करेगी। इन उम्मीदों पर परिकल्पित हमारी शिक्षा जिस सामाजिक–सांस्कृतिक परिवेश में आकार ले रही है उस पर भी विचार करना आवश्यक है। शिक्षा की वर्तमान भूमिका, भावी समाज की दशा और दिशा को तय करती है। शिक्षा व्यक्ति के लिए ऐसा अधिगम–अनुभव है जो उसमें आत्मबोध पैदा करता है, उसकी वैयक्तिक और सांस्कृतिक अस्मिता को ढालता है। शिक्षा आधुनिक जटिल समाज में अपने रास्ते को राज्य की नीतियों, बाजार की व्यवस्थाओं व अपेक्षाओं के बीच से तय करते हुए अन्ततः व्यक्ति और समाज में पहचान की नयी शक्ल को तैयार कर रही है।

शिक्षा का सामाजिक परिवेश

सीखने के समानार्थी रूप में शिक्षा मानव सभ्यता के आरम्भ से वयस्क

और बच्चे के रिश्ते में शामिल रही है। सरल समाजों में शिक्षा का मकसद व्यक्ति को जीवन की मूलभूत आवश्यकताओं की पूर्ति के कौशल सिखाना था। यह शिक्षा सामुदायिक जरूरतों को पूरा करने वाली और स्वावलंबी थी। इसका कोई औपचारिक, व्यवस्थित और बृहद् ढाँचा नहीं था। इसका संचालन स्थानीय स्तर पर किया जाता था। धीरे–धीरे शिक्षा के दायरे का विस्तार हुआ और मूलभूत आवश्यकताओं की पूर्ति के साथ नागरिकता के गुणों के विकास, उत्पादन कौशलों और विशेषज्ञता के प्रशिक्षण को भी शिक्षा के लक्ष्यों से जोड़ दिया गया। औद्योगिक क्रान्ति के बाद तो शिक्षा की भूमिका में आमूलचूल परिवर्तन आ गया। यह मानव संसाधन तैयार करने वाले साधन के रूप में स्वीकार की जाने लगी। लिखने, पढ़ने और गिनने की दक्षताएँ, उत्पादन की कुशलताएँ और प्रभावपूर्ण तरीके से मानसिक और शारीरिक श्रम की आदत का विकास हमारी शिक्षा व्यवस्था का एकमात्र लक्ष्य बन गया। शिक्षा के व्यापक प्रसार, शिक्षित होने की लालसा और शिक्षा के बाद रोजगार के बाजार में शामिल होना शिक्षा के उक्त स्वरूप का ही परिणाम है। वैश्वीकरण ने तो शिक्षा को नये सिरे से परिभाषित कर दिया। शिक्षा के जिस स्वरूप को प्रायः राज्य प्रायोजित कल्याणकारी व्यवस्था के रूप में समझा जाता था वह वर्तमान में कई तरह के आंतरिक और बाह्य टकरावों का मंच बन चुका है। उदाहरण के लिए भाषा, विषयवस्तु और कौशलों के एकरूप और सार्वभौमिक मॉडल को अपनाया जाये या बहुलता प्रधान और स्थानीयता के प्रारूप को? क्या केवल मुख्यधारा के समाज और संस्कृति के साँचे में सबको ढाल दिया जाय और शेष को उपेक्षित छोड़ दिया जाये? शिक्षा का मूल्य व्यक्ति, उसकी संस्कृति, प्रकृति और समुदाय में निहित है या वह केवल पूँजी है और पुनः पूँजी के उत्पादन के लिए प्रयुक्त हो? इन सवालों का कोई अन्तिम और एकमात्र उत्तर नहीं है। बल्कि इन्हीं सवालों के बीच हमारी शिक्षा अपनी भूमिका निभा रही है।

अब हमारा समाज स्थानीय जरूरतों वाला लघु–सरल समाज नहीं रहा जहाँ शिक्षा के वैयक्तिक गुण का आरोपण केवल 'संस्कार' या 'मूल्य' प्रदान करके उसे सुसंस्कृत बनाने की इच्छा तक सीमित हो। पिछले कुछ दशकों में भारतीय समाज और संस्कृति में महत्त्वपूर्ण बदलाव आ चुके हैं। समाज में व्यक्ति की भूमिका, व्यक्ति और संस्थानों के आपसी रिश्ते, व्यक्ति–व्यक्ति के बीच का सम्बन्ध लगातार जटिल होते जा रहे

हैं। उत्पादन, आदान–प्रदान और उपभोग की बदलती व्यवस्था में व्यक्ति की भूमिकाएँ विशिष्ट से विशिष्टतम होती जा रही है। सामुदायिक और उत्पादन इकाइयों की परस्पर–निर्भरता बढ़ती जा रही है। इनके सम्बन्धों का जाल जटिल होता जा रहा है। इसके प्रभाव में समाज में जिस स्वतन्त्र व्यक्ति का उदय हुआ है उससे अपेक्षा की जाती है कि वह अपने स्वतन्त्र निर्णय ले। यह निर्णय भावनात्मक होने के स्थान पर तार्किक हो, विशिष्टतावादी न होकर सार्वभौमिक हो। वह ऐसे निर्णय लेने में समर्थ हो जिसे सामाजिक परम्पराएँ स्वीकार न करती हों। इस तरह के व्यक्ति को तैयार करने का जिम्मा शिक्षा का है। विचारणीय है कि औपचारिक शिक्षा में जिस तर्कशील चिन्तन का पाठ पढ़ाते हैं उसके अधिकांश भागीदार अपने रोजमर्रा के व्यवहार और परिवेश में अन्धानुकरण, मतारोपण, अधीनता और पूर्वग्रह का परिचय देते हैं। इसी तरह सांस्कृतिक फलक पर देखें तो इस व्यक्ति के सामाजिक दायरे में नयी संस्कृति का प्रवेश हो रहा है। वह विचारों और व्यवहारों में दूसरे सांस्कृतिक समूहों के लिए खुला है लेकिन अपनी सांस्कृतिक अस्मिताओं की परिधि में खुद को परिभाषित भी करता है। वह दूसरे सांस्कृतिक समूहों से उत्पादन या लेन–देन पर आधारित रिश्ते कायम कर सकता है लेकिन सामाजिक–सांस्कृतिक सम्बन्धों में उसकी पसन्द उसकी खुद की सांस्कृतिक अस्मिता का प्रतिनिधित्व करने वाला समुदाय है। शिक्षा की भूमिका इस तरह के 'व्यक्ति', समाज और संस्कृति के नये उभरते रिश्तों में टकराव को न्यूनतम कर सामंजस्य की स्थापना करना है। समाज में एकजुटता पैदा करने के लिए लोगों में आम सहमति विकसित करना शिक्षा का एक प्रमुख दायित्व है। यह एकजुटता लाभ आधारित न होकर परस्पर प्रेम, स्वीकृति और सौहार्द पर अवलंबित होनी चाहिए। एक दौर में शिक्षा के कन्धों पर विकास की जिम्मेदारी थी। आजकल यही शिक्षा विकास और वैश्वीकरण के पीछे चल रही है। शिक्षा की तीन संकल्पनाओं पर विचार कीजिए। पहली सत्य की खोज, दूसरी, मानव की दशाओं में सुधार और तीसरी, बौद्धिक व शारीरिक श्रम का उत्पादन। इनमें से हमारी शिक्षा व्यवस्था बाद के दो उद्देश्यों को ही ढो रही है जबकि अपने मौलिक रूप में शिक्षा खोज की एक सतत प्रक्रिया है। इसके किसी अन्तिम लक्ष्य को न तो तय किया जा सकता है और न ही मापा जा सकता है। इसकी निरन्तरता को सत्य के विशेषण के सापेक्ष स्थापित किया जा सकता है। शिक्षा के इस रूप की प्रतिष्ठा व्यष्टि के बदले

समष्टि को महत्त्व देती है। विडम्बना देखिए हम अपने व्यवहार, विश्वास और रिश्तों में व्यक्तिनिष्ठ होते जा रहे हैं। इसका प्रभाव केवल बाहरी स्तर तक नहीं है बल्कि हमारी चेतना की सांस्कृतिक जड़ें भी कमजोर हो रही हैं। शिक्षा जैसी व्यवस्थाएँ भी इसे नहीं सँभाल पा रही हैं। सामाजिक सम्बन्धों में कार्यस्थल के परिचितों के अलावा अन्य सामुदायिक सम्बन्धों और नातेदारियों का बन्धन कमजोर पड़ रहा है। खुद के अलावा हर दूसरे व्यक्ति को हम अपना प्रतियोगी मान रहे हैं। ज्ञान द्वारा सत्य की सुन्दरता और सहजीवन को सींचने के बदले आत्ममुग्धता में डूब रहे हैं। शिक्षा इन प्रवृत्तियों के साथ भी खड़ी है और इसके खिलाफ भी है। वह विकास की अनुगामी बन चुकी है। शिक्षा जिस विकास की अनुगामी है उसका आशय वित्त की बढ़ोतरी है। इस बढ़ोतरी को धन या सम्पत्ति के रूप में संगृहीत कर सकते हैं। इसके आधार पर कम या ज्यादा का निर्णय कर सकते हैं। ऐसे सामाजिक विभाजन कर सकते हैं जिसमें एक समूह के पास विकास का परिणाम होगा और एक समूह के पास ऐसे किसी भी प्रमाण का अभाव होगा। इस पृष्ठभूमि में स्थापित कर दिया गया है कि शिक्षा जैसे औजार इस विकास में सहयोग करेंगे। भारतीय परम्परा में आर्थिक, सामाजिक पर्यावरणीय विकास एक–दूसरे से जुड़े हुए हैं। हम विचार और वस्तु में दोहन का सम्बन्ध देखने के बदले सृजन और सह–अस्तित्व का रिश्ता बनाते हैं। हमारी परम्परा में शिक्षा केवल उपयोगिता को निर्मित और संवर्धित करने वाले विवेक का निर्माण नहीं है बल्कि उचित–अनुचित का बोध विकसित करने वाली प्रज्ञा है। शिक्षा विकास का माध्यम नहीं है बल्कि सद्–असद् के बोध के विकास का उपाय है। जब शिक्षा इस लक्ष्य के रास्ते पर बढ़ती है तो बदलाव की सम्भावना को साकार करती है। इस रास्ते पर शिक्षा को ले जाना एक जोखिम भरा काम है क्योंकि यह समाज के चलन से न्यूनतम तालमेल रखेगा। इस मार्ग पर चलना तात्कालिक दृष्टि से मापे जा सकने वाले उत्पादों जैसे– परीक्षा के अंकों और नौकरी के पैकेज आदि पर सफल नहीं होगा। फिर भी, वर्तमान में ऐसे अनेक प्रयोग हो रहे हैं जो शिक्षा के रास्ते व्यक्ति, समाज और प्रकृति के सम्बन्ध को मजबूत कर रहे हैं। गाँधी, अरविन्द, कृष्णमूर्ति और टैगोर के दर्शन पर संचालित संस्थाएँ इनके उदाहरण हैं। आनन्द निकेतन विद्यालय, सेवाग्राम, राजघाट विद्यालय वाराणसी, ऋषि वैली स्कूल, ओरोविलो पांडिचेरी जैसी संस्थाओं के प्रयोग काबिलेतारीफ हैं। इन प्रयोगों को वैकल्पिक प्रयोग

कहकर मुख्यधारा से अलग पहचान दी जा रही है जबकि सच्चाई यह है कि इन्हीं प्रयोगों को मुख्यधारा में स्थान मिलना चाहिए।

शिक्षा का औपचारिक संगठन : सुविधाएँ और समस्याएँ

आधुनिक शिक्षा की एक महत्त्वपूर्ण विशेषता बड़े पैमाने पर औपचारिक संगठन के माध्यम से शिक्षण की गतिविधि को संचालित करना है। प्राथमिक शिक्षा से लेकर विश्वविद्यालयी शिक्षा तक शिक्षा का संगठनात्मक ढाँचा, संस्थागत संरचना, नियम, संचालन और नियन्त्रण सुपरिभाषित है। इस व्यवस्था के लक्ष्यों और प्रक्रियाओं की पारस्परिकता और निर्भरता शिक्षा को गतिशील किये हुए है। इसके बिना एक बड़ी आबादी को शिक्षा के दायरे में लाना सम्भव नहीं था। शिक्षा के अवसरों की उपलब्धता, इसे व्यक्तिगत आग्रहों से मुक्त रखना, संवैधानिक अधिकारों और मूल्यों के प्रति संवेदनशील बनाने के लिए यह औपचारिक संगठन कार्य करता है। शिक्षा के निर्बाध संचालन के लिए यह औपचारिक व्यवस्था एक अनिवार्य शर्त है लेकिन समय के साथ–साथ यह व्यवस्था केन्द्रीकृत, अफसरशाही और नियमकेन्द्रित जटिल व्यवस्था की ओर अग्रसर हुई है। ऐसी स्थिति में शिक्षा के औपचारिक संगठन मानव संसाधन उत्पादन के फैक्टरी मॉडल बनते जा रहे हैं। इसकी व्याख्या अमन मदान (2019) ने बड़े तार्किक ढंग से की है। वे इस व्यवस्था की जड़ को औद्योगिकी क्रान्ति के परिणामस्वरूप बड़े पैमाने पर उत्पादन की एक सुपरिभाषित प्रक्रिया में देखते हैं। इस प्रक्रिया में उत्पादन लक्ष्यों की स्पष्ट परिभाषा की जाती है। इसे छोटे–छोटे क्रियात्मक चरणों में बाँटा जाता है। हर चरण के लिए विशेषज्ञ नियुक्त किये जाते हैं। जिनकी विशेषज्ञता और दायित्व केवल किसी विशिष्ट चरण के उद्देश्य को पूर्ण करना होता है। वे केवल उसके प्रति ही जवाबदेह होते हैं। बड़े पैमाने का उत्पादन इन्हीं विशेषज्ञों के कारण सम्भव होता है लेकिन ये पूरी उत्पादन व्यवस्था से केवल यांत्रिक सम्बन्ध कायम कर पाते हैं। यद्यपि व्यवस्था और उत्पादन चक्र बिना बाधा के संचालित होता है लेकिन धीरे–धीरे व्यवस्था निर्वैयक्तिक होने लगती है। इस तरह से मानव मस्तिष्क के विचार और व्यवहार को मशीन सदृश कर दिया जाता है। उसमें जीवन्तता और संवेदनशीलता का क्षय होने लगता है। यदि हम औपचारिक शिक्षा को देखें तो वह इसी

मॉडल के अनुरूप होती जा रही है। कब? कौन? कैसे? क्या? कितना? पढ़ेगा–पढ़ाएगा इसका विभाजन किया जा चुका है। हमने विद्यार्थियों से लेकर शिक्षकों के रोजमर्रा के जीवन को इस व्यवस्था में बाँध दिया है। सभी केवल अपनी विशिष्ट भूमिकाओं को निभा रहे हैं। प्रवेश, मूल्यांकन, नियुक्ति, कक्षा में निगरानी, शिक्षकों के प्रदर्शन का वार्षिक आकलन आदि अभिप्रेरक न होकर तनावदायी हो चुके हैं। शिक्षा के संस्थान स्वायत्तता के स्थान पर नौकरशाही को बढ़ावा दे रहे हैं। इसके चलते पदानुक्रम में ऊपर स्थित हर व्यक्ति व्यवस्था को अपने पक्ष में तोड़–मरोड़ रहा है। इस दशा में हमारी शिक्षा समर्थ और विवेकशील नागरिक के स्थान पर दब्बू और अनुकरणकर्ताओं को तैयार कर रही है। औपचारिक शिक्षा के दीर्घकालीन नियन्त्रण और बाध्यकारी अनुभवों के कारण विद्यार्थी और शिक्षक दोनों की मौलिकता और रचनात्मकता उपेक्षित होती जा रही है। शिक्षा की औपचारिक व्यवस्था ने इसे सरल, सुगम और सुलभ तो बनाया है लेकिन इस संगठन के हालात नियमों की कैद जैसे हो गये हैं जहाँ निर्जीव नियम सजीव चेतना पर भारी पड़ रहे हैं, जिसका परिणाम है कि व्यक्ति में सहमति का विवेक और असहमति का साहस समाप्त होता जा रहा है। शक्तियों को हासिल करने और इसके दुरुपयोग से वर्चस्व कायम करने की इच्छा बलवती होती जा रही है। शिक्षा के औपचारिक संगठन का कठोर ढाँचा, नौकरशाही की तरह शिक्षा का संचालन शिक्षा की मूल प्रकृति से मेल नहीं खाता है। स्वतन्त्र सोचने की गुंजाइश, व्यक्तिगत रिश्तों और विचारों की कद्र, वैयक्तिक और सामुदायिक जरूरतों के प्रति संवदेनशील और उत्तरदायी हुए बिना शिक्षा अपनी भूमिका का निर्वहन नहीं कर सकती है।

औपचारिक शिक्षा : ज्ञान आधारित अर्थव्यवस्था का बाजार

वर्तमान में औपचारिक शिक्षा की प्रमुख प्रवृत्तियों में से एक है बाजार के नियमों के अन्तर्गत शिक्षा की एक वस्तु के रूप में उपलब्धता और लाभ की इच्छा से निजी भागीदारों का प्रवेश और विस्तार। एक उद्योग के रूप में निजी शैक्षिक संस्थानों की स्थापना और विकास का दौर 1980 के आसपास शुरू हुआ और 1990 के बाद इसकी गति बहुत तीव्र हो गयी। वैसे तो निजी शैक्षिक संस्थान आजादी के पहले भी थे लेकिन उनकी

प्राथमिकता सूची में राष्ट्रीय लक्ष्यों को साकार करना पहले स्थान पर था। वे अंग्रेजी राज के विरोध में और अपने गाँव, क्षेत्र और समुदाय को शिक्षा के अवसर उपलब्ध कराने के लिए समर्पित थे। अक्सर ऐसे संस्थानों को समुदाय का समर्थन और सहयोग प्राप्त होता था। वे क्षेत्रीय अस्मिता और एकजुटता के प्रतीक होते थे। आज भी हर कस्बे और जिले में ऐसे स्कूल और कॉलेज मिल जायेंगे जो आजादी के पहले 'अपनी' शिक्षा की जरूरतों को ध्यान में रखकर खोले गये थे। ऐसे संस्थानों के लिए पर्याप्त दान और सहयोग स्थानीय समुदाय से प्राप्त होता था। शिक्षा से जुड़े नीतिकारों का एक धड़ा औपचारिक शिक्षा के बाजार के पक्ष में तर्क देता है कि निजी संस्थाएँ सरकार के बोझ को साझा करती हैं और वे शिक्षा के प्रसार की गति को तीव्र करती हैं। ऐसी सतही व्याख्या करते हुए वे बाजार की मूल प्रकृति और इसके खतरे को भूल जाते हैं। वस्तुतः बाजार में होने वाली खरीद–बिक्री केवल आर्थिक गतिविधि नहीं है उत्पादन, उपभोग और वितरण जैसी गतिविधियों के माध्यम से ये सामाजिक सम्बन्धों को भी प्रभावित करती है। ध्यान रखने की बात यह है कि इस पर आधारित सम्बन्ध अनुबन्धनात्मक होते हैं जो लाभ की दशाओं के बदलते ही बदल जाते हैं। उनके भावानात्मक और नैतिक आधार बहुत कमजोर होते हैं। पूँजीवाद के प्रभाव में औपचारिक शिक्षा ने भी ऐसे ही सम्बन्धों के उद्‌भव और प्रसार में सहयोग किया है। शिक्षा इस तरह के सम्बन्धों में पूँजी के समान ही व्यक्ति के सौदेबाजी की शक्ति को बढ़ावा देती है। वह व्यक्ति को चुनाव और गतिशीलता का विकल्प देती है। कुल मिलाकर शिक्षा खुद एक पूँजी बनकर व्यक्ति को उत्पादक बना देती है। उदाहरण के लिए सामंती व्यवस्था में मालिक और नौकर का सम्बन्ध शोषण, उत्पीड़न, भूमि पर एकाधिकार का होता था। यहाँ श्रमिक न तो मालिक बदलने के अधिकार से अभिप्रेरित होता था न ही ऐसा करने के लिए उसके पास अवकाश होता था जबकि कारखाने या कार्यालयी प्रकार के उत्पादन सम्बन्ध में नौकर और मालिक का रिश्ता लाभ पैदा करने की क्षमता, कुशलताओं के आधार पर सौदेबाजी और नये मालिक के चुनाव की सम्भावनाएँ लिए रहता है। कुशल श्रमिक अपने नियोक्ता का चुनाव कर सकता है। अच्छे अवसर की उपलब्धता में एक स्थान से दूसरे स्थान पर जा सकता है। मूल सवाल यह है कि क्या केवल अनुबन्धीय सम्बन्धों के आधार पर समाज की कल्पना कर सकते हैं? जब हम शिक्षा को मूल्य और मानवीय गुणों के सापेक्ष देखते हैं तो मानवीय

सम्बन्ध और पारस्परिकता हमारी प्राथमिकता में होते हैं। उदाहरण के लिए अच्छे अध्यापक और विद्यार्थी को परिभाषित करते हुए उसके मानवीय गुणों को गिनते हैं न कि केवल उनके सीखने–सिखाने की दक्षताओं को। ऐसे ही शिक्षा और समाज के सम्बन्ध को परिभाषित करते हुए केवल संज्ञानात्मक विकास के संकेतक से सन्तुष्ट नहीं होते जब तक कि उसे मूल्यपरक न बना लें। ऐसी दशा में जिस योजक शक्ति की कल्पना की जाती है वह शिक्षा के बाजार में उपलब्ध नहीं है।

बाजार माँग और पूर्ति के नियम के अनुसार चलते हैं और अन्ततः लाभ को अधिकतम करते हैं। इस तरह वे उनके पक्ष में झुके होते हैं जो लाभ को अधिकतम करवाने की सम्भावना रखते हैं। इसीलिए आज शिक्षा के बाजार में अंग्रेजी माध्यम के विद्यालय, प्रौद्योगिकी शिक्षा, अध्यापक शिक्षा का विस्तार निजी क्षेत्रों द्वारा किया जा रहा है। पूँजीवाद के प्रभाव में बाजार भी संगठित और नियमित हो रहे हैं। वे अपने को ब्रांड के रूप में स्थापित कर रहे हैं। वे राज्य की व्यवस्था में अपने हितधारकों को शामिल कराके अपने पक्ष में समझौते कर रहे हैं। आम जनमानस को ग्राहक के रूप में अपनी ओर आकर्षित करने के लिए गुणवत्ता के ठप्पे और प्रमाण–पत्रों आदि द्वारा अपनी प्रासंगिकता को सिद्ध कर रहे हैं। ऐसे संस्थान केवल उन लोगों को अधिक ताकत दे रहे हैं जिनके पास शिक्षा की सुविधाओं को खरीदने की पूँजी है। उदाहरण के लिए मध्यमवर्गीय अपार्टमेंट में रहने वाले लोग प्री–प्राइमरी स्कूलों की सूची बनाते वक्त स्कूल की गुणवत्ता, वहाँ जाने वाले बच्चों की पारिवारिक पृष्ठभूमि, स्कूल की सुविधाओं में विलासिता, शिक्षकों की पृष्ठभूमि और आभिजात्य व्यवहार के लक्षणों का अवलोकन करते हैं जबकि एक साधारण मध्यमवर्गीय न्यूनतम शुल्क को अपनी प्राथमिकता सूची में रखता है। स्पष्ट है कि जो लोग जितनी अधिक मात्रा में शिक्षा की सुविधाओं को खरीदेंगे वे ही भविष्य में उत्पादन के साधनों पर कब्जा बरकरार रखेंगे। इस तरह से बाजार और प्रकारान्तर से समाज में उनका वर्चस्व कायम रहेगा। अन्ततः शिक्षा के बाजार में कुछेक अपवादों को छोड़कर शीर्ष पर अधिकतम क्रयशक्ति वालों का आधिपत्य रहेगा जो व्यवस्था को अपने ढंग से परिभाषित करेंगे। शेष समाज, खासकर वंचित तबका, गतिशीलता के नाम पर मध्यम वर्ग की सतह तक पहुँचकर सन्तुष्ट हो जायेगा। इस व्यवस्था में सामाजिक बदलाव के मुद्दे गौण रहेंगे। सामाजिक बदलाव के स्थान पर यथास्थिति को कायम रखने का प्रयास होगा क्योंकि अन्याय, शोषण, अपवंचन जैसे

शब्द बाजार की व्यवस्था को नापसन्द है। यह व्यवस्था आपको 'मेरिट' के आधार पर 'पुरस्कार' देने में या प्राप्त करने में विश्वास करना सिखाएगी और सामाजिक–सांस्कृतिक पहचानों और पारस्परिक सम्बन्धों को हतोत्साहित करेगी। इसी का प्रभाव है कि शिक्षक–विद्यार्थी का रिश्ता कमजोर होता जा रहा है। शिक्षक बुद्धिजीवी नहीं अपितु प्रबन्धन का एक कर्मचारी है जो प्रबन्धन की इच्छानुसार ग्राहकों को सेवा दे रहा है। कॉर्पोरेट घरानों की पकड़ स्कूली शिक्षा से लेकर विश्वविद्यालय तक बढ़ रही है। संस्थानों की श्रृंखला या ब्रांड के रूप में प्रसार शिक्षा में एकाधिकार को बढ़ावा दे रहा है। बाजार और सरकार एक–दूसरे के विरोध न होकर एक–दूसरे के समर्थन में हैं। न तो एक झटके में बाजार के नियमों और प्रभावों से बँधी शिक्षा को मुक्त किया जा सकता है और न ही केवल सरकार और कल्याणकारी राज्य द्वारा शिक्षा की व्यवस्था को गुणवत्तापूर्ण और सन्तुष्टिदायी माना जा सकता है। इन दोनों व्यवस्थाओं के विस्तार और प्रभाव में अलग–अलग सामाजिक वर्ग शिक्षा के भागीदार बन रहे हैं। हर व्यक्ति बेहतर विकल्प की तलाश में है जिसके पास पूँजी है वह इसके द्वारा विकल्प की तलाश कर रहा है। अन्य के लिए लोकतान्त्रिक आदर्शों के बीच सरकार की कल्याणकारी योजनाओं का भागीदार बनना ही विकल्प है। यदि शिक्षा पूरी तरह से बाजार के भरोसे रहे तो शिक्षा का लक्ष्य केवल श्रम बाजार की माँग की पूर्ति होगी। लाभ के लिए आवश्यक होगा कि शिक्षा में अधिक निवेश न किया जाये और उतनी ही शिक्षा दी जाये जिससे उत्पादक श्रमिक तैयार हो। लेकिन लोकतान्त्रिक सरकारों की जनता के प्रति जवाबदेही के कारण ऐसा सम्भव नहीं है। यह दबाव राज्य को बाध्य करता है कि वह शिक्षा की योजना और आकलन केवल फायदे के सापेक्ष न करे बल्कि इसके बृहत्तर लक्ष्यों को ध्यान में रखते हुए अपनी भूमिका निभाये। इसके लिए राज्य को पुनर्वितरण के सिद्धान्त का पालन करते हुए समृद्ध और धनवानों की पूँजी को गरीबों और वंचितों के पक्ष में वितरण करना होगा।

ज्ञान आधारित अर्थव्यवस्था के दौर में ज्ञान केवल उत्पादन का साधन नहीं है बल्कि उत्पादन के अन्य संसाधनों को 'डिक्टेट' करने वाला निवेश है। अर्थप्रधान दुनिया में शिक्षा स्वयं एक वस्तु के समान बन चुकी है जो आर्थिक लाभों के उद्देश्य से उपयोग में लायी जा रही है। वर्तमान परिवेश में न तो ज्ञान द्वारा मुक्ति का उद्देश्य प्रधान है और न ही शिक्षा द्वारा न्याय पर आधारित समतामूलक समाज की स्थापना। हमारा ध्यान केवल उन्हीं

दक्षताओं पर है जो उत्पादन व्यवस्था के लिए उपयोगी है। इसी व्यवस्था का प्रमाण है कि औपचारिक शिक्षा व्यवस्था हर क्षेत्र के लिए विशेषज्ञता का प्रमाण–पत्र बाँट रही है। हद तो यह है कि हम ऐसे कामकाजी दिमागों को तैयार कर रहे हैं जो ग्राहक को अपने लुभावने व्यवहार और चमत्कृत कर देने वाली विश्लेषण क्षमता से बांध सकते हैं लेकिन अपने पड़ोसी के सुख–दुःख के भागीदार नहीं बन सकते। अब लिखने, पढ़ने और गिनने की दक्षताएँ पीछे छूट चुकी हैं। हमें सोच में नयापन, सम्प्रेषण में गर्मजोशी, समस्या के सृजनात्मक समाधान और सहभागिता के उत्साह जैसी दक्षताओं के सापेक्ष शिक्षा को विकसित करने की आवश्यकता है। शिक्षा का अर्थ विषय का ज्ञान देना या अनुशासन और चारित्रिक विकास करना मात्र नहीं है। यह शिक्षा कार्य करने की तत्परता वाले व्यक्ति तो तैयार कर देगी लेकिन क्या सोचने–समझने की नयी दृष्टि का विकास होगा? जीवन और प्रकृति के प्रति आस्था का बोध विकसित होगा? आत्मकेन्द्रित प्रवृत्ति से मुक्त करने वाली सांस्कृतिक चेतना का विकास होगा? ये विशेषताएँ आज के समय की अनिवार्यताएँ हैं। शिक्षा का भविष्य इन उद्देश्यों की प्राप्ति के लिए विषयों के ज्ञान तक सीमित नहीं रह सकता है। उसे सामाजिक, भावनात्मक और नैतिक सरोकारों से जोड़ने की जरूरत है। शिक्षा द्वारा ऐसा सांस्कृतिक माहौल तैयार करने की जरूरत है जिसमें विश्वास, प्रेम, सहयोग और आत्मीयता हो। वह न केवल व्यक्ति को खुद की क्षमताओं के प्रति जागरूक करे बल्कि उन्हें जीवन को सम्पूर्णता के साथ जीने के लिए प्रेरित करे। उनमें सह–जीवन के मूल्यों को पोषित करे। ये लक्ष्य स्वाभाविक रूप से व्यक्ति और समाज के जीवन में खुशहाली भर देंगे। अन्ततः हमें इन सवालों पर विचार करना होगा कि जटिल सामाजिक व्यवस्था में व्यक्ति–व्यक्ति, व्यक्ति और समाज के बीच सम्बन्ध प्रतिस्पर्धा और लाभ उत्पादन के स्थान पर सहिष्णुता, एक–दूसरे की स्वीकार्यता और सहकार के मूल्य से कैसे बँधे? शिक्षा व्यवस्था में मशीनी–उत्पादन पद्धति के स्थान पर स्वायत्तता, रचनात्मकता कैसे पैदा की जाये? शिक्षा की बृहद् संरचना में एकरूपता और सार्वभौमिकता के साथ बहुलता और स्थानीयता का सामंजस्य कैसे हो? व्यक्ति में तकनीकी और प्रयोजनवादी तर्कशीलता के साथ सांवेगिक बुद्धि और सौन्दर्यबोध को कैसे पुष्ट किया जाये। दूसरों पर प्रभुत्व की हिंसक और आक्रमणकारी चाह के बदले संस्कृति–केन्द्रित और प्रकृतिमय जीवन और शिक्षा को कैसे अपनाया जाये?

शैक्षिक माध्यम की चुनौती

ललित कुमार

भारतीय शिक्षा व्यवस्था के सम्मुख अनेक चुनौतियाँ है लेकिन शैक्षिक माध्यम की समस्या दिन–प्रतिदिन विकराल होती जा रही हैं। भारत सांस्कृतिक एवं भाषायी विविधताओं का देश है और हमें इस पर गर्व होना चाहिए। सवाल यह उठता है कि शिक्षा का माध्यम किस भाषा को बनाया जाये और क्यों बनाया जाये? इस सन्दर्भ में अनेक तर्क–वितर्क दिए जाते हैं जैसे कि भारत को एकता के सूत्र में पिरोने के लिए एक अखिल भारतीय भाषा की नितान्त आवश्यकता है। यह विचार मुख्य रूप से यूरोपीय राष्ट्र राज्य की उस संकल्पना से मेल खाता है जिसके अनुसार एक भाषा, एक जाति आधुनिक राज्य के आवश्यक तत्त्व माने गये थे। अपने तर्क को सही ठहराने के लिए इस तर्क के समर्थक विद्वान पाश्चात्य देशों के उदाहरण भी देते हैं। अखिल भारतीय भाषा के रूप में हिन्दी भाषा को आगे बढ़ते हैं। इसके अलावा 'हिन्दी, हिन्दू, हिन्दुस्तान' के विचार के समर्थक लोगों की भी कमी नहीं हैं। इस विचार के समर्थक लोगों में से अधिकांश को यही नहीं मालूम है कि हिन्दी भारत की राष्ट्रभाषा नहीं है अपितु राजभाषा है। एक दूसरा वर्ग वह है जो अंग्रेजी भाषा का प्रखर समर्थक हैं। उसका तर्क है कि यह दौर भूमण्डलीकरण का दौर है और अगर आगे बढ़ना है तो हमें अंग्रेजी भाषा को अपनाना ही होगा। इसमें कोई दो राय नहीं है कि वर्तमान में अंग्रेजी भाषा अधिकांश विश्व को संचार के सूत्र में पिरोती है लेकिन केवल इस तर्क को आधार मानकर शैक्षिक माध्यम बनाना अधिक तर्कसंगत नहीं प्रतीत होता। एक अन्य वर्ग भी है जो शैक्षिक माध्यम के स्थानीय भाषाओं के उपयोग का समर्थक है। इस वर्ग के अनुसार

भाषा केवल संचार मात्र का माध्यम नहीं है अपितु यह प्रत्येक व्यक्ति की अस्मिता से जुड़ी हुई हैं। ये सभी विचार अंशतः सही हैं।

हम आज से तेईस सौ वर्ष पूर्व मौर्य साम्राज्य की कालयात्रा पर चलते हैं। मौर्य साम्राज्य के काल को चुनने के कुछ विशेष कारण हैं, जैसे यह भारतीय इतिहास का पहला ऐसा साम्राज्य था जिसकी तत्कालीन सीमाएँ वर्तमान भारत ही नहीं अपितु कुछ क्षेत्रों में वह तय वर्तमान सीमाओं से बृहद् थी जैसे–अफगानिस्तान एवं मध्य एशियाई क्षेत्र (शर्मा, 1981,पृ. 89)। कुछ क्षेत्रों में वर्तमान सीमाओं के करीब नहीं थी जैसे सुदूर दक्षिण भारतीय प्रायद्वीपीय क्षेत्र एवं वर्तमान के उत्तर–पूर्वी भारतीय राज्य। ये सीमाएँ विशेषकर मौर्य सम्राट अशोक के शासनकाल की थी। मौर्य साम्राज्य एवं शासन के विषय में जानकारी के प्रमुख स्रोत मौर्यकालीन शिलालेख एवं स्तम्भ लेख हैं, जो भारतीय उपमहाद्वीप के बृहद् क्षेत्र में प्राप्त होते हैं। ये शिलालेख एवं स्तम्भ लेख किसी एक भाषा में न होकर पालि, प्राकृत, खरोष्ठी एवं अरमाइक भाषाओं में पाए गये हैं (सलोमन,1998, पृ. 72–76)। इससे एक बात पूरी तरह से स्पष्ट है कि मौर्य साम्राज्य में जनसम्पर्क हेतु जनसामान्य की भाषा का उपयोग किया जा रहा था। हमें किसी भी स्तर पर किसी एक प्रशासनिक भाषा का प्रमाण नहीं प्राप्त होता है।

पहली शताब्दी ई. से संस्कृत भाषा में शिलालेख मिलने शुरू हो जाते हैं लेकिन विशुद्ध संस्कृत भाषा का उपयोग हमें चौथी शताब्दी ई. पूर्व में मिलता है (सलोमन,1998, पृ. 81–86)। हमें संस्कृत भाषा के राजकीय भाषा के रूप में स्पष्ट प्रमाण गुप्तकाल में मिलते हैं। गुप्तकाल में प्राप्त शिलालेख, ताम्रपत्र, सिक्कों इत्यादि से यह स्पष्ट हो जाता हैं कि इस दौर में संस्कृत भाषा को प्रशासन की भाषा के रूप में प्रयोग किया जा रहा था। यहाँ एक बात पर और गौर करने की आवश्यकता है कि गुप्त साम्राज्य का प्रसार मौर्य साम्राज्य की अपेक्षा काफी क्षेत्र में स्थापित था। बाद के काल में तत्कालीन क्षेत्रीय राज्यों के शिलालेखों, ताम्रपत्रों एवं सिक्कों पर संस्कृत भाषा के प्रयोग का प्रचलन देखने को मिलता है।

1192 ई. में भारतीय समाज एवं राजनीति में युगांतरकारी बदलावों का सूत्रपात होता है। दिल्ली के तत्कालीन शासक पृथ्वीराज चौहान तराइन की दूसरी लड़ाई में अफगानिस्तान गजनी के शासक मुहम्मद गोरी से हार जाते हैं। इस जीत के साथ भारत में तुर्क शासन का आरम्भ होता हैं (थापर, 2002, पृ. 435)। तुर्कों ने राजकाज के लिए अपनी भाषा का उपयोग

करना शुरू किया। इस बात के प्रमाण हमें तत्कालीन शासकीय आलेखों से मिलता है। लेकिन हमें शायद ही कोई ऐसा प्रमाण मिलता हो कि इस प्रशासकीय भाषा परिवर्तन से जनसामान्य के जीवन पर कोई बड़ा फर्क पड़ा हो या प्रशासकीय भाषा को जनसामान्य पर अध्यारोपित किया गया। तत्कालीन दौर में हमें अनेक क्षेत्रीय भाषाओं का उदय एवं साहित्य का विकास देखने को मिलता है। यहाँ तक कि हिन्दी के प्रथम कवि के रूप में अमीर खुसरो का नाम हम सभी ने सुना है जिसे 'तोता–ए–हिन्द' भी कहा जाता था (मेहता 2009, पृ. 09–10)। मुगल शासनकाल में राजकाज की भाषा तुर्की से फारसी हो गयी थी। अगर हम भारतीय इतिहास पर गौर करें तो यह स्पष्ट हो जाता है कि मौर्य साम्राज्य के पश्चात् मुगल साम्राज्य की सीमाएँ ही उन सीमाओं को छूती प्रतीत होती हैं जो मौर्य साम्राज्य के समय हुआ करती थीं। मुगल साम्राज्य के काल में फारसी भाषा के राजकीय भाषा के रूप में होने के बावजूद अनेक आधुनिक भारतीय भाषाओं जैसे गुजराती, मराठी, उड़िया, बंगाली इत्यादि का विकास देखने को मिलता है। इसका सीधा आशय यह है कि केन्द्रीय सत्ता की भाषा ने जनसामान्य की भाषा के विकास को अवरुद्ध करने की कोशिश नहीं की और न ही उस दौर में स्थानीय भाषाओं का महत्त्व कम हो रहा था। यहाँ एक बात स्पष्ट करना अत्यन्त आवश्यक है कि राजसत्ता द्वारा विभिन्न शैक्षणिक संस्थानों को वित्तीय सहायता जरूर दी जा रही थी लेकिन शैक्षिक गतिविधि में राजसत्ता का हस्तक्षेप नहीं नजर आता।

1757 ई. की प्लासी की लड़ाई भारतीय समाज, राजनीति एवं अर्थव्यवस्था में निर्णायक बदलाव लाने वाली साबित हुई। वास्तव में इस लड़ाई में अंग्रेजी ईस्ट इंडिया कम्पनी ने भारतीय उप महाद्वीप में आधिकारिक शासन की शुरुआत की (बंद्योपाध्याय, 2006, पृ. 44)। 1764 ई. की बक्सर की लड़ाई में यह पूरी तरह से स्थापित हो गया (बंद्योपाध्याय, 2006, पृ. 45)। यह भारतीय उपमहाद्वीप में एक नयी प्रकार की सत्ता का आगाज था। एक ऐसी शासकीय सत्ता जिसकी जड़ें हिन्दुस्तान में नहीं अपितु ब्रिटेन में थीं, जिसका कर्तव्य केवल अपने व्यापारिक हितों की रक्षा करना था, यहाँ एक बात स्पष्ट करना अत्यन्त आवश्यक है कि भारत में ईस्ट इंडिया कम्पनी के शासन का स्थापित होना किसी सोची–समझी नीति के तहत नहीं हुआ था जैसा कि आमतौर पर गाहे–बगाहे हमें सुनने को मिल जाया करता है। वास्तव में यह सब भारत से यूरोप में होने वाले व्यापार

के मुनाफे को बचाने या एकाधिकार स्थापित करने की कोशिश थी। 1835 ई. में कम्पनी शासन ने बंगाल में बड़े बदलावों का सूत्रपात किया। पहली बार राज्य प्रायोजित शिक्षा–व्यवस्था की संकल्पना का बंगाल क्षेत्र में आगाज देखने को मिलता है। इसे मेकाले मिनिट्स (शार्प, 1965, पृ. 107–117) के नाम से भी जाना जाता है। वास्तव में यह दस्तावेज भारतीय सन्दर्भ में राज्य द्वारा प्रायोजित शिक्षा–व्यवस्था का आधिकारिक शुभारम्भ माना जा सकता है। इस दस्तावेज से सबसे खास बात यह समझने को मिलती है कि अब राज्य तय करेगा कि स्कूल नामक संस्था में किसे, क्या पढ़ना है और किस भाषा में पढ़ाया जायेगा। एक और बात यहाँ ध्यान देने योग्य है कि मैकाले मिनिट्स भारत में नहीं अपितु ब्रिटिश संसद में प्रस्तुत की गयी थी। इस मिनिट्स में भारतीय भाषाओं को तुच्छ रूप में प्रस्तुत किया गया एवं अंग्रेजी भाषा को ज्ञान की भाषा के रूप में स्थापित करने की कोशिश की गयी थी। परिणामस्वरूप स्कूली शिक्षा में शैक्षिक माध्यम के रूप अंग्रेजी भाषा के उपयोग को तरजीह दी गयी। ऐसा बिलकुल नहीं है कि मैकाले मिनिट्स के आने के बाद से यकायक भारतीय देशज शिक्षा–प्रणाली ध्वस्त हो गयी या कहें कि ध्वस्त कर दी गयी। वास्तव में यह यकायक ध्वस्त नहीं हुई बल्कि यह धीरे–धीरे अपना महत्त्व खोती गयी या फिर इसके महत्त्व को स्वयं भारतीयों द्वारा कम कर दिया गया। इस विषय को अधिक गहनता से समझने के लिए हम इतिहासकार काजी शहीदुल्लाह के बंगाल पाठशाला पर किये गये अध्ययन की मदद ले सकते हैं, जिसमें वे बंगाल में अठारहवीं सदी में प्रचलित देशज शिक्षा व्यवस्था पाठशाला का चित्रण प्रस्तुत करते हैं। तत्कालीन पाठशाला पद्धति में कई ऐसी विशेषताएँ थीं जिनके कारण उसका स्वरूप एवं उपयोगिता वर्तमान स्कूली व्यवस्था से न केवल बेहतरीन थी अपितु अपव्यय एवं अवरोधन जैसी समस्याएँ भी तत्कालीन शिक्षा–व्यवस्था में नहीं थीं। जैसे, ग्रामीण समाज की आवश्यकताओं के अनुरूप पाठशाला का पाठ्यक्रम होता था, विद्यार्थियों की आवश्यकता एवं उनके स्तर के अनुसार पठन–पाठन की क्रिया होती थी, पाठशाला की फीस विद्यार्थी की आर्थिक स्थिति के अनुसार उसकी फीस का निर्धारण किया जाता था, अध्ययन–मनन सरल एवं स्थानीय भाषा में होता था तथा सबसे अहम बात यह थी कि पाठशाला के समय के निर्धारण में बच्चों की सहूलियत का पूरा ख़याल रखा गया था जैसे पाठशाला का समय दिन में सुबह 10 बजे से सायं के 4 बजे के बीच का रखा जाता था। यह

वह समय होता था जब बच्चे किसी भी प्रकार की आर्थिक गतिविधि में संलग्न नहीं होता था। बच्चे दिन में सुबह एवं सायं का समय परिवार के साथ मिलकर घर एवं खेतों में काम करते थे। हमारे शिक्षा–नीति निर्माता इस तथ्य की पूरी तरह से अवहेलना करते हैं कि भारतीय परिवारों में बच्चे आर्थिक गतिविधियों में सक्रिय भागीदार होते हैं। ग्रामीण समाज के प्रत्येक वर्ग का अपनी सहूलियतों के हिसाब से विद्यालय हुआ करता था। सवाल यह उठता है कि किन कारणों से यह व्यवस्था धीरे–धीरे हाशिए पर चली गयी और फिर लुप्त हो गयी? यदि तत्कालीन प्रक्रियाओं पर गौर करें तो हमें एक कारण प्रखर रूप से देखने को मिलता है, वह है शिक्षक के लिए नियमित एवं निश्चित वेतन की व्यवस्था। आरम्भ में पहले से स्थापित पाठशालाओं में यह व्यवस्था लागू की गयी। समय–समय पर इस व्यवस्था में कुछ अनिवार्य शर्तों को भी जोड़ दिया गया जैसे शैक्षिक प्रशिक्षण, सरकार द्वारा निर्धारित पाठ्यक्रम में अध्यापन, अंग्रेजी माध्यम में शिक्षण इत्यादि। इस प्रक्रिया ने धीरे–धीरे स्थानीय पाठशालाओं को हाशिए पर धकेल दिया और उनका स्थान कम्पनी सरकार द्वारा प्रायोजित स्कूली व्यवस्था ने ले लिया। नवीन स्कूली व्यवस्था के प्रसार में एक महत्त्वपूर्ण भूमिका कम्पनी सरकार के तहत विभिन्न प्रकार की नौकरियों की भी रही। इन्हें 'बाबू' कहा जाता था। इन पदों पर पाश्चात्य स्कूली शिक्षा में शिक्षित लोगों को तरजीह दी जाती थी। इस कारण भी इस नवीन शिक्षा व्यवस्था के प्रसार को बल मिला। यह कोई नयी प्रक्रिया नहीं थी क्योंकि सल्तनत एवं मुगलों के शासन में बड़े पैमाने पर कायस्थ वर्ग की उन्नति प्रशासनिक क्लर्क वर्ग के रूप में देखते हैं लेकिन उस व्यवस्था ने जनसामान्य के जीवन को उस प्रकार से प्रभावित नहीं किया जिस प्रकार से ईस्ट इंडिया कम्पनी के शासनकाल में हुआ।

इस प्रक्रिया में सबसे अहम भूमिका 1854 ई. में वुड डिसपच की रही। इसे भारतीय उपमहाद्वीप में पाश्चात्य शिक्षा व्यवस्था को व्यवस्थित रूप से स्थापित करने की नींव डालने वाला माना जा सकता है। इस दस्तावेज में शिक्षा के माध्यम को एंग्लो–वर्नाकुलर रखने का सुझाव दिया गया था जिसके तहत प्राथमिक स्तर पर मातृभाषा एवं माध्यमिक स्तर पर अंग्रेजी भाषा में शिक्षा की संस्तुति की गयी थी। 1858 ई. में ईस्ट इंडिया कम्पनी का शासन ब्रिटिश सरकार के हाथों में आ गया (बंद्योपाध्याय, 2006, पृ. 169–183)। गौर करने वाली बात यह है कि 1858 ई. से लेकर 1947

ई. के बीच के ब्रिटिश शासनकाल में विभिन्न शिक्षा सम्बन्धित आयोगों एवं कमेटियों का गठन किया गया। इनमें से अधिकांश में शैक्षिक माध्यम के लिए विशेषकर प्राथमिक स्तर पर मातृभाषा में अध्यापन की सिफारिश भी की गयी थी। यहाँ तक कि हंटर आयोग ने भी तत्कालीन शिक्षा व्यवस्था के सम्मुख व्याप्त अपव्यय एवं अवरोधन की समस्या के प्रमुख कारणों में शैक्षिक माध्यम को बड़ी रुकावट के रूप में प्रस्तुत किया था। इन सभी सुझावों का कोई विशेष प्रभाव व्यवस्था में नजर नहीं आया और व्यवस्था ज्यों की त्यों चलती रही। आजादी से पूर्व शिक्षा व्यवस्था का इस प्रकार से चलते रहना समझ में आता है लेकिन आजादी के बाद भी उसी व्यवस्था को जारी रखने के क्या कारण रहे? यह जानना अत्यन्त आवश्यक है।

एक बात यहाँ स्पष्ट करना अत्यन्त आवश्यक है कि भारतीय गणराज्य में 15 अगस्त सन् 1947 को सत्ता–परिवर्तन अवश्य हुआ लेकिन व्यवस्था–परिवर्तन नहीं हो पाया। हो सकता है हमें यह बात अजीब लगे लेकिन भारतीय पुलिस व्यवस्था, भारतीय न्याय प्रणाली, भारतीय नौकरशाही का स्वरूप, भारतीय दण्ड संहिता जैसी व्यवस्था/संस्था के स्वरूप से समझ सकते हैं। सभी इस बात से परिचित हैं कि हिन्दी भाषा को राजकीय भाषा के रूप स्वीकार्य किया गया परन्तु राष्ट्रभाषा के रूप में स्वीकृति नहीं मिली। भाषायी अस्मिता का मसला कितना बड़ा हो सकता है इसका अंदाजा इसी बात से लगाया जा सकता है कि भारत सरकार को भाषायी आन्दोलन के सम्मुख झुकना पड़ा और परिणामस्वरूप भारत में भाषावार राज्यों का गठन हुआ। सन् 1962 का वर्ष भारतीय जनमानस की अन्तरात्मा को झकझोर देने वाला था। चीन ने भारत पर आक्रमण कर दिया और भारत एक ऐसी लड़ाई हार गया जो सही मायने में उसने लड़ी ही नहीं। इस युद्ध की हार ने भारतीय नेतृत्व को यह सोचने पर विवश कर दिया कि आखिर कहाँ पर चूक रह गयी है। तत्कालीन सरकार ने सन् 1964 में प्रोफेसर दौलत सिंह कोठारी के नेतृत्व में भारतीय शिक्षा आयोग क गठन किया। इस आयोग ने सन् 1966 में विस्तृत रिपोर्ट सरकार को दी। इस आयोग द्वारा भारतीय शिक्षा व्यवस्था के सन्दर्भ में कुछ महत्त्वपूर्ण सुझाव दिए गये जिनमें एक प्रमुख सुझाव शैक्षिक माध्यम के सम्बन्ध में था। इस आयोग के अनुसार प्रथम भाषा के रूप में मातृभाषा या क्षेत्रीय भाषा को स्थान दिया गया था। द्वितीय भाषा के रूप भारतीय संघ की आधिकारिक भाषा को स्थान दिया गया था। तीसरी भाषा के सन्दर्भ में

किसी आधुनिक भारतीय भाषा या यूरोपीय भाषा को रखा गया जो पहली एवं दूसरी श्रेणी की भाषाओं में से नहीं होगी (शिक्षा आयोग, 1964–66, पृ. 635)। इसमें प्राथमिक शैक्षिक माध्यम के रूप में मातृभाषा के उपयोग की वकालत की गयी थी। इसके साथ ही साथ सम्पूर्ण देश को एकता के सूत्र में पिरोने के लिए किसी एक भारतीय भाषा को राष्ट्रीय स्तर की भाषा के रूप में विकसित करने का सुझाव दिया गया था। इसके लिए आयोग द्वारा त्रिभाषा सूत्र सुझाया गया था। त्रिभाषा सूत्र के अनुसार प्राथमिक स्तर पर पूर्ण रूप से शैक्षिक माध्यम मातृभाषा को रखने एवं माध्यमिक स्तर पर तीन भाषाओं के शिक्षण का प्रावधान किया गया था। इसके अनुसार सभी भारतीय राज्य मातृभाषा के साथ द्वितीय भाषा के रूप में किसी एक भारतीय भाषा को सम्मिलित करेंगे। दक्षिण भारतीय राज्य द्वितीय भाषा के रूप में हिन्दी को सम्मिलित करेंगे एवं उत्तर भारतीय हिन्दीभाषी राज्य किसी एक दक्षिण भारतीय भाषा को सम्मिलित करेंगे। सन् 1968 में भारत की पहली शिक्षा नीति आती है जिसमें त्रिभाषा सूत्र को अपना लिया गया लेकिन हमारी शिक्षा व्यवस्था के नीति निर्माताओं की गलत नीतियों ने इस व्यवस्था को पूरी तरह से असफल बना दिया। अधिकांशतः उत्तर भारतीय राज्यों ने तृतीय भाषा के रूप में संस्कृत भाषा को सम्मिलित किया लेकिन दक्षिण भारतीय या पूर्वोत्तर की भाषाओं को विद्यालयी व्यवस्था में द्वितीय भाषा के रूप में कोई स्थान प्राप्त नहीं हो सका। जबकि सभी यह जरूर चाहते हैं कि सभी भारतीय हिन्दी भाषा बोलें और पढ़ें। इस व्यवहार ने भारतीय जनमानस में असन्तोष के बीज बो दिए। गैर–हिन्दीभाषी लोगों को लगा कि उन पर हिन्दी को जबरन थोपा जा रहा है। परिणाम यह हुआ कि हिन्दी व गैर–हिन्दीभाषियों के बीच की खाई बढ़ती चली गयी। गैर–हिन्दीभाषी क्षेत्रों में हिन्दी की अपेक्षा अंग्रेजी भाषा को तरजीह देना ज्यादा बेहतर माना गया। यहाँ तक कि सन् 1986 की राष्ट्रीय शिक्षा नीति में विश्वविद्यालयी स्तर पर आधुनिक भारतीय भाषाओं के प्रसार एवं अध्ययन सामग्री का भारतीय भाषाओं में विकास करने पर बल दिया गया था (शिक्षा नीति, 1986, पृ. 149)। तब भी भारतीय भाषाओं को आज भी विश्वविद्यालयों में तरजीह नहीं दी जाती और अधिकांश नामचीन बुद्धि जीवी अपना लेखन अंग्रेजी भाषा में करते हैं। जब उनकी पुस्तक के अंग्रेजी संस्करण की माँग कम हो जाती है तो उस पुस्तक का भारतीय भाषा में संस्करण आता हैं, वह भी उसके अंग्रेजी संस्करण के दस वर्ष

बाद। अंग्रेजी भाषा के इस उत्थान के लिए यह केवल एकमात्र कारण नहीं था अपितु भारतीय राज्य व्यवस्था के विभिन्न अंगों की भी अहम भूमिका रही है। जैसे भारतीय न्याय व्यवस्था में न्यायिक प्रणाली का सम्पूर्ण कार्य अंग्रेजी भाषा में किया जाता है। अंग्रेजी आज भी भारत की प्रशासनिक भाषा है। वह केवल अंग्रेजी को ही तरजीह देती है। इसका सबसे अच्छा उदाहरण आपको किसी भी प्रशासनिक व्यवस्था से सम्बन्धित परीक्षा पत्रों से मिल सकता है जिनमें प्रथम पृष्ठ पर स्पष्ट शब्दों में लिखा होता है कि किसी भी भ्रम की स्थिति में प्रश्न पत्र के अंग्रेजी रूप को ही सही माना जायेगा। यह केवल प्रतियोगिता परीक्षाओं तक सीमित नहीं है बल्कि आप इसे विद्यालय एवं विश्वविद्यालयों के परीक्षा पत्रों में भी देख सकते हैं। इन प्रश्नपत्रों या दस्तावेजों का अन्य भाषाओं में अनुवाद निम्न श्रेणी का होने के कारण स्थिति और अधिक विकराल हो जाती है। उदाहरण के लिए, भारतीय संघ लोक सेवा आयोग द्वारा सन् 2014 में भारतीय प्रशासनिक सेवा के लिए आयोजित प्रारम्भिक परीक्षा में पूछे गये प्रश्नों में से एक प्रश्न में 'स्टील प्लांट' का हिन्दी अनुवाद 'लोहे का पौधा', और दूसरे एक प्रश्न में 'कॉन्फिडेंसबिल्डिंग' का अनुवाद 'विश्वासभवन' किया गया था (एन.डी.टी.वी. रिपोर्ट, जुलाई 2014)। इसी उदाहरण से अंदाजा लगा सकते है हमारे यहाँ पर क्या स्थिति है। एन.डी.टी.वी. समाचार चैनल की 2014 की एक रिपोर्ट के अनुसार वर्ष 2011 में सिविल सर्विस सीसैट की परीक्षा में अंग्रेजी भाषा में अनिवार्य रूप से पास होने की शर्त से वर्ष 2011 से 2014 तक भारतीय भाषाओं के माध्यम के विद्यार्थियों के चयन का प्रतिशत 25 फीसदी से गिरकर 15 फीसदी आ गया। सन् 2013 की भारतीय प्रशासनिक परीक्षा में चयनित 1122 अभ्यर्थियों में से केवल 26 गैर–अंग्रेजी माध्यम के अभ्यर्थी स्थान बना पाए (एन.डी.टी.वी. रिपोर्ट, जुलाई 2014)। यदि हम वर्तमान परीक्षा परिणामों पर गौर करेंगे तो यह प्रतिशत और कम हो जायेगा।

क्यों अंग्रेजी भाषा को इतना अधिक महत्त्व मिल रहा है? इसके पक्ष में यह तर्क दिया जाता है कि अंग्रेजी भाषा एक वैश्विक भाषा है। वह ज्ञान–विज्ञान के मार्ग खोल देती है। वर्तमान में रोजगार प्राप्ति के लिए अत्यन्त आवश्यक योग्यताओं में अंग्रेजी भाषा का ज्ञान भी सम्मिलित है। आंशिक दृष्टिकोण से ये तर्क सही अवश्य प्रतीत होते हैं लेकिन ये केवल सिक्के का एक पहलू ही हमारे सम्मुख प्रस्तुत करते हैं। यह बात सही है

कि अंग्रेजी भाषा वर्तमान विश्व में काफी हद तक सम्पर्क भाषा की भूमिका अदा करती है लेकिन इस भूमिका का जनसामान्य के जीवन से कोई सीधा सम्बन्ध नजर नहीं आता है। जैसे जब किसी स्थानीय कार्यालय में जाते हैं तो वहाँ पर होने वाला वार्तालाप स्थानीय भाषा में होता है न कि अंग्रेजी भाषा में। यहाँ तक कि अगर आप किसी क्षेत्र में अपने दूरभाष यन्त्र से सम्पर्क करने का प्रयास करते हैं और किसी कारण सम्पर्क नहीं हो पाता है तो टेलीफोन एक्सचेंज से बोले जाने वाला संवाद अधिकांशतः स्थानीय भाषा में ही होता है। अगर आप किसी भी क्षेत्र में राष्ट्रीय स्तर के टीवी चैनल को देखें तो वहाँ पर अन्तरराष्ट्रीय उत्पादों के लिए आने वाले विज्ञापन स्थानीय भाषा में ही होते हैं। अब सबसे प्रमुख प्रश्न यह उठता है कि जब अधिकांश माध्यमों से सम्पर्क स्थापित करने में सभी स्थानीय भाषा का ही उपयोग कर रहे हैं तो फिर अंग्रेजी भाषा की उपयोगिता की वकालत करने वाले विद्वानों के सारे तर्क खण्डित हो जाते हैं। यहाँ एक बात स्पष्ट करना अत्यन्त आवश्यक है कि यहाँ किसी भाषा विशेष का विरोध नहीं किया जा रहा है और न ही भाषा विशेष के महत्त्व को नकारा जा रहा है। यहाँ पर उन तर्कों की जाँच पड़ताल करने की कोशिश की जा रही है जिन्होंने भारतीय शिक्षा व्यवस्था में शैक्षिक माध्यम के मसले को और अधिक जटिल बना दिया हैं।

हमने देखा की अंग्रेजी, हिन्दी, संस्कृत इत्यादि भाषाओं के उत्थान के लिए अत्यधिक संसाधनों को झोंक दिया गया लेकिन इन भाषाओं की वस्तुस्थिति क्या है? इस पर गौर करना अत्यन्त आवश्यक प्रतीत होता है। यदि हम भारतीय जनगणना 2011 के आँकड़ों पर गौर करें तो चौंकाने वाले आँकड़े मिलते हैं। जैसे, ऐसे लोग जिन्होंने संस्कृत भाषा को मातृभाषा या कहें धाराप्रवाह बोली जाने वाली भाषा के रूप में स्वीकार किया है उनकी संख्या 24,821 है (भारतीय जनगणना 2011, पृ. 16)। अब आप अंदाजा लगा सकते हैं कि हमारी व्यवस्था ने जिस भाषा पर अपने इतने संसाधनों को लगाया उसके बावजूद वह भाषा लुप्तप्रायः होने की स्थिति में पहुँच गयी है। इसमें भाषा का दोष नहीं है और न ही जनसामान्य का। यह वास्तव में हमारी व्यवस्था की गलतियों का फल है जिसने एक भाषा को भाषा के रूप में लागू ही नहीं किया और न ही उस भाषा को सीखने के लिए आवश्यक माहौल ही उपलब्ध करवा पायी। जनगणना 2011 के अनुसार 52,83,47,193 (भारतीय जनगणना 2011, पृ. 16) लोगों

ने हिन्दी को अपनी भाषा के तहत दर्ज किया, लेकिन यहाँ यह स्पष्ट करना अत्यन्त आवश्यक है कि यहाँ पर हिन्दी भाषा लगभग 57 बोलियों (भारतीय जनगणना 2011, पृ. 6) का प्रतिनिधित्व कर रही हैं। अतः हमें किसी भ्रम में नहीं रहना चाहिए कि यह संख्या विशुद्ध मानक हिन्दी को बोलने वाली जनसंख्या का प्रतिनिधित्व करती है। एक नजर अगर अंग्रेजी भाषा की स्थिति पर डालें तो उसकी स्थिति संस्कृत भाषा से बेहतर जरूर है। तकरीबन 2,59,678 लोगों ने अंग्रेजी को अपनी भाषा के रूप में स्वीकारा है। यदि हम 1971 की भारतीय जनगणना में अंग्रेजी को अपनी भाषा के रूप में स्वीकारने वाले लोगों की संख्या पर गौर करें तो यह 1,91,595 थी। तत्कालीन भाषायी लोगों का 5.66 प्रतिशत और अगर हम 2011 की जनगणना के आँकड़ों पर गौर करें तो यह 14.67 प्रतिशत होता हैं (भारतीय जनगणना 2011, पृ. 19)। ये तथ्य स्वयं में यह स्पष्ट करते है कि अंग्रेजी का जितना महिमामण्डन किया जा रहा है उसकी अपेक्षा जनमानस में उसकी स्थिति उतनी विशिष्ट नहीं है। ये आँकड़े यह भी बताते है कि जनसामान्य के जीवन में स्थानीय भाषाओं का महत्त्व किसी भी दृष्टि से कम नहीं हुआ है। लेकिन एक ऐसा माहौल बनता जा रहा है कि किसी विदेशी भाषा के बगैर उन्नति करना सम्भव नहीं है। हाल ही में दो हिन्दी चलचित्रों ने इस तरफ ध्यानाकर्षित करने का प्रयास किया हैं। ये हैं : इंग्लिश–विंगलिश और हिन्दी मीडियम। 'इंग्लिश–विंगलिश' एक परिवार की कहानी है जहाँ पर घर की गृहिणी को अंग्रेजी भाषा का ज्ञान नहीं है और जिसके कारण उसे अपने ही परिवार में उपहास का पात्र बना दिया जाता है। दूसरा चलचित्र 'हिन्दी मीडियम' के नाम से ही पता चल जाता है कि वह किस विषय को प्रस्तुत करना चाहती है। एक अमीर दम्पति अपनी बच्ची के भविष्य को लेकर अत्यधिक चिन्तित है। उनकी चिन्ता का मूल कारण उनका स्वयं हिन्दी मीडियम का होना है। उनकी चिन्ता है कि उन्हें हिन्दी मीडियम का होने के कारण जिस प्रकार उपहास का पात्र बनना पड़ता है कहीं वैसे ही उनकी बेटी के साथ भी न हो। ये दोनों ही चलचित्र समाज में एक भाषा विशेष को लेकर बनी हुई धारणाओं को प्रस्तुत करते हैं।

अब सवाल यह है कि क्या यह डर सही है? और इस समस्या का क्या समाधान हो सकता है? हमने ऊपर जितने भी पक्षों की पड़ताल की उससे एक बात पूरी तरह से स्पष्ट हो जाती है कि ये सभी पक्ष एक हद

तक ही सही हैं। यह बात सही है कि हमें शास्त्रीय भाषाओं के संवर्धन का कार्य करना चाहिए लेकिन सारे संसाधनों को उन पर लगा देना उन भाषाओं के लिए ही घातक सिद्ध हो रहा है जैसा कि हम संस्कृत भाषा के सन्दर्भ में देख चुके हैं। जहाँ तक अंग्रेजी भाषा का सम्बन्ध है तो इसमें कोई दो राय नहीं है कि वर्तमान में अंग्रेजी भाषा विश्व में सम्पर्क भाषा की भूमिका में स्थापित है। हमें अंग्रेजी भाषा को भी सीखना चाहिए लेकिन उसका महत्त्व केवल एक भाषा के रूप में ही रहना चाहिए जैसा अन्य भारतीय भाषाओं का है। उसे वर्चस्व का साधन बनाने से ही विभिन्न समस्याओं की उत्पत्ति हुई है, ऐसा माना जा सकता है। जहाँ तक हिन्दी का सवाल है हिन्दी भाषा में भारत में राष्ट्रीय स्तर की भाषा बनाना तभी सम्भव होगा जब हिन्दीभाषी क्षेत्रों में अन्य भारतीय भाषाओं को भी समुचित सम्मान एवं स्थान प्राप्त हो। ऐसा करना हर दृष्टिकोण से फायदे का सौदा है, क्योंकि ऐसा करने से हम केवल अन्य भाषाओं से परिचित नहीं होते अपितु संस्कृति एवं रीति–रिवाजों से भी परिचित होते हैं। यह प्रक्रिया अनेकता में एकता के सूत्र में पिरोने में अहम भूमिका अदा कर सकती है। अतः यह माना जा सकता है की भारतीय शिक्षा व्यवस्था में शैक्षिक माध्यम के मसले का समाधान सम्भव है यदि हम भाषा शिक्षण के वर्तमान नियमों में बदलाव कर उसकी उपयोगिता को सार्थक करने की मंशा एवं इच्छाशक्ति दिखाये। अधिक से अधिक देशज भाषाओं में अच्छे एवं अन्तरराष्ट्रीय स्तर के लेखन को बढ़ावा दें।

माध्यम बनाम वर्चस्व का प्रश्न

उषा शर्मा

भाषा मनुष्य–जीवन का एक महत्त्वपूर्ण अवयव भी है और जीवन को साधने का एक महत्त्वपूर्ण उपकरण भी। जीवन के सन्दर्भ में भाषा की यह भूमिका रहती है कि उसके माध्यम से व्यक्ति अपनी बात, अपने भाव और विचार दूसरों तक सम्प्रेषित करता है और दूसरों की बात, भाव और विचारों को समझता है। एक समाज का सदस्य होने के कारण एक–दूसरे के साथ बातचीत करना अथवा बातों का कह–सुन लेना जरूरी हो जाता है। यही कारण है कि एक भाषाविहीन समाज की कल्पना करना भी कठिन है। यह अलग बात है कि समाज के विकास के साथ–साथ भाषा के स्वरूप में निरन्तर परिवर्तन आते गये और यह परिवर्तनशीलता किसी भी भाषा की जीवन्तता के लिए आवश्यक है। भाषाविहीन समाज की कल्पना करते हुए आप स्वयं ही सोचिए कि यदि आपको कल से यह कह दिया जाये कि आप पूरे एक घंटे भाषा का किसी भी रूप में प्रयोग नहीं करेंगे तो आप कैसा महसूस करेंगे? सम्भवतः एक अजीब–सा 'बन्धन' और इस 'बन्धन' के साथ एक अजीब–सी 'घुटन' का अनुभव होगा! ऐसा क्यों? आप चाहें तो स्वेच्छा से दो–दो घंटे न बोलें, चार–चार घंटे न बोलें, भाषा का प्रयोग न करें लेकिन जब आप पर यह पाबन्दी लगा दी जाती है कि आपको किसी भी तरह से भाषा का प्रयोग नहीं करना है तो फिर 'रहा' नहीं जाता। ऐसा क्यों? अगर आपने ऐसा कर भी लिया अर्थात् भाषा का प्रयोग नहीं भी किया लेकिन क्या आप अपने विचारों को मस्तिष्क में आने से रोक पायेंगे? क्या आपके मन–मस्तिष्क में निरन्तर विचारों की आवाजाही नहीं होती है? क्या आप निरन्तर कुछ–न–कुछ सोचते–विचारते नहीं रहते? उदाहरण के लिए आपको अपने घर से बाज़ार जाना है। आप झोला लेकर निकल पड़े। अब

अगर आप अकेले हैं तो आपके मन में निरन्तर 'बातचीत' चलती है–'शायद आज बाज़ार में बहुत भीड़ होगी, आज छुट्टी जो है। सब्ज़ियों के दाम तो आसमान छूने लगे हैं। बेचारा गरीब आदमी तो सब्ज़ी भी नहीं खा सकता! तोरई के दाम! सौ रुपये किलो! यह भी कोई बात हुई, भला? बीमार आदमी खाता है यह तोरई और लौकी! तो भी इतने दाम? लूट है भई लूट है! मुझे कोई सस्ती–सी ही सब्ज़ी देखनी होगी!' अगर बाज़ार जाते समय यह संवाद न भी हो तो भी आप अपने ऑफिस या घर, दोस्तों–दुश्मनों, पड़ोस या फिर किसी सामाजिक सरोकार के बारे में सोचते रहेंगे। 'कल ऑफिस जाना है। बहुत सारा काम इकट्ठा हो गया है। सारा दिन तो फाइलों में घुसे रहते हैं तो भी न जाने कहाँ से इतनी फाइलें आ जाती हैं। खन्ना जी की मेज तो एकदम साफ रहती है! हो क्यों न? काम जो नहीं करते। उनका काम भी मेरी मेज पर ही आता है। मैं कल से एकदम से मनाकर दूँगा। करें खन्ना जी अपना काम! मैंने क्या पूरे ऑफिस का ठेका लिया हुआ है?' आपने स्वयं ही देखा कि एक अकेला व्यक्ति घर से बाजार जाते समय स्वयं से कितनी बातें करता चलता है, कितना सोच–विचार उसके मस्तिष्क में जारी रहता है। यह सोचना–विचारना भी किसी–न–किसी भाषा में ही सम्भव होता है। अतः भाषा सदैव हमारे साथ ही रहती है और निरन्तर अपनी उपस्थिति दर्ज कराती है।

इस तरह भाषा और विचार के मध्य एक गहन सम्बन्ध है। भाषा हमारे विचारों की वाहिका भी है और निर्माणकर्त्री भी। वाहिका के रूप में भाषा हमारे विचारों को दूसरों तक प्रेषित करती है। निर्माणकर्त्री के रूप में भाषा जीवन–जगत की विभिन्न अवधारणाओं का निर्माण करती है। वह हमारे विचारों को भी व्यवस्थित करती है। इस प्रकार यह भाषा ही है जो हमारे आसपास फैले विस्तृत संसार को अर्थ भी देती है। 'सब्ज़ियों के दाम तो आसमान छूने लगे हैं।' –वाक्य में 'दाम तो आसमान छूने लगे हैं।' एक खास तरह का मुहावरा है जो एक स्थिति विशेष में प्रयुक्त होता है। 'आसमान छूना' में आसमान को छूने जैसा 'कुछ' भी नहीं है, बल्कि ज्यादा या ऊँचे दामों के लिए इस तरह की भाषा का प्रयोग किया जाता है। 'बेचारा गरीब आदमी तो सब्ज़ी भी नहीं खा सकता!'–वाक्य में विस्मयादिबोधक चिह्न गरीब व्यक्तियों की दयनीय अथवा अभावग्रस्त स्थिति के प्रति अपनी प्रतिक्रिया को व्यक्त करता है। 'तोरई के दाम! सौ रुपये किलो! यह भी कोई बात हुई, भला?'–इन वाक्यों में सब्ज़ियों

के ऊँचे दामों पर व्यंग्य है जो यह बताता है कि यह स्थिति उचित नहीं है। 'तोरई', 'बेचारा', 'गरीब', 'भला' आदि शब्दों से जुड़ी अवधारणाएँ एक भाषा विशेष के माध्यम से बनती हैं। यह सम्भव है कि एक व्यक्ति किसी स्थिति विशेष में ही 'गरीब' शब्द का प्रयोग करे लेकिन वहीं यह भी सम्भव है कि कोई व्यक्ति हर अभावग्रस्त स्थिति के लोगों को 'गरीब' कहकर बुलाये। अब यह अभावग्रस्त स्थिति धन की भी हो सकती है और विचारों की भी! यह अभाव की स्थिति शिष्टाचार सम्बन्धी नियमों की भी हो सकती है और दूसरों का सहयोग करने की भी! इसका अर्थ यह है कि 'गरीब' शब्द की अवधारणा हर व्यक्ति के लिए अलग हो सकती है, यह निर्भर करता है उस व्यक्ति की सोच, सोच के दायरे और दृष्टिकोण पर! ये सभी उदाहरण इस ओर संकेत करते हैं कि भाषा न केवल हमारे विचारों के निर्माण में सहायक है बल्कि विचारों की वाहिका भी है।

भाषा जीवन की स्थितियों को साधने यानी स्थितियों को अपने अनुकूल बनाने और उनका सामना करने का कार्य भी करती है। मान लीजिए कि एक गलतफहमी के कारण आपकी दोस्त आपसे बहुत नाराज़ हो जाती है। इतनी नाराज कि वह आपकी शक्ल भी देखना नहीं चाहती! ऐसी स्थिति में आप क्या करेंगी? अगर उस समय आप अपनी दोस्त को समझाएँगी तो हो सकता है कि वह गुस्से से कह दे कि दूर हो जाओ मेरी नजरों से! मुझे अपनी शक्ल कभी मत दिखाना! तब आप यह गीत गुनगुना दें–ये ऽऽऽदोस्ती हम नहीं छोड़ेंगे, छोड़ेंगे दम मगर, तेरा साथ न छोड़ेंगे...! यह गीत सुनकर सम्भव है कि आपकी दोस्त का मन पिघल जाये और उसकी नाराजगी दूर हो जाये! किसी स्थिति विशेष को हम भावावेश में आये बिना भाषा के माध्यम से साध सकते हैं। अन्ततः भाषा जीवन की स्थितियों को साधने का भी माध्यम है।

भाषा : प्रकृति और प्रकार्य

प्रायः हम भाषा को परिभाषित करते समय उसे सम्प्रेषण के माध्यम तक सीमित कर देते हैं। एक आम व्यक्ति भाषा को इसी रूप में देखने का आदी होता है और भाषा–जगत में भाषा को विचारों के आदान–प्रदान या सम्प्रेषण की 'वस्तु' के रूप में देखा जाता है। 'भाषा की दुनिया में कार्य करने वाले' यानी एक भाषा–वैज्ञानिक की दृष्टि में 'भाषा एक नियमबद्ध

व्यवस्था' है। इस रूप में भाषा को विशुद्ध 'भाषायी' दृष्टि से देखा जाता है। लेकिन भाषा को केवल यहीं तक सीमित नहीं किया जा सकता। वह हमारे अनेक कार्यों के संचालन का कार्य भी करती है। यदि भाषा की प्रकृति और उसके स्वभाव के बारे में गौर किया जाये तो स्पष्ट होता है कि भाषा की प्रकृति व्यवहारगत है। इसका अर्थ है कि भाषा को व्यवहार में लाया जाता है और यह व्यवहार किसी भाषा–समुदाय या उससे इतर किसी अन्य व्यापक समुदाय में होता है। जीवन के विभिन्न औपचारिक और अनौपचारिक सन्दर्भों में भाषा का प्रयोग किया जाता है। भाषा परिवर्तनशील भी है। यही कारण है कि समय बीतने के साथ–साथ भाषा के स्वरूप में परिवर्तन आते गये। इतना ही नहीं एक ही भाषा जब अलग–अलग जगह बोली जाती है तो उसके स्वरूप में अन्तर नजर आता है। भाषा का मौखिक रूप प्राथमिक होता है। भाषा का लिखित रूप बहुत बाद में विकसित हुआ है। भाषा का मौखिक रूप जितनी तेज़ी से बदलता है, लिखित रूप बदलने में समय लेता है। भाषाओं का एक और गुण होता है और वह यह कि भाषाएँ एक–दूसरे के सानिध्य में फलती–फूलती हैं। वे एक–दूसरे के साथ निरन्तर सम्पर्क में रहती हैं और शब्द आदि भाषायी रूपों की आवाजाही बनी रहती है। यही कारण है कि आज भाषाओं के शब्दकोश में न केवल वृद्धि हुई है बल्कि अन्य भाषाओं के शब्द भी हमारी भाषा के शब्दकोश में 'अपनी जगह' बना लेते हैं और 'अपने' लगते हैं।

कुल मिलाकर भाषा को व्याख्यायित करने के लिए उसके दो पक्षों की चर्चा अपेक्षित है। ये दो पक्ष हैं–

- संरचनात्मक पक्ष
- प्रकार्यात्मक पक्ष

भाषा का संरचनात्मक पक्ष भाषा को एक नियमबद्ध व्यवस्था के रूप में प्रतिस्थापित करता है। भाषा का संरचनात्मक पक्ष इस ओर संकेत करता है कि भाषा स्वयं में ध्वनि, शब्द, वाक्य और प्रोक्ति (संवाद) की एक नियमबद्ध व्यवस्था है जिसके माध्यम से अर्थ की प्राप्ति होती है। यह एक बहुत महत्त्वपूर्ण बात है कि प्रत्येक भाषा की अपनी एक विशिष्ट संरचना होती है जो कुछ नियमों से आबद्ध होती है। यदि किसी भाषा की किन्हीं ध्वनियों के स्थान पर किन्हीं अन्य ध्वनियों का प्रयोग किया जाये अथवा ध्वनियों का क्रम बदल दिया जाये तो अनेक बार अर्थ या तो समाप्त हो जाता है या फिर अर्थ बदल जाता है। उदाहरण के लिए–

• **अन्य ध्वनियों का प्रयोग**–'मिठास' शब्द में 'म' के स्थान पर 'प' ध्वनि का प्रयोग करने पर कोई सार्थक शब्द नहीं बनता (पिठास)। 'नानी' शब्द में 'न' के स्थान पर 'प' ध्वनि का प्रयोग करने पर अर्थ बदल जाता है (पानी)।

• **ध्वनियों का क्रम बदलना**–'नमक' शब्द में आई ध्वनियों को क्रम बदल दें तो इससे बनने वाले शब्द कोई अर्थ सम्प्रेषित नहीं कर पाते ('कमन' / 'मनक' / 'नकम' / 'मकन')। यदि 'ताला' शब्द की ध्वनियों का क्रम बदल दें तो अर्थ परिवर्तित हो जाता है (लाता)।

इसके अतिरिक्त भाषाओं में ध्वनियों के प्रयोग का एक विशिष्ट 'पैटर्न' होता है। सभी भाषाओं में व्यंजन ध्वनियाँ और स्वर ध्वनियाँ एक सुनियोजित क्रम में प्रयुक्त होती हैं। उनके शब्दों में सी.वी.सी.वी. पैटर्न (व्यंजन + स्वर + व्यंजन + स्वर) पाया जाता है। उदाहरण के लिए–

हिन्दी – बिल्ली
मराठी – मांजर
कोरकू – मिनू
निमाड़ी – मांजरी
बारेली – मांजरी
बांग्ला – बिराल
कोंकणी – माजर

हिन्दी भाषा के शब्द 'बिल्ली' के लिए अन्य भाषाओं में जो शब्द प्रयुक्त होते हैं उनमें भी सी.वी.सी.वी पैटर्न है–

मिनू (कोरकू भाषा)–म् (व्यंजन ध्वनि)+इ (स्वर ध्वनि)+न् (व्यंजन ध्वनि)+ऊ (स्वर ध्वनि) माजर (कोंकणी भाषा)–म् (व्यंजन ध्वनि)+आ (स्वर ध्वनि)+ज् (व्यंजन ध्वनि)+अ (स्वर ध्वनि)+र् (व्यंजन ध्वनि)+अ (स्वर ध्वनि)।

इतना ही नहीं, कोई भी भारतीय भाषा या अंग्रेजी भी तीन से ज्यादा व्यंजनों को शब्द के शुरू में नहीं आने देती। तीन के मामले में भी चयन पर प्रतिबन्ध–सा पाया गया है। पहला व्यंजन केवल 'S' हो सकता है, दूसरा 'p', 't' या 'k' और तीसरा 'y', 'r', 'l' या 'w' उदाहरण के लिए हिन्दी में 'स्त्री' या अंग्रेजी में 'spring', 'street', 'squash', 'screw' आदि। भाषा की यह नियमबद्ध व्यवस्था वाक्य स्तर पर भी होती है। उदाहरण के लिए नीचे दिए गये वाक्यों को देखा जा सकता है–

हिन्दी भाषा	—	राम का भाई आया है।
	—	राम की बहन आई है।
बांग्ला भाषा	—	रामेर भाई ऐसे छे।
	—	रामेर बॉन ऐसे छे।
बारेली भाषा	—	राम न भाइस आई रिया।
	—	राम न बोहनिष आई रोई।
निमाड़ी भाषा	—	राम गा उई टे हेंन वे।
	—	राम गा बई टे हेंन वे।
मराठी भाषा	—	रामचा भाउ आला आहे।
	—	रामची बहीण आली आहे।

केवल हिन्दी और मराठी भाषा की संरचना में कर्म के लिंग के अनुसार अलग–अलग विभक्ति–चिह्नों का प्रयोग हुआ है (राम का भाई, राम की बहन/रामचा भाउ, रामची बहिण) जबकि कोरकू, बारेली और बांग्ला भाषा में एक ही तरह की विभक्ति–चिह्नों का प्रयोग हुआ है (रामेर भाई, रामेर बॉहन/राम न भाइस, राम न बोहनिष/राम गा उई, राम गाबई)। यदि वाक्यों को और अधिक गहराई से देखें तो यह ज्ञात होता है कि हिन्दी और मराठी भाषा में लिंग के अनुसार क्रिया में भी अन्तर है (आया है, आयी है/आला आहे, आली आहे), शेष भाषाओं में यह अन्तर नजर नहीं आता। इतना ही नहीं, अलग–अलग अवधारणाओं के लिए अलग–अलग शब्दों अथवा ध्वनि–समूहों का प्रयोग हुआ है। इस तरह स्पष्ट है कि भाषा की यह व्यवस्था भाषा के प्रत्येक स्तर पर दृष्टिगत होती है और हर भाषा में, चाहे वह अपेक्षाकृत एक छोटे भाषा समुदाय में बोली जाती हो। इस लिहाज से भाषा और बोली के बीच कोई भेद नहीं है। कोई भी भाषा जो बोली जाती है उसमें भी एक सुनियोजित व्यवस्था होती है।

यह एक महत्त्वपूर्ण बिन्दु है कि भाषा की संरचना के विभिन्न स्तर तो हैं, लेकिन अर्थपूर्ण इकाई प्रोक्ति/संवाद है, जहाँ एक से अधिक वाक्यों का प्रयोग होता है और उनमें पूर्वापर सम्बन्ध होता है। 'अच्छा' को 'अच्छा' कहना केवल 'अच्छा' शब्द का प्रयोग मात्र नहीं है बल्कि इस 'अच्छा' के पार्श्व में निहित अनेक अनुभव और चिन्तन है। अवधारणाएँ 'यूँ ही नहीं' बन जातीं! उनके बनने में एक पूरी आनुभविक प्रक्रिया शामिल होती है और समयावधि भी! आनुभविक इसलिए, क्योंकि जैसे–जैसे हम अनुभवों से गुजरते चलते हैं वैसे–वैसे उन अनुभवों के साथ शब्द भी जुड़ते चलते हैं।

समयावधि इसलिए, क्योंकि अनुभवों को प्राप्त करने में समय लगता है। यह समझना भी आवश्यक है कि इन अनुभवों को प्राप्त करने की 'सेटिंग' स्वाभाविक और सहज होती है। यहाँ 'सेटिंग' का अर्थ परिस्थिति, स्थान, समय, सन्दर्भ आदि है। हम जब किसी भी तरह का अनुभव प्राप्त करते हैं तो प्रायः ये सब होते ही हैं! यह 'सेटिंग' जितनी स्वाभाविक होगी, अनुभव उतने ही 'खरे' होंगे। समाज से प्राप्त अनुभवों को अन्ततः समाज में ही, समाज के लिए प्रयोग में लाया जाना होगा!

उदाहरण के लिए नीचे दिए गये वाक्य देखिए–

वाक्य 1 रवि अच्छा लड़का है।

वाक्य 2 रवि ने अच्छा काम किया।

वाक्य 3 रवि ने कहा कि स्कूल जाना अच्छा है।

वाक्य 4 रवि ने अच्छे से कविता याद कर ली।

वाक्य 5 अच्छा, रवि घर नहीं पहुँचा?

यदि आप इन सभी वाक्यों का गहराई से विश्लेषण करें तो ज्ञात होगा कि इन सभी वाक्यों में 'अच्छा' शब्द की अवधारणा भिन्न–भिन्न है जबकि शब्द एक ही है। वाक्य 1 में 'अच्छा' रवि का गुण है, उसके लिए प्रयुक्त विशेषण है जबकि वाक्य 2 में काम की विशेषता है। वाक्य 3 में स्कूल जाने के औचित्य को दर्शाया गया है जिसके पार्श्व में पूरा दर्शन और मनोविज्ञान निहित है। वाक्य 4 में किसी काम को करने की निपुणता का भाव है तो वाक्य 5 में आश्चर्य और चिन्ता का स्वर मुखरित होता है। अब सवाल यह उठता है कि 'अच्छा' शब्द की अवधारणा एक है या अनेक? क्या इन समस्त अवधारणाओं में परस्पर कोई सम्बन्ध है? क्या यह अवधारणा एक ही सन्दर्भ में प्रयुक्त हो रही है? स्पष्ट है कि 'अच्छा' शब्द की अवधारणा प्रत्येक वाक्य में भिन्न है। भाषा की बारीकियों के विश्लेषण से भाषा की दुनिया का व्यापक स्वरूप उद्‌घाटित होता है। 'भाषा की इस जटिलता के प्रति भारत में प्राचीनकाल से ही चेतना रही है, उनसे जूझने के भी महत्त्वपूर्ण प्रयास हुए हैं। पाणिनि, कात्यायन, पतंजलि, भर्तृहरि, तुल्काप्पियार, चंद्रछति, जैनेंद्र, हेमचंद्र आचार्य और कई अन्य का योगदान काफी महत्त्वपूर्ण है। यह दुर्भाग्य की बात है कि हम भारतीय ज्ञान के इतने महत्त्वपूर्ण पक्ष को नजरअंदाज करते आये हैं। भारतीय परम्परा में भाषा बोलना है (लेखन नहीं); संज्ञान है (महज बातचीत का माध्यम नहीं) और एक रचनावादी तन्त्र है। वह मात्र प्रस्तुतीकरण नहीं है। भर्तृहरि के

अनुसार, भाषा यथार्थ को गढ़ती है (यानी पहले से ही मौजूद किसी यथार्थ को महज उद्‌घाटित भर नहीं करती) और ज्ञान इसी से प्राप्त होता है सिद्धान्त निर्माण और उच्चारण (अभिव्यक्ति) के रूप में यह नॉन–पार्टिटिव (सम्पूर्णतावादी) और नॉन–सिक्वेंशिअल (अक्रमिक) है (कपिल कपूर, पर्सनल कम्युनिकेशन)। भाषा की ऐसी सम्पूर्णतावादी सोच के निश्चित ही महत्त्वपूर्ण शिक्षाशास्त्रीय निहितार्थ सामने आ सकते हैं'। भाषा की जटिल संरचना को समझते हुए, अपने 'हिस्से के' यानी अपनी कक्षा की आवश्यकताओं को ध्यान में रखते हुए शिक्षाशास्त्रीय निहितार्थ निर्धारित कर सकते हैं।

अब सवाल उठता है कि अन्ततः भाषा क्या कार्य करती है? इस सवाल के जवाब में कहा जा सकता है कि भाषा हमारे विचारों के निर्माण और अभिव्यक्ति का कार्य करती है। अपनी बात कहना, दूसरे की बात सुनना, सोचना, अपने काम को संचालित करना, अनुमान लगाना, तर्क करना आदि भी भाषा के प्रकार्यों में शामिल हैं। जब हम भाषा का प्रयोग करते हैं तो उसमें अर्थ की अनेक परतें होती हैं और यह निर्भर करता है सुनने, पढ़ने वाले व्यक्ति पर कि वह अपने लिए कही/लिखी गयी बात से अर्थ की किस परत को उद्‌घाटित करता है! एक तीन–चार साल का बच्चा भी अपने विभिन्न कार्यों के लिए भाषा का उम्दा प्रयोग करता है। मिक्सी चलने की आवाज़ ने साढ़े तीन वर्ष के सौख्य का ध्यान अपनी ओर आकर्षित किया और वह अपनी बुआ की गोद में चढ़ने की ज़िद करने लगा–देखना है, देखना है! बुआ ने सौख्य को अपनी गोद में उठाया और दिखाया कि किस तरह से मिक्सी में चटनी पीसी जाती है। सौख्य मिक्सी में चटनी के पिसने को कौतुक दृष्टि से देख रहा था तभी बुआ की आवाज़ आई–देख लिया न! 'अभी देखा कहाँ!' –सौख्य के इस वाक्य से बुआ का चौंकना स्वाभाविक था! 'अभी देखा कहाँ!' वाक्य किसी भी तरह से किसी वयस्क के वाक्य से कम नहीं है।

'देखना है, देखना है!'–अपनी इच्छा प्रकट करना है, जिसमें एक विशिष्ट प्रकार की मनुहार भी है तो ज़िद भी नजर आती है।

'देख लिया न!'–यह एक प्रकार से निर्णय सुनाने की स्थिति है जिसके माध्यम से यह संकेत दिया गया है कि अब गोदी से उतर जाओ। वाक्य में प्रयुक्त 'न' इस पूरी व्यंजना को संप्रेषित करता है।

'अभी देखा कहाँ!'–यह वाक्य अभी और देखने की इच्छा को प्रकट करता है। और देखने की उत्त्कंठा भी नजर आती है कि अन्ततः

होगा क्या? 'कहाँ' शब्द में अथ–व्यंजना देखी जा सकती है जो शब्द भले ही सामान्य हो लेकिन उसका प्रयोग विशिष्ट है।

भाषा के प्रकार्यों के सन्दर्भ में यह भी एक महत्त्वपूर्ण बिन्दु है कि भाषा भूतकाल, वर्तमान और भविष्यत्‌काल की बातों को भी संकेत रूप में प्रतीक रूप में प्रदर्शित करती है, उदाहरण के लिए–'शायद आज बारिश होगी।/आप कल कहाँ चले गये थे?/मीना किताब पढ़ रही है।'। वह हमारे कार्यों के संचालन में भी सहयोग करती है, जैसे –'अगर मुझे यह सवाल करना नहीं आता तो...तो क्या? पड़ोस वाले बच्चे से देख लेंगे।' यह बात हम स्वयं अपने आप से कहते हैं और कार्य का संचालन करते हैं। छोटे बच्चे अक्सर बात करते–करते अपना कार्य करते हैं। वाइगोत्स्की इसे 'बाह्य वाक्' कहते हैं। भाषा का यह कार्य अपने कार्य के संचालन में मदद करता है। भाषा के सहारे वहाँ भी पहुँच जाते हैं, जहाँ पहुँचना सम्भव नहीं होता (झारखण्ड में तो मौसम बहुत खराब हो चुका होगा)। भाषा के सहारे हम तर्क और विश्लेषण करने की क्षमता भी अर्जित करते हैं, जैसे– आप तो महान हैं! जनाब, आप भी महान हैं! ये दोनों वाक्य भिन्न अर्थ दे रहे हैं। विश्लेषण करने वाले यह समझ सकेंगे कि इन दोनों वाक्यों में व्यंग्य है, सामान्य कथन नहीं! यह 'तो, भी, और!' के माध्यम से सम्भव हुआ।

जैसा कि पहले की चर्चा में इस बात का उल्लेख है भाषा जीवन की स्थितियों को साधने का भी कार्य करती है। सम्भवतः भाषा का यह कार्य अत्यन्त महत्त्वापूर्ण है, क्योंकि यह दैनिक जीवन में भाषा के कुशल प्रयोग को दर्शाता है। आप और हम प्रतिदिन न जाने कितने व्यक्तियों के साथ भाषायी व्यवहार में शामिल रहते हैं। फिर चाहे वह सुबह अखबार वाले से बात करना हो या दूध वाले से! फिर चाहे पड़ोसी से उनके बीमार पिताजी की कुशलक्षेम पूछना हो या बस कंडक्टर से टिकट लेना! यह भाषा–व्यवहार घर से ही प्रारम्भ हो जाता है! आइए, एक और उदाहरण से इस बात को और गहराई से समझने का प्रयास करते हैं। देर से आये अपने ही किसी साथी के लिए यह कहना 'मिल गयी फुर्सत?'–बहुत ही व्यंग्यपूर्ण वाक्य है और सामने वाले को यानी श्रोता को आहत कर जायेगा। लेकिन इसी स्थिति में यदि कहा जाये–'कहीं अटक गये थे क्या?' तो इससे सामने वाले को बुरा भी नहीं लगेगा और हम अपनी बात कह भी देंगे! भाषा का प्रभावी और (कभी–कभी चतुराई भरा) सटीक प्रयोग भाषा के माध्यम से स्थिति को

साधने में सहायता करता है। अगर आप याद करें तो आपके–हमारे जीवन में ऐसी अनेक कठिन स्थितियाँ आती हैं जब हम अपनी भाषा के माध्यम से उनको अपने अनुकूल बनाते हैं या फिर उन जटिल स्थितियों को 'बिगड़ने' से बचाते हैं। हम यह जानते हैं कि किस व्यक्ति से किस तरह से बात करनी है और किस तरह की भाषा का प्रयोग करना है।

हम भाषा को विचारों और भावों की अभिव्यक्ति का साधन मानने के इतने अभ्यस्त हैं कि उसके आगे या उसे ही व्यापक पैमाने पर देख नहीं पाते। अनुभव बताते हैं कि भाषा केवल अभिव्यक्ति का साधन ही नहीं बनती बल्कि कई बार वह हमारे भावों को छिपाने का भी कार्य करती है। मान लीजिए, आप बच्चों के साथ फिल्म देखने के लिए एकदम तैयार हैं जो कल ही रिलीज हुई है और आपको टिकटें भी बहुत मुश्किल से मिली हैं। आप जैसे ही बाहर जाने के लिए दरवाजा खोलते हैं...क्या देखते हैं कि आपके गाँव के बुआ, फूफा आये हैं! आप क्या कहेंगे? यही न कि–आइए, आइए! कैसे हैं आप? आने में कोई कष्ट तो नहीं हुआ? हम अभी आपको कल ही याद कर रहे थे...! लेकिन आप मन–ही–मन यह कह रहे थे–'लो, गई आज की फिल्म! इन्हें भी आज ही आना था? बच्चों से क्या कहूँगी? पैसे वेस्ट हो जायेंगे!' आपके मन के भीतर और बाहर की भाषा में कोई तालमेल नहीं है और न ही आपकी 'बाहरी भाषा' आपके मन के भावों की सही अभिव्यक्ति! भाषा को परिभाषित करते समय भाषा के हर पहलू पर गौर करना आवश्यक है।

भाषा बनाम अस्मिता

भाषा को परिभाषित करने वाली पूर्वोक्त दोनों दृष्टियों से भिन्न एक और दृष्टि है जो भाषा को व्यक्ति की अस्मिता, व्यक्ति की पहचान से जोड़कर देखती है। यह दृष्टि समाजशास्त्रीय दृष्टि है तो भाषा और समाज, समुदाय के परस्पर अन्तःमिश्रित सम्बन्धों को महत्त्व देती है। प्रो. रमाकांत अग्निहोत्री के अनुसार–'भाषा एक व्यक्ति की पहचान का एक अत्यधिक महत्त्वपूर्ण अंग है। किसी भी व्यक्ति–विशेष की चर्चा करते समय उसके नाम, परिवार, व्यवसाय, गाँव, धर्म आदि की बात होती है, उसके रहन–सहन व चाल–चलन व दृष्टिकोण की बात होती है, भाषा की बात दुर्भाग्यवश कम होती है। लेकिन हम पल भर को धीरज धर सोचें तो समझेंगे कि भाषा

के बिना पहचान अधूरी ही नहीं असम्भव है। भाषा की अधिक बात केवल इसलिए नहीं होती कि भाषा के बारे में हमारी सोच ऐसी है कि भाषा की परिकल्पना एवं विश्लेषण सदा सामाजिक परिप्रेक्ष्य को नकारते हुए किया गया है। पल भर के लिए अपने बारे में अपनी भाषा के बिना सोचकर देखिए। सोचिए कि बाकी क्या बचेगा?' इस अर्थ में भाषा हमारी–आपकी, बच्चों की अस्मिता, हमारी–आपकी, बच्चों की पहचान का माध्यम भी है। किसी अलग स्थान पर जाने पर हमारी अपनी भाषा यानी मातृभाषा हमारी पहचान बनती है और हम अनेक बार अपनी भाषा के माध्यम से भी जाने–पहचाने जाते हैं। उड़ीसा में रहने वाले राधेश्याम जब किसी काम से बनारस जाते हैं तो वे बहुत प्रयास के साथ हिन्दी भाषा समझ तो लेते हैं लेकिन हिन्दी भाषा में अपनी बात को प्रवाहपूर्ण रूप में अभिव्यक्त नहीं कर पाते। दिन भर हिन्दी सुनते–बोलते हुए वे एक अजीब प्रकार की 'थकान' का अनुभव करते हैं। अगर अपने परिवार से दूर किसी दूसरे स्थान पर जाने पर अपनी भाषा का परिवेश नहीं मिलता तो एक प्रकार के भाषायी बन्धन का अनुभव होना स्वाभाविक है, क्योंकि आप अपनी मातृभाषा से इतर वह अन्य भाषा तो जानते ही नहीं! कुछ दिन बाद उन्हें बाजार में कुछ 'आवाजें' सुनाई देती हैं। वे पलटकर देखते हैं तो दो–तीन व्यक्ति उड़िया भाषा में बात कर रहे थे। वे खुश हो जाते हैं और अपने आप ही उनके पास जाकर उनसे कुशलक्षेम पूछने के बाद बातचीत शुरू कर देते हैं। हालाँकि वे 'अपरिचित' थे लेकिन उड़िया भाषा ने उन्हें 'परिचित' के सूत्र से जोड़ दिया! यह भाषा ही है जो किसी के प्रति आत्मीयता या जुड़ाव का कारण भी बनती है। इस सन्दर्भ में कुछ व्यक्ति यह भी कह सकते हैं कि भाषा 'अलगाव या सामाजिक विभाजन' का भी माध्यम बनती है! हाँ, ऐसा हो सकता है! लेकिन यह इस बात पर निर्भर करता है कि हम भाषा के प्रति कितने 'संवेदनशील' हैं। अब हम स्कूल का उदाहरण लेते हैं जहाँ शिक्षक बच्चे की भाषा से परिचित नहीं हैं और बच्चे शिक्षक की भाषा से! 'छह साल का मुंडारीभाषी बच्चा भी स्कूल जाता है जहाँ शिक्षक हिन्दी भाषा में पढ़ाते हैं परन्तु उसे कुछ समझ में नहीं आता है। गुरुजी उसे अ, आ...क,ख,ग,घ...लिखा एक चार्ट पकड़ाते हैं जिसे वह पहली बार देखता है। यही नहीं, वे उसे नमस्कार न करने के लिए डाँटते हैं जिसे वह पहली बार सुनता है। वह 'जोहार' जानता है परन्तु यह नहीं जानता कि नमस्कार क्या होता है। उसे स्कूल की दुनिया बिल्कुल अलग

नजर आती है जिसका उसके घर और जंगल से कोई सम्बन्ध नहीं जुड़ पाता। उसे यहाँ की भाषा और यहाँ की बातें सब कुछ बेगानी लगती हैं। माता–पिता की डाँट और दबाव के कारण वह स्कूल तो पहुँचता है परन्तु उसे मजा नहीं आता। वह तेज गति से पेड़ पर चढ़ जाता है, चपलता के साथ पानी में डुबकी मारकर हाथ से मछली पकड़ लेता है परन्तु स्कूल में उसकी सारी तेजी गायब हो जाती है।

जब बच्चे की भाषा स्कूल और शिक्षक की भाषा नहीं होती तो शिक्षक और बच्चे के बीच संवाद का माध्यम ही 'नदारद' हो जाता है! बच्चों की 'स्वयं की भाषा' और उस भाषा से जुड़ा उसका 'स्वयं का अस्तित्व' खतरे में पड़ जाता है! किसी बच्चे की भाषा को नकारने का अर्थ है, उसकी अस्मिता को नकारना! यह 'नकार' उचित नहीं है...न तो भाषा के लिए और न ही बच्चे के व्यक्तित्व के लिए!

बच्चे और भाषा

बच्चा जब विद्यालय आता है तो अपनी समस्त भाषायी पूँजी के साथ आता है। वह अपनी भाषा में अपनी बात कहना जानता है और 'उसकी' भाषा में कही गयी बात को समझता है, प्रत्युत्तर भी देता है। लेकिन कई बार बच्चों की इस भाषायी क्षमता को, इस भाषायी पूँजी को एक सिरे से नकार दिया जाता है और उन्हें 'मानक भाषा' का संस्कार दिए जाने का प्रयास किया जाता है, वह भी प्राथमिक कक्षाओं के प्रारम्भिक वर्षों में! बच्चों ने 'अपना भाषा संस्कार' कैसे ग्रहण किया? इस सवाल के जवाब में चॉम्स्की का यह मानना है कि बच्चों में भाषा अर्जित करने की जन्मजात क्षमता होती है और वे अपने परिवेश की भाषाओं को सहज व स्वाभाविक रूप से अर्जित कर लेते हैं। जो भाषाएँ बच्चों के परिवेश में उपस्थित होती हैं वे एक तरह से भाषायी आँकड़ों का कार्य करती हैं। बच्चे भाषाओं में निहित नियमों को ग्रहण करते हैं, अपने नियमों का निर्माण करते हैं और उन नियमों के आधार पर भाषा का सृजनात्मक प्रयोग करते हैं। आइए, इस बात को एक उदाहरण के माध्यम से समझने का प्रयास करते हैं–

- **राम का भाई आया है।**
- **राम की बहन आयी है।**

हिन्दी के इन वाक्यों को सुनकर बच्चे यह भाषायी समझ विकसित

कर लेते हैं कि 'लड़का' के साथ 'आया' और 'लड़की' के साथ 'आयी' शब्द का प्रयोग किया जाता है। इन दो नियमों का प्रयोग करते हुए वह इस तरह की अनेक अभिव्यक्तियों का निर्माण कर लेता है। शुरुआती वर्षों में बच्चे इन नियमों का अतिसामान्यीकरण भी करते हैं और पिताजी, नानाजी, माताजी, नानीजी के लिए वे अकसर इस तरह के वाक्यों का प्रयोग करते हुए देखे जा सकते हैं–

- **पिताजी आया है।**
- **नानाजी आया है।**
- **माताजी आई है।**
- **नानीजी आई है।**

पहले के वाक्यों के आधार पर बच्चा पिताजी, नानाजी, माताजी, नानीजी के लिए 'क्रमशः 'आया है' और 'आई है' का प्रयोग करता है जबकि प्रयोग इस प्रकार किया जाना चाहिए था–

- **पिताजी आये हैं।**
- **नानाजी आये हैं।**
- **माताजी आई हैं।**
- **नानीजी आई हैं।**

जब बच्चा इस तरह के भाषा–प्रयोग से परिचय प्राप्त करता है तो स्वयं ही अपने 'लघु व्याकरण' में नियमों का विस्तार करता है (कई बार परिवर्तन भी) और स्वयं ही उन वाक्यों में अपेक्षित परिवर्तन करता है। आवश्यकता केवल इस बात की है कि बच्चों को समृद्ध भाषा का पर्याप्त परिवेश दिया जाये! वे अपनी जन्मजात भाषा–क्षमता का प्रयोग करते हुए स्वयं ही भाषा का सृजन कर लेंगे, ठीक वैसे ही जैसे उन्होंने पहले वाक्यों का निर्माण किया! भाषा–अर्जन के सन्दर्भ में जैसा प्रो. रमाकांत अग्निहोत्री कहते हैं–यह समझना होगा कि 'किसी भी व्यक्ति की भाषा का विकास उसके शारीरिक, बौद्धिक, मानसिक, नैतिक एवं सामाजिक विकास से बहुत पहले हो जाता है। लगभग चार वर्ष की आयु तक एक बच्चा भाषा की दृष्टि से वयस्क हो जाता है। यानी एक सम्पूर्ण नियमबद्ध व्याकरण व छोटा–मोटा शब्दकोश उसके पास रहता है। एक अनूठी सहजता से वह ध्वनि, शब्द, वाक्य व संवाद के स्तर के अनेक जटिल व अमूर्त नियम आत्मसात कर लेता है। यही नहीं, चार वर्ष का बच्चा यह भी जानता है कि किससे किस भाषा में बात करनी है और किस–किस परिस्थिति

में किस–किस प्रकार भाषा में बदलाव लाने हैं। व्यक्ति के अन्य विकास मुख्यतः चार वर्ष की आयु के बाद होते हैं और भाषा के माध्यम से होते हैं।'

वस्तुतः बच्चों की भाषा उनकी सामाजिक अन्तःक्रिया का परिणाम है और उनके शब्दों को अर्थ देने का कार्य समाज करता है। यही कारण है कि अलग–अलग समुदायों में एक ही शब्द के अनेक अर्थ होते हैं। उदाहरण के लिए एक भाषा समुदाय में केवल स्थायी घर ही 'घर' की श्रेणी में आता है और बाकी सभी को अलग–अलग भाषा–समुदाय 'डेरा, कमरा, मकान' आदि कहकर सम्बोधित करते हैं। इसका अर्थ यह हुआ कि जब बच्चे भाषा सीखते हैं तो उस भाषा का संस्कार भी सीखते हैं, उस भाषा की 'तहजीब' भी सीखते हैं!

बच्चों की भाषा के विकास में उनके भाषा–परिवेश का महत्त्वपूर्ण योगदान होता है। बच्चे भाषा के सम्पर्क में आते हैं तो वे उस/उन भाषाओं के बारे में ध्वनि–संकेत सम्बन्ध का भी निर्माण करते हुए अनेक अवधारणाओं का सृजन करते हैं। इस प्रकार अवधारणा और भाषा के बीच एक अटूट सम्बन्ध है। भाषा ही संसार को देखने, जानने, समझने का रास्ता निर्धारित करती है। उदाहरण के लिए, एक बच्चा 'चिड़िया' के लिए अलग–अलग भाषाओं में ये शब्द अथवा ध्वनि–समूह सुनता है और इनके आधार पर 'चिड़िया' की अवधारणा का निर्माण करता है–

हिन्दी – चिड़िया
मराठी – चिमणी
कोरकू – भुरी
निमाड़ी – चिड़ई
बारेली – चिल्ली
बांग्ला – पाखी
कोंकणी – चिमनी/पफवणे

अलग–अलग भाषा–समुदायों में 'चिड़िया' की आकृति और 'चिड़िया' के लिए प्रयुक्त ध्वनियों अथवा ध्वनि–समूहों के बीच रिश्ता बनता चला जाता है। कोई व्यक्ति या परिवार का कोई सदस्य 'चिड़िया' की ओर संकेत कर उसे 'भुरी' कहकर पुकारता है और लगातार ऐसा होने पर बच्चा यह ध्वनि–संकेत सम्बन्ध बना लेता है। इसका अर्थ है कि 'भुरी' की शब्द–ध्वनि उस जीव 'चिड़िया' के लिए संकेत का कार्य करती है। अब अगली बार 'भुरी' ध्वनि–समूह या शब्द–ध्वनि सुनने मात्र से उसके

मस्तिष्क में स्वतः ही 'चिड़िया' का चित्र उपस्थित हो जायेगा! यह प्रक्रिया कहलाती है –ध्वनि–संकेत सम्बन्ध! अलग–अलग भाषा–समुदायों में एक ही अवधारणा 'चिड़िया' के लिए प्रयुक्त विभिन्न ध्वनि–समूह या शब्द–ध्वनि बच्चे स्वतः ही ग्रहण कर लेते हैं।

इसका अर्थ यह है कि बच्चे के पास अपनी भाषा/मातृभाषा में 'चिड़िया' की अवधारणा है लेकिन जब बच्चा अपनी मातृभाषा से इतर भाषा, जैसे–अंग्रेजी में 'चिड़िया' के लिए इतर शब्द–ध्वनि सुनता है तो अवधारणा होने के बाद भी कोई अर्थ ग्रहण नहीं कर पाता। इसका कारण यह है कि बच्चे ने अपनी मातृभाषा कोरकू की ध्वनियों से यह अवधारणा निर्मित की है, अंग्रेजी में नहीं! ऐसी समस्त अवधारणाएँ बच्चे ने कोरकू भाषा में सहज और स्वाभाविक रूप से बनायी हैं। जब बच्चे अपनी मातृभाषा के माध्यम से विभिन्न विषय पढ़ते हैं तो उनकी समझ का स्तर अपेक्षाकृत उच्च होता है। वे कोरकू भाषा के माध्यम से गणित, विज्ञान, सामाजिक विज्ञान आदि विषय पढ़ते हैं तो अपेक्षाकृत बेहतर परिणाम प्राप्त होते हैं। लेकिन मध्य प्रदेश के दूरदराज के आदिवासी क्षेत्र में जब अंग्रेजी भाषा बच्चों के अध्ययन का माध्यम बनती है तो उनके लिए समस्या खड़ी हो जाती है। कारण यह है कि इस भाषा–समुदाय के बच्चे के परिवेश में अंग्रेजी भाषा का व्यवहार या तो नहीं है या बहुत ही न्यून है। इससे 'चिड़िया' के लिए प्रयुक्त अंग्रेजी की 'बर्ड' शब्द–ध्वनि बच्चों के लिए न तो अर्थपूर्ण है और न ही उनके मस्तिष्क में 'चिड़िया' की कोई तस्वीर ही उभार पाती है। यह ठीक वही स्थिति है जब मराठीभाषी बच्चे बांग्ला भाषा का 'पाखी' शब्द सुनते–पढ़ते हैं तो ये उनके लिए निरर्थक शब्द–ध्वनियाँ हैं जो उन्हें किसी अर्थ तक नहीं पहुँचा पातीं। ऐसे ही कुछ शब्दों की सूची को विभिन्न भाषाओं में प्रस्तुत किया जा रहा है–

हिन्दी	**मराठी**	**कोरकू**	**निमाड़ी**	**बारेली**	**बांग्ला**	**कोंकणी**
कुत्ता	कुत्ता	सिटा	कुतरो	कुत्रा	कुकुर	सुणो
बिल्ली	मांजर	मिनू	मांजरी	मांजरी	बिराल	माजर
गाय	गाय	गयी	गाय	गावडि	गोरू	गाय
नदी	नदी	गाडा	नद्दी	नंदि	नॉदी	न्हय
चप्पल	चप्पल	चप्पल	चिप्लया	चाटीया	चोटी	जोतें/व्हाण
रोटी	पोळी	सोकळा	रोटि	रूटा	रूटी	चपाती

थाली	ताट	थाला	थालय	थाटली	थाला	ताट
पेड़	झाड़	सिंज	झाड़	झाड़	गाछ	झाड़/रूख
पायल	पैंजण	चेनपट्टी	चंपक	छिमकिया	नुपूर	पैंजण
चूहा	उंदिर	पुची	उंदरो	उंदरो	इंदूर	हुंदीर
हाथी	हत्ती	हेट्टी	हथ्ही	हथि बाबा	हाथी	हती

इस तालिका को देखकर यह सहज ही अनुमान लगाया जा सकता है कि अपनी मातृभाषा से इतर भाषा (जो परिवेश उपलब्ध नहीं है) के माध्यम भाषा बनने से बच्चों के अध्ययन में अनेक प्रकार की समस्याएँ उत्पन्न हो जाती हैं! यह भी समझना आवश्यक होगा कि बच्चों के पास अवधारणा है लेकिन 'शब्द' नहीं है। यह समस्या आपकी–हमारी, किसी की भी हो सकती है।

कहाँ खो गयी 'मेरी भाषा'?

शिक्षा का अधिकार और विभिन्न शिक्षा नीतियों, दस्तावेजों ने प्राथमिक स्तर पर मातृभाषा को शिक्षा का माध्यम बनाने की अनुशंसा की है–

- शिक्षा का माध्यम जहाँ तक साध्य हो, बालक की मातृभाषा में होगा। (निःशुल्क और अनिवार्य बाल शिक्षा का अधिकार, अध्याय 5 (च))
- अस्मिता को संरक्षित रखने का अधिकार (बाल अधिकार, अनुच्छेद 8)
- बच्चे की सांस्कृतिक पहचान, भाषा के प्रति सम्मान (बाल अधिकार, अनुच्छेद 29–डी)
- (भाषिक अल्पसंख्यक) अपनी भाषा का प्रयोग करने का अधिकार (बाल अधिकार, अनुच्छेद 30)

लेकिन स्थिति यह है कि चहुँओर अंग्रेजी भाषा का वर्चस्व बढ़ता जा रहा है और अभिभावक इस बात में अधिक रुचि लेते हैं कि उनके बच्चे अंग्रेजी बोलना, पढ़ना–लिखना सीख गये हैं कि नहीं? इसका कारण यह है कि अंग्रेजी भाषा रोजगार की भाषा है और इस भाषा में दक्ष होने के लिए इसे माध्यम बना दिया जाता है। वास्तव में ऐसे शिक्षक भी हैं जो स्वयं अंग्रेजी भाषा में शिक्षण कार्य नहीं कर सकते! यहाँ मुद्दा मुख्य रूप से माध्यम भाषा के रूप में अंग्रेजी और अन्य मानक भाषाओं के वर्चस्व का है। मध्य प्रदेश की बारेली और निमाड़ी, महाराष्ट्र की कोरकू तथा अन्य भाषाएँ, जैसे–संथाली, खासी, भूटिया आदि अनेक भाषाएँ भी माध्यम भाषा

बनने की 'कतार में प्रतीक्षारत' हैं, क्योंकि अक्सर ये भाषाएँ माध्यम भाषा की 'दौड़' में बहुत जल्दी ही 'शाला' और 'कक्षाओं' से बाहर हो जाती हैं। कई बार तो भाषा और बोली का मुद्दा खड़ा करके अनेक भाषाओं (आदिवासी भाषाओं सहित) को 'भाषा' की श्रेणी से बाहर कर दिया जाता है। लेकिन जैसा कि स्पष्ट किया जा चुका है कि हर भाषा अपने में एक नियमबद्ध व्यवस्था से बँधी हुई और इस लिहाज से कोई भी 'बोली' कमतर नहीं है, वह भाषा ही है। बोली और भाषा में अन्तर नहीं किया जाना चाहिए। उदाहरण के लिए –

हिन्दी भाषा – अविक घर नहीं जायेगा।

बारेली भाषा – अविक घरे नि जासे।

निमाड़ी भाषा – अविक घर नी जायेग।

कोरकू भाषा – अविक उरांन बन सेने।

यदि आप बारेली, निमाड़ी और कोरकू भाषाओं की वाक्य–संरचना पर गौर से देखें तो आपको यह जानकारी मिलेगी कि इन तीनों आदिवासी भाषाओं में हिन्दी भाषा की तरह से एक व्यवस्था है। चारों भाषाओं में कर्ता (अविक) का स्थान सबसे पहले है, उसके बाद कर्म (घर) और उसके बाद निषेधवाचक शब्द (नहीं, नी, नि आदि) तथा क्रिया शब्द है। (जायेगा, जासे आदि)। इस तरह से 'बोली और भाषा' में कोई अन्तर नहीं है। कई बार ऐसा होता है कि भाषा शोषण की प्रक्रिया का अभिन्न हिस्सा बन जाती है या उसे शोषण के लिए एक औजार के रूप में इस्तेमाल किया जाता है। प्रो. रमाकांत अग्निहोत्री के अनुसार–'शोषण भाषा और बोली दोनों में होता है। ...यह अलग बात है कि भाषा और बोली में अन्तर किया गया। अन्तर एक व्यापक स्तर पर स्वयं एक राजनीतिक शोषण की प्रक्रिया का हिस्सा है। ...किसको भाषा कहें और किसको बोली–यह ऐतिहासिक व राजनीतिक प्रश्न है। भाषा–विज्ञान के पास इसका कोई उत्तर नहीं है। कब कोई बोली भाषा कहलाने लगी और भाषा बोली–ये राजनीतिक प्रश्न हैं, सत्ता से जुड़े हैं, सत्ता के व्यापक तन्त्र से जुड़े हैं।' 'बोली' की आड़ लेकर उन्हें माध्यम भाषा बनने से रोकने का प्रयास निन्दनीय है और बच्चों के अधिकारों का हनन है!

यह तय है कि एक विषय के रूप में भी बच्चे भाषा को बहुत सामर्थ्यवान तरीके से सीख सकते हैं। विशेष रूप से जब प्राथमिक स्तर

के बच्चों की मातृभाषा माध्यम–भाषा नहीं बन पाती तो अनेक प्रकार की कठिनाइयाँ उत्पन्न होती हैं–

- अन्य विषयों की अवधारणाओं को समझना
- पढ़ने–लिखने में पिछड़ापन
- मन में हीन भावना का पनपना और विकसित होना
- बच्चों का 'मूक' हो जाना
- बच्चों में आत्मविश्वास की कमी
- अभिभावकों और शिक्षकों के व्यवहार में अपनत्व की कमी
- चिन्तन और अभिव्यक्ति का अवरुद्ध होना
- और ....एक दिन स्कूल से बाहर होना!

दरअसल, हमारी कमज़ोर नीतियों ने बच्चों के लिए अनेक कठिनाइयों को खड़ा कर दिया है। अगर हमारी भाषा में ही अन्य विषयों का ज्ञान मिलता है तो उससे बच्चों को बहुत सुविधा होती है क्योंकि वे अपनी मातृभाषा में सोचते हैं और अपनी मातृभाषा में ही अभिव्यक्ति को सहजता के साथ प्रस्तुत करते हैं। इस लिहाज से अगर हम किसी बच्चे की भाषा 'छीनते' हैं तो उसका चिन्तन 'छीनते' हैं, उनका अधिकार 'छीनते' हैं! जो बच्चे अपनी मातृभाषा में बेहतर रूप में विषय को समझ सकते हैं उनमें 'समझ का आत्मविश्वास' भी झलकता है। यही आत्मविश्वास उन्हें उपलब्धि तक भी ले जाता है।

दरअसल जब कभी भाषा के माध्यम–रूप की चर्चा होती है तो यह माना जाता है कि अंग्रेजी का बढ़ता वर्चस्व उससे जुड़े रोजगार के कारण है। अभिभावक भी यही चाहते हैं कि उसके बच्चे फर्राटेदार तरीके से अंग्रेजी में बोलें। अभिभावकों से पूछो तो वे इसकी जिम्मेदारी समाज पर डाल देते हैं और पूछो कि समाज कौन है? उत्तर नदारद! भाषा के सन्दर्भ में सभी एक खास तरह के दबाव को झेल रहे हैं। अंग्रेजी भाषा सीखने के प्रति कोई दुराग्रह नहीं है बल्कि समस्या उस 'ओछी मानसिकता' से है जिसके कारण अंग्रेजी के सामने अन्य भाषाओं का महत्त्व तिरोहित हो जाता है। अंग्रेजी माध्यम स्कूलों ने समाज को भी विभाजित करने का कार्य किया है। समाज के भीतर ही अनेक श्रेणियाँ बन गयी हैं। प्रो. कृष्ण कुमार के शब्दों में 'हमने जिन दो श्रेणियों को स्वीकारा है, उनमें प्रत्यक्ष अन्तर माध्यम–भाषा का है, यानी शिक्षण के माध्यम के तौर पर इस्तेमाल की जाने वाली भाषा का! ...अंग्रेजी–माध्यम स्कूल अपने परिवेश की भाषा

को शिक्षक और बच्चे के संलाप की भाषा नहीं बनने देते। वे उस भाषा में निहित सामाजिक सम्बन्धों की बुनावट के प्रति बेगाने या निरपेक्ष रवैये के विकास को शिक्षा का आदर्श मानने वाली राह पर चलते हैं। यह आदर्श शिक्षित मनुष्य की छवि के रूप में उस अधिकारी या नौकरशाह की छवि से जुड़ा है जो अपने सामाजिक परिवेश की आवाजों से निस्संग रहकर ही औपनिवेशिक परम्परानुसार शासन चलाता है और समाज में कानून और व्यवस्था बनाये रखता है। स्कूलों की दूसरी श्रेणी को हमने माध्यम की दृष्टि से एक अलग श्रेणी की संज्ञा दी है पर शिक्षित मनुष्य की पि. रकल्पना के स्तर पर 'हिन्दी माध्यम 'सरकारी स्कूल अंग्रेजी–माध्यम स्कूल का ही सस्ता संस्करण है। ...अंग्रेजी–माध्यम और हिन्दी–माध्यम स्कूलों में पढ़ने वाले छात्र बचपन से ही दो अलग संसारों में जीते हैं। माध्यम–भाषा के आधार पर बँटे हुए उनके स्कूली संसार कालान्तर में वर्गीय चेतना के शिविरों में रूपान्तरित हो जाते हैं।' जो स्थिति हिन्दी और अंग्रेजी भाषा के सन्दर्भ में नजर आती है वही स्थिति हिन्दी और अन्य भारतीय भाषाओं के सन्दर्भ में नजर आती है। माध्यम–भाषा का यह अन्तर मराठी और कोरकू भाषा, हिन्दी और निमाड़ी भाषा आदि के सन्दर्भ में और भी जटिल हो जाता है, क्योंकि कोरकू और निमाड़ी एक समुदाय विशेष तक ही सीमित नजर आती है या 'सीमित होने को बाध्य' हैं। अन्ततः कहा जा सकता है कि 'सामाजिक समावेशन' और 'सामाजिक निष्कासन' का एक मूल कारण भाषा भी है। माध्यम–भाषा का सवाल अनेक तरह के 'संकटों' की ओर भी संकेत करता है–

- **भाषा के लुप्त होने का संकट**–जो भाषाएँ व्यवहार में नहीं आतीं वे लुप्त हो जाती हैं। भाषाओं का जितना प्रयोग किया जाता है उनमें उतना ही पैनापन आता है। अपनी भाषाओं को माध्यम–भाषा न बनाया गया तो उनका प्रयोग विद्यालयों, महाविद्यालयों से धीरे–धीरे समाप्त हो जायेगा।
- **संस्कृति के लुप्त होने का संकट**–भाषा किसी भी संस्कृति का एक अभिन्न अंग होती है। हमारे बहुत सारे शब्द अनेक प्रकार की परम्पराओं को समेटे हुए हैं, जैसे–पाहुन, आंच, कलेवा, हाट आदि। अगर भाषा समाप्त होती है तो संस्कृति भी समाप्त ही समझिए!
- **स्थानीय ज्ञान के लुप्त होने का संकट**–हर संस्कृति में कुछ खास तरह का ज्ञान शामिल होता है। अन्तर इतना है कि यह ज्ञान हमारी

अपनी स्थानीय भाषाओं में लिपिबद्ध है। अगर भाषाओं के प्रयोग करने वाली पीढ़ी ही समाप्त हो जायेगी तो संस्कृति के साथ ज्ञान की परम्परा को भी समाप्त मानिए!

- **समाज और राष्ट्र की अस्मिता पर संकट**—संस्कृति किसी भी समाज और राष्ट्र की अस्मिता का प्रश्न होता है और यदि भाषा समाप्त होती है उसके साथ ही संस्कृति, ज्ञान, परम्पराएँ—सब कुछ समाप्त हो जायेगा। हमारी अपनी भाषा ही नहीं रहेगी तो हमारी अपनी पहचान भी नहीं रहेगी! कब तक 'उधार की ज़िंदगी' जियेंगे?

वस्तुतः माध्यम—भाषा के प्रश्न और चिन्ताओं की जड़ें बहुत दूर तक फैली हुई हैं। भारत जैसे बहुभाषिक देश में भाषाओं का मुद्दा जितना पेचीदा है उतना संवेदनशील भी! एक से अधिक भाषाओं के व्यवहार को स्वीकार करना और उसे वैधता प्रदान करना अनिवार्य है। अन्यथा भाषाओं की 'मृत्यु' निश्चित ही है। 'अंडमान में एक 85 वर्षीय महिला बोआ सीनियर के निधन के साथ ही प्राचीन भाषा 'बो' को आगे ले जाने वाली कड़ी हमेशा के लिए टूट गयी। इसे भाषा विज्ञान के क्षेत्र में एक अपूरणीय क्षति बताया जा रहा है क्योंकि वह दुनिया की प्राचीनतम भाषाओं में से एक को बोलने वाली अन्तिम व्यक्ति थीं। उल्लेखनीय है कि अंडमान की प्राचीन भाषाओं का स्रोत अफ्रीका को माना जाता है। कई अंडमानी भाषाएँ तो 70 हजार साल तक पुरानी मानी जाती हैं। अग्रणी भाषाविद् प्रो. अन्विता अब्बी का कहना है कि माता—पिता की मौत के बाद पिछले 30—40 वर्षों से बोआ बो भाषा में बोलने वाली अन्तिम व्यक्ति थीं। बोआ अक्सर खुद को बहुत अकेला महसूस करती थीं। अन्य लोगों से बातचीत के लिए उन्हें अंडमानी हिन्दी सीखनी पड़ी थी। चूँकि अंडमानी भाषाओं को पाषाण युग से चली आ रही भाषाओं का अन्तिम अवशेष माना जाता है, इसलिए कहा जा सकता है कि बोआ सीनियर के निधन से भाषाओं की गुत्थी का एक सिरा हमेशा के लिए खो गया।'

चिन्ता का एक अन्य विषय यह भी है कि हम 'अंग्रेजी की दौड़' में अपनी भाषाओं को भूल गये, कहीं ऐसा न हो कि 'हम ही न रहें'! माध्यम—भाषा का प्रश्न बच्चे की स्वयं की अस्मिता का भी प्रश्न है और अगर बच्चों की अस्मिता किसी भी रूप में खण्डित होती है तो राष्ट्र की अस्मिता को अखण्डित रख पाना कठिन हो जायेगा! 'खण्ड से अखण्ड' का निर्माण कहाँ सम्भव हो पाता है? भाषा से जुड़े सभी सवालों को

गम्भीरता से लिया जाना चाहिए! यह ज़रूरी है कि बच्चे अपनी भाषा में कह–सुन सकें और स्वयं को उस भाषाभाषी समुदाय का हिस्सा मानने पर गौरवान्वित महसूस करें। बच्चों की भाषाओ को उनके स्कूल, कक्षा और समुदाय में समुचित स्थान मिलना ही चाहिए, कहीं ऐसा न हो कि 'हमारी' भाषाएँ 'खामोश' हो जायें और भाषाओं के खामोश होने के साथ 'हम और हमारी संस्कृति' भी! 'वर्तमान' को अतीत बनने में समय नहीं लगता! कहीं ऐसा न हो कि हम 'इतिहास' बन जायें, क्योंकि इतिहास अतीत ही तो है! भाषायी चेतना को जगाना वर्तमान की आवश्यकता है और भविष्य की नियति!

भाषाशिक्षण और भाषाकौशल : अन्तर्वस्तु का एक अपरिहार्य पक्ष

गीता वर्मा

ज्ञान का संसार प्रमुख रूप से भाषाबद्ध होता है। यदि भाषिक कौशल की नींव कमजोर होगी तो निश्चित ही भाषा के जितने भी प्रकार्यात्मक तत्त्व अथवा ज्ञान के क्षेत्र हैं उनके अधिगम की समस्या और चुनौतियाँ सिर उठाती रहेंगी। कोई भी पाठ, चाहे उसका सम्बन्ध हमारी संवेदना से जुड़ा हो (जैसे सृजनात्मक साहित्य : कविता, गद्य, नाटक आदि) अथवा हमारी बौद्धिकता से जुड़ा हो (जैसे ज्ञान–विज्ञान, मानविकी, सामाजिक विज्ञान आदि) हम इनकी दक्षता को तब तक नहीं प्राप्त कर सकते जब तक हमारी भाषा की समझ उन स्तरों तक नहीं पहुँचती जिन स्तरों पर विभिन्न शैक्षिक स्तर के (माध्यमिक, उच्च माध्यमिक, प्राथमिक आदि) पाठ तैयार किये जाते हैं। अतः एक ओर तो हमें भाषायी कौशलों के विकास के माध्यम से पाठ की समझ को विस्तीर्ण करने के मार्ग खोजने होंगे और दूसरी ओर विषयगत पाठों को पढ़ाते हुए कुछ ऐसी नवोन्मेषी पद्धतियों को अपनाने की भी जरूरत होगी जैसा गुरुदेव रवीन्द्रनाथ टैगोर शान्तिनिकेतन में किया करते थे। वे विद्यार्थियों के साथ नाटक पढ़ते थे, सब मिलकर अंग्रेजी नाटकों का बांग्ला भाषा में अनुवाद करते थे, नाटक के मंथन के लिए उसका नाटकीय पाठ तैयार करते थे और फिर वह नाटक मंच पर प्रस्तुत किया जाता था। हमारी शिक्षा प्रणाली की यह विडम्बना है कि हम पाठ को केवल सामान्य बोध के स्तर पर ही पढ़ने–पढ़ाने की प्रणाली से अब भी बँधे हुए हैं। यही कारण है कि मूल्यांकन प्रणाली में भी अधिकतम प्रश्नोत्तर पद्धति ही प्राथमिक महत्त्व पाती है। मार्क्स ने कहा था कि "शिक्षा की नीति में भाषा के प्रकार्यात्मक, तथ्यात्मक और तत्त्व

मीमांसापरक तत्त्वों की उपेक्षा नहीं की जा सकती और न ही हमारा लक्ष्य केवल सांस्कृतिक लाभों को प्राप्त करना होना चाहिए। मनुष्य केवल पढ़ता नहीं बल्कि पढ़कर सृजित भी करता है, उसमें अपना भी रचता है और यही रचनात्मकता उसे कौशलयुक्त और दक्ष बनाती है। इस दक्षता और कौशल को प्राप्त करने में भाषिक गुणवत्ता और सृजनात्मकता पर हमारे शिक्षा नीति नियन्ताओं को अब गम्भीरता से विचार करना होगा।" मार्क्स के ये विचार कई बातें कहते हैं जिनमें दक्षता, कुशलता और समझ तीनों की प्राप्ति के लिए भाषायी कौशल और भाषायी दक्षता (Linguistic Skill and Linguistic Competence) को अतिरिक्त महत्त्व देने की अनिवार्यता पर बल दिया गया है।

मेरा सुदीर्घ अनुभव स्कूली स्तर पर भाषा और विषय शिक्षण से रहा है, विशेष रूप से माध्यमिक और उच्च माध्यमिक कक्षाओं के लिए मेरे विचार में यदि कुशलता में भाषा दक्षता की भूमिका को समझना हो तो हमें यह मान कर चलना पड़ेगा कि स्कूल की पाठ्यचर्या में भाषाएँ पढ़ाना मात्र उद्देश्य नहीं होना चाहिए। हमें यह भी देखना चाहिए कि भाषाएँ पढ़ाने के विशेष उद्देश्य क्या हैं और इनके माध्यम से हम यह प्रयास कैसे कर सकते हैं कि विद्यार्थी "बोध" के अतिरिक्त भी अन्य दक्षताएँ प्राप्त करने में भी समर्थ बन सके। हम सभी यह जानते हैं कि भाषा–शिक्षण का एक उद्देश्य समझ का पढ़ना और लिखना सिखाना तथा विद्यार्थियों में अपने आप सीखने की क्षमता पैदा करना है। प्रश्न यह है कि क्या सामान्यतः एक शिक्षक के रूप में हम ऐसा करते हैं? निश्चित ही भारतीय सन्दर्भ में इसका उत्तर नकारात्मक ही होगा क्योंकि हम न तो बच्चे को भाषा की महत्त्वपूर्ण भूमिका का अहसास कराते हैं, न ही उसके भीतर मौजूद जानकारियों का संवर्धन अथवा संशोधन करने का कोई यत्न करते हैं और न ही हम उसे प्रेरित करते हैं कि वह प्रवाह, प्रभाव और दक्षता के साथ किसी ज्ञानात्मक अथवा साहित्यिक विषय पर गम्भीरता के साथ बोल या लिख सके।

दूसरी महत्त्वपूर्ण बात यह है कि शिक्षण पद्धतियाँ और शिक्षण–सामग्री भिन्न प्रकार की हो सकती हैं, फिर भी इन्हें पढ़ाने की उपयुक्त तकनीकें हम विकसित नहीं कर सके हैं। हमारी शिक्षा की दुनिया में कक्षाओं को रोचक और चुनौतीपूर्ण बनाने का प्रयास शायद ही कोई शिक्षक करता हो। भाषा की कक्षाओं में (जैसा कि मेरा अनुभव है) व्यवहारवाद और उपदेशात्मकता छायी हुई है इसलिए जो बच्चे अपनी मातृभाषाएँ बोलना

जानते हैं उनमें भी उनकी अन्य कौशलगत कोई दक्षता हम पैदा नहीं कर पाते। द्वितीय भाषाओं का भी यही हाल है। छह से दस वर्षों की पढ़ाई के बाद भी बच्चे इन भाषाओं में बुनियादी निपुणता नहीं हासिल कर पाते। विडंबना यह भी है कि शास्त्रीय भाषाओं (संस्कृत) और विदेशी भाषाओं का शिक्षण कुछ चुने हुए पाठों और ज्ञान, क्रिया आदि की अभिरचनाओं (Patterns) को याद करने तक ही सीमित रह जाता है। ऐसी स्थिति में यह आवश्यक है कि हम शिक्षण के विशिष्ट सन्दर्भों को समझें, प्रासंगिक उद्देश्यों को पहचानें और उसके अनुरूप उचित प्राविधियों, सामग्री तथा शिक्षण–प्रशिक्षण के कार्यक्रम के मॉड्यूल विकसित करें।

उल्लेखनीय है कि एक लम्बे समय से हम भाषा–शिक्षण के उद्देश्यों की बात सुनने, बोलने, लिखने और पढ़ने के कौशलों के सन्दर्भ में करते हैं, इस प्रकार केवल पृथक कौशलों पर ही बल देने के काफी बुरे परिणाम हुए हैं। अतः भाषायी निपुणता पर सम्यक् और समग्र परिप्रेक्ष्य में देखना चाहिए। हम आप सब जानते हैं कि बोलने के साथ–साथ हम सुनते भी हैं और जब हम लिखते हैं तो कई अर्थों में हम पढ़ते भी हैं। इसके अतिरिक्त ऐसी कई स्थितियाँ भी होती हैं जब हम इन चार कौशलों और अन्य अनेक संज्ञानात्मक (Cognitive) क्षमताओं का एक साथ प्रयोग करते हैं।

कमिन्स और स्वेन जैसे शिक्षाविदों ने सम्प्रेषण के कौशलों और उन्नत संज्ञानात्मक भाषायी निपुणता के बीच कुछ आधारभूत अन्तरों की बात की है। हमें इन पर ध्यान देना चाहिए। उनका कहना है कि भाषायी क्षमता का सम्बन्ध उन बुनियादी कौशलों से है जिनकी आवश्यकता ऊँचे स्तर के संज्ञान (बौद्धिकता) के लिए नहीं पड़ती। उदाहरण के लिए भाषा–अर्जन की प्रक्रिया कौशलों पर आधारित कर दी गयी है जबकि संज्ञानात्मक निपुणता ऊँचे संज्ञान स्तर की माँग करती है जो भाषा–दक्षता का ही उच्च स्तर है और जिसे शिक्षक के मार्गदर्शन में प्राप्त कराया जा सकता है। मैं एक उदाहरण देना चाहूँगी कि जब उच्चतर या उच्चतर माध्यमिक स्तर के विद्यार्थी को किसी विषय पर निबन्ध लिखने को कहा जाये जिससे वह परिचित नहीं है अथवा किसी अखबार के संपादकीय की समीक्षा करने की दृष्टि से पढ़ने को कहा जाये तो उसे केवल भाषायी कौशलों की नहीं बल्कि संज्ञानात्मक निपुणता से जुड़ी क्षमताओं की सहायता भी लेनी पड़ेगी। हमारा प्रयास यह होना चाहिए कि स्कूली शिक्षा पूरी होने तक

विद्यार्थी कम–से–कम अपनी मातृभाषा और सीखी जाने वाली भाषा/भाषाओं में यह संज्ञानात्मक निपुणता हासिल कर लें।

अतः हमें भाषा–शिक्षण के उद्‌देश्यों को नये क्रम और नयी दृष्टि से देखना होगा। इस दृष्टि से प्रमुख विचारणीय मुद्‌दे इस प्रकार हैं–

1. सुने हुए को समझने की क्षमता–बात को समझने के लिए केवल शब्द या वाक्य ही नहीं, गैर–भाषायी संकेत भी महत्त्वपूर्ण होते हैं। इनकी ओर हम तनिक भी ध्यान नहीं देते। मुखमुद्रा, हस्त संचालन, शारीरिक भाषा ऐसे अभाषिक (नॉन लिंग्विस्टिक) घटक हैं जो बातचीत के दौरान वक्ता और श्रोता की प्रतिक्रिया को और भी अर्थवान बनाते हैं। बातचीत के बीच में आयात हुआ मौन, अन्तराल या चुप्पी भी इस दृष्टि से महत्त्वपूर्ण है।

2. अक्षरों को जोड़ कर पढ़ने के बजाय समझ कर पढ़ने की क्षमता–भाषा सीखने के क्रम में बच्चे आगे–पीछे के सन्दर्भ में पढ़कर अर्थ ग्रहण कर सकें। विद्यार्थी में पाठ को समीक्षात्मक दृष्टि से पढ़ने और पढ़ाने की प्रक्रिया में सवाल उठाने की क्षमता अनिवार्य है। वर्तमान शिक्षण में इस ओर तनिक भी ध्यान नहीं दिया जाता।

3. सहज अभिव्यक्ति–बोलना हो अथवा लिखना, इनमें मात्र सामान्य दक्षता पैदा कर देना ही पर्याप्त नहीं है। सहज अभिव्यक्ति के लिए भाषा–शैलियों से विद्यार्थी को परिचित कराना और उन्हें यह बताना कि आवश्यकता के अनुसार कब, कहाँ और कैसे उपयुक्त शैली का चयन कर सकते हैं। ऐसा करने से विद्यार्थी तार्किक, विश्लेषणात्मक और सर्जनात्मक ढंग से अपनी बात कर सकेगा। इन सारे क्रिया–कलापों में स्वाभाविक तौर पर सभी चार कौशलों का इस्तेमाल एक साथ होगा।

4. सुसंगत लेखन–शिक्षा जगत में लिखने को हम अभी भी एक यांत्रिक कौशल मानते चले आ रहे हैं। इसमें कोई सन्देह नहीं है कि लिखने के लिए व्याकरण, शब्द भण्डार, विराम चिन्ह के प्रयोग पर अधि. कार होना चाहिए। लेकिन इसके साथ ही विद्यार्थी अपने विचारों को सुसंगत और सरल ढंग से अभिव्यक्त कर सके यह भी 'कुशलता' के लिए अत्यन्त आवश्यक है। वह स्वयं विषय चुने, विचारों को व्यवस्थित करे और सम्भावित पाठक को ध्यान में रखकर पाठक के बोध के साथ लिखे। यह एक व्यवस्थित प्रक्रिया है। तभी विद्यार्थी औपचारिक और अनौपचारिक स्थितियों में भिन्न उद्‌देश्यों और माँगों के अनुरूप लिख

सकेगा। इस तरह के लेखन से विद्यार्थी का आत्मविश्वास कई गुना बढ़ जाता है, इसमें कोई सन्देह नहीं।

5. सृजनात्मकता और कल्पनाशीलता–इसके लिए कई सामान्य–सी बातें भी महत्त्वपूर्ण हैं। पहली यह कि इस स्थिति को विकसित करने के लिए कक्षा में सकारात्मक माहौल अति आवश्यक है। अर्थात् शिक्षक और विद्यार्थी के बीच एक सन्तुलित सम्बन्ध हो ताकि विद्यार्थी बेझिझक होकर पाठ पढ़ाए जाने की प्रक्रिया में अपनी सोच–समझ तथा कल्पनाशीलता और सृजनशीलता का इस्तेमाल कर सके। यही बात आगे चलकर उसकी तार्किक बुद्धि को भी प्रखर बनाती है।

अब एक महत्त्वपूर्ण बात यह है कि पिछले कुछ वर्षों में भाषा–अर्जन (Language Acquisition) पर हुए शोधों के प्रभाव से 'विद्यार्थी' अधिगम की प्रक्रिया के केन्द्र में आ गया है। अब यह माना जाने लगा है कि यदि विद्यार्थी को समृद्ध और पर्याप्त भाषायी अनुभव तथा तनावमुक्त माहौल मिलता है तो वह सहज रूप से अन्य विषयों में भी 'कुशलता' के स्तर तक पहुँच सकता है। जैसा कि क्रॉशन ने कहा है कि उपलब्ध भाषा को विद्यार्थी तभी आत्मसात कर सकता है जब आसपास के लोगों/अध्यापक का रवैया सकारात्मक हो और उसके खुद के अन्दर प्रस्तुत प्रतिभा का आकलन हो। क्रॉशन के इस अध्ययन में यह प्रमाण भी दिया गया है कि जब बच्चे को पढ़ने, सोचने, प्रतिक्रिया करने और अपना कुछ जोड़ने की आजादी दी जाती है तब वह अपनी कमियों में भी सुधार करने की कोशिश करता है। इसीलिए जबसे संज्ञानात्मक प्रगति के महत्त्व को समझा जाने लगा है तब से विद्यार्थी की त्रुटियों को एक विकृति के रूप में नहीं बल्कि सीखने–सिखाने की प्रक्रिया के सहज और अनिवार्य चरण के रूप में देखा जा रहा है। हमारी शिक्षा प्रणाली में अभी तक त्रुटियों के प्रति सहजता का भाव नहीं उभर पाया है। इस सन्दर्भ में हमें निजी स्कूलों में मातृभाषाओं के प्रति उत्पन्न हेय दृष्टि की निन्दा करनी चाहिए जो विद्यार्थियों को अपनी मातृभाषा में अभिव्यक्ति के लिए प्रताड़ित, दण्डित और शर्मिन्दा करते हैं। ऐसे में एक प्रकार से वे संज्ञानात्मक संसाधन के एक महत्त्वपूर्ण पहलू को या अंग को काटकर अलग कर देने का कार्य कर रहे हैं।

अन्तिम बात व्याकरण शिक्षण से जुड़ी है। विद्यार्थी को व्याकरण के प्रति सचेत बनाना अत्यन्त आवश्यक है। व्याकरण शिक्षण की धारा (चाहे वह प्रथम भाषा हो, द्वितीय भाषा हो या तृतीय भाषा) टूटती–सी जा रही

है। बच्चे अपनी भाषा जानते हैं पर उसके व्याकरण के प्रति उदासीन हैं। ऐसा होने से निश्चित ही सभी कौशलों में (पढ़ना छोड़ भी दें) उसका विकास नहीं हो पाता। इसके लिए आवश्यक है कि विद्यार्थियों को व्याकरण के विभिन्न पक्षों की पहचान (1) विविध पाठों के सन्दर्भ में और (2) उनके परिवेश से जोड़कर करायी जाये। आधुनिक भाषाविद् यह मानते हैं कि व्याकरण की अवधारणाओं की अमूर्त परिभाषाएँ याद कराने से अच्छा है कि विद्यार्थी को व्याकरण को वास्तविक सन्दर्भ में समझाया जाये। इस उद्देश्य की प्राप्ति के लिए पाठ्य–पुस्तकों के अभ्यास–प्रश्न, कक्षा की व्यावहारिक गतिविधियों और शिक्षण युक्तियों में व्यावहारिक व्याकरण के बिन्दुओं को यथासमय रेखांकित किया जा सकता है। इसके लिए दो चरण अपनाये जा सकते हैं–पहला चरण पहचान का है और दूसरा प्रयोग का।

जिस कुशलता और ज्ञान की चुनौती हम प्राप्त करना चाहते हैं उसमें भाषा के प्रति सम्यक् और समग्र दृष्टि अपनाना बहुत जरूरी है। साथ ही भाषायी कौशलों के साथ–साथ संज्ञानात्मक दक्षता का विकास करना या उसे साधते हुए चलना एक आजमाया हुआ मार्ग है। तीसरा यह कि विद्यार्थी की अपनी समझ, जिज्ञासा को उसकी प्रकृति और परिवेश के सन्दर्भ में उभारते हुए उसे आत्मनिर्भर बनाने की ओर अग्रसर करना होगा। भाषा के माध्यम से क्रमशः विद्यार्थी को कल्पनाशील, सृजनशील, तार्किक और संवेदनशील बनाते चलना उसकी हर प्रकार की कुशलता में अपार सहायक होगा।

ज्ञानार्जन के सन्दर्भ और हिन्दी शिक्षण

निरंजन सहाय

हिन्दी भाषा शिक्षण के अनेक पहलू हैं। भाषिक कौशल यानी सुनना, बोलना, पढ़ना और लिखना ऐसी उपलब्धियाँ हैं, जिनसे किसी व्यक्ति का पूरा जीवन प्रभावित होता है। उसी तरह हिन्दी साहित्य की विविध विधाओं का अध्ययन भी एक शिक्षार्थी के जीवन को विभिन्न तरीकों से समृद्ध करता है। बदलते दौर की चुनौतियों का सामना करने के लिए हिन्दी शिक्षण में कई नये पहलू शामिल हुए हैं। सूचना विस्फोट के दौर में बदलती हिन्दी, भाषा–शिक्षण के तकनीकी पहलू, राष्ट्रीय परीक्षण सेवा के सरोकार, सूचना एवं तकनीक के इस्तेमाल से बदलते साहित्य संसार के अनेक नये पहलू हैं, जिनसे हिन्दी शिक्षण संसार समृद्ध हुआ है।

हिन्दी शिक्षण की परिधि के परम्परागत परिदृश्य में कुछ नये पहलू शामिल हुए हैं, जिन्हें समझे बिना इस मुद्दे पर मुकम्मल बातचीत सम्भव नहीं। जैसे–

- हिन्दी साहित्य की विभिन्न विधाओं के अध्ययन–अध्यापन से हिन्दी की प्रयोजनमूलकता की परिधि का विस्तार होता है।
- मौजूदा दौर में विद्यार्थी की योग्यता और उनकी उम्मीदें बीते दौर से अलग हैं। साहित्य का सम्बन्ध अन्य समानधर्मा अभिव्यक्ति माध्यमों से बना है। सिनेमा, टेलीविजन, थियेटर, इंटरनेट आदि अनेक माध्यमों से साहित्य के दोस्ताना रिश्ते का विस्तार हुआ है। ऐसे में साहित्य शिक्षण के नये रूप उभरे हैं।
- एक महत्त्वपूर्ण पूरक के रूप में शिक्षण की परम्परागत पद्धति के साथ सूचना तकनीक का उपयोग शिक्षण में रूपान्तरण ला सकता है।

- सूचना के युग में हिन्दी के नये क्षेत्रों का जन्म हुआ है, जिनकी अनदेखी सम्भव नहीं।
- राष्ट्रीय परीक्षण सेवा का गठन कर शैक्षणिक परीक्षण एवं मूल्यांकन के क्षेत्र में अनेक पद्धतियों, सन्दर्भ सामग्रियों और मानव संसाधनों का विकास किया जा रहा है।

साहित्य-शिक्षण की प्रयोजनमूलकता

इस विषय पर बातचीत आगे बढ़ाने से पहले हम प्रयोजनमूलकता शब्द पर विचार कर लें। प्रयोजन का तात्पर्य है–कारण या उद्देश्य। पुराने जमाने की अपेक्षा आज के समय की परिस्थितियाँ जितनी जटिल हैं, उतनी ही विविधतामूलक भी। ऐसे में अध्यापन के तौर–तरीकों में भी अनेक तरह के बदलावों की अपेक्षा है। उसी तरह उन आधारभूत बातों की समझ भी जरूरी है, जो विभिन्न विधाओं के अध्यापन के दरमियान बरती जानी चाहिए। कविता अध्ययन–अध्यापन के लिए यह जरूरी है कि बिम्बों की समझ अध्यापन कौशल का हिस्सा हो। बिम्ब का अर्थ है–शब्द निर्मित चित्र। बिम्ब बार–बार प्रयोग के बाद प्रतीक में रूपान्तरित हो जाते हैं। विभिन्न संचार माध्यमों के इस दौर में बिम्बों की व्याख्या के सहज उदाहरण मौजूद हैं। हर कवि के अपने प्रिय प्रतीक होते हैं, जैसे–तुलसी के लिए चातक, कबीर के लिए साधु या हंस, महादेवी वर्मा के लिए आँसू, मुक्तिबोध के लिए अँधेरा आदि। कविता की वंशगत विशिष्टता लय को भी अध्यापन कौशल का हिस्सा बनाना जरूरी है। आजकल छन्दमुक्त कविताओं का दौर है। प्रायः पुरानी कविताओं की तुलना में इनके कमतर होने का जिक्र किया जाता है। जबकि ऐसा है नहीं। ये कविताएँ गेयता से भले दूर हैं, पर अपनी समानधर्मा अभिव्यक्तियों के करीब हैं। जैसे–नाटक के संवाद से आज की कविता का अपनापन बढ़ा है। इसे और बेहतर ढंग से समझें।

'ऐसे कविता रसिक अध्यापकों की भी कमी नहीं, जो यह कहते नहीं अघाते कि दम तो पुरानी कविता (यानी छंद, अलंकार और तुकांत पदावली की कविता) में ही था, नयी यानी आधुनिक काल की छन्दमुक्त कविता में वह बात नहीं कि वह काव्यरसिकों को प्रभावित कर सके। लेकिन ऐसी बात कहने वाले यह नजरअंदाज कर जाते हैं कि कविता ज्ञान या कला के अन्य अनुशासनों की तरह अपने समय के विवेक, आकांक्षा

और तनावों को प्रकट करती है। हाँ, उसकी आधारभूत विशेषता कला मानदण्डों का निर्वाह होता है। सच तो यह है कि प्राचीन या मध्यकालीन कविता और आधुनिक कविता के पाठ की अलग–अलग कसौटियाँ हैं। उन कसौटियों और मानकों को समझे बिना न तो कविता का पाठ सम्भव है न ही अध्यापन।' (2013–14, सहाय निरंजन, सूचना युग में हिन्दी शिक्षण एवं परीक्षण समस्याएँ एवं परिप्रेक्ष्य, राष्ट्रीय परीक्षण सेवा, मैसूर)। जाहिर है कविता की प्रयोजनमूलकता के लिए इस आधारभूत तत्त्व की समझ जरूरी है।

अब साहित्य की अन्य विधाओं पर एक नजर डालें। आधुनिक युग की बौद्धिकता ने काल की मुख्यचेतना के रूप में इतिवृत्तात्मकता और गद्यात्मकता को प्रतिष्ठित किया। अनेक नयी गद्य विधाओं का जन्म हुआ –आत्मकथा, जीवनी, संस्मरण, यात्रा विवरण, रेखाचित्र इत्यादि। दरअसल स्वाधीनता आन्दोलन के उस दौर में अनेक नये सामाजिक–सांस्कृतिक उभारों ने अस्मिताओं की तलाश और स्वीकृति को भविष्य का लक्ष्य बनाया। अनेक गद्य विधाओं का आना इस युगीन सच्चाई का साक्ष्य है कि अभिव्यक्ति की दुनिया अनन्तरूपा होती है। बहुरूपा अभिव्यक्ति कौशलों का बनना और विकसना मानवीय समाज के अधिकाधिक जनतांत्रिक लक्ष्य की ओर बढ़ना भी है।

यह प्रश्न उठना स्वाभाविक है कि वे कौन से तत्त्व हैं जो किसी रचना को साहित्यिक गुणों से सम्पन्न कर देते हैं? या अभिव्यक्ति के विविध रूपों को साहित्य संसार ने किन रूपों में पहचाना है? एक बात यह भी है कि यदि भाषा–शिक्षण के नजरिए से साहित्य की दुनिया में हम जाते हैं, तो हमें क्या हासिल होता है? अन्य शब्दों में अभिव्यक्ति कौशलों में कौन से नये आयाम जुड़ते हैं? दरअसल गद्य विधाओं के शिक्षण की बात तब तक अधूरी रहेगी जब तक हम यह समझ नहीं बना पायें कि गद्य विधाओं के अध्यापन से हम क्या हासिल करते हैं। आप यह भली–भाँति जान चुके हैं कि साहित्य के दो रूप मुख्यतः प्रचलन में हैं–गद्य और पद्य। गद्य में भाषा का जीवन्त, निखरा हुआ और मानक रूप प्रकट होता है। भाषा के शुद्ध और परिनिष्ठित रूप को सीखने के लिए गद्य साहित्य के पाठों से विद्यार्थियों को परिचित कराना जरूरी है। गद्य पठन में भाषिक तत्त्वों का ज्ञान प्राप्त करने–कराने का विशेष अवसर मिलता है। भाषिक तत्त्वों में भाषा के घटकों–ध्वनि, रूप, पदबंध, वाक्य आदि का समावेश होता है। इनके

अतिरिक्त शब्द भंडार, वाक्य संरचना, अनुच्छेद रचना, मुहावरों–लोकोक्तियों का शिक्षण भी गद्य शिक्षण का अभिन्न अंग है। गद्य पाठ विद्यार्थियों को सुनने, बोलने, पढ़ने तथा लिखने के अनेक अवसर प्रदान करते हैं। गद्य साहित्य के अन्तर्गत कहानी, निबन्ध, उपन्यास, जीवनी, आत्मकथा, संस्मरण, रेखाचित्र, यात्रा वृत्तान्त आदि विधाएँ आती हैं। प्रत्येक विधा की अपनी–अपनी शैली होती है। गद्य शिक्षण अधिगम द्वारा विद्यार्थियों को गद्य की अनेक विधाओं और शैलियों की जानकारी प्राप्त हो सकती है। यहाँ पर कुछ प्रमुख गद्य विधाओं के अध्यापन के दौरान बरती जाने वाली सावधानियों पर एक नजर डालना मुनासिब होगा।

कहानी शिक्षण के अनेक सन्दर्भ होते हैं। इसके माध्यम से भाषा शिक्षण तो होता ही है, अन्य विषयों के शिक्षण में भी कुशल शिक्षक कहानी माध्यम का सफलतापूर्वक उपयोग करते हैं। मशहूर शिक्षाशास्त्री गिजुभाई ने विद्यालयी शिक्षण में कहानी की उपयोगिता पर एक बेहद महत्त्वपूर्ण पुस्तक की रचना की थी–'कथा कहानी का शास्त्र'। उनके अनुसार कहानियों का बच्चों पर जबरदस्त प्रभाव पड़ता है। कथा पात्रों और घटनाक्रम से परिचित होते हुए एक एकात्म भाव विकसित होता है। इस एकात्म भाव में माता–पिता और बालक, शिक्षक और विद्यार्थी एक–दूसरे से प्रगाढ़ परिचय में आते हैं, उनके बीच उम्र और ज्ञान का अन्तर मिट जाता है और वे एक–दूसरे के बन जाते हैं। इससे उनके बीच विश्वास, प्रेम और सहानुभूति अपने आप प्रकट होती है। इस मधुर सम्बन्ध से घर की, विद्यालय की या समाज की व्यवस्था के सवाल अपने आप हल हो जाते हैं। कहानियाँ सुनाने वाले माता–पिता तथा अध्यापकों का अनुभव है कि कहानियाँ सुनने में रुचि लेने वाले रसिक विद्यार्थी व्यवस्था सम्बन्धी सभी नियमों को बहुत आदर देते हैं। कहानी कहना अपने आप में कौशल है, जिसमें प्रवीण होना शिक्षक के लिए आवश्यक है। अतः कहानी कहने या पढ़ाने से पहले कुछ आधारभूत बातों को जानना जरूरी है–

- कहानी शिक्षण के लिए शिक्षक का स्वयं भी कहानी में रुचि लेना और कहने में कुशल होना जरूरी है ताकि विद्यार्थियों में भावानुभूति एवं रसानुभूति को विकसित कर सके। कक्षा में कहानी पठन या वाचन के साथ साथ कहानी कहने पर बल दिया जाना जरूरी है, क्योंकि कहने से कहानी में एक नवीनता आ जाती है। कहानी को आद्यन्त,

क्रमबद्ध और प्रवाह के साथ कहा जाना चाहिए। इससे कहानी की अन्तर्वस्तु बची रहती है।

- कहानी के माध्यम से नीति या आदर्श की बात बताते समय काफी सतर्कता बरतनी चाहिए। कहानी समाप्त होते ही शिक्षक द्वारा यह पूछना कि इस कहानी से हमें क्या शिक्षा मिली ठीक नहीं है।

नाटक एक महत्त्वपूर्ण गद्य विधा तो है ही, यह अध्यापन कला का भी एक जरूरी तत्त्व है। शिक्षाशास्त्री गिजुभाई बधेका ने शिक्षण–काल में नाट्य प्रयोग को महत्त्वपूर्ण माना है। उनके मुताबिक ऐसी शिक्षा पद्धति में बाल स्वभाव और बाल रुचियों को अधिक से अधिक स्थान दिया जाता है।

नाटक में संवाद होते हैं, हालाँकि संवाद अन्य विधाओं में भी हो सकते हैं। पर वहाँ इसकी अनिवार्यता नहीं होती। इसमें अभिनेयता की अनिवार्यता रहती है। इसीलिए जिस नाटक/एकांकी को रंगमंच पर अभिनीत नहीं किया जा सकता, उसकी सफलता संदिग्ध रहती है। पुराने जमाने में नाटक को देखा सुना जाता था, इसलिए इसे दृश्य–श्रव्य विधा के रूप में भी जाना जाता है। हालाँकि आजकल इसका पठन भी किया जाता है। भरतमुनि के अनुसार, किसी भी अवस्था के अनुकरण को नाटक कहते हैं। अतः छात्र–छात्राओं की अनुकरण करने की स्वाभाविक प्रवृत्ति को इससे पोषण मिलता है। नाटक/एकांकी एक रागात्मक रचना है। इसमें मानवीय भावों का प्रदर्शन बहुत प्रभावपूर्ण तरीके से होता है। नाटक पढ़ने या देखने से भावों का उद्रेक बहुत तीव्र होता है।

आइए एक अत्यन्त लोकप्रिय गद्य विधा निबन्ध के अध्यापन के सिलसिले में भी कुछ बातें करें। पहले यह समझें कि निबन्ध कहते किसे हैं? भारतीय परम्परा गद्य को कवियों की कसौटी कहती है। आचार्य रामचन्द्र शुक्ल का विचार है यदि गद्य कवियों की कसौटी है तो निबन्ध गद्य की कसौटी है। इस विधा में गद्य का निजी रूप दिखायी पड़ता है। निबन्ध का क्षेत्र अत्यन्त व्यापक है। इतिहास, पुरातत्त्व, दर्शन, विज्ञान, आलोचना, जीवन–मीमांसा किसी भी विषय पर निबन्ध लेखन किया जा सकता है। प्रत्येक निबन्ध लेखक की एक विशिष्ट शैली होती है। हिन्दी निबन्ध लेखन पश्चिम के सम्पर्क में विशेष तौर पर विकसित हुआ। निबन्ध को परिभाषित करने के विविध प्रयास हुए। गुलाबराय ने अपनी बहुचर्चित रचना 'काव्य के रूप' में कहा है–'निबन्ध उस गद्य–रचना को कहते हैं जिसमें एक सीमित आकार के भीतर किसी विषय का वर्णन या प्रतिपादन

एक विशेष निजीपन, स्वच्छन्दता, सौष्ठव और सजीवता तथा आवश्यक संगति और सम्बद्धता के साथ किया गया हो। तकरीबन सवा सौ वर्षों के इतिहास में निबन्ध से अनेक बेहतरीन रचनाकारों ने अपने अभिव्यक्ति संसार का विस्तार किया।

रिपोर्ताज और रेखाचित्र आधुनिक गद्य की चर्चित विधाएँ हैं। इन विधाओं को पढ़ाते समय सबसे पहले यह बताने की जरूरत है कि इन विधाओं का स्वरूप क्या है तथा अपनी किन विशेषताओं के कारण ये अन्य समरूप विधाओं से अलग हैं। उदाहरण के लिए, यह जानना जरूरी है कि रिपोर्ताज रिपोर्ट से कैसे अलग है? या रेखाचित्र और संस्मरण में किन बिन्दुओं के आधार पर फर्क किया जा सकता है। रचना की बुनियादी विशेषता होती है संवाद की ललक और कथन भंगिमा की निजता, लिहाजा यह बताना भी जरूरी होता है कि कैसे कोई रचना उसी विधा की अन्य रचनाओं से अलग है या उस रचनाकार की कथन भंगिमा की निजी विशिष्टताएँ क्या हैं। अब सवाल यह है कि रचना पाठ की भूमिका कैसे बने? वैसे तो हर अध्यापक की भूमिका निर्माण की अलग–अलग प्रक्रियाएँ होती हैं। लेकिन कुछ सामान्य बातें हैं, जिनका उल्लेख किया जा सकता है। मसलन–किसी निजी या परिचित सामाजिक घटना से रचना के रिश्ते के साथ पाठ की पूर्वपीठिका तैयार की जा सकती है। उसी तरह किसी अन्य विधा में रचित समान प्रसंगों से बात की शुरुआत की जा सकती है। जब रचना से परिचय बन जाय तब उसमें निहित किसी मार्मिक प्रसंग का उल्लेख किया जा सकता है।

उल्लिखित प्रसंगों के बाद का क्रम है विधागत विशिष्टताओं का विश्लेषण। पहले हम रिपोर्ताज की बात करें। सवाल यह है कि रिपोर्ताज क्या है? आइए इसे समझें। किसी घटना को संवेदनशील सजीवता के साथ, इस तरह प्रस्तुत किया जाय कि वह अखबारी समाचार की निर्जीव तटस्थता से आगे बढ़कर मनुष्य की समग्र चिन्ताओं और उसके सौन्दर्य–बोध को प्रकट करे, तब उसे रिपोर्ताज कहते हैं। रिपोर्ताज फ्रांसीसी भाषा का शब्द है और अंग्रेजी शब्द रिपोर्ट से इसका गहरा सम्बन्ध है। रिपोर्ट किसी घटना के यथातथ्य साध्य वर्णन को कहते हैं। रिपोर्ट सामान्यतः समाचार–पत्र के लिए लिखी जाती है और उसमें साहित्यिकता नहीं होती। रिपोर्ट के कलात्मक और साहित्यिक रूप को 'रिपोर्ताज' कहते हैं।' अक्सर रिपोर्ताज की चर्चा करते समय अखबारी समाचार से उसके अन्तर को स्पष्ट किया

जाता है। रिपोर्ट या रपट में जहाँ सूचना संयोजन और तटस्थ अभिव्यक्ति का संकलन महत्त्वपूर्ण है वहीं रिपोर्ताज में सूचना संयोजन से अधिक समग्र मनुष्य की तलाश महत्त्वपूर्ण है और तटस्थ अभिव्यक्ति की जगह संवेदनशीलता का पुट उसे आत्मीय पाठ की विशेषता प्रदान करता है। जीवनी में किसी सम्मानित व्यक्ति की उन विशेषताओं का उद्‌घाटन किया जाता है, जिनके चलते वह एक मशहूर शख्सियत में रूपान्तरित होता है। आइए अब इस विधा के बारे में थोड़ी और जानकारी हासिल करें। किसी व्यक्ति विशेष के जीवन वृत्तान्त को जीवनी कहते हैं। जीवनी का अंग्रेजी पर्याय 'लाइफ' अथवा 'बायोग्राफी' है। हिन्दी में जीवनी को जीवन चरित अथवा जीवन–चरित्र भी कहा जाता है। इनमें कोई मौलिक अन्तर नहीं जान पड़ता। जीवन चरित कालान्तर में आधुनिक और संक्षिप्त होकर जीवनी बन गया। 'रेखाचित्र' भी गद्य साहित्य की आधुनिक विधा है। यानी रेखाचित्र का जन्म और विकास कहानियों, उपन्यासों के बाद हुआ। प्रायः रेखाचित्र की बात करते हुए लगभग समान गद्य विधा 'संस्मरण' का भी नाम लिया जाता है। लिहाजा यह जरूरी है कि इन विधाओं की प्रकृति स्पष्ट करने के साथ ही इनके बीच मौजूद सूक्ष्म अन्तरों पर भी एक नजर डाली जाय। 'रेखाचित्र' को अंग्रेजी के 'स्केच' के पर्याय के रूप में ग्रहण किया जाता है। रेखाओं और रंगों की बहुलता को महत्त्व न देकर यदि कोई चित्रकार इनी–गिनी रेखाओं के माध्यम से एक सार्थक रूप गढ़ ले, तो उसे स्केच कहते हैं। उसी तरह रेखाचित्र में लेखक कम–से–कम शब्दों के माध्यम से किसी व्यक्ति, वस्तु या दृश्य का अंकन कर देता है।

संस्मरण में 'स्मृति' की केन्द्रीय भूमिका होती है। यानी जहाँ रेखाचित्र 'देश' को महत्त्व देता है, वहीं संस्मरण 'स्मृति' को। यह समझना भी जरूरी है कि दोनों की विशेषताएँ एक–दूसरे में नजर आ सकती हैं, पर हम पार्थक्य के लिए यह देखेंगे कि रचना में केन्द्रीयता किसे हासिल हुई है। अन्तर करते समय हमें यह भी ध्यान रखना चाहिए कि रेखाचित्र किसी ऐसे पात्र पर आधारित होता है, जो इतिहासप्रसिद्ध नहीं होता, यानी रेखाचित्र में किसी पशु, पक्षी या साधारण मनुष्य का वर्णन होता है। जबकि संस्मरण किसी प्रसिद्ध व्यक्ति या विषय पर आधारित होता है। उदाहरण के लिए, महादेवी वर्मा के गौरा गाय पर लिखे रेखाचित्र और निराला के सुभद्रा कुमारी चौहान पर लिखे संस्मरण को हम याद कर सकते हैं। यह समझने का प्रयास करें कि साहित्य की दुनिया से गुजरते हुए हम किन

कौशलों को अर्जित करते हैं। कौशल के दो पक्ष हो सकते हैं। एक तो वह जिन्हें हम भाषायी कौशल कहते हैं, यानी–सुनना, बोलना, पढ़ना और लिखना। दूसरा वह जिनका सम्बन्ध हमारी अन्य वृत्तियों से जुड़ता है, इन्हें हम फिलहाल मनोसामाजिक सन्दर्भ कहेंगे। इसे और बेहतर और स्पष्ट ढंग से समझने का प्रयास करें। असल में भाषा शिक्षण बहुस्तरीय प्रक्रिया है। साहित्यिक सामग्री जब पाठ्यक्रमों का हिस्सा बनती है तब बिना रेखांकित किये ही विद्यार्थी अपनी स्वायत्तता और स्वतन्त्रता, परिकल्पना बनाने और अपरिचित शब्दों के अर्थ का अनुमान लगाने जैसे कौशलों का विकास कर लेते हैं। यदि हम विद्यार्थी को खास साहित्यिक संसार और माहौल प्रदान करते हैं तो वह मनोसमाजिक सन्दर्भ से अपने आपको जोड़ सकता है। वह साहित्य के बहुविध प्रयोगों से विचार प्रक्रिया को नियंत्रित करना सीखता है तथा समाज में सकारात्मक रूप से योगदान करने की अपनी शक्ति और सम्भावना को महसूस करता है। इस सिलसिले में कुछ विद्वानों के कथन पर एक नजर डालना मुनासिब होगा।

सी. स्कॉट ने लिखा है, "साहित्य राष्ट्र की सौन्दर्यपरक, नैतिक और आध्यात्मिक मूल्यों तथा सामाजिक व्यवस्था के नियमों यानी संस्कृति का आईना है।" जब हम साहित्य के द्वारा भाषा सीखने की बात करते हैं, तब यह ध्यान भी रखना होता है, इस प्रक्रिया में सांस्कृतिक सन्दर्भ के अन्तर्गत वैयक्तिक विकास के मौके मिलने चाहिए। इसलिए विद्यार्थियों को समाज के सांस्कृतिक जीवन से परिचय कराया जाना चाहिए और उन्हें भागीदारी के अवसर मिलने चाहिए। इसी सन्दर्भ पश्चिमी विचारक विड्डोसन के कथन को भी उद्धृत किया जा सकता है। उनके मुताबिक, 'साहित्य का इस्तेमाल केवल भाषा व्यवहार या सांस्कृतिक विषयवस्तु को समझने के लिए नहीं होना चाहिए बल्कि संवाद निर्माण के लिए भी होना चाहिए।" यह कहा जा सकता है कि साहित्यिक सामग्री के विश्लेषण द्वारा वास्तविक जीवन की घटनाओं और अनुभवों से जुड़ी सामान्य सूचनाओं को प्राप्त करना और समझना सम्भव है। इससे वैयक्तिक और सामाजिक विकास को महसूस करने में हमें मदद मिलती है। साथ ही अपने संवेगात्मक लक्षणों के अनुसार यह सांस्कृतिक और शैक्षिक दृष्टि से पाठकों को उन्नति का अवसर प्रदान करती है। इससे मातृभाषा के व्यवधान दूर होते हैं। विद्यार्थियों में विश्लेषण करने समीक्षा करने का कौशल विकसित होता है।

आइए कुछ और सन्दर्भों को भी समझने का प्रयास करें। अर्थात् थोड़ी चर्चा इस पर भी जिनमें साहित्य और भाषा शिक्षण से हासिल होने वाले वे आयाम शामिल हैं जिनकी तरफ शिक्षणशास्त्र इंगित करता है। यानी सुनना, बोलना, पढ़ना और लिखना कौशलों के अतिरिक्त वे दक्षताएँ जिनसे हमारा जीवन समृद्ध होता है। असल में साहित्य शिक्षण बहुस्तरीय प्रक्रिया है। कौशलात्मक विकास और सन्दर्भों से जुड़े व्याकरण के घटकों का ज्ञान इसके प्राथमिक उद्देश्य हैं तो इसके साथ ही अनेक अन्य दक्षताएँ भी इसे सार्थक बनाती हैं। परम्परागत शिक्षाशास्त्र में इन उद्देश्यों को ज्ञानात्मक, अभिवृत्यात्मक, सृजनात्मक ,अलोचनात्मक आदि रूपों में वर्गीकृत किया गया है। इन कौशलों की जानकारी शिक्षक/शिक्षिका को होना जरूरी है ताकि वह साहित्य या भाषा की कक्षा को प्रभावी बना सके। आये इन्हें विस्तार से समझने का प्रयास करें।

1. ज्ञानात्मक कौशल—ज्ञानात्मक कौशलों में भाषा की परम्परा, प्रकृति तथा उसके विविध घटकों की जानकारी और भाषा विज्ञान के ज्ञान को शामिल किया जा सकता है। साहित्य की विषयवस्तु के साथ जितना जरूरी है, उतना ही जरूरी है उससे सम्बन्धित अन्य विषयों का ज्ञान। इतिहास, भूगोल, गणित, विज्ञान आदि विषयों के साथ विषय से सम्बन्धित नवीन तथ्यों और प्रवृत्तियों का ज्ञान होना इसलिए आवश्यक हो जाता है ताकि हम समय के साथ कदमताल मिला सकें।

2. अभिवृत्यात्मक—अभिवृत्यात्मक उद्देश्यों की बात करें तो भाषा शिक्षण के माध्यम से शिक्षक विद्यार्थियों के मन में रचनात्मक साहित्य के प्रति रुचि जगाने में अहम् भूमिका निभा सकता है। आमतौर पर अधिकांश विद्यार्थी पाठ्यपुस्तकों में संकलित रचनाओं को पढ़कर ही साहित्य जगत में प्रवेश करते हैं। कक्षा में कहानियों, कविताओं और अन्य साहित्यिक रचनाओं को सरस तरीके से पढ़ाकर भाषा शिक्षक विद्यार्थियों को सहृदय पाठक बना देता है। ऐसे विद्यार्थी पाठयक्रम से इतर रचनात्मक साहित्य को पढ़ने के लिए तथा साहित्यिक गतिविधियों में भागीदारी के लिए भी बेताब रहते हैं। अपने मन की बातों अर्थात् स्वाधीन चेतना की अभिव्यक्ति भी साहित्य शिक्षण से अर्जित होने वाले कौशलों में शामिल है।

3. सृजनात्मक कौशल—सर्जनात्मक कौशल भाषा शिक्षण का महत्त्वपूर्ण आयाम है। साहित्यिक अभिरुचि वाले विद्यार्थियों के लिए शिक्षक/शिक्षिका का प्रोत्साहन खाद—पानी का काम करता है। काव्यशास्त्रीय शब्दावली का

व्यवहार करें तो व्युत्पत्ति और अभ्यास में इस प्रोत्साहन की भूमिका होती है। बाल–सभा, भित्ति–पत्रिका, विद्यालय–पत्रिका, साहित्यिक प्रतियोगिताओं से इस कौशल को बढ़ावा दे सकते हैं।

4. आलोचनात्मक कौशल–पठित विषयवस्तु का विवेचन– विश्लेषण, अन्य रचना से तुलना करना, समीक्षा करना इसके विविध आयाम हैं। यह आलोचनात्मक दृष्टि एक पाठक के रूप में उसकी पसन्द को निर्धारित करती है; मसलन किसी को कविता पढ़ना अच्छा लगता है तो किसी को कहानी। रचना विशेष के कथ्य अथवा शिल्प से प्रभावित होकर उसकी सराहना करना भी एक कौशल ही है जो साहित्य शिक्षण का हिस्सा है। काव्यशास्त्रीय शब्दावली में इसे भावयित्री प्रतिभा कहा गया है। इसे सहृदय की अवधारणा द्वारा भी स्पष्ट किया गया है जिसमें साहित्यिक विवेक हो उन्हें ही सहृदय कहा जाता था। दो अलग भाषाओं के बीच संवाद कायम करना भी साहित्य अध्ययन का उल्लेखनीय उद्देश्य है। उसी तरह सांस्कृतिक संवाद और समन्वय के लिए भी अनुवाद की बड़ी उपादेयता है। इस लिहाज से अनुवाद के कौशल को अर्जित करना भी साहित्य से अर्जित होने वाले कौशल का एक महत्त्वपूर्ण पक्ष है। पाठ्यपुस्तकों के रूप में शामिल साहित्य की किताबें विद्यार्थियों की अच्छी मित्र होती हैं। इनके माध्यम से विद्यार्थी भाषा के संसार से परिचित होता है। वह इनके माध्यम से उस कौशल को अर्जित करता है, जिसके बल पर वह विभिन्न विषयों पर अपने मन्तव्य निर्मित करता है, विचारों को अभिव्यक्त करता है। इस प्रक्रिया में विद्यार्थी तुलना, समीक्षा, समेकन की सामर्थ्य अर्जित करता है। प्रकारान्तर से इस कौशल को प्राप्त करने में भी साहित्य शिक्षण की महती भूमिका होती है।

सूचना के युग में हिन्दी का भविष्य

मौजूदा दौर में सूचना तन्त्र के साथ विश्वव्यापी बनने के लिए किसी भाषा के लिए यह जरूरी है कि वह नयी प्रद्यौगिकी के साथ कदमताल मिलाकर चले। उसमें बदलते दौर के मुताबिक तकनीकी तथा पारिभाषिक शब्दों का निर्माण हो। उसमें लचीलापन ऐसा हो, कि वह संरचनात्मक एवं अर्थों के दबावों को झेल सके। विश्व की बड़ी आबादी उसका प्रयोग कर सके। जो भाषा सूचना के युग में इन कसौटियों पर खरी उतरेगी उनका

सार्वभौमिक प्रयोग होगा और उसके प्रयोगकर्ताओं की संख्या बढ़ेगी। साथ ही ऐसी भाषाओं का भविष्य भी उज्ज्वल होगा।

हिन्दी भाषा में उपर्युक्त सभी गुण विद्यमान हैं। अब हिन्दी सूचना तन्त्र की भाषा बनकर विश्वभाषा के रूप में अपनी पहचान बना रही है। तकनीकी रूप से हिन्दी के सरोकार विस्तृत और तर्कसंगत हों यह समय की माँग है। हिन्दी का मानकीकरण, आधुनिकीकरण और कम्प्यूटरीकरण का पक्ष तर्कसंगत और विराट जनसमूह के लिए स्वीकार्य हो, यह समय की जरूरत है। इस सिलसिले में विभिन्न संस्थाएँ सक्रिय भी हैं। सूचना युग में हिन्दी का जो वैश्विक रूप उभरा है, उनके साक्ष्य पर यह कहा जा सकता है कि दुनिया की अधिकांश भाषाओं का साहित्य अनूदित रूप में हिन्दी में उपलब्ध है। 15 जनवरी 2001 को फ्लोरिडा से इंटरनेट पर आरम्भ हुए शब्दकोश 'विकिपीडिया' ने भी वर्ष 2003 से हिन्दी भाषा में समृद्ध अध्ययन सामग्री प्रस्तुत की, इसमें प्रविष्टियों का दर्ज होना एक सतत प्रक्रिया के रूप में जारी है। हिन्दी भाषा में उपलब्ध दृश्य–श्रव्य माध्यमों की अपार लोकप्रियता और स्वीकृति को भी इस सिलसिले में याद किया जा सकता है। फेसबुक, गूगल, ट्विटर आदि की हिन्दी दुनिया बदलते दौर की परिचायक है। अनेक विश्वविद्यालय स्काइप के माध्यम से हिन्दी में शोध साक्षात्कार सम्पन्न करवा रहे हैं। दूरस्थ शिक्षा कार्यक्रमों में भी प्रभावी रूप से दृश्य–श्रव्य माध्यमों का उपयोग किया जा रहा है।

तकनीकी आधारित भाषा–शिक्षण के कार्यक्रम

लम्बे अर्से से भाषा शिक्षण में सम्पूरक अभ्यास या दूरवर्ती अध्ययन–संवाद के लिए तकनीकों के विविध प्रयोग किये जा रहे हैं। इस दिशा में हो रहे कतिपय नवाचारों पर निगाह रखना मुनासिब होगा। वर्षों तक अभ्यास आधारित प्राथमिक अभ्यास प्रोग्रामों का भाषा शिक्षण में प्रभुत्व रहा है। शब्दावली और व्याकरण के अलग–अलग बिन्दुओं पर आधृत अनेक प्रोग्रामों की लोकप्रियता लगातार कायम रही है। विभिन्न संस्थाएँ अनुरूपी प्रोग्राम (Simulation Programme) द्वारा व्याकरण के विभिन्न बिन्दुओं पर आधारित ऐसे नवाचारों को बढ़ावा दे रही हैं, जिनमें वास्तविक जीवन परिस्थितियों के अभ्यास शामिल हैं। विश्वकोशों पर आधारित कार्यक्रमों से इच्छुक छात्र/छात्राएँ विविध सूचनाओं और व्याख्याओं को आसानी से

प्राप्त कर रहे हैं। इससे भाषा शिक्षण के नये क्षितिजों के आयाम सम्भव हो रहे हैं। कम्प्यूटर के अनेक खेल आधारित कार्यक्रम भी इस दिशा में सक्रिय हैं। प्रोग्रामों की रचना, साँचा बनाना, प्रचलित ढाँचे में ढाले कम्प्यूटर आधारित भाषा शिक्षण अध्यापकों/अध्यापिकाओं को प्रोग्राम संरचना में विशाल संरचना में विशाल लचीलेपन को उपलब्ध कराते हैं। इसी तरह कम्प्यूटर प्रोग्रामों के साथ–साथ लोकल नेटवर्क क्रियाकलापों के माध्यम से कक्षाओं और प्रयोगशालाओं को आपस में जोड़ा जा सकता है।

इसी तरह सीडी द्वारा भंडारण में अपूर्व सहायता मिली। एक सीडी में हजारों पुस्तकों का संग्रह सम्भव हुआ। तकनीकी शिक्षण के सघन दौर की अभी शुरुआत हुई है, इसके विकास की अनन्त सम्भावनाओं के द्वार अभी भी खुले हुए हैं।

हिन्दी भाषा में परीक्षण एवं मूल्यांकन

राष्ट्रीय परीक्षण सेवा द्वारा भाषा और साहित्य के क्षेत्र में परीक्षण एवं मूल्यांकन के लिए दार्शनिक, सैद्धान्तिक और व्यावहारिक आधारों को इंगित किया गया है। उतरोत्तर प्रयोग द्वारा इसकी गुणवत्ता बढ़ाने के सतत प्रयास जारी हैं। इनमें शामिल कुछ अवधारणाएँ हैं–इकाई की अवधारणा, मापन, समाकलन और मूल्यांकन तथा गुणवत्ता नियन्त्रण की अवधारणाएँ आदि। राष्ट्रीय परीक्षण सेवा इन सभी क्षेत्रों में सामग्री निर्माण और योजना निर्माण तथा उनके कार्यान्वयन की दिशा में सक्रिय है। इसका उद्देश्य भाषा और साहित्य, विशेषकर हिन्दी के शिक्षण, परीक्षण और मूल्यांकन में संलग्न सभी पक्षों, उदाहरण के लिए–शिक्षक, अभिभावक, छात्र/छात्राएँ, पाठ्यचर्या/पाठ्यक्रम निर्माता, शैक्षणिक प्रशासक, परीक्षणकर्ता, प्रश्नपत्र लेखक/लेखिका और पाठ्यपुस्तकें तैयार करने वालों के बीच परीक्षण एवं मूल्यांकन की अन्तर्वस्तु, उसकी पद्धतियों के प्रति जागरूकता पैदा करना है। इस दिशा में एन.टी.एस. (National Testing Service) द्वारा विकसित की गयी कतिपय शिक्षण एवं परीक्षण सामग्रियों की चर्चा की जा सकती है–भाषा सामग्री, साहित्य एवं व्यक्तित्त्व के विविध पहलू से सम्बन्धित सामग्री, गौण एवं उप–अवयवों से युक्त सामान्य सन्दर्भ, संचार, परीक्षण एवं मूल्यांकन के क्षेत्र की लगभग एक हजार अवधारणाओं का शब्दकोश, इन अवधारणाओं की परिभाषा एवं व्याख्या से सम्बन्धित सन्दर्भ पुस्तकों

का निर्माण। इसके अतिरिक्त हिन्दी भाषा एवं साहित्य के क्षेत्र में उच्च माध्यमिक एवं स्नातक स्तरों पर स्थानीय, क्षेत्रीय एवं राष्ट्रीय मानदण्ड स्थापित करने की दिशा में रापसे (राष्ट्रीय परीक्षण सेवा) द्वारा किये जा रहे विविध प्रयासों का भी उल्लेख किया जा सकता है।

यद्यपि हम सैद्धान्तिक रूप से यह मानते हैं कि शिक्षण, अधिगम और मूल्यांकन ये तीनों परस्पर आश्रित कार्य हैं। साथ ही यह भी कि इनमें से किसी एक की भी अनुपस्थिति बाकी दोनों पर प्रतिकूल प्रभाव डालती है। बावजूद इसके हमारी व्यवस्था आरम्भिक दो पक्षों यानी शिक्षण और अधिगम पर जितना ध्यान देती है उतना ध्यान अन्तिम पक्ष यानी मूल्यांकन पर नहीं देती। जबकि यह सर्वविदित तथ्य है कि मूल्यांकन किसी भी शैक्षणिक कार्यक्रम की गुणवत्ता को तय करने वाला एक आधारभूत कारक है। यही कारण है कि शिक्षा व्यवस्था के इस पक्ष को गम्भीर आलोचना का दंश झेलना पड़ रहा है।

हिन्दी साहित्य शिक्षण और प्रौद्योगिकी

सूचना एवं तकनीकी के उपयोग से हिन्दी साहित्य शिक्षण को जीवन्त बनाने की विभिन्न प्रविधियों की समझ बनाने के लिए यह जरूरी है कि उपयोगकर्ता इन सन्दर्भों से परिचित हों–डिजिटल, वेब रिसोर्सेज, क्लिकर, ई कंटेंट, मल्टीमीडिया आदि। आवश्यकतानुसार इन सन्दर्भों को विस्तारित भी किया जा सकता है।

इंजीनियरिंग, मेडिकल, विज्ञान, प्रबन्धन, अभिनय आदि विषयों के अध्ययन–अध्यापन में सूचना तकनीक के इस्तेमाल के विविध सन्दर्भों की प्रायः चर्चा होती है। समाज विज्ञान और साहित्य में सूचना तकनीक के इस्तेमाल की परम्परा अपेक्षाकृत नयी है। अब विभिन्न वेबसाइट साहित्य शिक्षण में इस्तेमाल की जा रही हैं। इसी तरह लैंग्वेज लैब द्वारा भाषा शिक्षण को ज्यादा समृद्ध बनाने के प्रयास किये जा रहे हैं। ई–लर्निंग द्वारा कविता, कहानी, नाटक, उपन्यास आदि विधाओं के अध्ययन–अध्यापन में उन विद्यार्थियों तक पहुँच सुगम बन गयी है, जिन क्षेत्रों में औपचारिक शिक्षा संस्थान सक्रिय नहीं हैं। विभिन्न विधाओं के श्रवण, नाट्य रूपान्तरण को दृश्य–श्रव्य माध्यमों द्वारा प्रस्तुत कर कारगर अध्ययन–अध्यापन की जमीन तैयार हो सकती है। केन्द्रीय प्रौद्योगिकी शिक्षा संस्थान जैसे राष्ट्रीय मुक्त विद्यालयी शिक्षा संस्थान, इग्नू आदि इस दिशा में गम्भीर प्रयास कर रहे हैं।

शिक्षा में भाषा तथा कुछ इतर प्रश्न

दिलीप सिंह

व्यक्ति के वास्तविक एवं मौलिक विकास में तथा उसकी बौद्धिक एवं शैक्षिक उपलब्धियों के अर्जन में जितनी प्रखर एवं प्रभावशाली भूमिका मातृभाषा निभाती है या निभा सकती है, उतनी कोई अन्य दूसरी भाषा नहीं चाहे हम उस अन्य भाषा को अपनी मातृभाषा की तुलना में कितना ही श्रेष्ठ, सम्पन्न और उपयोगी सिद्ध करने का प्रयास क्यों न कर रहे हों। यह तथ्य विश्व के छोटे–बड़े अनेक देश अच्छी तरह समझ चुके हैं और इन सभी ने अपनी भाषाओं के माध्यम से ही प्रगति पथ के अनेक पड़ाव पार किये हैं। ऐसा करने से शिक्षा के व्यापक अवसर भी प्राप्त हुए हैं और बुद्धि और मेधा में भी वे किसी से कम नहीं हैं।

यह सिद्ध हो चुका है कि कोई भी भाषा किसी दूसरी भाषा की तुलना में श्रेष्ठ या महान नहीं होती और न ही हीन या कमजोर। यदि शिक्षा की बात करें अथवा शिक्षा में मातृभाषाओं या शिक्षा की माध्यम भाषाओं पर चर्चा करें तो हमें यह साफ दिखाई देता है कि स्वाधीन होने के बाद से हम क्रमशः अपनी भाषाओं के महत्त्व को भूलते और उनकी उपादेयता को नकारते चले आ रहे हैं। अंग्रेजी भाषा की जंजीरों में हमने अपनी शिक्षा व्यवस्था को जकड़बन्द कर दिया है।

ऐसा नहीं है कि हमने अपनी मातृभाषाओं के माध्यम से शिक्षा के अवसर नहीं दिए जा रहे हैं पर इस शिक्षा को अंग्रेजी माध्यम से प्राप्त शिक्षा की तुलना में अति हीन और असफल मान लिया तथा बना दिया गया है। आज की शिक्षा व्यवस्था और उसके परिणामों को देखें तो यह बात छिपी नहीं रहती की अंग्रेजी माध्यम की शिक्षा और अंग्रेजीपरस्त मानसिकता ना तो हमें पूरी तरह अंग्रेजी में दक्ष बना पा रही है और ना

ही हम अपनी मातृभाषा और विरासत से अपने को जोड़ पा रहे हैं। ऐसे में पीढ़ी–दर–पीढ़ी हम ऐसा शिक्षित समुदाय उत्पन्न एवं निर्मित करते जा रहे हैं जो अपनी संस्कृति, अपने साहित्य, अपनी कलाओं और अपनी भाषा की अत्यल्प जानकारी रखता है। इसके लिए जितनी जिम्मेदार हमारी मानसिकता है उतनी ही हमारी पूरी शिक्षा नीति भी, जिसने मैकाले की काले बाबू बनाने के उद्देश्य को लेकर निर्मित शिक्षा नीति में अभी तक कोई उल्लेखनीय परिवर्तन नहीं किया है।

दुनिया भर के भाषा अध्येता यह कह चुके हैं कि मातृभाषा व्यक्ति की प्रारंभिक अस्मिता (Identity) और समूह की शक्ति का स्रोत होती है। इतना ही नहीं किसी व्यक्ति की नृतत्वी, धार्मिक और सांस्कृतिक समूह के सदस्य के रूप में पहचान उसकी मातृभाषा के माध्यम से ही सम्भव होती है। मातृभाषा ही शुरू से बालक के मन में संकल्पनाओं का निर्माण करती है। इसी के द्वारा वह अपने आसपास की चीजों को पहचानना और उन्हें नाम देना सीखता है। इस प्रकार बालक के प्रारम्भिक समाजीकरण में मूल योगदान मातृभाषा का ही होता है। आगे के जीवन में भी अधिगम प्रक्रिया (Learning Process) की नींव मातृभाषा के माध्यम से ही अधिक स्थायी और ठोस रूप में पड़ सकती है। यह भी माना गया है कि व्यक्ति की पहचान और उसके मनोविकास के तत्त्व मातृभाषा के भीतर से ही उपजते हैं। उदाहरण के लिए, मिथक और प्रतीक, विश्वासों की व्यवस्था और आचार–व्यवहार सभी मातृभाषा के माध्यम से ही हमारे जीवन में स्वाभाविक रूप से अपनी जगह बना पाते हैं। इस प्रकार मानव जीवन में सीखने की अनन्त प्रक्रिया मातृभाषा के माध्यम से ही सिद्ध होती है। यदि ऐसा न हो, अथवा अधिगम और समाजीकरण की भाषा के रूप में मातृभाषा से इतर किसी भाषा को स्थापित करने का यत्न किया जाये तो व्यक्ति का न तो अपेक्षित बौद्धिक विकास सम्भव है और न ही उसका सर्जनात्मक सौन्दर्य–बोध ही विकसित हो सकेगा। अतः यह बात निर्विवाद है कि यदि शिक्षा के लिए माध्यम भाषा के रूप में मातृभाषाओं को महत्त्व दिया जाता है तो शिक्षार्थी बिना किसी दबाव के सहज अधिगम करने में सक्षम बनता है। शिक्षाविदों और भाषाविदों ने यह भी माना है कि मातृभाषा नियन्त्रित अधिगम की गति भी काफी तेज होती है।

सम्भवतः इसीलिए यह बार–बार कहा गया है कि मातृभाषा हमारे बौद्धिक जीवन का एक जरूरी हिस्सा होती है अतः शिक्षा में उसकी अवहेलना

कदापि नहीं की जानी चाहिए। एक बात और भी महत्त्वपूर्ण है कि जब हम अपनी भाषाओं को शिक्षा में मान्यता देते हैं तो भाषाविकास को स्वतः गति मिलने लगती है। यह बात तो सर्वविदित है कि मातृभाषा हमारे सांस्कृतिक सम्प्रेषण का भी आधार होती है और स्वयं में भी वह एक सांस्कृतिक संस्था है। इसीलिए, जैसा कि कहा गया कोई भी भाषा किसी दूसरी भाषा की तुलना में असमर्थ या हीन नहीं होती। कोई भी भाषा समुदाय जब अपनी मातृभाषा के विकास का प्रयत्न करता है तो नये–नये व्यवहार क्षेत्रों में वह भाषा प्रयुक्त होकर अपनी क्षमता सिद्ध करती है क्योंकि भाषाओं की एक निश्चित संरचना होती है जिसमें मानव सम्प्रेषण के किसी भी प्रयोग क्षेत्र को सँभालने और सम्प्रेषित करने की शक्ति होती है।

भाषा विकास के लिए भाषा–प्रयोग की स्थिति का होना अनिवार्य है। ये दोनों साथ–साथ चलो वाली प्रक्रियाएँ हैं। इनमें से कोई भी न तो दूसरे के पीछे चलता है न ही दूसरे का मार्गदर्शक बनता है। फिर भी दोनों की परिणति एक–दूसरे पर निर्भर करती है। हम भाषा–विकास और भाषा की शक्ति का माप प्रयोग क्षेत्र के 'रेंज' के आधार पर करते हैं। जितने ही व्यापक क्षेत्रों में हम अपनी मातृभाषा को स्थापित करेंगे, उसकी व्यावहारिकता भी बढ़ेगी और सम्प्रेषण सम्बन्धी उसका 'रेंज' भी। इसका तात्पर्य यह है कि प्रयोग को बढ़ावा देने के लिए हमें अपनी मातृभाषाओं को शिक्षा के प्रत्येक स्तर पर मान्यता देनी होगी। भाषा विकास तभी सम्भव है जब उसे शैक्षिक विस्तार के साथ जोड़ा जाये। 'शिक्षा में भाषा' का तात्पर्य ही है, विषय क्षेत्रों में मातृभाषाओं को स्थान देना और उन्हें शिक्षा की माध्यम भाषा के रूप में स्वीकार करना, इस प्रकार 'शिक्षा में भाषा', 'शिक्षा की माध्यम भाषा', 'भाषा विकास' और 'राष्ट्रीय विकास' वास्तव में एक–दूसरे से गुँथी हुई संकल्पनाएँ हैं। सम्भवतः इसीलिए हम पाते हैं कि आर्थिक और औद्योगिक दृष्टि से विकसित कोई भी ऐसा राष्ट्र हमें दिखाई नहीं देता जिसकी शिक्षा व्यवस्था पूरी तरह किसी विदेशी भाषा के माध्यम से चल रही हो।

आगे भी हम इस चर्चा का विस्तार करेंगे कि भारत में 'शिक्षा में भाषा' का प्रश्न उलझा हुआ रहा है। आप जानते हैं कि औपनिवेशिक भारत अंग्रेजों के षड्यन्त्र का शिकार रहा। उन्होंने भारतीय भाषाओं (मातृभाषाओं) को महत्त्वपूर्ण प्रयोग क्षेत्रों से बाहर धकेल रखा था। शिक्षा में भी अंग्रेजी के शिक्षण पर बल रहा और माध्यम भाषा का प्रश्न भी

वैकल्पिक व्यवस्था के कारण भारतीय भाषाओं के विरुद्ध चला गया। ऐसा नहीं है कि ब्रिटिश शासन में देसी भाषाओं के महत्त्व को न समझा गया हो। शिक्षा के प्रचार में इसे कुछ ब्रिटिश नियोजकों ने उचित भी माना लेकिन क्योंकि ऐसा करना ब्रिटिश साम्राज्य के हक में नहीं था इसलिए गिने–चुने और समझदार ब्रिटिश शिक्षाविदों के विचारों की अनदेखी कर दी गयी और इनका क्रियान्वयन नहीं हो सका। स्वतन्त्र भारत में स्कूली स्तर पर अंग्रेजी भाषा निरन्तर मातृभाषा का विकल्प बनी रही, धीरे–धीरे यह भी प्रकट होने लगा कि मातृभाषा का विकल्प दोयम दर्जे का है। इस प्रकार शिक्षार्थियों के भी दो समूह बन गये। इसमें भी अंग्रेजी माध्यम वाला समूह हर प्रकार के लाभ उठा सका, जाहिर है इन सभी लाभों से मातृभाषा माध्यम अपनाने वाला समूह वंचित रहा, और आज भी वंचित है।

इस स्थिति ने शिक्षा के सामाजिक सरोकार ही बदल डाले। अंग्रेजी माध्यम की शिक्षा क्रमशः प्रतिष्ठा और लाभ का ही नहीं हमारी सोच का भी पर्याय बनती चली गयी और समाज का हर वर्ग इसकी ओर आकर्षित होने लगा। शहरों में ही नहीं कस्बों और गाँवों में भी अंग्रेजी माध्यम स्कूलों की बाढ़ आ गयी। परिणामस्वरूप मातृभाषा माध्यम स्कूलों में छात्रों की संख्या घटने लगी। इतना ही नहीं इन स्कूलों की संख्या भी कम होने लगी और 'फीडबैक' न मिलने से मातृभाषा माध्यम वाले कॉलेजों की दशा भी दयनीय हो गयी।

यदि गम्भीरता से देखा जाये और भारतीय मातृभाषाओं के ऊपर छा रहे संकट से विचलित हुआ जाये तो आज जरूरत इस बात की है कि भारतीय शिक्षा में अंग्रेजी भाषा के फैलते इस वर्चस्व पर बाड़ लगायी जाये और संतुलित ढंग से शिक्षा में भारतीय भाषाओं के विकास पर काम किया जाये। यह घोषित किया जाये कि स्कूली स्तर पर मातृभाषाएँ ही अनिवार्यतः माध्यम भाषाएँ होंगी। आधुनिक भारतीय भाषाओं के शिक्षण को (ये सभी पूर्ण विकसित भाषाएँ हैं और अंग्रेजी की तुलना में कहीं अधिक सक्षम और समर्थ हैं) आधुनिकतम तकनीकों, पद्धतियों और शिक्षण सामग्री से लैस किया जाये। दस साल की स्कूली शिक्षा में आखिरी चार साल अंग्रेजी भी पढ़ाई जाये। उच्चतर और व्यावसायिक पाठ्यक्रमों की माध्यमिक भाषाएँ मातृभाषाएँ बनें। सेवा के अवसरों में मातृभाषाओं को वरीयता दी जाये। वास्तव में शिक्षा की सार्थकता और सफलता पूर्णतः भाषा पर ही आधारित है। यहाँ प्रो. रवींद्रनाथ श्रीवास्तव के विचारों को सूत्रबद्ध करता

हूँ कि "अपनी भाषा के आधार पर ही हम संकल्पनाओं का निर्माण करते हैं तथा अपने भावों और विचारों का सम्प्रेषण करते हैं। मातृभाषा हमारे जीवन से जुड़ी होती है अतः शिक्षा में मातृभाषा को माध्यम बनाने का अर्थ है—बालक के व्यक्तित्व का पूर्ण विकास।"

अभी तक की चर्चा शायद आपको भावावेश से भरी हुई लगी हो लेकिन इसका अधिकांश विश्व भर में हो रहे चिन्तनों से पुष्ट है। अब मैं आपको थोड़ी और भावात्मक चर्चा की ओर ले चलूँगा जिसका आधार गुरुवर पं. विद्यानिवास मिश्र के कुछ विचार हैं। शिक्षा और शिक्षा नीति सम्बन्धी जो चर्चाएँ हमें भारतीय विचारकों अथवा शिक्षाविदों में मिलती हैं उनमें एक बात कहीं—न—कहीं दबी—ढकी दिखाई देती है कि हिन्दी और भारतीय भाषाभाषियों की अपनी मातृभाषा के प्रति मनोवृत्ति (Attitude) किस सीमा तक अपनी भाषाओं की पक्षधरता से सम्बन्धित है या उनके मन में अपनी भाषाओं के प्रति कितनी निष्ठा या प्रेम है अथवा वे मातृभाषा हित के प्रश्न पर भी तटस्थ या उदासीन हैं। पं. विद्यानिवास मिश्र ने अपनी पुस्तक 'हिन्दी और हम' में एक बड़ा ही मार्मिक प्रश्न उठाया है कि हमारे मन में हिन्दी के लिए हूक क्यों नहीं उठती? प्रश्न जितना सीधा है इसका उत्तर उतना ही जटिल है। राष्ट्रीय आन्दोलन में, हम—आप जानते हैं कि अनेक विपरीत स्थितियों के बावजूद हिन्दी का आन्दोलन गतिशील था। हिन्दीतर भाषाभाषी भी एक तरह की पूर्ण निष्ठा के साथ राष्ट्रभाषा हिन्दी की आवाज बुलन्द कर रहे थे और साथ ही अपनी भाषाओं के लिए भी लड़ रहे थे। हिन्दी के साहित्यकारों में भी भारतेन्दु से लेकर प्रेमचन्द तक स्वभाषा के प्रति इतनी तीखी ललक दिखाई देती है जो आज भी हमें प्रभावित करती है। हिन्दी के साथ उनका यह लगाव छूँछा नहीं था। उनके हृदय का एक—एक स्पन्दन हिन्दी के साथ था। लेकिन स्वतन्त्रता के बाद न जाने क्या हुआ कि हिन्दी की यह 'हूक' कमजोर पड़ने लगी और पं. विद्यानिवास मिश्र को यह लिखना पड़ा कि "हिन्दी के रचनाकार के मन में हिन्दी भाषा के लिए दर्द नहीं है। हिन्दी अध्यापक के मन में हिन्दी के लिए कोई हूक नहीं है। वे हिन्दी की रोटी खाते हैं इसलिए हिन्दी उनके लिए महत्त्वपूर्ण है...वह प्राणी है कहाँ जिसे हिन्दी के लिए दर्द है।" पंडित जी की यह बात इसलिए भी महत्त्वपूर्ण है कि आज हम अपनी मातृभाषाओं पर हो रहे अन्यायों की भी अनदेखी कर रहे हैं। इसका मूल कारण यही है कि कहीं भी अपनी भाषा के लिए जूझ पड़ने का, मर मिटने का भाव हमारे भीतर से

कहीं तिरोहित–सा हो गया है। अपनी भाषा के प्रति गौरव का भाव या कहें बलिदानी भाव तभी उभर सकता है जब हम अपनी भाषाओं को जानें–समझें और उनका प्रयोग करें। लेकिन यह एक कड़वा सच है कि यह सब हम आज अंग्रेजी भाषा के लिए कर रहे हैं। उसे चीन्हना हम ज्यादा जरूरी समझने लगे हैं और धीरे–धीरे अपनी ही भाषाएँ हमारे लिए अचीन्ही बनती जा रही हैं। हमारी इसी पक्षाघातग्रस्त मानसिकता पर पंडित जी ने यह विचारणीय टिप्पणी की है कि "हमने मान लिया है कि हिन्दी अंग्रेजी के बराबर नहीं है। कोई भी भारतीय भाषा अंग्रेजी की बराबरी नहीं कर सकती। अपनी भाषाओं का साहित्य पढ़ना, अपनी भाषा सीखना भी अब हेठी का सबब बनता जा रहा है और बात घर करती जा रही है कि भारतीय भाषाएँ सपना हैं और अंग्रेजी वास्तविकता है। आज अपनी भाषा की बात करना भावुकता माना जाता है और अपनी भाषा में बोलना गँवारूपन।"

यह तो बात हुई भारतीय भाषाओं की शिक्षा जगत और शिक्षा नीति में अवहेलना की जहाँ इन्हें अंग्रेजी के बरअक्स रखकर इनकी समस्त शक्तियों के बावजूद पीछे ढकेल दिया गया। अंग्रेजी विश्वभाषा है, वह ज्ञान की खान है, 'अज्ञान के अँधेरे को अंग्रेजी का प्रकाश ही मिटा सकता है' जैसे अनेक कथन आपको मिल जायेंगे। अंग्रेजी के पक्ष में दिए जाने वाले ये सारे कथन भ्रान्तिपूर्ण और मिथ्या हैं फिर भी सम्भ्रान्त समाज की चतुराई के जाल में सामान्य मध्यवर्ग फँसता चला जा रहा है। वह मध्यवर्ग जो हमेशा से भारतीय भाषाओं और राष्ट्रीय चेतना को बढ़ावा देता आ रहा है, आज यह वर्ग भूल चुका है कि भारतीय भाषाएँ राष्ट्रीय अस्मिता की भाषाएँ हैं। उसे यह भी याद नहीं कि सामाजिक समन्वय, सह–अस्तित्व और सहयोग का भाव भारतीय भाषाओं को घुट्टी में मिला है। यह जान लें कि औपनिवेशिक प्रवृत्ति की भाषा बहुत चालाक होती है, वह अलगाव तो पैदा कर सकती है पर जोड़ नहीं सकती। अंग्रेजी राज ने यही किया भी। आर्य–द्रविड़, हिन्दी–उर्दू, हिन्दी–अंग्रेजी, हिन्दी और अधीनस्थ बोलियों के बीच अलगाव का जहर उसी का बोया हुआ है।

अब बात शिक्षा नीति की भी जिसमें देसी भाषाएँ क्रमशः हाशिए की तरफ ढकेली जाती रही हैं। 'शिक्षा में भाषा' के सन्दर्भ में मातृभाषा शिक्षण और मातृभाषा माध्यम की उपादेयता तथा भारतीय बहुभाषिक स्थिति में शिक्षा में मातृभाषाओं की दशा और उनकी दुर्दशा के कारणों पर यदि विचार करें तो यह साफ–साफ पता चलता है कि भारतीय शिक्षा प्रणाली में देसी भाषाओं

की भूमिका लगातार विडम्बनापूर्ण बनी हुई है। ऐसा भी नहीं है कि इस ओर ध्यान नहीं दिया गया हो पर भाषा नियोजन के तहत जो भी नीतियाँ निर्धारित की गयीं वे भली–भाँति क्रियान्वित या प्रतिफलित नहीं हो सकीं। इस दृष्टि से चलिए त्रिभाषा सूत्र की पड़ताल कर ली जाये। यह सूत्र भारतीय बहुभाषिक प्रकृति को गहराई से परखते हुए तैयार किया गया था। स्कूली पाठ्यक्रमों में शिक्षार्थी को भाषा चयन की सुविधा मिल सके तथा राष्ट्रीय एकता सिद्ध हो सके–इन दो मूल उद्देश्यों को लेकर त्रिभाषा सूत्र रचा गया था।

माध्यमिक शिक्षा आयोग (1953), केन्द्रीय शिक्षा सलाहकार बोर्ड (1956), मुख्यमंत्रियों का सम्मेलन (1961) तथा शिक्षा आयोग (1964–66) की समय–समय पर प्रस्तुत रिपोर्टों के आधार पर त्रिभाषा सूत्र को राष्ट्रीय मान्यता मिली और संसद ने इसे पारित भी कर दिया। इतना ही नहीं इसे राष्ट्रीय, क्षेत्रीय और स्थानीय स्तर पर लोगों के बीच संप्रेषण की एक शैक्षिक रणनीति (Strategy) के रूप में भी जोर–शोर से प्रोजेक्ट किया गया। शिक्षा के माध्यम से बहुभाषिक भारत की संप्रेषण व्यवस्था को घाट मिल सके यह प्रयत्न राष्ट्रीय शिक्षा नीति 1968 ने किया था। इसने त्रिभाषा सूत्र को स्कूलों में भाषा शिक्षण की एक विकसित पद्धति के रूप में स्थापित करने की बात भी कही थी और राज्य सरकारों से आग्रह किया था कि वे इसे माध्यमिक स्कूल स्तर पर अपनाएँ और क्रियान्वित करें। राष्ट्रीय शिक्षा नीति में हिन्दी भाषी क्षेत्र के लिए किसी एक आधुनिक भारतीय भाषा (प्रमुखतः दक्षिण भारत की कोई भाषा), हिन्दी और अंग्रेजी को तथा हिन्दीतर भाषी राज्यों के लिए हिन्दी, क्षेत्रीय भाषा और अंग्रेजी को निर्धारित किया।

हिन्दी और/या अंग्रेजी के उपयुक्त पाठ्यक्रम विश्वविद्यालयों में उपलब्ध कराने की बात भी इसमें कही गयी थी ताकि इन भाषाओं में छात्रों की दक्षता (Proficiency) बढ़ सके। इसके साथ ही राष्ट्रीय शिक्षा नीति ने यह भी प्रस्तावित किया था कि क्षेत्रीय भाषाओं, हिन्दी, अंग्रेजी, संस्कृत और अन्तरराष्ट्रीय भाषाओं के सम्यक् शैक्षिक विकास के लिए स्कूली स्तर पर इनके शिक्षण की नयी तकनीकों, पद्धतियों और नये प्रकार की शिक्षण सामग्री को अपनाने, निर्मित करने और विकसित करने की जरूरत है। बाद में अंग्रेजी के लिए इस दिशा में काम हुए, पर मातृभाषाएँ आज भी इनसे वंचित हैं। इनके शिक्षण की दशकों पुरानी पद्धति चली आ रही है और अभिक्रमित वैज्ञानिक सामग्री की जगह पाठकेन्द्रित बोझिल सामग्री का बोलबाला है।

इस सम्बन्ध में एक विडम्बना और भी है। इस नीति या भाषा नियोजन सम्बन्धी प्रस्ताव को 1986 की राष्ट्रीय शिक्षा नीति ने भी अपना समर्थन दिया। इसका तात्पर्य यही है कि 1968 से 1986 तक इस शिक्षा में बहुत ठोस कुछ नहीं किया जा सका था। 1986 की राष्ट्रीय शिक्षा नीति सम्बन्धी रिपोर्ट में भी यह स्वीकारोक्ति है कि 1968 की नीति का अनुपालन सही दिशा में नहीं हो सका है अतः इसे अपेक्षित और प्रयोजनमूलक ढंग से क्रियान्वित करना जरूरी होगा। इन 18 वर्षों का आकलन करते हुए इसने अपने निष्कर्ष भी दिए–

1. राज्य सरकारी समिति के बारे में स्पष्ट नहीं है कि तीनों भाषाओं का शिक्षण किस स्तर से प्रारंभ किया जाये। परिणामतः माध्यमिक स्तर पर सभी भाषाएँ अनिवार्य भाषा के रूप में नहीं पढ़ाई जा रही हैं। साथ ही अनिवार्य भाषाओं के रूप में इन भाषाओं का अध्यापन भिन्न राज्यों में भिन्न अवधि के लिए किया जा रहा है। इस सम्बन्ध में स्पष्ट निर्णय लेते हुए एकरसता लानी होगी।

2. हिन्दीभाषी राज्य आधुनिक भारतीय भाषाओं (विशेषकर दक्षिण की भाषाओं–कन्नड़, तमिल, तेलुगू, मलयालम) का शिक्षण नहीं कर रहे हैं। इनके स्थान पर संस्कृत पढ़ा रहे हैं। इस ओर भी गम्भीर प्रयास करने होंगे।

3. जो भाषाएँ पढ़ाई जा रही हैं उनमें भी शिक्षार्थी अपेक्षित दक्षता प्राप्त नहीं कर पा रहे हैं। इसका कारण शिक्षण पद्धति और शिक्षण सामग्री का स्तरीय ना होना है। सब कुछ अधूरा–सा है, अधकचरा है इसलिए भारतीय सन्दर्भ में 'शिक्षा में भाषा' लक्ष्य ही पूरा नहीं हो पा रहा है।

अब प्रश्न यह है कि 18 वर्ष तक 1968 के प्रस्तावों पर गम्भीरता से कदम क्यों नहीं उठाए गये और 1986 की रिपोर्ट में सारी बातों को (जो वास्तव में भारतीय भाषाओं की अस्मिता की दृष्टि से अत्यन्त गम्भीर हैं) इतने चलताऊ ढंग से क्यों लिया गया? इसका स्पष्ट तात्पर्य यह है कि भारतीय भाषाओं के प्रति शिक्षा नीति निर्धारकों में गम्भीरता और संकल्प का नितान्त अभाव है।

समकालीन भारत इन समस्याओं को समझता है फिर कारण क्या है कि मातृभाषाओं को उनका दाय नहीं मिल पा रहा है। सामाजिक कार्यक्रमों का क्रियान्वयन, साक्षरता कार्यक्रम, जनसम्पर्क के साधनों तथा माध्यमिक और उच्च शिक्षा प्रणाली में पूर्णतः भारतीय भाषाओं को स्थापित किये बिना प्रगति का मार्ग कैसे प्रशस्त हो सकता है। हम सभी यह जानते

हैं कि भारतीय भाषाओं की शिक्षा प्रणाली चरमरा चुकी है। बरसों पुरानी पद्धति ही आज भी इनके अध्यापन का आधार है। इनकी पाठ्य–पुस्तकें नितान्त अवैज्ञानिक ढंग से निर्मित हैं। एक ढंग से पाठों का संकलन मात्र हैं। परीक्षण में भाषाबोध को नहीं विषयबोध को प्रमुखता दी जाती रही है और परीक्षण मूल्यांकन का यही ढंग आज भी चल रहा है। ऐसी स्थिति में दक्षतागत अधूरापन तो आयेगा ही। शिक्षार्थी जब मातृभाषा में भी भाषायी अवरोध महसूस करेगा तो उसकी रुचि और अभिवृत्ति को मातृभाषा या देसी भाषा के विरोध में जाते कितनी देर लगेगी।

एक बुनियादी बात और है। भारत जैसे देश की शिक्षा व्यवस्था में शहर और देहात के बीच की भाषायी स्थितियों पर ध्यान कम दिया जा रहा है। ध्यान देना होगा। शहरों में आमतौर पर मानक/साहित्यिक भाषा काम में आती है जबकि कस्बाई और देहाती आबादी बोलियों का प्रयोग करती है जो साहित्यिक या मानक भाषा से काफी भिन्न होती है। हिन्दी क्षेत्र में यह स्थिति बोली (Dialect) और भाषा (हिन्दी) की इस भिन्नता के साथ साफ देखी जा सकती है। इस क्षेत्र में इसीलिए हिन्दी भाषा को शिक्षा की भाषा बनाने में एक खाई दिखाई देती है। यह ध्यान देने की बात है कि बोली–भाषी शिक्षार्थी की हिन्दी सीखने की कठिनाइयाँ, भारतीय भाषा–भाषी शिक्षार्थी से बहुत अलग नहीं होतीं। इस खाई को पाटने के लिए शिक्षा की भाषा के रूप में प्राथमिक/माध्यमिक स्तर पर देहाती बोलियों (भाषाओं के व्यावहारिक रूप) का इस्तेमाल जरूरी है। साक्षरता के विकास में भी बोलियों (Speech Varieties) को महत्त्व देने और हिन्दी क्षेत्र में बोली बहुल हिन्दी रूप को माध्यम बनाने की जरूरत को भी अब हमें वास्तविकता में ढालना होगा, तभी वास्तविक विकास सम्भव है। यह भी कह दूँ कि त्रिभाषा सूत्र में भारतीय भाषा यथार्थ के इस पक्ष पर संकेत भी नहीं है।

भारत विशेष प्रकार के समूहों का राष्ट्र है, इसमें कोई सन्देह नहीं। पर दो प्रतिशत पूँजीपति, नौकरशाह, बड़े उद्योग समूह और आधुनिक विचारधारा के पोषक बुद्धिजीवी इसकी और इसके समूहों की भाषायी, जातीय और सांस्कृतिक थाती को नकारने और पश्चिम का अन्धानुकरण करने वाले मुट्ठी भर लोगों का यह समूह जनमानस के सपनों और उनकी आकांक्षाओं के बीच और कितने अर्से तक दीवार बना रहेगा। शायद तब तक जब तक हमारी मातृभाषाओं को शिक्षा के भिन्न–भिन्न स्तरों पर निर्बाध विकास की दिशाएँ और अवसर नहीं मिलते।

अभी तक हमने 'शिक्षा में भाषा', 'मातृभाषा', 'स्कूली माध्यम भाषा' तथा 'त्रिभाषा सूत्र' पर विचार किया। ये सभी विचार करते समय हमें भाषायी संघर्ष और इसके समाधान पर भी विचार करना चाहिए क्योंकि भाषायी संघर्ष भी भारतीय भाषाओं की अवहेलना और भाषा के भाषायी यथार्थ की अनदेखी करने का परिणाम है। स्वतन्त्र भारत में भाषायी समस्याएँ अलग–अलग रूपों में उभरती रही हैं। हम सभी जानते हैं कि 'हिन्दुस्तानी' की दो आरोपित शैलियों–उच्च हिन्दी और उच्च उर्दू के संघर्ष ने देश का विभाजन किया। भारत के ही कुछ सूबों में हिन्दी विरोधी आन्दोलनों की हिंसक परिणति दिखाई दी। राष्ट्रभाषा हिन्दी के साथ जोड़ने वाले भाव (भावात्मक स्तर पर सांस्कृतिक एकता की कड़ी के रूप में) उसके राजभाषा बनने के बाद क्रमशः मिटने लगे। राष्ट्रभाषा के रूप में हिन्दी के प्रबल समर्थक भी राजभाषा हिन्दी के आलोचक बने खड़े दिखे। उन्हें लगा कि अब हिन्दी प्रभुतासम्पन्न भाषा बन जायेगी और शेष भारतीय भाषाएँ अपेक्षा का दंश झेलेंगी।

भाषा संघर्ष के विषाणु हमें अंग्रेजी शासन से विरासत में मिले हैं। भारतीय भाषाओं को महत्त्वपूर्ण क्षेत्रों से बाहर रखने, भाषा के नाम पर भेदभाव और संघर्ष को बढ़ाने तथा भाषा को सुसंस्कृत और बोलियों को गँवारू घोषित करने और इन प्रवृत्तियों को हवा देते रहने की साजिश ने भारत में भाषायी संघर्ष के विषवृक्ष को फलने–फूलने का अवसर दे दिया।

एक उदाहरण देना चाहूँगा। 'भारतीय भाषा सर्वेक्षण' (जॉर्ज अब्राहम ग्रियर्सन) के अनेक नतीजे भी इसी साजिश की उपज हैं। ग्रियर्सन ने 'बिहारी' का उल्लेख करके बिहार की बोली बहुल स्थिति में संघर्ष उत्पन्न करने का प्रयत्न किया जबकि जॉन बीम्स (भारत की आधुनिक आर्य भाषाओं का तुलनात्मक व्याकरण) ने इसका उल्लेख तक नहीं किया है। रामविलास शर्मा भी लिखते हैं कि बिहारी नाम की कोई भाषा नहीं है। मैथिली, मगही (मागधी) और भोजपुरी बोलने वाले इन्हें अलग–अलग भाषा मानते हैं (भाषा और समाज, 1961)। सुनीति कुमार चटर्जी भी इसे मात्र एक 'उपसंज्ञा' (भारत में भाषा और समाज, 1969) मानते हैं।

इस तरह भारत में भाषा संघर्ष जबरन उपजाई हुई मानसिकता का परिणाम है। कई लोग यह मानते हैं कि भारतीय बहुभाषिक स्थिति में भाषा संघर्ष स्वाभाविक है। यह सरासर एक भ्रान्त धारणा है। बहुभाषिकता अनिवार्यतः भाषा संघर्ष का परिणाम कभी नहीं होती। भारत का इतिहास

इसका गवाह है। कई देशों में (कनाडा, श्रीलंका, बेल्जियम) दो भाषाएँ भी तनाव उत्पन्न कर देती हैं। यह तो भारत का भाषायी यथार्थ है कि यहाँ भाषाओं और बोलियों की चकरा देने वाली व्यवस्था है। इसीलिए ब्रिटिश राज को इनके बीच संघर्ष उत्पन्न करके अलगाव फैलाने की पर्याप्त गुंजाइश दिखाई दी। क्योंकि भारतीय बहुभाषिकता अनोखे ढंग से और अच्छी तरह से गुँथी हुई है इसलिए नुकसान कम हुआ, पर दरारें तो पड़ ही गयीं। स्वतन्त्रता के बाद भी अलगाव के सर्प ने हमारा पीछा नहीं छोड़ा। इसी ने हमें भाषावार प्रान्तों के गठन के लिए प्रोत्साहित किया। आप जानते हैं कि 1966 के पहले पंजाब एक द्विभाषी राज्य था जिसमें पंजाबी और हिन्दी प्रचलित भाषाएँ थीं। 1966 में यह राज्य दो राज्यों (पंजाब और हरियाणा) में विभाजित कर दिया गया। हरियाणा में वे जिले शामिल किये गये जिनकी अधिकांश आबादी हिन्दीभाषी थी। इससे पंजाबी और हिन्दी भाषा को क्या और कितना लाभ मिला यह अलग बहस का विषय है–पर दोनों भाषा समुदायों के बीच मानसिक दूरी जरूर बढ़ी।

इसी तरह का एक उदाहरण और देना चाहता हूँ। कोंकणी को मराठी की एक बोली के रूप में सामाजिक मान्यता प्राप्त थी, 1961 की जनगणना में इसे स्वतन्त्र भाषा घोषित कर दिया गया। अब क्या था, साहित्यिक कृतियाँ, व्याकरण और शब्दकोश (कोंकणी के) प्रकाश में आने लगे। 1975 में साहित्य अकादमी ने कोंकणी को साहित्यिक भाषा का दर्जा भी दे दिया। अब इसे संविधान की आठवीं अनुसूची में भी सम्मिलित कर लिया गया है। एक और उदाहरण दे दूँ। जम्मू–कश्मीर में काफी पंजाबीभाषी रहते आये हैं। इनमें से 10–15% मुख्यतः डोंगरी हैं। डोंगरी को इस राज्य में पंजाबी की एक बोली माना जाता था। फिर डोंगरीभाषी अपने को पंजाबी से अलग मानकर गुहार करने लगे और डोंगरी ने अपने अधिकार जताने शुरू कर दिए। हास्यास्पद है कि भाषा–बोली के इस संघर्ष को स्वीकृति भी दे दी गयी। डोंगरी साहित्य के पुनरुत्थान को देखते हुए उसकी इस माँग की उपेक्षा नहीं की जा सकती, ऐसा कहा गया। इतना ही नहीं, राज्य में उसे प्रादेशिक भाषा की मान्यता भी प्रदान कर दी गयी, स्कूलों में डोंगरी पढ़ाई जाने लगी, राज्य की कला संस्कृति अकादमी डोंगरी में पुस्तकें प्रकाशित करने लगी, डोंगरी और डोंगरी–हिन्दी शब्दकोश बने। देवनागरी लिपि अपनाने वाली डोंगरी को साहित्य अकादमी ने साहित्यिक

भाषा की मान्यता दे दी। अब संविधान की आठवीं अनुसूची में डोंगरी को लाने की माँग हुई जिसे स्वीकार भी कर लिया गया।

ये कुछ बानगियाँ हैं जिनका परोक्ष और अपरोक्ष दोनों तरह से प्रभाव पड़ता है। धार्मिक, समाजिक–सांस्कृतिक और भाषिक आधार पर भाषावार प्रान्तों की रचना अथवा क्षेत्रीय अस्मिता और बोलियों के विकास के नाम पर अलग–अलग प्रांतों की माँग भारत में भाषा संघर्ष को हवा देते रहे हैं। विचारशील होने के चलते हमें यह सोचना चाहिए कि क्या भारत के भाषायी यथार्थ को यह आन्दोलन या संघर्ष बदल सकते हैं? क्या राज्यों और एक ही राज्य के क्षेत्रों के बीच भाषायी स्तर पर स्पष्ट विभाजन रेखा खींची जा सकती है–कभी नहीं। ध्यान दीजिए कि भोजपुरी के प्रयोक्ता उत्तर प्रदेश और बिहार में फैले हुए हैं। बुंदेली बोलने वाले उत्तर प्रदेश में भी हैं और मध्य प्रदेश में भी। हरियाणवी उत्तर प्रदेश, हरियाणा और दिल्ली तीनों राज्यों में प्रचलित है। हमें यह भी देखना चाहिए कि राज्यों की विभाजन रेखाएँ तोड़कर भारतीय भाषाएँ भी अपने–अपने सीमावर्ती राज्यों में सीमांत भाषाओं (Border Languages) के रूप में व्यवहार में लायी जाती हैं। यदि शिक्षा में भाषा के प्रश्न को गम्भीरता से लेना है तो हमें इन मुद्दों पर उतनी ही गम्भीरता से विचार करना होगा और स्वार्थ की अन्धी गुफा से निकलकर सौहार्द, समन्वय और सहयोग के उस प्रकाश की ओर जाना होगा जिनके नीचे भारतीय भाषाएँ जीती, मरती और साँस लेती हैं। यह भी कहना होगा कि भाषाओं–बोलियों के उत्थान के लिए और इसके लिए काम करने के लिए इस तरह का अलगाव और बँटवारा जरूरी नहीं है। अगर ऐसा होता तो हमारी जनभाषाओं और मातृभाषाओं को उनका उचित दाम मिल जाना चाहिए था। लेकिन ऐसा नहीं हुआ, क्योंकि भाषा आन्दोलनों को हमने राजनीतिक शक्ति प्रदर्शन का माध्यम और भाषा समुदायों को बरगलाने का औजार बना दिया है। हमारे क्षेत्रीय भाषा समूह (चाहे वो बोली समूह हों या भाषा समूह) निरन्तर छले जाते रहे हैं। इस छल ने शिक्षा में भाषा के सन्दर्भ में मातृभाषाओं को जो महत्त्व मिलना चाहिए था उसे भी धूमिल करने में कोई कोर–कसर नहीं छोड़ी। आज भी औपनिवेशिक मानसिकता को ढोते रहने का कोई औचित्य नहीं है। इसके विरुद्ध एक–एक मातृभाषा–भाषी को खड़े हो जाना चाहिए, जड़ों पर प्रहार अब अनिवार्य हो चुका है।

अब थोड़ी–सी बात भारत के आदिवासी समूह उनकी भाषा और शिक्षा में उनकी स्थिति पर। भारत की कुल आबादी में 10.43 करोड़ की

आबादी आदिवासियों की है जिनमें से 90% के आसपास गाँव, वन और पर्वतीय क्षेत्रों में निवास करते हैं। मूलतः आन्ध्रप्रदेश, महाराष्ट्र, कर्नाटक, मध्यप्रदेश, छत्तीसगढ़, झारखण्ड, उड़ीसा, पश्चिम बंगाल में कुल आदिवासी जनसंख्या का 65% निवास करता है। 17.4% आदिवासी गुजरात और राजस्थान में निवास करते हैं। पूर्वोत्तर राज्यों में जैसे असम, नागालैंड, मिजोरम, मणिपुर, मेघालय, त्रिपुरा, सिक्किम, अरुणाचल प्रदेश में इनकी जनसंख्या 8.2% है। इसका तात्पर्य यह है कि इस बड़े समुदाय की शिक्षा की व्यवस्था इनकी अपनी भाषाओं में होनी चाहिए क्योंकि इनमें से प्रत्येक आदिवासी समूह की अपनी भाषाएँ हैं जो विभिन्न भाषा–परिवारों से सम्बन्ध रखती हैं। 2010–11 की जनगणना यह बताती है कि कक्षा 5 से 10 तक आदिवासियों की प्रवेश के समय संख्या बहुत निराशाजनक नहीं है। कहीं–कहीं तो यह अन्य वर्गों से अधिक भी है। लेकिन चिन्ता का विषय यह है कि स्कूल छोड़ने वाले विद्यार्थियों की संख्या निरन्तर वृद्धि की ओर है। पहली से पाँचवी तक 37.2%, आठवीं में 54.7% और दसवीं में 70.6% लड़कों की और लगभग ऐसी ही स्थिति लड़कियों की भी है– क्रमशः 25.1%, 41% और 47.9%। यहाँ यह उल्लेखनीय है कि ड्रॉपआउट रेट लड़कियों में कम है। अब यह देखें कि स्कूल छोड़ने के मूल कारण क्या हैं? एक तो सामाजिक–आर्थिक परिस्थितियाँ हैं लेकिन सबसे बड़ा कारण है उनकी भाषाओं को स्कूली शिक्षा व्यवस्था में समुचित स्थान न देना। सुदूर क्षेत्रों में रहने वाली इस जनसंख्या की शिक्षा पर यदि हमें बात करनी है तो इनकी मातृभाषाओं को कहीं–न–कहीं हमें माध्यम बनाना होगा अथवा उनके समाज–सांस्कृतिक पक्षों को, उनकी जीवनचर्या को, उनके परम्परागत ज्ञान को पाठ्य–पुस्तकों में जगह देनी होगी। अभी जो नयी शिक्षा नीति भारत सरकार निर्मित कर रही है उसमें यह प्रस्ताव है कि पाँचवीं कक्षा तक आदिवासी भाषाएँ ही माध्यम भाषाएँ हो और छठी से आठवीं कक्षा तक (चाहे उनकी माध्यम भाषाएँ भिन्न–भिन्न हों) लेकिन उनकी सामग्री आदिवासी जीवन से ही अधिकतर ग्रहण की जायेगी। अब हम यह कहकर नहीं बच सकते कि गरीबी, शिक्षा के अवसर आदि इसके कारण हैं। सोचनीय है कि लगभग 10 करोड़ बच्चों की शिक्षा उनकी अपनी भाषा में नहीं दी जाती। यहाँ यह भी उल्लेखनीय है कि अधिकांश आदिवासी भाषाओं की लिपियाँ नहीं हैं। मध्यप्रदेश, झारखण्ड, छत्तीसगढ़ के आदिवासियों की भाषाओं के लिए देवनागरी का प्रयोग होता है। इसी

प्रकार आन्ध्रप्रदेश और तेलंगाना की आदिवासी भाषाएँ तेलुगु लिपि अपनाती हैं। यही स्थिति अन्य राज्यों की भी है–महाराष्ट्र में मराठी, गुजरात में गुजराती आदि।

हमने अभी जो बातें कहीं उनमें एक बात महत्त्वपूर्ण है कि सामाजिक विकास के लिए शिक्षा के अवसरों को मातृभाषा के साथ जोड़ना चाहिए। मध्य भारत में गोंडी भाषा की कुछ पुस्तकें तैयार की गयी हैं (पाँचवीं कक्षा तक के लिए)। पुस्तकें अच्छी हैं। मध्यप्रदेश सरकार द्वारा इन्हें प्रकाशित किया गया है, पर उनका शिक्षण नहीं हो पा रहा है। कमोबेश यही स्थिति तेलंगाना में कोया भाषा की है जिसके लिए तेलुगु लिपि अपनायी गयी है। शिक्षकों की उचित व्यवस्था न होने से इन पाठ्य–पुस्तकों का सार्थक प्रयोग नहीं हो पा रहा है।

इस विषय में कुछ सुझाव देना चाहता हूँ क्योंकि शिक्षा की उचित व्यवस्था के अभाव में आदिवासी समुदायों का सामाजिक और आर्थिक विकास सम्भव नहीं है–

1. आदिवासी समुदायों की शैक्षिक जरूरतों का सर्वेक्षण किया जाये और यह देखा जाये कि अपनी मातृभाषा के प्रति उनकी अभिवृत्ति कैसी है। तेलंगाना के दो भाषा समुदायों कोया और चिंचू में हमने पाया कि वह अपनी मातृभाषा के प्रति बहुत गम्भीर नहीं है और बहुत तेजी से तेलुगू की ओर शिफ्ट कर रहे हैं। लेकिन कई ऐसी आदिवासी भाषाएँ हैं जिनके प्रयोक्ता अपनी मातृभाषा के लिए बहुत सजग हैं।

2. जिस प्रकार भिन्न भाषा समूहों के बीच भाषायी आदान–प्रदान होता है वैसा ही आदिवासी निकटवर्ती समूहों के बीच भी होता है। उदाहरण के लिए मध्यभारत के गोंडी भाषा समुदाय की शब्द संपदा में निकटवर्ती आदिवासी भाषाओं बैगानी, अगरिया, पनिका का भी प्रवेश हो चुका है, क्षेत्रीय भाषा छत्तीसगढ़ी के शब्दों का भी और हिन्दी का भी जो इस क्षेत्र की बृहदत्तर सम्पर्क भाषा है। यहाँ यह भी उल्लेखनीय होगा कि शिक्षण में गोंडी का इस्तेमाल करते समय उसकी भाषा अवमिश्रण (Code Mixing) की प्रवृत्ति पर भी ध्यान दिया जाये।

3. इसी से जुड़ी हुई एक बात और है कि इन भाषाओं के संक्षिप्त व्याकरण तैयार किये जायें जो सम्प्रेषणपरक हों और जिनमें कोड मिक्सिंग, शिफ्टिंग और पिजिनाइजेशन की प्रक्रिया से विकसित गोंडी को स्थान मिल सके।

4. एक लंबे अरसे से हमारी आदिवासी भाषाएँ अनेक दबावों के बावजूद सुरक्षित हैं। यह इसीलिए सम्भव हुआ है कि उन्हें अपने आसपास की भाषाओं से लेने और उन्हें आत्मसात करने की क्षमता है। ऐसा करने से इनकी भाषाओं में सामाजिक परिवर्तन के भी कई आयाम हम खोज सकते हैं और उन्हें यथा आवश्यक रूप से पाठ्यक्रमों में जगह दे सकते हैं।

5. आदिवासी समुदायों की कुछ ऐसी खासियतें भी हैं जो सामान्यतः अभिजात भाषा समुदायों में नहीं मिलतीं। उदाहरण के लिए, उनकी अपनी कृषि पद्धतियाँ हैं, परम्परागत औषधियों का एक बड़ा संसार है, विभिन्न प्रकार की कलाओं का उनके पास कौशल है। बाँस से ढेरों वस्तुएँ बनाने की दक्षता है तथा नृत्य–गीत–संगीत की अपनी परम्परा भी है। निश्चित ही इन सबके लिए उनके पास अपनी मातृभाषा के भिन्न–भिन्न रूप हैं, भाषावैज्ञानिक शब्दावली में हम जिन्हें प्रयुक्तियाँ (Registers) कहते हैं। इन सबको पाठ्यचर्या और पाठ्यक्रम में यथोचित स्थान दिए बिना आदिवासी शिक्षा का सपना पूरा नहीं किया जा सकता।

6. यह कई बार निश्चित और निर्धारित किया जा चुका है कि आदिवासी भाषाओं को शिक्षा का माध्यम बनाने के लिए अथवा उनके साहित्य को प्रकाशित रूप में सामने लाने के लिए उन्हें अपने नजदीक की किसी विकसित लिपि को अपना लेना चाहिए (जैसा कि वे कर भी रहे हैं)। काफी कुछ प्रकाशित भी है। मौखिक साहित्य को स्थान देकर मातृभाषा से जुड़े होने और जुड़े रहने का भाव उनमें पनपेगा।

7. यदि आसपास कई आदिवासी भाषाएँ प्रचलित हैं (जैसा कि मध्यप्रदेश में है) तो यह तय है कि छोटे भाषा समूह बृहत्तर भाषा समूह वाली भाषा जानते और बोलते हैं अतः उन सबके लिए उसी बृहत्तर सम्प्रेषण वाली भाषा को शिक्षा के लिए चुन लेना उचित होगा।

भारत जैसे बहुभाषी देश में शिक्षा में भाषा का प्रश्न उतना जटिल नहीं है, जितना कि इसे बना दिया गया है। कुछ कारणों की पड़ताल इस आलेख में की गयी। जरूरत निरन्तर करने, रास्ते निकालने और अपनी मातृभाषाओं के साथ डटकर खड़े होने की है।

समग्र विकास : शिक्षा और मूल्यों का समन्वय

सतीश प्रकाश एस. शुक्ल

भारत भव्य सांस्कृतिक विरासत वाला राष्ट्र है। कभी पूरा विश्व ज्ञानार्जन के लिए भारत की ओर अभिमुख होता था। नालंदा, तक्षशिला और वल्लभी जैसे विश्वविद्यालय समग्र विश्व को ज्ञान प्रदान करने वाले प्रमुख केन्द्र थे। भारतीय शिक्षा प्रणाली छात्रों का समग्र विकास करने में सक्षम थी। फिर ऐसा समय आया कि विदेशियों ने भारत पर अपनी सत्ता स्थापित की और आर्थिक, सामाजिक, सांस्कृतिक और नैतिक रूप से देश को बर्बाद करने में कोई कसर नहीं छोड़ी। गुलामी के दौर में हमने बहुत कुछ खोया। सबसे अधिक हानि शिक्षा के क्षेत्र में हुई। उसे उबरने के लिए आज भी प्रयत्न जारी है।

विदेशियों के शासन के दौरान हमारे देश की पहचान स्वरूप शिक्षा की प्रणाली अधिकांशतः नष्ट हो गयी। अंग्रेजों के शासन काल में भारतीय शिक्षा को नया स्वरूप दिया गया। उसी को आगे बढ़ाते हुए देश की वर्तमान शिक्षा प्रणाली आधुनिकता के रँग में रंग गयी। यह आधुनिकता भौतिक सुविधाओं के सन्दर्भ में, वह भी शहरों और बड़े कस्बों में, तो दिखाई दे रही है लेकिन शिक्षा से अपेक्षित परिणाम देने में विफल रही है। स्वतन्त्रता के बाद हर केन्द्रीय सरकार ने इस तथ्य को समझा और उसमें सुधार लाने के कार्य को आगे बढ़ाने के लिए कई समितियों का गठन किया। उनके द्वारा प्राप्त सुझावों के अनुसार शिक्षा के क्षेत्र में कुछ बदलाव भी किये गये। लेकिन अपेक्षित परिणाम नहीं मिल रहे हैं। दूसरी ओर, आज नैतिकता और सकारात्मक मूल्यों में निरन्तर कमी महसूस की जा रही है। फलतः वर्तमान शासन प्रणाली शिक्षा प्रणाली और सामाजिक एवं राजकीय परिस्थितियाँ व्यक्ति का समग्र विकास करने में सफल नहीं

हो रही हैं। इस परिस्थिति को कैसे बदला जाये? इसके बारे में सोचने से पहले हमें समझना होगा कि 'व्यक्ति का समग्र विकास' का क्या तात्पर्य है? सामान्य अर्थों में किसी भी व्यक्ति के संज्ञानात्मक, मानसिक, शारीरिक, भावनात्मक, कौशलात्मक, नैतिक और आध्यात्मिक पक्षों का अपेक्षित स्तर पर विकास हो तब कहा जा सकता है कि उसका समग्र विकास हुआ है।

एक समय था जब बच्चों को अपने पारिवारिक एवं सामाजिक परिवेश में अनौपचारिक ढंग से ऐसी शिक्षा मिल जाती थी जिससे उनके उपर्युक्त पक्षों का उनकी अपनी जरूरतों और क्षमताओं के अनुसार उचित स्तर पर विकास हो जाता था। परिवार में बच्चों को दादा–दादी, चाचा–चाची, ताऊ–ताई, नाना–नानी, बड़े भाई–बहन या बुआ आदि में से एक से अधिक लोगों के पास से संस्कृति या नैतिकता की शिक्षा मिलती थी। उस समय सामाजिक ढाँचा इतना मजबूत हुआ करता था कि जिन परिवारों में ऐसे सदस्य नहीं होते थे उनके पड़ोसी परिवारों के बुजुर्ग और ज्येष्ठ लोग यह जिम्मेदारी निभाते थे। उनकी बातें भी उतनी ही गम्भीरता के साथ सुनी और मानी जाती थीं। परिणामस्वरूप बच्चों के विकास को सही दिशा मिल जाया करती थी। जिनका विकास नहीं हो पाता था उन्हें परिवार के अन्य सदस्य या तो सँभाल लेते थे या उनकी हैसियत के अनुसार उन्हें सहायता प्रदान करते थे। ऐसे भी परिवार थे जो सीमित क्षमता रखने वाले अपने परिवार के सदस्यों की अवहेलना करते थे। फिर भी समाज में नैतिकता थी और समाज के अन्य लोग ऐसे लोगों के जीवन–यापन में सहायक बनते थे।

उस समय भौतिकवाद का उतना प्रभुत्व नहीं था। औद्योगिक क्रान्ति के बाद विश्व में तथा अंग्रेजों के शासन के दौरान भारत में भौतिकवाद ने अपने पाँव जमाने शुरु किये। भारतीय शिक्षा, आश्रमों, समाज और परिवारों से निकलकर पाठशालाओं में आ गयी। इस दौरान भारतीय शिक्षा का पश्चिमीकरण नहीं अंग्रेजीकरण हुआ। भारतीय शिक्षा का मूल तत्त्व, 'विश्व कल्याण के लिए शिक्षा' गायब हो गया। वसुधैव कुटुम्बकम् की भावना लुप्त होने लगी। भारतीयों के भौतिकवादी होने में जो कसर बाकी बची थी उसे वैश्वीकरण की नीति ने पूरा कर दिया। वर्तमान समय में टेलीविजन और इंटरनेट भारतीय युवाओं को अपनी संस्कृति से दूर कर रहे हैं। भारतीय संस्कृति में वे तत्त्व विद्यमान हैं जिन्हें अपनाकर कोई भी व्यक्ति खुद का समग्र विकास कर सकता है। लेकिन आज परिवार सीमित हो रहे हैं और दादा–दादी और नाना–नानी का साथ बच्चों को नहीं मिल पाता है। ये

बुजुर्ग अपनी तरह से जीवन जीने पर मजबूर हो जाते हैं क्योंकि उनके गृहस्थ बच्चे भौतिकवादी दुनिया में अपने छोटे से व्यक्तिगत परिवार के साथ येन–केन प्रकारेण धन कमाने की लालसा पूर्ण करना चाहते हैं तथा अपने सीमित परिवार के सिवाय किसी और का बोझ नहीं उठाना चाहते हैं, हालाँकि लोग अपने बच्चों को अच्छी शिक्षा दिलाने के प्रति जागरूक हैं। हकीकत यह है कि आज के अनपढ़ और पढ़े–लिखे दोनों ही प्रकार के माता–पिता अपने बच्चों को इतना समय नहीं दे पाते या देने से कतराते हैं कि जिससे वे इनका पल–पल का खयाल रख सकें। इसीलिए वे अपने बच्चों के विकास के लिए पाठशालाओं से उम्मीद रखते हैं।

बौद्धिक विकास

आज बच्चों के समग्र विकास की जिम्मेदारी पूर्ण रूप से औपचारिक या विद्यालयी शिक्षा प्रणाली पर आ चुकी है। हम जानते हैं कि व्यक्ति के समग्र विकास का एक पक्ष है उसका संज्ञानात्मक विकास जो मानसिक क्षमताओं से जुड़ा है। इसमें स्मरण शक्ति, प्रज्ञा, समझ, प्राप्त ज्ञान का उचित उपयोग करने की क्षमता, संश्लेषण क्षमता और प्राप्त ज्ञान का मूल्यांकन करने की क्षमता का समावेश होता है। इस पक्ष का विकास शुरु होता है स्मरण शक्ति के विकास के साथ। मानसिक प्रक्रियाएँ सम्पादित करने के लिए व्यक्ति के पास शब्द भण्डार होना आवश्यक है। स्मृति में अंकित शब्दों के द्वारा ही व्यक्ति किसी भी बात को समझने के लिए मानसिक तर्क–वितर्क करता है जिसके आधार पर वह किसी कथन, वाक्य, घटना, वस्तु, नियम, संप्रत्यय, सिद्धान्त, सूत्र, व्यक्ति आदि को समझने का प्रयत्न करता है। शिक्षा के द्वारा ही व्यक्ति की स्मृति का विकास और सही ढंग से तर्क–वितर्क करने का अभ्यास उचित वातावरण में और प्रशिक्षित शिक्षकों के द्वारा करवाया जा सकता है। तभी उसकी समझ का यथोचित विकास सम्भव होता है।

समझ शक्ति के विकास के बाद व्यक्ति के पास प्राप्त ज्ञान का उचित ढंग से उपयोग करने की क्षमता भी होनी चाहिए। यह क्षमता ही व्यक्ति के संज्ञानात्मक विकास को आगे बढ़ाती है। उसके लिए प्राप्त ज्ञान का विनियोग करने का अभ्यास अति आवश्यक है। यह कार्य औपचारिक और व्यावहारिक शिक्षा के माध्यम से हो सकता है।

व्यक्ति के जीवन में कई बार अप्रत्याशित घटनाएँ समस्या पैदा करती हैं जिनके निराकरण के लिए परिस्थिति में विद्यमान विभिन्न घटकों और उनके पारस्परिक सम्बन्धों को समझना आवश्यक होता है। यह कार्य करने के लिए परिस्थिति का विश्लेषण करना अपेक्षित है ताकि समस्या के हल में उपयोगी घटकों की पहचान हो सके। एक बार ऐसे घटक का पता चलने पर व्यक्ति समस्या का हल सरलता से ढूँढ़ सकता है। विश्लेषण क्षमता का विकास तर्क और समझ पर आधारित है। औपचारिक शिक्षा के द्वारा व्यक्ति को समस्यात्मक परिस्थितियों के विश्लेषण करने का अभ्यास करवाया जा सकता है।

समस्यात्मक परिस्थिति का विश्लेशण करने और अनुपस्थित घटक को ढूँढ़ने के बाद सभी घटकों का पुनः व्यवस्थापन करके एक समग्र की संरचना की जाती है, जो समस्या का हल देता है। इस हेतु व्यक्ति के पास संश्लेषण की क्षमता होनी चाहिए। पाठशाला में विभिन्न विषयों के अध्यापन के दौरान छात्रों को समस्यात्मक परिस्थिति में रखकर उन्हीं के द्वारा समस्या का हल ढुँढ़वाकर यह कार्य किया जा सकता है। इससे संश्लेषण करने की क्षमता का विकास सम्भव है।

संज्ञानात्मक पक्ष के विकास की चरम सीमा है, व्यक्ति में प्राप्त ज्ञान का मूल्यांकन करने की क्षमता का विकास। इसके द्वारा वह प्राप्त ज्ञान का औचित्य समझ पाता है। इस कार्य को करने के लिए अपनी सामाजिक, सांस्कृतिक, आर्थिक, भौक्षिक और पारिवारिक परिस्थितियों को समझना आवश्यक है। यह कार्य शिक्षा द्वारा ही सम्भव है।

भावात्मक विकास

ये सारे कार्य तभी उचित ढंग से हो सकते हैं जब व्यक्ति संवेदनात्मक और शारीरिक रूप से स्वस्थ हो। व्यक्ति को संवेदनशील बनाने के लिए उसके भावात्मक पक्ष का विकास करना आवश्यक है। जिससे वह अपनी खूबियों और कमियों को पहचान सके, अपने जीवन का उचित लक्ष्य निश्चित कर सके, अपनी सांस्कृतिक विरासत को समझ सके, अन्य लोगों की कद्र कर सके, जीवन एवं अपने हर काम के प्रति सकारात्मक वृत्तियों का विकास कर सके, सकारात्मक कार्यों में अपनी रुचि का विकास कर सके, लोगों के लिए सहायक बने, किसी के कार्य में रुकावट पैदा न करे

और परिवार, समाज, राष्ट्र के प्रति अपनी जिम्मेदारियाँ समझे। व्यक्तिगत रूप से यदि व्यक्ति अपना यथोचित विकास कर ले तो ये कार्य आसानी से हो सकते हैं। छात्रों में नैतिकता और मूल्यों का विकास करके यह कार्य किया जा सकता है। उसके लिए छात्रों के समक्ष ऐसा वातावरण खड़ा करना आवश्यक है जो उन्हें विभिन्न सकारात्मक वृत्तियों, नैतिक मूल्यों, सकारात्मक भावात्मक तथा लोगों की कद्र करने की भावनाओं पर ध्यान केन्द्रित करने का तथा उन्हें समझने का अवकाश प्रदान करे। इस कार्य के लिए उन्हें लम्बे सैद्धान्तिक उपदेश देने की आवश्यकता नहीं है, बल्कि उनके सामने शिक्षकों को उदाहरणीय बर्ताव करने की जरूरत है। वैसे भी उच्चतर माध्यमिक कक्षा तक के छात्र अति भावुक और संवेदनशील होते हैं। वे अपने आसपास के वातावरण में जो देखते हैं, उसे अपनाने का प्रयत्न करते हैं। इस उम्र में वे जीवन की कठिनाइयों को समझने की क्षमता नहीं रखते। इसलिए क्षणिक आनन्द देने वाली वस्तुओं और आचरणों की ओर आकर्षित हो जाते हैं। यही वह समय है जब बच्चों को औपचारिक तथा अनौपचारिक शिक्षा के माध्यम से जीवन का सही मर्म समझाने का प्रयत्न किया जाये। इस कार्य में अभिभावकों का योगदान भी आवश्यक है। उन्हें भी चाहिए कि वे अपने बच्चों के सामने सकारात्मक बातें करें, अनैतिक कार्य न करें, बच्चों की गतिविधियों का ध्यान रखें, उनसे वार्तालाप करें, उनकी समस्या को समकालीन सन्दर्भ में समझने का प्रयत्न करें, तदनुरूप अपने बच्चों को मार्गदर्शन दें और जरूरत पड़े तो ये सारे काम करने के लिए किसी मार्गदर्शक से सलाह लें। पाठशाला के शिक्षक अभिभावकों से सम्पर्क कर उन्हें मार्गदर्शन दे सकते हैं।

मूल्यबोध

छात्र अपने सकारात्मक मूल्यों में से प्रधान मूल्य ढूँढ़ने और उन्हें प्राथमिकता देने की क्षमता प्राप्त करें इस बात का शिक्षक को ध्यान रखना चाहिए। छात्र ऐसे मूल्यों के अनुसार आचरण कर पाएँ ऐसी परिस्थिति उनके सामने प्रस्तुत करने का काम शिक्षक का है। एक बार छात्र प्रमुख मूल्यों को पहचान ले उसके बाद वह उन मूल्यों को समझाने के लिए सक्षम होना चाहिए। यहाँ पर शिक्षक को सकारात्मक मूल्य आधारित आचरणों का औचित्य समझाना चाहिए। ऐसे मूल्यों के पालन के दौरान अनपेक्षित परिणाम

मिलने पर छात्र अपना धैर्य न खोयें इस बात का ध्यान रखने का काम शिक्षक और शिक्षा का है। यही वह घड़ी है जब छात्र अवांछित परिणाम मिलने पर विचलित हो जाते हैं और सफल होने के लिए अनैतिक मार्ग अपनाने के लिए प्रेरित होते हैं। एक बार छात्र अपने मूल्यों के प्रति दृढ़ हो जायें तो यह परिस्थिति पैदा नहीं होती है और वही मूल्य छात्र का चरित्र बन जाते हैं जो किसी भी परिस्थिति में उसके द्वारा होने वाले आचरण में उजागर होते हैं। व्यक्ति की ऐसी दृढ़ता ही उसे समाज–स्वीकृत बनाती है और वह अपने कार्यों के द्वारा परिवार, समाज और राष्ट्र के उत्थान के कार्य में अपना उचित योगदान दे पाता है। सकारात्मक मूल्यों के प्रति व्यक्ति का लगाव या दृढ़ता उसके समग्र विकास का हिस्सा है। उसकी यही प्रवृत्ति लोगों के प्रति संवेदनशील और उत्तरदायी बनाती है। वह अपने हर कार्य को समाज स्वीकृत या लोकोपयोगी हो इस ढंग से करने का प्रयत्न करता है, जिससे मानसिक रूप से भी वह स्वस्थ बना रहता है।

मानसिक स्वास्थ्य

व्यक्ति के समग्र विकास में मानसिक स्वास्थ्य का विशेष योगदान होता है। व्यक्ति की खूबियों और कमियों की पहचान करवाकर और उसकी कमियाँ दूर करने के लिए उचित मार्गदर्शन देकर उसके आत्मविश्वास को बढ़ाया जा सकता है। शिक्षक को चाहिए कि वह छात्रों की कमियों को पहचाने तथा उन्हें दूर करने में सहायक बने। इस हेतु शिक्षक को छात्र के साथ सहानुभूतिपूर्ण व्यवहार करना आवश्यक है। तदुपरांत शिक्षक को चाहिए कि वह हर छात्र के लिए अपनी क्षमता के अनुसार जीवन के लक्ष्य निश्चित करने में सहायक हो। इसके लिए शिक्षक का छात्र की अभिक्षमता पहचानना जरूरी हो जाता है। एक कुशल शिक्षक ही यह कार्य प्रभावशाली ढंग से कर सकता है। एक बार अपनी क्षमता के अनुसार लक्ष्य निश्चित कर लेने के बाद व्यक्ति के जीवन में या तो बाधाएँ कम आती हैं या वह इन बाधाओं से निपटने के लिए पहले से तैयार रहता है। दोनों ही परिस्थितियों में उसका मानसिक स्वास्थ्य अक्षुण्ण रहता है। मानसिक स्वास्थ्य भी व्यक्ति के समग्र विकास का एक अभिन्न अंग है, जिसे बनाये रखने में व्यक्ति का शारीरिक स्वास्थ्य सहायक होता है।

शारीरिक स्वास्थ्य

शारीरिक स्वास्थ्य के लिए उचित आहार एवं शारीरिक श्रम की प्रमुख भूमिका होती है। आज के पूँजीवादी विश्व में जहाँ पीने योग्य पानी भी पैसों से बिक रहा है वहाँ विदेशी आहार और फास्ट फूड के विज्ञापनों ने बच्चों, युवाओं और वयस्कों को भी सात्विक आहार से दूर कर दिया है। फलतः पूरे विश्व में तरह–तरह की बीमारियों का प्रसार हुआ है। सात्विक आहार के अभाव में लोगों के शरीर रोगों का मुकाबला करने के मामले में कमजोर होते जा रहे हैं। शिक्षा के द्वारा लोगों को शुद्ध और सात्विक आहार लेने के लिए और शारीरिक श्रम के द्वारा स्वास्थ्य प्राप्त करने के लिए प्रतिबद्ध किया जा सकता है।

उल्लेखनीय है कि सौन्दर्य प्रसाधनों और शक्तिवर्धक दवाओं के विज्ञापनों की भरमार ने लोगों को प्राकृतिक ढंग से अपने शरीर का विकास करने की दृढ़ता से विचलित कर दिया है। फलतः लोग गलत औषधियों का सेवन कर अपने शरीर को क्षति पहुँचाते हैं। हमारे शरीर की प्राकृतिक रचना ही ऐसी है जो छोटी–मोटी शारीरिक व्याधियों को स्वयं दूर कर सकती है। प्रश्न केवल शारीरिक श्रम का है। यदि व्यक्ति अपने शरीर को सदैव सक्रिय रखे तो शरीर की रोग प्रतिरोधी शक्ति बनी रहती है। शरीर अपने आप को हर परिस्थिति में ढालने की क्षमता रखता है। हाँ, अति गम्भीर बीमारी या दुर्घटना के कारण हुई शारीरिक क्षति को दूर करने के लिए औषधियों का सेवन करना आवश्यक हो जाता है। जोश तो नियमित दिनचर्या और शारीरिक श्रम के द्वारा शरीर का स्वास्थ्य बनाये रखने में कोई कठिनाई नहीं होती है। विद्यार्थियों को इस वास्तविकता के प्रति जागरूक बनाने का काम शिक्षा का है। पाठशाला में विद्यार्थियों से शारीरिक श्रम और व्यायाम करवाना आवश्यक है।

पर्यावरण चेतना

औद्योगिक विकास की चाह ने जंगल, नदी, झरनों आदि नैसर्गिक साधनों को भी प्रदूषित किया है। आबादी बढ़ने के कारण जंगल कटते जा रहे हैं। अब पर्यावरण संतुलन बिगड़ रहा है जिसका प्रभाव सृष्टि के तमाम तत्त्वों के बीच में रहे परस्परावलम्बन पर पड़ता है। इस व्याधि से छुटकारा पाने के लिए कई सरकारी और निजी संस्थाएँ प्रयत्न कर रही हैं। ये संस्थाएँ

लोगों में पर्यावरण के प्रति जागृति फैलाने के कार्य में लगी हैं। लेकिन ये प्रयत्न नाकाफी है। यदि शिक्षक तथा शिक्षा प्रणाली छात्रों को इस कार्य के प्रति जाग्रत करने के लिए प्रयत्न करे तो हर शैक्षिक संस्थान समाज को जिम्मेदार नागरिक प्रदान करने में सफल हो सकता है। ऐसे नागरिक स्वयं तो पर्यावरण का संतुलन बनाये रखने में सहायक बनते हैं और लोगों को भी जाग्रत करते हैं। वैसे भी हर आदमी यदि सजग हो जाये तो हर परिवार, समाज, राष्ट्र और पूरा विश्व स्वस्थ हो जायेगा। लोगों का इस बात के प्रति जाग्रत करने का काम शिक्षा का है। विभिन्न विषयों के अध्यापन के दौरान हर शिक्षक को चाहिए कि वे विषयवस्तु के मुद्दों को पर्यावरण के साथ जोड़ने का यथासम्भव प्रयत्न करे। पाठ्यक्रम की रचना के दौरान भी इस बात का ध्यान रखा जाना चाहिए कि हर विषय में पर्यावरण संवर्धन के सन्दर्भ में कुछ मुद्दों को अवश्य समाविष्ट किया जाये। तदुपरान्त शैक्षिक संस्थानों में स्वच्छता पर विशेष ध्यान देना चाहिए। बच्चों में स्वच्छता के प्रति भावनात्मक जागृति बढ़े इस बात का ध्यान रखा जाना चाहिए।

कौशल विकास

हम जानते हैं कि हर व्यक्ति अपने आप में एक विशिष्ट इकाई है। कुछ अपवादों को दरकिनार किया जाये तो हम कह सकते हैं कि जन्म के साथ ही हर व्यक्ति कुछ क्षमताएँ लेकर पैदा होता है। यदि व्यक्ति की क्षमता को पहचानकर यथोचित प्रशिक्षण दिया जाये तो उसके किसी कौशल का विकास किया जा सकता है। व्यक्ति के समग्र विकास का एक घटक उसके कौशल का विकास भी है। प्रश्न यह है कि व्यक्ति के कौशल को पहचाने कौन? उत्तर सीधा और सरल है। शिक्षक ही यह कार्य सफलतापूर्वक कर सकता है। शिक्षक की नजर इतनी पैनी होनी चाहिए कि वह हर विद्यार्थी की अभिक्षमता को पहचान सके। यह अभिक्षमता ही व्यक्ति के निश्चित कौशल का विकास करने की दिशा दर्शाती है। अभिक्षमता के आधार पर व्यक्ति के कौशल का विकास पाठशालाओं में तभी होगा जब पाठ्यक्रम में लचीलापन हो, जिससे हर विद्यार्थी को अपनी क्षमता के अनुसार आगे बढ़ने का प्रावधान किया गया हो, पाठशालाओं में अभ्यास द्वारा शिक्षा दी जाती हो और शिक्षक विद्यार्थियों के कौशल का विकास करने के कार्य में दक्ष हों। हमारी आज की शिक्षा प्रणाली परीक्षा केन्द्रित है, जो केवल

विद्यार्थियों की स्मरण क्षमता की कसौटी का उपयोग करती है। उनकी समझ भाक्ति, ज्ञान का विनियोग करने की क्षमता तथा उनके कौशल की कसौटी करने में वर्तमान मूल्यांकन प्रणाली विफल रही है। इसीलिए पाठशालाओं में विद्यार्थियों के कौशल का विकास करने का प्रयत्न नहीं किया जाता है। पाठ्यक्रम निर्माताओं को इस बात का ध्यान रखना चाहिए कि हर विद्यार्थी को अपनी क्षमता के अनुसार निश्चित कौशल के विकास का मौका मिले।

निष्कर्ष

उपर्युक्त चर्चा के आधार पर कहा जा सकता है कि व्यक्ति के समग्र विकास में शिक्षा और नैतिक मूल्यों की मुख्य भूमिका है। ऐसा तभी हो सकता है जब शिक्षक कर्मठ और अपने कार्य के प्रति प्रतिबद्ध हो। एक समय था जब माता–पिता अपने बालक को पारिवारिक व्यवसाय में जोड़ने के लिए उसे प्रशिक्षित करते थे। बालिकाओं को गृहस्थ जीवन के लिए तैयार किया जाता था। माता–पिता ही अपने बच्चों में सद्गुणों का विकास हो इस बात का ध्यान रखते थे तभी अपने पारिवारिक व्यवसाय और सामाजिक, आर्थिक परिस्थिति से सन्तुष्ट थे। जो सन्तुष्ट नहीं थे वे अपने दायरे में रहकर या अन्य लोगों के कार्य में बाधक न बनते हुए अधिक विकास करने का प्रयत्न करते थे। फिर भी हर युग में असामाजिक तत्त्वों ने भी अपने अस्तित्व का प्रमाण दिया है। यदि व्यक्ति का भावनात्मक, नैतिक और सामाजिक विकास उचित ढंग से न हुआ तो तब ऐसी परिस्थिति पैदा होती है। इसीलिए ऐसा भी देखा गया है कि एक समान परिवेश में रहकर पले, पढ़े और बड़े हुए दो व्यक्तियों में अनेक भिन्नताएँ होती हैं। ऐसी भिन्नताओं के कुछ आनुवांशिक कारण होते हैं तो कुछ निजी। आनुवांशिक कारणों को दूर करना कठिन है पर असम्भव नहीं है। उचित शिक्षा देकर व्यक्तिगत कारणों को दूर कर व्यक्ति के समग्र विकास को उचित गति और दिशा दी जा सकती है।

'शिक्षा का अधिकार' और सामाजिक परिवर्तन

संजीव कुमार भारद्वाज

'शिक्षा का अधिकार' कानून से शिक्षा जीवन के एक बेहद महत्त्वपूर्ण अंग के रूप में प्रतिष्ठापित हुई है। यह कानून शिक्षा को केवल मौलिक अधिकार के रूप में मान्यता ही नहीं देता अपितु उसे जीवन के अधिकार (अनु–21) से जोड़कर देखता है। इतने महत्त्वपूर्ण कानून को लेकर शिक्षाविद् एवं नीति–निर्माता अक्सर दो खेमों में बँटे रहे हैं। एक वर्ग जहाँ इसकी अनिवार्यता एवं प्रासंगिकता को लेकर समर्थक रूप में है वहीं एक अन्य वर्ग एकाधिक कारणों से इसकी आलोचना करता रहता है। एक अप्रैल 2010 से लागू इस कानून के सन्दर्भ में यह विमर्श इसलिए भी महत्त्वपूर्ण है कि क्या सचमुच पिछले 7–8 वर्षों में व्यावहारिक रूप से यह कानून अपने लक्ष्यों, उद्देश्यों के साथ न्याय कर पाया है? पिछले कुछ समय से बच्चे/शिक्षार्थी की प्रकृति को लेकर शैक्षिक प्रक्रिया में जो परिवर्तन आ रहे हैं, जो नयी दृष्टियाँ विकसित हुई हैं, उनका इस कानून में कितना स्पेस है, यह देखना भी आवश्यक है। राष्ट्रीय पाठ्यचर्या की रूपरेखा–2005 से निर्धारित पाठ्यचर्या की प्रकृति को क्या इस कानून की वजह से शैक्षिक विमर्श में एक नयी जगह मिली है इस तथ्य की भी खोज होनी चाहिए। पाठ्यचर्या वस्तुतः शैक्षिक नीतियों का विषय है, अधिनियम आमतौर पर पाठ्यचर्या की बात नहीं करते पर शिक्षा का अधिकार इस मायने में विशिष्ट है कि इसका एक पूरा (पाँचवाँ) अध्याय पाठ्यचर्या पर केन्द्रित है।

अध्याय 5, धारा 29, (2) के अनुसार शिक्षा अधिकारी उपधारा (1) के अधीन पाठ्यक्रम और मूल्यांकन प्रक्रिया अधिकथित करते समय निम्नलिखित बातों को ध्यान में रखेगा–

संविधान में प्रतिष्ठापित मूल्यों से अनुरूपता।

बालक का सर्वांगीण विकास।

बालक के ज्ञान, अन्तःशक्ति, योग्यता का निर्माण करना।

पूर्णतम मात्रा तक शारीरिक और मानसिक योग्यताओं का विकास।

शिक्षा का माध्यम जहाँ तक साध्य हो बालक की मातृभाषा होगा।

बालक को भय, मानसिक अभिघात और चिन्तामुक्त बनाना और बालक को स्वतन्त्र रूप से मत व्यक्त करने में सहायता करना।

बालक के समझने की शक्ति और उसे उपयोग करने की उसकी योग्यता का व्यापक और सतत मूल्यांकन।

पाठ्यचर्या का सीधा सम्बन्ध इस बात से है कि हम अपने समाज को किस रूप में देखते हैं और किस तरह के समाज की कल्पना से प्रेरित रखना चाहते हैं। इस तरह पाठ्यचर्या अपने आप में बेहद व्यापक संकल्पना है। पाठ्यचर्या के कुछ मुख्य पहलुओं जैसे संवैधानिक मूल्यों से अनुरूपता, मातृभाषा में शिक्षण, बाल केन्द्रित शिक्षण और मूल्यांकन की प्रक्रिया पर इसी सन्दर्भ में बात की जा सकती है।

''लोकतन्त्र प्रत्येक व्यक्ति के मनुष्य के रूप में सम्मान व योग्यता में आस्था पर आधारित होता है'' अतः लोकतान्त्रिक शिक्षा का उद्देश्य है–व्यक्ति का पूर्ण व चहुँमुखी विकास अर्थात् एक ऐसी शिक्षा जो विद्यार्थियों को एक समुदाय में जीने की बहुआयामी कला में दीक्षित करे। बहरहाल यह स्पष्ट है कि एक व्यक्ति अकेले न तो रह सकता है और न ही विकसित हो सकता है उस शिक्षा का कोई लाभ नहीं जो अपने साथी नागरिकों के साथ शालीनता, सामंजस्य, कार्यकुशलता के साथ जीने की शैली के लिए आवश्यक गुणों को पोषित न करती हो।''

(माध्यमिक शिक्षा आयोग, 1952–53, पृ. 20)

भारत विविध संस्कृतियों वाला समाज है जो अनेक प्रादेशिक व स्थानीय संस्कृतियों से मिलकर बना है। लोगों के धार्मिक विश्वास, जीवन शैली व सामाजिक सम्बन्धों की समझ एक–दूसरे से बहुत अलग हैं। सभी समुदायों को सह–अस्तित्व व समान रूप से समृद्ध होने का अधिकार है। इस सन्दर्भ में शिक्षा व्यवस्था को भी हमारे समाज में सांस्कृतिक विविधता के अनुरूप होना चाहिए। शिक्षा का अधिकार, पाठ्यचर्या की संविधान में प्रतिष्ठापित मूल्यों से अनुरूपता की बात अध्याय 5 धारा 29, 2(क) सामाजिक समता और न्याय सुनिश्चित किये जाने के सन्दर्भ में करता है। भारत का संविधान सभी नागरिकों को स्थिति व अवसर की

समानता का आश्वासन देता है। शिक्षा की परिधि से बच्चों की विशाल संख्या का बाहर होना, शिक्षा पाने के अवसरों के वितरण की स्थिति और जाति, वर्ग, लिंग के आधार पर सामाजिक भेदभाव समानता के इस मूल्य को बाधित करता है। इस अर्थ में शिक्षा की भूमिका सामाजिक बदलाव व समतावादी व्यवस्था लाने वाली होनी चाहिए। सभी को सामाजिक, आर्थिक व राजनीतिक न्याय उपलब्ध कराना लोकतन्त्र को सुदृढ़ करने के लिए अनिवार्य है। शिक्षा की भूमिका स्थापित वर्चस्व को चुनौती देने में है न कि इस वर्चस्वशीलता का पुनरुत्पादन करने में। इस तरह शिक्षा ज्यादा न्यायपूर्ण व समतामूलक समाज के निर्माण का माध्यम बन सकती है। कार्य व विचारों की स्वतन्त्रता हमारे संविधान में निहित एक मूलभूत सत्य है। लोकतन्त्र में ऐसे नागरिकों की आवश्यकता होती है और वह ऐसे नागरिक रचता है जो स्वतन्त्र रूप से अपने लिए निर्धारित उद्देश्यों को पाने के लिए कार्य कर सकें और दूसरों के इस अधिकार का सम्मान करें। एक नागरिक के लिए यह अनिवार्य है कि समाज में भाईचारे की भावना प्रोत्साहित करने के लिए वह समानता, न्याय व स्वतन्त्रता के सिद्धान्तों को आत्मसात करे। नागरिकता की अवधारणा को और स्पष्ट करते हुए जीरो (Giroux) कहते हैं कि शिक्षा व शिक्षक का यह दायित्व है कि विद्यार्थी ऐसा नागरिक बन सके, जो सोच सके, स्थापित चीजों को चुनौती दे सकें, कर्मठ बन सकें, आगे बढ़कर रिस्क ले सकें, और ऐसा नागरिक बन सकें, जो यह विश्वास कर सकें कि उसके कार्य समाज में बदलाव ला सकते हैं। भारत एक धर्मनिरपेक्ष लोकतान्त्रिक गणराज्य है। इसका अर्थ है कि सभी आस्थाओं का यहाँ आदर किया जाता है लेकिन साथ किसी आस्था विशेष को अपेक्षाकृत श्रेष्ठ नहीं माना जाता है।

इस अर्थ में यह जरूरी है कि पाठ्यचर्या ऐसी हो जो बच्चों में सबके प्रति चाहे वे किसी भी धर्म के हों, समान आदरभाव विकसित कर सके। शिक्षा के अधिकार में, पाठ्यचर्या को भारत की इस धर्मनिरपेक्ष, लोकतान्त्रिक और सामासिक संस्कृति को बनाये रखने एवं सामाजिक समता व न्यायपूर्ण समाज की ओर बढ़ने के माध्यम के रूप में देखा जा सकता है।

यूनेस्को के शैक्षणिक आधार पत्र (2003) के अनुसार आरंभिक शिक्षण के लिए मातृभाषा अत्यन्त आवश्यक है और इसे जहाँ तक बरकरार रखा जा सके, बरकरार रखा जाना चाहिए। शिक्षा मंत्रियों के सम्मेलन (1949) में सर्वसम्मति से स्वीकारा गया कि अल्पसंख्यक बोली के बच्चे को

अपनी बोली में शिक्षा प्राप्त करने का संवैधानिक अधिकार प्राप्त है (भारत सरकार 1964–1966)। आचार्य (1984) के अनुसार आरम्भिक स्तर पर ही 26 प्रतिशत बच्चे स्कूल छोड़ देते हैं और इसकी बड़ी वजह है–शिक्षा में दिलचस्पी का न होना, जिसके लिए मुख्य रूप से जिम्मेदार हैं–भाषा में अपनी सांस्कृतिक विषय–वस्तु का अभाव। कारण वस्तुतः यह है कि भाषा 'संस्कृति' का एक अवयव मात्र नहीं बल्कि 'संस्कृति की संवाहक' भी होती है। घर की भाषा से स्कूल की भाषा की ओर बढ़ना अच्छी तरह हो सकता है–यदि मातृभाषा में शिक्षण हो। माध्यम के रूप में मातृभाषा का उपयोग दरअसल घर में बोली जाने वाली भाषा और स्कूल में बोली जाने वाली भाषा के बीच के अन्तर की वजह से उत्पन्न भाषिक और सांस्कृतिक फासले को मिटा सकता है, झिंगरन (2005) के अनुसार लगभग 12 प्रतिशत बच्चे शिक्षा प्राप्त करने से वंचित रह जाते हैं क्योंकि उन्हें अपनी मातृभाषा में प्राथमिक शिक्षा की सुविधा प्राप्त नहीं होती। ये बच्चे विविध श्रेणियों से आते हैं, प्रवासी माता–पिता के बच्चे और सिंधी, कश्मीरी, डोगरी और कोंकणी आदि भाषाएँ बोलने वाले बच्चे (आधार पत्र, NCF 2005)।

भारत के संविधान की धारा 350–क के अनुसार, ''प्रत्येक राज्य और राज्य के भीतर प्रत्येक प्राधिकारी भाषायी अल्पसंख्यक–वर्गों के बालकों को शिक्षा के प्राथमिक स्तर पर मातृभाषा में शिक्षा की पर्याप्त सुविधाओं की व्यवस्था करने का प्रयास करेगा।''

संविधान का यह संकल्प वस्तुतः 1960 तक शिक्षा के सर्वव्यापीकरण को सम्भव कर पाने के लिए था। राष्ट्रीय पाठ्यचर्या की रूपरेखा 2005 भी भारत की बहुभाषिकता को सम्मान देते हुए सिफारिश करती है कि अगर स्कूल में उच्चतर स्तर पर बच्चों की घरेलू भाषाओं में शिक्षण की व्यवस्था न हो सके, तो कम–से–कम प्राथमिक स्तर की शिक्षा तो अवश्य ही घरेलू भाषाओं के माध्यम से दी जानी चाहिए।

बालकों का निःशुल्क एवं अनिवार्य शिक्षा का अधिकार 2009 मातृभाषा शिक्षण पर बल देते हुए अध्याय 5, धारा 29 (च) में प्रावधान करता है कि– शिक्षा का माध्यम जहाँ तक साध्य हो बालक की मातृभाषा में होगा। मातृभाषा में शिक्षा की व्यवस्था देने वाला यह प्रावधान एक तरह से स्कूल से बाहर उन बच्चों को प्रारम्भिक शिक्षा सुनिश्चित कराने का प्रयास है जो भाषा की बाधा के कारण इससे वंचित हैं। दूसरी ओर चूँकि, जैसा कि झिंगरन (2005) ने दिखाया है कि यह बच्चे मूलतः वंचित हाशिए पर रहने

वाले समाज से ताल्लुक रखते हैं, इस मायने में यह प्रावधान सामाजिक समता लाने की ओर उठाया गया एक कदम भी है। जैसा कि कृष्ण कुमार कहते हैं कि यह प्रावधान वस्तुतः त्रिभाषा सूत्र को नये सिरे से विमर्श में लाता है। यह प्रावधान एक राज्य में दूसरे राज्य की भाषा के लिए पर्याप्त व्यवस्था के संवैधानिक प्रावधान को गति देता है। बिहार के मजदूर अगर असम में काम कर रहे हैं तो उनके बच्चों को पढ़ाने के लिए असम सरकार को बिहार की भाषा जानने वाले शिक्षक भर्ती करने पड़ेंगे। इस अर्थ में राष्ट्रीय एकीकरण की प्रक्रिया को गति मिलेगी।

भारत की बहुभाषिक स्थिति के परिप्रेक्ष्य में मातृभाषा में शिक्षण एक उपाय भी है जिससे भाषिक विविधता के इस संसाधन का उपयोग ज्ञान संपदा को समृद्ध करने में किया जा सकता है। जैसा कि पटनायक (1986) संकेत करते हैं कि इस तरीके से हम तेजी से लुप्त हो रही भाषाओं और स्थानीय ज्ञान–पद्धतियों को बचा सकते हैं और साथ ही इन्हीं भाषाओं में नये ज्ञान के सृजन के लिए भी जगह बना सकते हैं। यह विदित है कि उच्चस्तरीय भाषिक कौशल का एक भाषा से दूसरी भाषा में आसानी से स्थानांतरण हो सकता है। इसलिए मातृभाषा में शिक्षण एक बहुभाषा भाषी समाज में अन्य भाषाओं को सीखने के स्तर पर भी सहायक होगा। इस तरह यह प्रक्रिया न केवल अपनी सांस्कृतिक धरोहर से जुड़ने बल्कि दूसरों के प्रति संवेदनशील बनने का अवसर देती है। इस सन्दर्भ में भी 'निःशुल्क एवं अनिवार्य शिक्षा का अधिकार 2009' का यह प्रावधान एक बहुसांस्कृतिक समाज में लोकतान्त्रिक दृष्टि विकसित करने का प्रयास है।

"बच्चा अपने आप को दूसरों से जोड़कर सीखता है जिससे उसकी समझ बनती है, वह कार्य कर पाता है और स्वयं का रूपान्तरण कर पाता है। समाज में हर एक पीढ़ी को विरासत में संस्कृति और ज्ञान का भंडार मिलता है, जिसे वह अपनी गतिविधियों तथा समझ में समाहित करते हुए नया ज्ञान रचने की सार्थकता महसूस करता है" (NCF–2005 पृ.14)। बाल–केन्द्रित शिक्षण शास्त्र बच्चों के अनुभवों, उनकी आवाजों और उनकी सक्रिय सहभागिता को प्राथमिकता के तौर पर रखता है। शिक्षा का नियोजन बच्चों के मानसिक विकास एवं रुचियों के मद्देनजर हो, बाल–केन्द्रित शिक्षण शास्त्र ऐसी अपेक्षा करता है। सीखना अपने आप में एक सक्रिय व सामाजिक गतिविधि है। बच्चा संसार का ज्ञान ग्रहण करता है और नये ज्ञान का सृजन करता है इसलिए पाठ्यचर्या

का जुड़ाव अनिवार्य रूप से बच्चे की सक्रियता व रचनात्मक क्षमता के पोषण व उसके संवर्धन से है।

शिक्षा का अधिकार–2009 शिक्षण–प्रक्रिया की उस व्यवस्था का भी विरोधी है जिसमें बच्चे की आवाज व अनुभवों को कक्षा में अभिव्यक्ति नहीं मिलती। प्रायः केवल अध्यापक का ही स्वर सुनाई देता है। ज्ञान का भंडार अध्यापक को माना जाता है और बच्चे खाली बर्तन के समान हैं जिन्हें अध्यापकीय ज्ञान से स्वयं को भरना है। इस तरह आमतौर पर वे कक्षा में निष्क्रिय भूमिका में बैठे रहते हैं। बोलते हैं तो केवल अध्यापक के शब्दों को दोहराने या सवालों के जवाब देने के लिए। कृष्ण कुमार (1997) 'क्या पढाया जाता है?' के साथ–साथ 'कैसे पढ़ाया जाता है?' इस सवाल को महत्त्वपूर्ण मानते हैं। पाठ्यपुस्तकों को ज्ञान का एकमात्र स्रोत मानकर बच्चे की भूमिका पाठ्यपुस्तकों के तथ्यों को रट जाने की होती है और शिक्षक की भूमिका पाठ्यपुस्तकों की सूचनाओं को ज्यों का त्यों परोस देने की। पाठ्यपुस्तक केन्द्रित इस शिक्षण शास्त्र ने बच्चों को उनके दैनिक व व्यावहारिक जीवन से जोड़ने की कोशिश नहीं की (कुमार, 1997)।

बाल–केन्द्रित शिक्षण नीति पाठ्यपुस्तक की इस केन्द्रीय भूमिका को अस्वीकार करती है। इस उपागम के अनुसार बच्चे अपने पर्यावरण से प्रत्यक्ष रूप से जुड़कर ज्ञान–सृजन की प्रक्रिया करें तथा अपने संज्ञानात्मक विकास व समझ के अनुसार चीजों के अर्थ खोलें। इस तरह यह उपागम कक्षा में बच्चों को एक सक्रिय सहभागी के रूप में देखता है। यह सक्रिय सहभागिता ही बच्चे के शारीरिक, मानसिक व भावात्मक विकास को सुनिश्चित करेगी। इस शिक्षण शास्त्र में अध्यापक एक मार्गदर्शक व सहयोगी के तौर पर बच्चों को ज्ञान का सृजन करने व उनके सर्वांगीण विकास के लिए हरसम्भव सहायता करेगा।

निःशुल्क एवं अनिवार्य शिक्षा का अधिकार 2009 अध्याय 5, धारा 29 में बाल–केन्द्रित शिक्षण शास्त्र का प्रावधान करता है ताकि बच्चों के भीतर की स्वाभाविक जिज्ञासा, अपने पर्यावरण के साथ अन्तःक्रिया और चीजों को अर्थ देने की उनकी स्वाभाविक क्षमता का विकास हो तथा शिक्षण अधिगम प्रक्रिया में उनकी सक्रिय भागीदारी हो।

अध्याय 5, धारा 29, उपधारा (2) शिक्षा प्राधिकारी, उपधारा (1) के अधीन पाठ्यक्रम और मूल्यांकन प्रक्रिया अधिक्रमित करते समय निम्नलिखित बातों का ध्यान रखेगा–

- बालक का सर्वांगीण विकास
- बालक के ज्ञान, अन्तःशक्ति तथा योग्यता का निर्माण
- शारीरिक और मानसिक योग्यताओं का विकास

बाल–अनुकूल और बाल–केन्द्रित रीति से क्रियाकलापों के प्रकटीकरण और खोज के द्वारा शिक्षण।

प्रो. यशपाल की अध्यक्षता में गठित समिति की रिपोर्ट 'लर्निंग विदाउट बर्डन' (1993) ने चिन्ता व्यक्त की थी, "पढ़ाया तो बहुत जाता है लेकिन उसमें से थोड़ा ही सीखा और समझा जाता है।" पढ़ाने और समझने का यह जो अन्तराल है वह वास्तव में शिक्षा के सूचना केन्द्रित हो जाने के कारण है। पाठ्यक्रम 'पूरा' तो कराया जाता है लेकिन इस 'पूरा' कराने में खोज या जिज्ञासा की भूमिका कहीं नहीं है। 'लर्निंग विदाउट बर्डन' के अनुसार बस्ते का बोझ एक मुद्दा है लेकिन इससे भी घातक है–"जो पढ़ाया गया है उसके समझ में न आने का।" समझ में न आने के इस दबाव के चलते पढ़ाई बीच में छोड़ देने की प्रवृत्ति भी अक्सर देखी जा सकती है। समझ में न आने के दबाव का एक और पहलू है–ज्ञान या स्कूल गतिविधियों का बच्चे के सांस्कृतिक सन्दर्भ से कोई सम्बन्ध न होना। ऐसा ज्ञान भी बच्चों के लिए बोझ है जिसे वे अपने परिवेश या अपने सन्दर्भ से जुड़ा हुआ नहीं पाते। प्रसिद्ध शिक्षाविद् ब्रुनर (1996) तर्क देते हैं, कि यह जानना जरूरी है कि बच्चा जो करता है वह आखिर क्या सोचकर करता है। बच्चे की सीखने की प्रक्रिया व उसकी सोच के साथ सामंजस्य शिक्षण विधि के लिए बहुत जरूरी है। 'निःशुल्क और अनिवार्य शिक्षा का अधिकार' समझ में न आने के इस दबाव और इसके कारण स्कूल छोड़ देने वाले बच्चों के लिए विकल्प के रूप में देखा जा सकता है। निःशुल्क और अनिवार्य शिक्षा का अधिकार विद्यार्थी–केन्द्रित कक्षा की संकल्पना करता है। ऐसी कक्षा जिसमें व्यवहारवाद के विकल्प के तौर पर खोजपूर्ण स्थितियों का संयोजन किया जाये। ऐसी कक्षा जिसमें बच्चे खुद ज्ञान के आविष्कारक बन जायें। ड्यूवी (1916) मानते हैं कि दरअसल खुद करके देखना ही किसी विद्यार्थी के लिए ज्ञान का सृजन करने का सबसेअच्छा माध्यम है। पूछताछ, अन्वेषण, प्रश्न पूछना, वाद–विवाद, व्यावहारिक प्रयोग व ऐसा चिन्तन जिससे सिद्धान्त बन सके और विचार/स्थितियों की रचना हो सके–ये सभी बच्चों की सक्रिय व्यस्तता को सुनिश्चित करते हैं। स्कूलों द्वारा ऐसे अवसर प्रदान किये जाने चाहिए

ताकि प्रश्न पूछकर व चर्चा एवं चिन्तन कर अवधारणाओं को आत्मसात करें या नये विचार रखें, रचें। इस तरह जरूरी नहीं कि वे सभी प्रश्नों के एक समान उत्तर दें। बच्चे प्रश्नों के उत्तर अपने सन्दर्भों और अनुभवों से जोड़कर देते हैं। इस तथ्य को ध्यान में रखकर ही गतिविधि और प्रश्नोत्तर पद्धति का नियोजन किया जाना चाहिए।

सतत मूल्यांकन

शिक्षण–अधिगम प्रक्रिया का अनिवार्य सम्बन्ध मूल्यांकन से है। भारतीय शिक्षा में मूल्यांकन शब्द परीक्षा, तनाव और दुश्चिन्ता से जुड़ा हुआ है। बोर्ड की परीक्षाएँ तो लगभग आतंक का पर्याय ही हैं। इस दौरान होने वाली आत्महत्याओं की घटनाएँ बच्चों में खौफ दर्शाती हैं। परीक्षा में प्राप्त अंक दरअसल एक ओर व्यक्तिगत उपलब्धि और योग्यता के प्रतिनिधित्व के तौर पर लिए जाते हैं और दूसरी ओर इन अंकों को सामाजिक हैसियत में एक कारक के तौर पर भी देखा जाता है। पिछले दिनों मानव संसाधन विकास मंत्रालय द्वारा परीक्षा पद्धति में सुधार करने के प्रयासों को इसी परिप्रेक्ष्य में समझा जा सकता है। एक अच्छी मूल्यांकन प्रक्रिया, सीखने की प्रक्रिया का अभिन्न अंग बन सकती है जिसमें शिक्षार्थी और शिक्षा–तन्त्र दोनों को ही विवेचनात्मक और आलोचनात्मक प्रतिपुष्टि से फायदा हो सकता है। जैसा कि पोलार्ड (2008) कहते हैं कि रिफ्लेक्टिव टीचिंग एक स्तर पर यदि शिक्षार्थी की समझ का आकलन है तो एक दूसरे स्तर पर अध्यापक और उसकी शिक्षण विधि के बारे में रिफ्लेक्शन भी है। आकलन और मूल्यांकन का प्रयोजन निश्चित ही सीखने–सिखाने की प्रक्रियाओं एवं सामग्री का सुधार करना है और उन लक्ष्यों पर पुनर्विचार भी करना है जो स्कूल के लिए तय किये गये हैं।

यह धारणा प्रचलित है कि मूल्यांकन से उपजी हुई जरूरतों को उपचारात्मक शिक्षण से पूरा किया जाना है। इस धारणा ने शिक्षण–शास्त्र व शैक्षिक नियोजन के लिए बड़ी समस्या खड़ी की है। इस उपचारात्मक शब्द को उन विशेष कार्यक्रमों तक सीमित रखे जाने की जरूरत है, जो दरअसल उन बच्चों की क्षमता के विकास में मदद करते हैं जिनको पठन/साक्षरता या अंकज्ञान वाले पहलू में समस्याएँ आती हैं। यह आवश्यक है कि शिक्षकों के लिए उपचारात्मक व निदानात्मक परीक्षण तैयार करने की

योग्यता के लिए विशेष प्रशिक्षण की व्यवस्था हो। यह एक बड़ा सवाल है कि परीक्षण पाठ्यपुस्तक आधारित अधिगम का हो, रटे–रटाये बेकार तथ्यों का हो या सृजनात्मक क्षमता, रचनात्मकता और जिज्ञासा का। यह देखना महत्त्वपूर्ण है कि वस्तुतः आकलन की प्रक्रिया शिक्षार्थियों व शिक्षकों दोनों के लिए दबाव का काम कर रही है या उन्हें उनकी शिक्षण–अधिगम प्रक्रिया में सुधार की सम्भावना दे रहा है। बहरहाल इन बिन्दुओं के सन्दर्भ में 'निःशुल्क एवं अनिवार्य शिक्षा का अधिकार 2009' के मूल्यांकन व परीक्षा सम्बन्धी प्रावधान इस प्रकार हैं–

अध्याय 5, धारा 29, उपधारा (2) शिक्षा प्राधिकारी (1) के अधीन पाठ्यक्रम और मूल्यांकन प्रक्रिया अधिकथित करते समय निम्नलिखित बातों को ध्यान में रखेगा–बालक के समझने की शक्ति और उसे उपयोग करने की उसकी योग्यता का व्यापक व सतत मूल्यांकन। 30 (1) किसी बालक से प्रारम्भिक शिक्षा समाप्त होने तक कोई बोर्ड परीक्षा उत्तीर्ण करने की अपेक्षा नहीं की जायेगी।

प्रत्येक बालक को, जिसने अपनी प्रारम्भिक शिक्षा पूरी कर ली है, ऐसे प्रारूप और ऐसी रीति में एक प्रमाण–पत्र दिया जायेगा, जो विहित किया जाये।

शिक्षा का अधिकार बालक के समझने की शक्ति व उसके उपयोग करने की योग्यता का आकलन करने पर जोर देता है। इस अर्थ में यह अधिकार तथ्यों, सूचनाओं व रटे–रटाये ज्ञान की तुलना में दैनिक उपयोग व व्यावहारिक ज्ञान को महत्त्वपूर्ण मानता है। यह अधिकार बच्चों की सृजनात्मक क्षमता व उनकी जिज्ञासा तथा खोजपूर्ण प्रवृत्ति को प्रोत्साहन देता है। बच्चों को प्रतियोगी परीक्षओं के लिए तैयार करने की अपेक्षा यह अधिकार उनके दैनिक व व्यावहारिक जीवन में आने वाली समस्याओं का सामना करने की उनकी योग्यता को महत्त्व देता है। सतत व समावेशी मूल्यांकन सार्थक मूल्यांकन माना जा सकता है। सतत मूल्यांकन बहुआयामी मूल्यांकन है जो शिक्षण–अधिगम प्रक्रिया के हर चरण पर लगातार प्रतिपुष्टि के अवसर उपलब्ध कराता है। यह मूल्यांकन अपनी प्रवृत्ति में व्यापक है जो शिक्षार्थी के व्यक्तित्व के विभिन्न पहलू और उसके कौशल व दक्षताओं को अधिगम प्रक्रिया में समाविष्ट करता है। इस तरह परीक्षा से मुक्ति का प्रश्न वस्तुतः बच्चों को भयमुक्त व पक्षपातरहित वातावरण उपलब्ध कराने से जुड़ा हुआ है। परीक्षा का आतंक बालक के संज्ञानात्मक विकास को भी प्रभावित करता है और उसके भावात्मक विकास को भी। परीक्षाकेन्द्रित

पढ़ाई वस्तुतः बच्चों के संज्ञानात्मक दायरे और उनके समझने के स्तर को संकीर्ण बनाती है। कृष्ण कुमार (1999) के अनुसार, ''असल में तो हमारी परीक्षा प्रणाली जनता को धोखा देती आ रही है क्योंकि वह अपने अन्दर उपस्थित गहरे भेदभावों को छिपाती है जिसमें किसी उपेक्षित सरकारी स्कूल में पढ़ने वाले एक गरीब बच्चे को अच्छे स्तर के, सुविधा–सम्पन्न पब्लिक स्कूल के छात्रों के विरुद्ध प्रतियोगिता में उतरना पड़ता है। यह फूहड़ सच्चाई प्रतियोगिता के दौरान अपनायी जाने वाली कथित सम्पूर्ण समानता की झूठी चमक में बखूबी छिपकर रह जाती है। लेकिन इस तथ्य को जानने के लिए बहुत अधिक गहरी खोज की जरूरत नहीं कि अधिकतर असफल छात्र वंचित वर्गों से ही आते हैं'' (प्रोब 1999,पृ. 85)।

प्रारम्भिक शिक्षा पूरी होने तक बोर्ड परीक्षा न लेने के प्रावधान द्वारा निःशुल्क और अनिवार्य शिक्षा का अधिकार प्रारम्भिक शिक्षा सबके लिए सम्भव करने और प्रकारान्तर से एक समतामूलक समाज की स्थापना करने का प्रयास करता है। इस तरह पाठ्यचर्या के सन्दर्भ में शिक्षा का यह अधिकार कई ऐसे पहलुओं को समाविष्ट करता है जो इसे शैक्षिक नीति से आगे का कदम बनाते हैं। व्यावहारिकता के सन्दर्भ में यद्यपि कई सीमाएँ हैं जो इस कानून पर पुनरावलोकन की सार्थक अपील करती दिखती हैं। वर्तमान परिप्रेक्ष्य में यह जरूरी है कि शिक्षा के अधिकार कानून पर बेहद आलोचनात्मक तरीके से विचार–विमर्श किया जाये, जिससे इसे और अधिक सार्थक और प्रासंगिक बनाने में मदद मिल सके। इस सबके बावजूद इसमें कोई शक नहीं कि शिक्षा के अधिकार को शैक्षिक विमर्श में एक बड़ा एवं महत्त्वपूर्ण कदम माना जाना चाहिए।

योगसूत्र में शिक्षा की अवधारणा

संगीता शर्मा

चिन्तन को विस्तृत आयाम प्रदान करना, मूल्यों का ज्ञान तथा आत्म अनुभूति ये तीन मुख्य उद्देश्य हैं जिनमें दर्शन स्पष्ट व सक्रिय भूमिका का निर्वहन करता है। तैत्तिरीय उपनिषद् में शिक्षा से सम्बन्धित एक प्रत्यक्ष खण्ड है और वैसे भी उपनिषद् परम्परा में मानव जीवन के इन तीनों आयामों का विकास होता ही है, परन्तु उपनिषदों के बाद भारतीय दर्शन की साम्प्रतिक स्थापित परम्परा में वर्तमान शिक्षा को जोड़ा जाना चाहिए।

'दर्शन' का शाब्दिक अर्थ विवेक के प्रति अनुराग है तथा आचार्य के रूप में परम्परागत दार्शनिक की भूमिका शिक्षार्थी की विवेक की खोज के लिए सहायता होती है, वहीं यूनानी आचार्यों में 'सोफिस्ट' की संज्ञा बुद्धिमान व्यक्ति के लिए थी जिनका कार्य विवेक खोजने में विद्यार्थी की सहायता करने के साथ ही फीस के बदले विद्यार्थी को कुछ लाभदायक सूचना, कौशल इत्यादि देना ही 'शिक्षण' माना जाता था, परन्तु 'दृश्' धातु से उत्पन्न दर्शन 'फिलासफी' की तुलना में अधिक गहरा व समृद्ध अर्थ रखता है। व्युत्पत्ति की दृष्टि से भी वास्तविकता की अनुभूति कराने वाला तत्त्व दर्शन है।

दार्शनिक चिन्तन में किन्ही समस्याओं पर चिन्तन किया जाता है। भारतीय परिप्रेक्ष्य में ये विषय सत्ता, ज्ञान व मूल्य से सम्बन्धित होते हैं, जिन्हें परम्परागत रूप से तत्त्व, ज्ञान एवं मूल्य मीमांसा भी कहा जाता है।

यहाँ तत्त्व मीमांसा में मूल रूप से अस्तित्व का चिन्तन, ज्ञान मीमांसा में किसी व्यक्ति–वस्तु के सत्य–असत्य अथवा भ्रम विषयक जिज्ञासा पर चिन्तन सम्मिलित होता है तथा मूल्य मीमांसा में जीवन की वांछित अच्छाई की नीतिपरक व्याख्या की जाती है। ये तीनों पक्ष आपस में जुड़े हुए हैं। उपरोक्त कही गयी तीनों मीमांसाओं में योगसूत्र की स्थिति सुदृढ़ है। यहाँ

मूल्य मीमांसा वह है जो चित्तवृत्ति निरोध के साथ कर्मेन्द्रियाँ, ज्ञानेन्द्रियाँ, मन का विकास, विचारों की शुद्धि, अहंकार तत्त्वों का विकास, बुद्धि तत्त्व का विकास, सतत विकास की ओर अग्रसर करता है।

आप कैसे समाज को देखना चाहते हैं? वह समाज जिसकी इच्छाएँ कभी समाप्त नहीं होतीं तथा निरन्तर इच्छाओं से व्यक्ति व्यग्र रहता है, भौतिकता की लोलुपता से समाज में नैतिकता का पतन प्रत्यक्ष देखा जाता है। संसार में जितने भी पदार्थ हैं उनके परिणाम की एक ऐसी न्यूनतम एवं अधिकतम मात्रा होती है इसका अतिशय कल्पना से परे है। इसी संभावित की व्याख्या के लिए योगसूत्र में 'ईश्वर तत्त्व' की कल्पना की गयी, कोई ऐसा जिसमें अनन्त ज्ञान, गुण, विवेक हो जिसको हम मनुष्य समर्पण कर सकें यह योगसूत्र ही तत्त्व मीमांसा है, जो सांख्य में वर्णित 25 तत्त्वों के साथ ईश्वर को तत्त्व के रूप में स्थापित करता है।

यह सर्वविदित है कि योगसूत्र एक मनोवैज्ञानिक ग्रन्थ है जो मनुष्य के चित्त को तीन प्रमुख भागों में बाँटकर उसे तीन प्रकार से नियन्त्रित करने का मार्ग प्रशस्त करता है। इसमें सबसे पहला तत्त्व जो हमें योगसूत्र में प्राप्त होता है जिसका प्रयोग प्रत्येक छात्र और अध्यापक के लिए आवश्यक है वह है अभ्यास और वैराग्य। 'अभ्यासवैराग्याभ्याम् तन्निरोधः' (1/12 योगसूत्र) यहाँ पर चित्त की वृत्तियों के निरोध के प्रसंग में अभ्यास–वैराग्य को प्रथमतः उद्घाटित किया गया है। अभ्यास का सिद्धान्त प्रसिद्ध शिक्षाशास्त्री थार्नडाइक भी देते हैं, विद्यार्थी की विषय के प्रति अधिगम प्राप्ति में रुकावट से उसकी वैराग्य की आवश्यकता आज के विद्यालय व विश्वविद्यालय, बच्चों के चित्त की विक्षिप्त अवस्था से स्पष्ट समझा जाता है। फिर योगसूत्रकार अभ्यास को अधिक स्पष्ट करते हुए कहते हैं–"तत्र स्थितौ यत्नोभ्यासः" (1/13 यो.सू.)। स्थिरता के लिए जो यत्न किया जाता है वह अभ्यास है और भी–"स तु दीर्घकालनैरन्तर्यस्त्कारा–ऽऽसेवितोदृढ़भूमिः" (1/14 यो.सू.)। परन्तु वह बहुत काल तक निरन्तर और आदरपूर्वक सांगोपांग सेवन किये जाने पर दृढ़ावस्था वाला होता है।

आप इसी तरह का वाक्य गीता में भी पाते हैं–"अभ्यासेन तु कौंतेयः वैराग्येण च गृह्यते" अर्थात् अभ्यास की स्थिति के लिए बारम्बार यत्न करने से और वैराग्य से मन वश में होता है।

दूसरा एक महत्त्वपूर्ण सूत्र है जिसका सम्बन्ध बालक को सामाजिक

कैसे बनायें इस विषय में है सूत्र है—"मैत्रीकरुणामुदितोपेक्षानां—सुखदुःखपुण्यापुण्यविषयानांभावनातश्चित्तप्रसादनम्" (1/33 यो.सू.)। उपरोक्त सूत्र से सामाजिक व्यवहार के प्रति विद्यार्थियों का मनोवैज्ञानिक दृष्टिकोण भी स्थापित होता है। उपरोक्त सूत्र का अर्थ है सुखी मनुष्यों में मित्रता की भावना करने से दुःखी मनुष्यों में दया की भावना करने से, पुण्यात्मा पुरुषों में प्रसन्नता की भावना करने से, पापियों में उपेक्षा की भावना करने से चित्त निर्मल रहता है। यह सामान्य स्तर का मनोविज्ञान है कि यदि कोई सुखी व्यक्ति है वह उससे मित्रता करता है न की दुखी व्यक्ति से। परन्तु योगसूत्र दुखी व्यक्ति के प्रति उपेक्षा की बात नहीं करता अपितु उसके प्रति दया की भावना की अपेक्षा करता है। वहीं अपुण्य व्यक्ति के प्रति उपेक्षा को बताता है, वह दया और मित्रता का भाव रखने का मार्गदर्शन करता है तथा पुण्यात्मा एवं सकारात्मक व्यक्ति के प्रति मुदिता की भावना का संदेश देता है।

महर्षि पतंजलि ने योग को 'चित्त की वृत्तियों के निरोध' (योगः चित्तवृत्तिनिरोधः) के रूप में परिभाषित किया है। उन्होंने 'योगसूत्र' नाम से योग विषयक सूत्रों का संकलन किया है, जिसमें उन्होंने पूर्ण कल्याण तथा शारीरिक, मानसिक और आत्मिक शुद्धि के लिए आठ अंगों वाले योग का एक मार्ग विस्तार से बताया है। यह अष्टांग विशेषतः शैक्षिक दर्शन की धुरी है। अष्टांग योग (आठ अंगों वाला योग), को आठ अलग–अलग चरणों वाला मार्ग नहीं समझना चाहिए; यह आठ आयामों वाला मार्ग है जिसमें आठों आयामों का अभ्यास एक साथ किया जाता है। योग के ये आठ अंग हैं—यम, नियम, आसन, प्राणायाम, प्रत्याहार, धारणा, ध्यान, समाधि।

योग की स्थिति और सिद्धि के निमित्त कतिपय उपाय आवश्यक होते हैं जिन्हें 'अंग' कहते हैं और जो संख्या में आठ माने जाते हैं। अष्टांग योग के अन्तर्गत प्रथम पाँच अंग (यम, नियम, आसन, प्राणायाम तथा प्रत्याहार) 'बहिरंग' और शेष तीन अंग (धारणा, ध्यान, समाधि) 'अन्तरंग' नाम से प्रसिद्ध हैं। बहिरंग साधना यथार्थ रूप से अनुष्ठित होने पर ही साधक को अन्तरंग साधना का अधिकार प्राप्त होता है। 'यम' और 'नियम' वस्तुतः शील और तपस्या के द्योतक हैं।

यम हैं—

(क) अहिंसा—शब्दों से, विचारों से और कर्मों से किसी को अकारण हानि नहीं पहुँचाना।

(ख) सत्य–विचारों में सत्यता, परमसत्य में स्थित रहना, जैसा विचार मन में है वैसी ही प्रामाणिक बातें वाणी से बोलना।

(ग) अस्तेय–चोरी की प्रवृत्ति का न होना।

(घ) ब्रह्मचर्य–दो अर्थ हैं–

– चेतना को ब्रह्म के ज्ञान में स्थिर करना।

– सभी इन्द्रियजनित सुखों में संयम बरतना।

(च) अपरिग्रह–आवश्यकता से अधिक संचय नहीं करना और दूसरों की वस्तुओं की इच्छा नहीं करना।

नियम हैं–

पाँच व्यक्तिगत नैतिकता

(क) शौच–शरीर और मन की शुद्धि

(ख) सन्तोष–सन्तुष्ट और प्रसन्न रहना

(ग) तप–स्वयं से अनुशासित रहना

(घ) स्वाध्याय–आत्मचिन्तन करना

(च) ईश्वर–प्रणिधान–ईश्वर के प्रति पूर्ण समर्पण, पूर्ण श्रद्धा

वहीं आसन से तात्पर्य है स्थिर और सुख देने वाले बैठने के प्रकार (स्थिर सुखमासनम्) जो देहस्थिरता की साधना है। आसन जप होने पर श्वास–प्रश्वास की गति के विच्छेद का नाम प्राणायाम है। बाहरी वायु का लेना श्वास और भीतरी वायु का बाहर निकालना प्रश्वास कहलाता है। प्राणायाम प्राणस्थैर्य की साधना है। इसके अभ्यास से प्राण में स्थिरता आती है और साधक अपने मन की स्थिरता के लिए अग्रसर होता है। अन्तिम तीनों अंग मनःस्थैर्य की साधना हैं। प्राणस्थैर्य और मनःस्थैर्य की मध्यवर्ती साधना का नाम 'प्रत्याहार' है। प्राणायाम द्वारा प्राण के अपेक्षाकृत शान्त होने पर मन का बहिर्मुख भाव स्वभावतः कम हो जाता है। फल यह होता है कि इंद्रियाँ अपने बाहरी विषयों से हटकर अन्तर्मुखी हो जाती है। इसी का नाम प्रत्याहार है (प्रति = प्रतिकूल, आहार = वृत्ति)।

अब मन की बहिर्मुखी गति निरुद्ध हो जाती है और अन्तर्मुख होकर स्थिर होने की चेष्टा करता है। इसी चेष्टा की आरंभिक दशा का नाम धारणा है। देह के किसी अंग पर (जैसे हृदय में, नासिका के अग्रभाग पर) अथवा बाह्यपदार्थ पर (जैसे इष्टदेवता की मूर्ति आदि पर) चित्त को लगाना 'धारणा' कहलाता है (देशबन्धश्चित्तस्य धारणाय, योगसूत्र 3.1)। ध्यान इसके आगे की दशा है। जब उस देशविशेष में ध्येय वस्तु का ज्ञान एकाकार रूप

से प्रवाहित होता है, तब उसे 'ध्यान' कहते हैं। धारणा और ध्यान दोनों दशाओं में वृत्तिप्रवाह विद्यमान रहता है, परन्तु अन्तर यह है कि धारणा में एक वृत्ति से विरुद्ध वृत्ति का भी उदय होता है, परन्तु ध्यान में सदृशवृत्ति का ही प्रवाह रहता है, विसदृश का नहीं। ध्यान की परिपक्वावस्था का नाम ही समाधि है। चित्त आलंबन के आकार में प्रतिभासित होता है, अपना स्वरूप शून्यवत हो जाता है और एकमात्र आलंबन ही प्रकाशित होता है। यही समाधि की दशा कहलाती है। अन्तिम तीनों अंगों का सामूहिक नाम 'संयम' है जिसके जीतने का फल है विवेक ख्याति का आलोक या प्रकाश। समाधि के बाद प्रज्ञा का उदय होता है और यही योग का अन्तिम लक्ष्य है।

इस प्रकार हम देखते हैं कि उपरोक्त कहा गया अष्टांग योग शिक्षा में तथा शैक्षिक दर्शन में किस प्रकार विद्यार्थी की सहायता कर सकता है। केवल योगसूत्र के प्रयोग से भी मानव जीवन के सर्वोच्च लक्ष्य को प्राप्त किया जा सकता है।

राष्ट्रीय अस्मिता और विद्यालयी शिक्षा

अखिलेश कुमार गौतम

राष्ट्रीय अस्मिता व्यक्ति की वह पहचान है जो वह अपने समाज के राजनीतिक और सामाजिक पक्षों से साझा रूप से प्राप्त करता है। राष्ट्रीय अस्मिता का जितना सम्बन्ध व्यक्ति की सांस्कृतिक अस्मिता से है उतना ही गहरा और अर्थपूर्ण सम्बन्ध व्यक्ति की राजनीतिक सम्बद्धता से भी है। व्यक्ति की राष्ट्रीय अस्मिता मूल रूप से कुछ मौलिक प्रश्नों के उत्तरों के भीतर स्थित है, जैसे व्यक्ति किस राष्ट्र का सदस्य है? उक्त राष्ट्र के प्रति व्यक्ति के भावनात्मक जुड़ाव की क्या स्थिति है? व्यक्ति राष्ट्र के अन्य लोगों के साथ कितना जुड़ाव महसूस करता है? वे तत्त्व कौन से हैं जो एक राष्ट्र में साथ रहने वाले व्यक्तियों को आपस में जोड़कर रखते हैं? इत्यादि। ये सभी प्रश्न किसी व्यक्ति के सम्बन्ध में उसकी राष्ट्रीय अस्मिता की स्थिति की विस्तृत रूपरेखा प्रस्तुत करते हैं, जो राष्ट्रीय अस्मिता के भावनात्मक पक्ष से लेकर उसके राजनीतिक पक्ष को समग्रता में बांधकर प्रस्तुत करते हैं। राष्ट्रीय अस्मिता के शाब्दिक अर्थ के विषय में पड़ताल से यह प्रकट होता है कि यह राष्ट्र और अस्मिता, दो अवधारणाओं से मिलकर बना है। आधुनिक अर्थों में राष्ट्र शब्द का अर्थ एक ऐसे राजनीतिक समुदाय से लिया जाता है जो अपने भीतर विभिन्न सांस्कृतिक तत्त्वों को सम्मिलित किये हुए है। संस्कृत–हिन्दी कोश के अनुसार, 'राज' धातु में 'ष्ट्रन' प्रत्यय के योग से राष्ट्र शब्द की उत्पत्ति हुई है, जिसका अर्थ राज्य, देश, साम्राज्य आदि है। भारतीय परिप्रेक्ष्य में राष्ट्र का अर्थ अत्यन्त प्राचीन है, जिसके स्पष्ट साक्ष्य ऋग्वेद में मिलते हैं जिसमें "अहं राष्ट्री संगमनी वसूनाम" के रूप में राष्ट्र का उल्लेख किया गया है। ऋग्वेद के अनुसार राष्ट्र एक ऐसी शक्ति है जो अपने भीतर राज्य के विभिन्न

तत्त्वों को सम्मिलित किये हुए है। वहीं दूसरी ओर यजुर्वेद में "राष्ट्रदा राष्ट्रभ्ये दत्त" के रूप में राष्ट्र का उल्लेख किया गया है। इस प्रकार भारतीय सांस्कृतिक परिप्रेक्ष्य में राष्ट्र की अवधारणा विस्तृत अर्थ लिए हुए है। राष्ट्र की संकल्पना एक ऐसे मानव समुदाय के रूप में की जाती है, जो मात्र देश की सीमाओं से सीमांकित नहीं है, अपितु मानव संस्कृति और साझा अस्मिता के भाव से भी परिपूर्ण है। राष्ट्र की अवधारणा का पश्चिमी परिप्रेक्ष्य राष्ट्र को अंग्रेजी के 'नेशन' शब्द का हिन्दी अनुवाद मानता है जिसका अर्थ एक ऐसा राजनीतिक–सांस्कृतिक मानव समुदाय है, जो विभिन्न राजनीतिक और सांस्कृतिक तत्त्वों से मिलकर बना है। ये तत्त्व एक सम्प्रभु सत्ता, निश्चित भू–भाग, राजनीतिक सदस्यता, वंशावली, संजातीयता, साझा भाषा, साझा इतिहास आदि हैं। ये सभी तत्त्व अथवा इनमें से कुछ तत्त्व मिलकर एवं अन्तःक्रिया करके व्यक्ति की राष्ट्रीय अस्मिता का निर्माण करते हैं । वस्तुतः राष्ट्रीय अस्मिता व्यक्ति में उसके समाजीकरण के साथ ही स्वाभाविक रूप से विकसित होती हैं, परन्तु वर्तमान मानव समाज की विविधताएँ और जटिलताएँ इस स्वाभाविक प्रक्रिया में कुछ जटिलता पैदा करती हैं। इसके फलस्वरूप व्यक्ति में राष्ट्रीय अस्मिता का निर्माण और विकास का दायित्व कुछ औपचारिक प्रक्रियाओं और संस्थाओं पर आ जाता है, जिसमें विद्यालय एक प्रमुख संस्था है। विद्यालय को हम राज्य की एक ऐसी संस्था के रूप में जानते हैं, जिसका दायित्व एक आदर्श और तार्किक नागरिक का निर्माण करना है, यह कार्य विद्यालय बच्चों के योजनाबद्ध और व्यवस्थित प्रशिक्षण के द्वारा करता है। यहाँ पर राष्ट्रीय अस्मिता और विद्यालय के अन्तःसम्बन्धों और अन्तःक्रियाओं की विश्लेषणात्मक पड़ताल करने का प्रयास करता है।

राष्ट्रीय अस्मिता की सैद्धान्तिक अवधारणा अत्यन्त विस्तृत एवं विविध व्याख्याएँ लिए हुए है, जिनको समझे बिना हम राष्ट्रीय अस्मिता के विमर्श को इसके मौलिक रूप में नहीं समझ सकते। यह राष्ट्र और व्यक्ति के सन्दर्भ में बनी एक पहचान के बोध से सम्बन्धित अवधारणा है। डेविड मिलर (1995) राष्ट्रीय अस्मिता को राष्ट्रीयता कहकर सम्बोधित करते हैं और इसकी एक विस्तृत परिभाषा प्रस्तुत करते हैं। उनके अनुसार, "राष्ट्रीयता ऐतिहासिक निरन्तरता में विकसित हुई पहचान है, जो लोगों के आपसी जुड़ाव और विश्वास पर आधारित है।" डेविड मिलर की राष्ट्रीयता की परिभाषा कई मायनों में राष्ट्रीयता को ऐतिहासिक निरन्तरता में विकसित

पहचान के रूप में मान्यता प्रदान करती है। गुईबरनाऊ (1996) राष्ट्रीय अस्मिता को एक सामुदायिक पहचान मानते हैं जो समान संस्कृति, भू–भाग, साझा इतिहास और भविष्य के साझा उद्देश्यों द्वारा निर्मित है। स्मिथ (1991) राष्ट्रीय अस्मिता को एक सांस्कृतिक पहचान मानते हैं जो शासन के एकात्मक पक्ष पर आधारित है। स्मिथ की राष्ट्रीय अस्मिता की परिभाषा उसे एक सांस्कृतिक पहचान के रूप में मान्यता तो देती है परन्तु वे इस पहचान को शासन की प्रकृति पर आधृत कर देते हैं। राजनीतिक दार्शनिक डेविस (1999) राष्ट्रीय अस्मिता को पूर्ण रूप से मनोसामाजिक परिस्थितियों में विकसित एक सामाजिक पहचान मानते हैं, वे इस पहचान में राजनीतिक तत्त्व को उतना महत्त्व नहीं देते, जितना इसके सामाजिक पक्ष को। राष्ट्रीय अस्मिता से जुड़ा एक प्रचलित विमर्श राष्ट्रीय अस्मिता को एक संजातीय पहचान मानता है, इस विमर्श के प्रमुख सिद्धान्तकार यह स्पष्ट रूप से मानते हैं कि राष्ट्रीय अस्मिता एक संजातीय पहचान है जो पूर्ण रूप से वंशावली, रक्त सम्बन्ध, साझा भाषा, साझा संस्कृति, साझा उद्भव, आदि पर आधारित है और जो लोग इस एकरूपता से बाहर हैं, वे राष्ट्रीय अस्मिता का बोध विकसित नहीं कर सकते। यहाँ यह समझना भी अत्यन्त महत्त्वपूर्ण है कि राष्ट्रीय अस्मिता को संजातीय पहचान मानने वाले राष्ट्र को एक एकरूपता धारण किया हुआ समुदाय मानते हैं।

राष्ट्रीय अस्मिता के बारे में प्रस्तुत सैद्धान्तिक विमर्श की कुछ मौलिक विविधताएँ हैं। ये सभी विमर्श राष्ट्रीय अस्मिता और राष्ट्र के उद्भव और निर्माण के प्रति भिन्न मत रखते हैं परन्तु जब हम इन सभी विमर्शों का समग्र विश्लेषण करते हैं तो राष्ट्रीय अस्मिता के कुछ मौलिक तत्त्वों को खोज पाते हैं। इन तत्त्वों को हम निम्नलिखित बिन्दुओं की सहायता से समझ सकते हैं।

- राष्ट्रीय अस्मिता, राष्ट्रीयता, व्यक्ति और राष्ट्र के मध्य का एक राजनीतिक और सांस्कृतिक सम्बन्ध है।
- व्यक्ति राष्ट्रीय अस्मिता को अन्य लोगों के साथ कुछ तत्त्वों के आधार पर साझा करता है, जिनमें साझा इतिहास, साझा राजनीतिक संस्कृति, सहअस्तित्व का भाव, जुड़ाव का भावनात्मक रिश्ता तथा साझा जीवन शैली प्रमुख हैं।
- राष्ट्रीय अस्मिता एक स्वाभाविक रूप से विकसित हुई पहचान है, यह पूरी तरह औपचारिक प्रशिक्षण पर आधारित नहीं है।

अकादमिक शिक्षा या विद्यालयी शिक्षा कक्षा प्रथम से आरम्भ होकर कक्षा बारहवीं के पूर्ण होने पर समाप्त होती है। अगर बच्चे के मनोवैज्ञानिक और शारीरिक विकास की दृष्टि से देखें तो बच्चा अपने जीवन का एक महत्त्वपूर्ण काल इस विद्यालयी शिक्षा के वर्षों में ही बितता है। इसलिए विद्यालयी शिक्षा किसी भी समाज या देश के लिए विशिष्ट महत्त्व रखती है। इसके महत्त्व का अनुमान हम इस बात से भी लगा सकते हैं कि सभी देश शिक्षा को लेकर राष्ट्रीय योजनाएँ और नीतियों का निर्माण करते हैं, जिसकी सहायता से अपनी सामाजिक और सांस्कृतिक विशिष्टता के सन्दर्भ में इसके उद्देश्यों को निर्धारित किया जा सके, जिससे किसी देश में विद्यालयी शिक्षा की दिशा और दशा तय होती है। प्रत्येक देश और समाज अपनी विशिष्टता के आधार पर अपने यहाँ की विद्यालयी शिक्षा को निर्धारित करता है। परन्तु जब हम इस विविधता का राष्ट्रीय अस्मिता के सन्दर्भ में गहन अध्ययन करते हैं तो यह अपनी बुनावट में एक प्रकार की समानता दर्शाती है।

विद्यालयी शिक्षा अपने निर्माण की प्रारम्भिक अवस्था से ही एक ऐसी संस्था के रूप में कार्य कर रही होती है जो समाज के नये सदस्यों में राष्ट्र के मूल्यों और गुणों के सम्बन्ध में चेतना और राष्ट्रीय संस्थाओं, प्रतीकों और इतिहास के प्रति एक गौरव के भाव को पैदा कर सके। भारतीय दस्तावेज, राष्ट्रीय फोकस समूह का आधार पत्र, शिक्षा के एक महत्त्वपूर्ण लक्ष्य को कुछ इस प्रकार वर्णित करता है, "हर बच्चे में राष्ट्र के प्रति गर्व की भावना का विकास किया जाना चाहिए। लेकिन कोई व्यक्ति किसी चीज के लिए तभी गर्व का भाव रख सकता है जब वह स्वयं उसकी उपलब्धि हो या फिर उस व्यक्ति, संस्था या एजेंसी से बड़े निकट से जुड़ा हो जिसकी वह उपलब्धि है। ...इसलिए यह बहुत महत्त्वपूर्ण है कि शिक्षा बच्चे के मन में ऐसे लोगों के प्रति घनिष्ठता को प्रोत्साहित करे जो उपलब्धियों से सीधे जुड़े हैं तथा जो हमारी राष्ट्रीय विरासत के अंग हैं।" शिक्षा का प्रस्तुत उद्देश्य यह स्पष्ट रूप से इंगित करता है कि राष्ट्र के प्रति गर्व की भावना का विकास करना विद्यालयी शिक्षा का एक महत्त्वपूर्ण उद्देश्य होना चाहिए। दुर्खीम (1925) भी स्पष्ट रूप से स्वीकार करते हैं कि सामाजिक समुदाय के साथ जुड़ाव की भावना पैदा करना और समुदाय के साथ जुड़ाव के औचित्य को सिद्ध करना विद्यालय की एक प्रमुख भूमिका है। डेविड मिलर (1995) भी राष्ट्रीय अस्मिता के निर्माण में विद्यालय की

भूमिका को काफी महत्त्वपूर्ण मानते हैं, उनके अनुसार, विद्यालय को हम एक ऐसी संस्था के रूप में देख सकते हैं जो साझा राष्ट्रीय अस्मिता को प्रोत्साहित करे। डेविड मिलर यह भी मानते हैं कि विद्यालय, विद्यार्थियों को एक ऐसा स्थान प्रदान करते हैं जिसमें वे साझा रूप से समुदाय के अन्य सदस्यों के साथ एक प्रकार के जुड़ाव के भाव को महसूस कर पाते हैं। व्हमर (1996) भी मानते हैं कि बच्चों में राष्ट्रीय अस्मिता के निर्माण में विद्यालय एक अत्यन्त महत्त्वपूर्ण भूमिका निभाता है। व्हमर मानते हैं कि विद्यालय बच्चों को वह ज्ञान उपलब्ध कराता है जिससे व्यक्ति के स्व का भाव सशक्त होता है और राष्ट्र के प्रति जुड़ाव के लिए स्व की एक सशक्त चेतना अत्यन्त महत्त्वपूर्ण है। इसलिए विद्यालय बच्चों में राष्ट्र के प्रति जुड़ाव का भाव पैदा करने की एक महत्त्वपूर्ण भूमिका में आ जाते हैं। डेनी (2005) स्पष्ट रूप से यह मानते हैं कि अगर विद्यालय बच्चों में एक सशक्त राष्ट्रीय अस्मिता का भाव पैदा करने में नाकाम रहते हैं तो यह उनकी एक साझा असफलता होगी, जिसमें शिक्षक, विद्यालय प्रशासन, पाठ्यचर्या आदि सभी की समान जिम्मेदारी होगी। इस हेतु बच्चों में राष्ट्रीय अस्मिता के निर्माण के उद्देश्य के प्रति प्रतिबद्धता प्रस्तुत करनी होगी।

अकादमिक शिक्षा के कुछ प्रमुख उद्देश्य यह स्पष्ट रूप से इंगित करते हैं कि अकादमिक शिक्षा बच्चों में राष्ट्रीय अस्मिता के बोध को पैदा करने और उसके विकास की जिम्मेदारी को उठाए हुए है। जब अकादमिक शिक्षा के उद्देश्य के रूप में राष्ट्रीय एकता और अखण्डता को बनाये रखने की बात करते हैं तो वह प्रत्यक्ष रूप से समाज के नये सदस्यों को इस सम्बन्ध में समाजीकृत करने के विषय में बात करते हैं। बच्चों में राष्ट्रीय अस्मिता के विकास के सम्बन्ध में अकादमिक शिक्षा के निम्नांकित अंग और उपकरण महत्त्वपूर्ण हैं।

पाठ्यचर्या और पाठ्यपुस्तकें

बच्चों में राष्ट्रीय अस्मिता के विकास में पाठ्यचर्या एक प्रत्यक्ष एवं महत्त्वपूर्ण भूमिका निभाती है। चाहे भाषा साहित्य की पाठ्यपुस्तकों में वर्णित राष्ट्रीय आन्दोलन से सम्बन्धित व्यक्तित्वों का जिक्र हो या राष्ट्रगीतों का वर्णन ये सभी विद्यार्थियों में उनके राष्ट्र के प्रति गर्व के भाव को जन्म देते हैं। सामाजिक विज्ञान की पाठ्य–पुस्तकों की भूमिका भी अतिविशिष्ट होती है

क्योंकि ये प्रायः इस प्रकार की सामग्री लिए हुए रहती है जिनमें देश की संकल्पना, राष्ट्रीय महत्त्व के प्रतीक और इमारतें, महत्त्वपूर्ण ऐतिहासिक घटनाओं का विस्तृत और व्यवस्थित वर्णन होता है। इस तथ्य के स्पष्ट सैद्धान्तिक प्रमाण हैं कि पाठ्य–पुस्तक की सामग्री विद्यार्थियों में एक प्रकार की राष्ट्रीय चेतना का विकास करती है। पाठ्य–पुस्तकों में उपस्थित सामग्री को जब विद्यार्थी पढ़ते और समझते हैं तो वे स्वाभाविक रूप से राष्ट्रीय अस्मिता को बुनने लगते हैं और राष्ट्र के साथ एक भावनात्मक जुड़ाव को पैदा करते हैं।

पाठ्य सहगामी गतिविधियाँ

विद्यालय में समय–समय पर विभिन्न पाठ्य सहगामी गतिविधियों के माध्यम से भी विद्यार्थियों के अधिगम को रुचिपूर्ण और मनोरंजक बनाने का प्रयास किया जाता है। चाहे वह किसी राष्ट्रीय पर्व के सम्बन्ध में रंगारंग कार्यक्रमों की तैयारी हो या किसी सांस्कृतिक पर्व से सम्बन्धित किसी कार्यक्रम का आयोजन इन सबमें विद्यार्थी सामुदायिक पहचान को लेकर एक प्रकार की जागरूकता लिए हुए रहते हैं, जहाँ एक ओर यह कार्यक्रम विद्यार्थियों में सामूहिकता के भाव को पैदा करते हैं, वहीं दूसरी तरफ विद्यार्थियों को उनकी सांस्कृतिक पहचान से जोड़कर रखने में भी सहायक होते हैं। हमें ऐसे उदाहरण विद्यालयों में अक्सर दिखाई देते हैं, जब स्वतन्त्रता दिवस के मौके पर विद्यार्थियों को राष्ट्रीय प्रतीक चिह्नों को बनवाने का अभ्यास करवाया जाता है या गणतन्त्र दिवस के मौके पर परेड/रैली आदि का आयोजन करवाया जाता है। कई बार विद्यालयों में राष्ट्रीय गीत एवं कविता पाठ प्रतियोगिता का आयोजन भी होता है। ये सभी कार्यक्रम जहाँ एक ओर विद्यार्थी के ज्ञान में वृद्धि करते हैं तो दूसरी ओर उनमें राष्ट्रीयता के भाव को भी मजबूत करते हैं।

शिक्षकों की भूमिका

विद्यार्थियों में राष्ट्रीय अस्मिता के निर्माण और विकास में शिक्षक अत्यन्त महत्त्वपूर्ण भूमिका में होते हैं। जहाँ एक ओर वे एक कुशल प्रशिक्षक की भूमिका निभाते हैं तो दूसरी ओर वे एक निर्देशक भी भूमिका में भी होते हैं। विद्यार्थियों में राष्ट्रीय अस्मिता के विकास के सम्बन्ध में पाठ्य–पुस्तकों

में उपस्थित सामग्री और पाठ्य सहगामी गतिविधियों को अर्थपूर्ण बनाने की एक महत्त्वपूर्ण जिम्मेदारी शिक्षकों के ऊपर होती है। साहित्य और सामाजिक विज्ञान की पाठ्यपुस्तकों में राष्ट्रीयता विषयक सामग्री को पढ़ाते समय किस प्रकार के उदाहरणों की सहायता लेनी है इस बात पर काफी कुछ निर्भर करता है। अगर शिक्षक इन विषयों को विद्यार्थियों के लिए रुचिपूर्ण बनाकर पढ़ाते हैं तो विद्यार्थियों के मानस में भी राष्ट्र से जुड़ी अवधारणाओं के विषय में एक प्रकार की सकारात्मक स्पष्टता आती है परन्तु यदि शिक्षक इन अवधारणाओं को पढ़ाते समय उदासीनता लिए हुए हैं तो विद्यार्थियों पर इसका नकारात्मक प्रभाव पड़ता है। इन सभी प्रक्रियाओं में शिक्षक की अपनी राष्ट्रीय अस्मिता भी एक महत्त्वपूर्ण कारक के रूप में कार्य करती है। अगर शिक्षक एक प्रकार की सशक्त एवं सकारात्मक राष्ट्रीय अस्मिता को धारण किये हुए है तो वह राष्ट्र से जुड़ी अवधारणाओं के शिक्षण में भी उस सकारात्मकता को बनाये रखता है।

प्रार्थना सभा की भूमिका

विद्यार्थियों में राष्ट्रीय अस्मिता के निर्माण और विकास में विद्यालय में होने वाली दैनिक प्रार्थना सभा बेहद महत्त्वपूर्ण भूमिका निभाती है। विभिन्न सैद्धान्तिक विमर्श प्रार्थना सभा के महत्त्व को स्वीकार करते हैं। दैनिक प्रार्थना सभा मात्र प्रार्थना सभा नहीं अपितु अपने आप में एक पूर्ण सांस्कृतिक कार्यक्रम है जो विभिन्न महत्त्वपूर्ण तत्त्वों से युक्त होता है। अगर हम भारत के सार्वजनिक विद्यालयों की बात करें तो प्रार्थना सभा के विभिन्न कार्यकलापों में राष्ट्रीय गीतों का गायन और राष्ट्रीय महत्त्व के विभिन्न मूल्यों का सम्प्रेषण होता है। यह दैनिक गतिविधि जहाँ एक सतत और निरन्तर उत्प्रेरक के रूप में कार्य करती है वहीं दूसरी ओर यह इन विषयों के लिए अनुशासन का भी संचार करती है।

व्यक्ति जन्म के साथ ही विभिन्न अस्मिताओं को लेकर पैदा होता है और वह जैसे–जैसे बड़ा होता है और समाज के सदस्य के रूप में पहचान धारण करना शुरू करता है, वैसे–वैसे उसके साथ कुछ नयी अस्मिताएँ भी जुड़ती चली जाती हैं। ये अस्मिताएँ उसके क्षेत्र, नस्ल, धर्म, लिंग, जाति, भाषा आदि के आधार पर उसे अन्य मानव समाजों से अलग करती हैं और साथ–ही–साथ उसे एक सामुदायिक पहचान भी देती हैं।

परन्तु इस सभी पहचानों के ऊपर एक ऐसी पहचान भी है जो उसे एक राजनीतिक व्यक्ति के रूप में पहचान देती है और उसकी सांस्कृतिक पहचान को भी पूर्ण सम्मान देती हैं। यह पहचान उसे अन्तरराष्ट्रीय सन्दर्भों में एक वृहत राजनीतिक और सांस्कृतिक समूह के साथ जोड़कर प्रस्तुत करती हैं। व्यक्ति की इस पहचान को हम उसकी राष्ट्रीय अस्मिता कह सकते हैं। वर्तमान आधुनिक युग में राष्ट्रीय अस्मिता एक व्यक्ति की एक मौलिक राजनीतिक और सांस्कृतिक पहचान बनकर उभर रही है। इस पहचान के समक्ष व्यक्ति की हर छोटी–बड़ी पहचान गौण होती प्रतीत होती है। एक तरह यह पहचान विविध मानव समूहों को एक राजनीतिक और सांस्कृतिक इकाई के रूप में जोड़ती है तो दूसरी तरफ यह व्यक्ति के अपने राष्ट्र के अन्तर्गत रहने वाले अन्य लोगों से भावनात्मक जुड़ाव के भाव को भी सुनिश्चित करती है। प्रत्येक समुदाय अपने नये सदस्यों के इस अस्मिता से परिचय के लिए विभिन्न माध्यमों से उनका प्रशिक्षण और समाजीकरण करने के लिए प्रयासरत रहता है। विद्यालय इन सबमें महत्त्वपूर्ण माध्यम बनकर उभरता है। विद्यालय बच्चों में राष्ट्रीय अस्मिता के निर्माण और विकास की जिम्मेदारी को उठाये रहता है। विद्यालय पाठ्यचर्या और अनौपचारिक माध्यमों की सहायता से बच्चों को उनकी राष्ट्रीय अस्मिता से परिचित करवाते हैं और उसे सशक्त करते हैं। इस सन्दर्भ में विद्यालय की भूमिका अधिक महत्त्वपूर्ण हो जाती है। यह बच्चों की आयु के उस बड़े हिस्से से सम्बन्धित है जिसमें वे विभिन्न नवीन एवं जटिल अवधारणाओं को समझना शुरू कर रहे होते हैं। उल्लेखनीय है कि जब विद्यालय समाज के नये सदस्यों में राष्ट्रीय अस्मिता की अवधारणा का निर्माण कर रहे होते हैं तो लगभग उसी समय वे समाज के नये सदस्यों में सामाजिकता, सामूहिकता और सहअस्तित्व के भावों का विकास भी कर रहे होते हैं, जो आगे चलकर उनको समाज का एक आदर्श सदस्य बनने में सहायक होती है। इस प्रकार विद्यालय की भूमिका बहुआयामी हो जाती है और राष्ट्र के निर्माण और विकास में अत्यन्त महत्त्वपूर्ण, जिसे किसी अन्य संस्था अथवा साधन के साथ प्रतिस्थापित नहीं किया जा सकता।

सामाजिक सरोकार वाली शिक्षा की जरूरत

संजीव राय

हम 21वीं शताब्दी के दूसरे दशक के अन्तिम पायदान पर हैं। वैज्ञानिक खोजों ने शिक्षा–शोध को सुगम बनाया है और सूचना क्रान्ति को जन्म दिया है लेकिन दुनिया में जैसे–जैसे शिक्षा का प्रसार बढ़ा है, कई नयी चुनौतियाँ भी सामने आ रही हैं। परम्परागत समस्याएँ जैसे–भवन, शिक्षक की कमी, गुणवत्ता के सवाल तो प्रासंगिक हैं ही लेकिन स्कूल से लेकर विश्वविद्यालय तक पर हमले हो रहे हैं, स्कूलों के भीतर आतंकवादियों द्वारा छात्रों–शिक्षकों की हत्या की जा रही है, लड़कियों का अपहरण हो रहा है। 2018 में कुछ स्कूलों को जलाने की घटनाएँ, जम्मू–कश्मीर में भी हुई हैं। कुछ सालों में बांग्लादेश में विश्वविद्यालय के शिक्षकों की हत्या और शिक्षण–संस्थानों पर हमले की घटनाएँ बढ़ी हैं। कुछ वर्ष पहले पाकिस्तान में मलाला युसुफजई को गोली मारी गयी थी क्योंकि कुछ समूह चाहते थे कि लड़कियाँ स्कूल नहीं जायें। लेकिन मलाला लड़कियों के पढ़ने के अधिकार की वकालत कर रही थी तो 12 साल की उम्र में उनको गोली मार के घायल कर दिया गया था। कई लड़कियों पर तेजाब से हमले किये गये। सीरिया में स्कूलों पर बमबारी की घटना हुई है, इससे पहले नेपाल में 1996–2006 के बीच चले जनयुद्ध में कुछ स्कूलों पर बम से हमले हुए थे।

सभी के लिए शिक्षा और मिलिनियम डेवलपमेंट गोल्स के बाद संयुक्त राष्ट्र संघ ने 2030 तक दीर्घकालीन विकास के लिए 'सस्टेनेबल डेवलपमेंट गोल्स' का लक्ष्य रखा है लेकिन छात्र–शिक्षक और उनके संस्थान जब तक हिंसा से मुक्त नहीं होंगे दुनिया में शान्ति और विकास के लक्ष्य कैसे पूरे होंगे? 2015 के आँकड़े के मुताबिक, दुनिया में पाँच करोड़ बच्चे, हिंसा

के कारण अपने घर से विस्थापित हैं। 24 देशों के ढाई करोड़ बच्चे हिंसा के चलते स्कूलों से बाहर हैं। दक्षिण एशिया में भूटान के अलावा, सभी देशों में स्कूलों–शिक्षण संस्थानों पर हमले की मिसाल है। नेपाल में जब युद्ध चल रहा था तो 13000 से अधिक लोग मारे गये थे। एक अनुमान के मुताबिक उन दिनों नेपाल में 141 शिक्षकों की हत्या हुई थी, उनकी हत्या के आरोप नेपाल की पुलिस–सेना पर भी थे और माओवादियों पर भी। सरकारी सेना–पुलिस और माओवादी गुट दोनों ही शिक्षकों पर दबाव बना रहे थे कि शिक्षक उनके पक्ष में काम करें। शिक्षक का निरपेक्ष रहना मुश्किल हो गया था। एक बड़ी संख्या में शिक्षकों को अपना गाँव छोड़कर, दूसरे स्थानों पर जाना पड़ा था। शिक्षकों को चंदा देने का दबाव था, तो उन्होंने अपनी तनख्वाह का एक निश्चित हिस्सा 2–3 सालों तक चंदे के रूप में दिया। मना करने वाले शिक्षकों की अपहरण से लेकर हत्या तक की गयी।

पाकिस्तान में 2014 में पेशावर के आर्मी स्कूल पर हमला हुआ था जिसमें 141 छात्र मारे गये थे और 113 घायल हो गये थे। यह हमला, स्कूलों पर पूर्व के हमलों से अलग था क्योंकि इस घटना में स्कूल की बिल्डिंग निशाने पर नहीं थी बल्कि यूनिफॉर्म पहने बच्चे मारे जा रहे थे। यह स्कूल भी मुख्यतः सेना के अधिकारियों के बच्चों के लिए है। इस घटना ने स्कूलों और हिंसा के विमर्श को बदल दिया। अब हमले सिर्फ बिल्डिंग पर नहीं हो रहे हैं, बल्कि छात्र और शिक्षक गोली के निशाने पर हैं।

सीरिया में 2011 में शुरू हुए गृहयुद्ध में दो लाख से अधिक लोग मरे जा चुके हैं, हजारों की संख्या में बच्चे, शिक्षक और उनके परिवार अपनी जान बचा के शरणार्थी शिविर में रहने को मजबूर हैं। लाखों बच्चे स्कूल छोड़ चुके है। एक अनुमान के मुताबिक, शरणार्थी लोगों में 45 प्रतिशत बच्चे, सीरिया और अफगानिस्तान के हैं।

सीरिया, नाइजीरिया, पाकिस्तान, अफगानिस्तान, बांग्लादेश में कुछ धार्मिक समूह लड़कियों को स्कूल जाने से रोकना चाहते हैं और इसके लिए लड़कियों को डराने, धमकाने, बुरका पहनने से लेकर, स्कूलों को बन्द करने, बम से हमला करने तक के तरीके अख्तियार कर रहे हैं। पाकिस्तान में छात्रों के द्वारा, परम्परागत पोशाक नहीं पहनने के कारण, कुछ स्कूलों पर हमले किये गये।

2014 में 'बोको हराम' नाम के गिरोह ने नाइजीरिया के चिबोक में स्कूल पर हमला करने के बाद, 276 लड़कियों का अपहरण कर लिया।

'बोको हराम' आधुनिक शिक्षा व्यवस्था का विरोध करता है और लड़कियों के लिए शिक्षा की मुखालफत करता है। ऐसे ही सोमालिया में 'अल सबाब' नाम के एक गिरोह ने 2010 में, 2000 छात्रों का अपहरण किया और उनमें से लगभग एक हजार को अपने लड़ाका दस्ते में शामिल किया। नेपाल में जनयुद्ध के दौरान माओवादियों ने भी छात्रों–शिक्षकों का अपहरण कर उनका माओवाद के बारे में उन्मुखीकरण किया था। श्रीलंका में भी तीन दशक तक चले युद्ध में बच्चों की हथियारबन्द दस्तों में भर्ती होती थी, अलग–अलग जातीय–धार्मिक समूह के कुछ अपने भाषा–मूल्य आधारित स्कूल हैं। स्कूलों को समावेशी होने की जरूरत है, समाज में कोई एक धर्म, एक भाषा का वर्चस्व नयी चुनौती पैदा करेगा।

दुनिया–भर में तकनीकी विकास और सूचना क्रान्ति का प्रभाव दिख रहा है। लाभ के साथ–साथ तकनीकी विकास के कुछ दुष्परिणाम भी सामने हैं। तकनीकी विकास ने सस्ते और हलके हथियार भी उपलब्ध कराये हैं जिनसे युद्ध में बच्चों की भूमिका बदल गयी है। हथियारबन्द गुट, बच्चों का इस्तेमाल माल ढोने, खाना बनाने और गुप्तचरी के लिए करते थे लेकिन हथियारों, विशेष रूप से एके47, एके56, एके76 जैसे हथियारों के विकास के बाद बच्चे अब अग्रिम पंक्ति के लड़ाके हो गये हैं। निश्चित रूप से युद्ध में शामिल लड़के–लड़कियाँ अक्सर स्कूली शिक्षा से वंचित होते हैं। कुछ मामलों में दबाव–डर और जीविका की तलाश में भी लड़के–लड़कियाँ सैन्य गुटों में शामिल हो जाते हैं। अमेरिका जैसे आधुनिक देश में स्कूलों के भीतर छात्रों द्वारा गोलीबारी की घटनाएँ होती रहती हैं। अमेरिका में 2002 से 2012 के बीच लगभग 25000 से अधिक किशोर अपनी जान गँवा बैठे हैं।

आखिर ऐसा क्यों हो रहा है कि जब समाज विकास के नये प्रतिमान बना रहा है तो दूसरी ओर शिक्षा पर हिंसक हमले तेज हो रहे हैं? एजुकेशन फ्रॉम अटैक की 2014 की रिपोर्ट के अनुसार 2009 से 2013 के बीच 70 देशों में 9600 स्कूलों पर या तो हमले हुए या उनको क्षतिग्रस्त किया गया। हालिया युद्ध में इराक में बड़े पैमाने पर स्कूल–कॉलेज छतिग्रस्त हुए हैं। कुछ स्कूलों पर कब्जा करने की भी घटनाएँ हुई। भारत में भी छत्तीसगढ़, बिहार, झारखण्ड, उड़ीसा में स्कूलों पर हमले, शिक्षकों का अपहरण, उनसे चंदा लेने की घटनाएँ सुनाई देती हैं।

क्या हमारी शिक्षा व्यवस्था के मूल्यों की नये सिरे से पड़ताल की जरूरत है? हमारा पूरा ध्यान दुनिया–भर में स्कूलों के विस्तार का है

लेकिन हमारी किताबें कैसी हैं, किन मूल्यों को प्रोत्साहित कर रही हैं, हमारे शिक्षक किन गुणों की प्रसंशा कर रहे हैं, यह भी देखना होगा। भाषा को लेकर, धर्म को लेकर, लिंग–जाति, पहचान को लेकर, सरकारों को सजग रहना होगा, क्योंकि उग्र धार्मिक–जातीय भावना किसी के लिए ठीक नहीं है। इंडोनेशिया में धार्मिक चरमपंथी समूह, विश्वविद्यालय और स्कूली छात्रों के बीच अपनी विचारधारा पहुँचाने के लिए प्रयास कर रहा है। इस बात की जानकारी होने के बाद, वहाँ की इंटेलिजेंस एजेंसी कुछ स्कूलों और विश्वविद्यालयों पर निगरानी रख रही है।

जब स्कूल सुरक्षित नहीं होंगे, शिक्षक–छात्र सुरक्षित नहीं होंगे और सामाजिक सरोकार वाली शिक्षा नहीं होगी, तो समाज, चरमपंथी धार्मिक गुटों के हिसाब से संचालित होगा। हमें अलग–अलग तरह के चल रहे स्कूलों, उनके पाठ्यक्रम, उनकी भाषा, उनके मूल्य और दूसरे समूहों के साथ सामंजस्य को लेकर उनके दर्शन की पड़ताल करनी होगी। शान्ति की बात करते–करते शिक्षा खुद हिंसा के निशाने पर है, आखिर इसके लिए कौन दोषी है? आज शिक्षा को कौन–कौन समूह संचालित कर रहे है, शिक्षा को कौन अपने लिए हिंसा–अतिवादी विचार का माध्यम बना रहा है, यह भी देखना होगा! यह काम स्कूलों में पढ़ाये जाने वाली किताबों की पड़ताल से शुरू हो सकता है।

वर्तमान सामाजिक चुनौतियाँ और शिक्षा

सोमू सिंह

हमारे समक्ष एक ऐसी पीढ़ी तैयार हो रही है जो अधिकांशतः शान्त रहना पसन्द करती है। हम में से अधिकांश ने लोगों को बातें करते हुए, रेडियो के कार्यक्रमों, बच्चों के चीखने–चिल्लाने की आवाजों, किचन के बर्तन की आवाजों एवं पर्यावरणजनित अन्य ध्वनियों को खूब सुना है। हम सभी इन ध्वनियों के अभ्यस्त हैं। आज के किशोर एवं युवा अपनी पसन्दीदा आवाजें व ध्वनियाँ सुनना पसन्द करते हैं या अपने पसन्दीदा चलचित्रों को देखना पसन्द करते हैं। वे इसके लिए अत्याधुनिक उपकरणों जैसे ईयरफोन, हेड़फोन इत्यादि का सहारा लेते हैं ताकि अपने आसपास के वातावरण की ध्वनियों एवं आवाजों से कोई बाधा उत्पन्न न हो। बातचीत (Talking) के स्थान पर लिखित सम्प्रेषण (Texting) को वरीयता दे रहे हैं। वे आपस में मौखिक बातचीत कम कर रहे हैं। उनका सार्वजनिक स्थानों पर भी अपना निजी संसार है। विशेषज्ञों का मानना है कि सूचनाओं के आक्रमण एवं स्क्रीन पर बिताए समय की अधिकता लोगों के बीच बातचीत/संवाद/चर्चा आदि के कम होने का प्रमुख कारण है। अत्याधुनिक उपकरणों पर आधारित अन्तःक्रिया का यह नवीन रूप सामाजिक मूल्यों को बढ़ावा देने में कितना कारगर है? यह एक यक्ष प्रश्न है।

ऐसे लोगों की संख्या में तेजी से वृद्धि हो रही है जो अन्तःक्रिया के आभासी (वर्चुअल) आयामों को उपयोग में ला रहे हैं। आज के अधिकांश शहरी युवा अपना समय आभासी संसार (वर्चुअल वर्ल्ड) में बिताना पसन्द करते हैं। यह प्रवृत्ति गाँव में भी बढ़ रही है। युवाओं एवं किशोरों द्वारा इस्तेमाल किये जाने वाले सोशल मीडिया, स्मार्टफोन एवं सस्ते इंटरनेट ने न केवल शहरों में बल्कि गाँव में भी स्थानीय एवं लोक प्रचलित खेलों

तथा अन्य सामूहिक गतिविधियों को नकारात्मक रूप से प्रभावित किया है। गाँव के किशोर एवं युवा भी सामूहिक खेलों एवं गतिविधियों के बजाय व्यक्तिगत रूप से अपने स्मार्टफोन में ही व्यस्त रहना पसन्द करते हैं। बच्चों के अंदर सामाजिक मूल्यों का विकास जिन खेलों एवं सामूहिक गतिविधियों के द्वारा होता था उनमें भी ह्रास हो रहा है। खेलकूद जैसी गतिविधियों में कमी के साथ–साथ हस्त लेखन, मौखिक वार्तालाप, प्रत्यक्ष संवाद एवं सामूहिक परिचर्चा के अवसरों में कमी आना निश्चित रूप से चिन्ता का विषय है।

इस चुनौती से निपटने के लिए शिक्षा विशेषज्ञों को बड़े स्तर पर विमर्श करके पाठ्यचर्या में संशोधन करना होगा जिससे सम्बन्धित विषयवस्तु एवं गतिविधियों को पाठ्यक्रम में औपचारिक रूप से स्थान मिल सके। हमें बच्चों एवं युवाओं को उस ज्ञान व कौशल से युक्त करना होगा जिससे वे अपनी शैक्षिक एवं अन्य वांछनीय जरूरतों को तकनीकी के सदुपयोग से बिना हानि के पूर्ण कर सके।

यह भी उल्लेखनीय है कि आज हम सभी हिंसा के दौर में जी रहे हैं। द्वन्द्व एवं अनसुलझे विवादों से हिंसा एवं युद्ध की सम्भावना बनती है। वैश्विक, राष्ट्रीय एवं स्थानीय स्तर पर बढ़ती हुई हिंसा के चलते राष्ट्रीय स्कूली पाठ्यचर्या–2005 में 'शान्ति की शिक्षा' को महत्त्वपूर्ण स्थान दिया गया जिसमें व्यक्तियों, समूह और राष्ट्र के सन्दर्भ में विवाद सुलझाने के लिए अहिंसात्मक उपाय ढूँढ़ने के कौशलों के पोषण पर बल दिया गया। इसमें सुझाये जाने के बाद भी भारतीय शिक्षा संस्थानों में शान्ति की शिक्षा हेतु प्रयास पर बल नहीं दिया गया। शिक्षकों एवं अभिभावकों को मिलकर बच्चों को इस प्रकार तैयार करना होगा कि वह अपने विवादों एवं द्वन्द्वों को शान्तिपूर्ण तरीकों से हल करना सीख सकें व समाज में शान्ति के निर्माण में सक्रिय कार्यकर्ता की भूमिका अदा कर सकें।

उभरते वैज्ञानिक सन्दर्भ

नवीन वैज्ञानिक खोजों एवं प्रौद्योगिकी ने मानव जीवन को सरल व आसान बनाने के क्रम में कई नैतिक चुनौतियाँ भी पैदा की हैं। तकनीकी जब छोटी होती है तब मानव उसे प्रशासित करता है और जब वह बड़ी हो जाती है तब वह मानव को प्रशासित करती है (जैसे गूगल मैप)। कृत्रिम

बुद्धि, रोबोटिक्स, बायोटेक, जेनेटिक इंजीनियरिंग की दिशा में हम आज जिस तेजी से आगे बढ़ रहे हैं आगे चलकर हमें एक नियामक संस्था (लोकपाल) की जरूरत पड़ेगी अन्यथा यह मानवता के लिए बहुत बड़ा खतरा है। प्रसिद्ध वैज्ञानिक स्टीफन हॉकिंग चेतावनी दे चुके हैं कि रोबोट का उदय मानव जाति के लिए विनाशकारी हो सकता है। ऑक्सफोर्ड विश्वविद्यालय के प्रोफेसर स्टुअर्ट आर्मस्ट्रॉन्ग के अनुसार कृत्रिम बुद्धि मानवता के लिए खतरा है। शक्तिशाली कम्प्यूटर मस्तिष्क के खतरे में निकट–अवधि में बेरोजगारी शामिल होगी, क्योंकि मानव श्रमिकों का प्रतिस्थापन निकट भविष्य की नयी चुनौती होगी। इन तकनीकों के नैतिक आशय को समझना जरूरी है।

नवीन वैज्ञानिक खोजों एवं उस पर आधारित प्रौद्योगिकी से उपजी सूचना क्रान्ति आज विभिन्न रूपों में हमारे सामने है। ऐसा लगता है कि हमारे ऊपर सूचना का आक्रमण हो रहा है। एक समय था जब सूचनाओं तक हमारी पहुँच न केवल सीमित थी बल्कि कठिन भी थी। आज की स्थिति इसके विपरीत है। आज सूचनाओं की पहुँच हम तक आसानी से और बहुतायत में हो रही है। बच्चों तक विभिन्न स्रोतों एवं माध्यमों से पहुँच रही सूचना की मात्रा न केवल अधिक है बल्कि उनके परिपक्वता स्तर के अनुकूल नहीं है जिस कारण बच्चों पर इसका दुष्प्रभाव भी पड़ रहा है। सोशल मीडिया एवं अन्य नेटवर्किंग साइट्स के द्वारा बच्चों का इंटरनेट पर उपलब्ध अपरिचित खेलों, पहेलियों तथा अन्य गतिविधियों से जुड़ना उनके लिए हानिकारक साबित हो रहा है। हाल ही के दिनों में खबर थी कि ब्लू व्हेल गेम ने कुछ अपरिपक्व बच्चों व किशोरों की जान ले ली। हमारे पाठ्यक्रम में इस प्रकार की कोई व्यवस्था नहीं है जिसके माध्यम से बच्चों को सूचना क्रान्ति से पैदा हो रही चुनौतियों से निपटने में सक्षम बनाया जा सके और न ही हमारे शिक्षक बच्चों का इस दिशा में मार्गदर्शन करने में निपुण हैं। इस चुनौती से निपटने के लिए हमें बच्चों को नवीन कौशलों से युक्त करने की जरूरत है। बच्चे अपनी शैक्षिक जरूरतों को इंटरनेट एवं सोशल मीडिया के माध्यम से किस प्रकार बिना हानि के पूरा कर सकते हैं? इस दिशा में बच्चों का औपचारिक रूप से मार्गदर्शन करने की आवश्यकता है। अभिभावक एवं शिक्षक मिलकर इस चुनौती का सामना तभी कर सकते हैं जब पाठ्यचर्या में भी इस समस्या को न केवल सम्बोधित किया जाये बल्कि शोध आधारित आवश्यक सुझाव भी उल्लिखित किये जायें।

सोशल मीडिया एवं इंटरनेट की लत ने बच्चों को स्क्रीन पर अधिक समय व्यतीत करने के लिए बाध्य किया है। इंटरनेट की निरन्तर बढ़ती स्पीड ने बच्चों को अधीर बनाने में नकारात्मक भूमिका अदा की है। हाई स्पीड इंटरनेट का इस्तेमाल करने वाले किशोर एवं युवा की आदतों में तुरन्त प्रतिक्रिया तथा तुरन्त परिणाम प्राप्त करने की प्रवृत्ति विकसित होकर दृढ़ होने की सम्भावना रहती है और वह जीवन के अन्य पक्षों में भी इस प्रवृत्ति को लागू करने को तत्पर रहता है। अतः शिक्षा संस्थाओं में बच्चों को सोशल मीडिया एवं तकनीकी के दुष्प्रभावों से अवगत कराकर उचित मार्गदर्शन एवं परामर्श प्रदान करने के पुख्ता इंतजाम करने होंगे।

शिक्षा का पर्यावरणीय सन्दर्भ

हमारी आदतों एवं जीवन शैली में हो रहे निरन्तर बदलावों ने पर्यावरण के समक्ष कई संकट उत्पन्न किये हैं। हम प्रत्यक्ष एवं अप्रत्यक्ष रूप से पर्यावरण के घटकों को नुकसान पहुँचा रहे हैं जिसका दुष्प्रभाव हमारे स्वास्थ्य पर भी दिखने लगा है। हम प्रकृति के रक्षक होने के स्थान पर उसके भक्षक हो गये हैं। पर्यावरण प्रदूषण, ग्लोबल वार्मिंग, ओजोन क्षरण कुछ ऐसी ही प्रमुख समस्याएँ हैं जिनसे हम सभी भली–भाँति परिचित हैं। अभी तक पर्यावरण को बचाने के लिए जो प्रयास हुए हैं वे नाकाफी हैं। महानगरों एवं शहरों में लगा गंदगी का अंबार इस बात का प्रमाण है कि शिक्षित व्यक्ति पर्यावरण के अनुकूल आचरण नहीं कर रहा है। हमारे पास अब और अधिक समय नहीं है, हमें तत्काल अपने आचरण एवं व्यवहार को पर्यावरण के अनुकूल बनाना होगा तथा बच्चों को भी इस दिशा में जागरूक करना होगा। वर्तमान में टिकाऊ विकास के लिए शिक्षा की जरूरत पर बल देने की आवश्यकता है जिससे पृथ्वी के साथ–साथ पर्यावरण के अन्य जीवनदायी घटकों को बचाया जा सके। यूनेस्को द्वारा सहस्राब्दि विकास लक्ष्यों में से इसे भी एक महत्त्वपूर्ण लक्ष्य माना गया।

शिक्षा का भाषायी सन्दर्भ

कई अध्ययनों से यह पता चला है कि भाषिक क्षमता संज्ञानात्मक विकास, सामाजिक सहिष्णुता, चिन्तन योग्यता और बौद्धिक उपलब्धियों के स्तर को बढ़ा देती है। हमारे संविधान की धारा 350–क के अनुसार, "प्रत्येक राज्य और राज्य के भीतर प्रत्येक स्थानीय प्राधिकारी भाषायी–अल्पसंख्यक वर्गों

की बालकों को शिक्षा के प्राथमिक स्तर पर मातृभाषा में शिक्षा की पर्याप्त सुविधाओं की व्यवस्था करने का प्रयास करेगा।" त्रिभाषा फार्मूला को उसके मूल भाव के साथ अभी भी ठीक प्रकार से लागू किये जाने की जरूरत है। इसे कार्य रूप और भाव रूप दोनों में ही अपनाने की आवश्यकता है। संस्कृत भाषा व्याकरण के मामले में एवं सौन्दर्य–बोध की दृष्टि से काफी समृद्ध रही है। हमारा प्राचीन भारतीय वाङ्मय एवं साहित्य संस्कृत में लिखा गया जिसने भारतीय संस्कृति को आधार प्रदान किया। संस्कृत के अध्ययन हेतु अभी तक औपचारिक प्रयास गम्भीर रूप से नहीं किये गये हैं।

शिक्षा का स्वास्थ्य सम्बन्धी सन्दर्भ

दुनिया के विकसित देशों (जैसे ऑस्ट्रेलिया, न्यूजीलैंड, फिनलैंड, डेनमार्क आदि) में भी मानसिक रूप से अस्वस्थ्य लोगों की संख्या निरन्तर बढ़ रही है (विश्व स्वास्थ्य संगठन की रिपोर्ट 2017)। नॉर्डिक क्षेत्र के लोग आमतौर पर दुनिया के अन्य क्षेत्रों के लोगों की तुलना में अधिक खुश रहते हैं, लेकिन इसके बावजूद डेनमार्क, फिनलैंड, आइसलैंड, नॉर्वे और स्वीडन के लोग वास्तव में मानसिक स्वास्थ्य से जुड़ी समस्याओं से जूझ रहे हैं (रिपोर्ट : शैडो ऑफ हैपीनेस 2017, नॉर्डिक काउंसिल ऑफ मिनिस्टर्स)। शोधकर्ताओं ने स्वीकार किया है कि जिन कारणों से आज के युवा चिन्तित या उदास हैं, वे अभी भी पूरी तरह से समझ में नहीं आये हैं, लेकिन हाल के अध्ययनों ने सोशल मीडिया के अति उपयोग और नियोक्ताओं, दोस्तों या जीवन साथी की अवास्तविक उम्मीदों को पूरा करने में सक्षम नहीं होने की धारणाओं का हवाला दिया है।

भारत के सरकारी अस्पतालों की भीड़ को देखकर आसानी से अनुमान लगाया जा सकता है कि बहुत बड़ी संख्या में हर आयु वर्ग के लोग बीमारियों की चपेट में है। हमें इस दिशा में भी गम्भीरता से सोचना होगा। राष्ट्रीय पाठ्यचर्या 2005 में स्वास्थ्य और शारीरिक शिक्षा पर बल देने की बात की गयी है किन्तु अभी भी अधिकांश विद्यालयों में स्वास्थ्य और शारीरिक शिक्षा संसाधन व अवसर उपलब्ध नहीं है। सर्वांगीण विकास के सन्दर्भ में इस विषय की उपयोगिता को नीतिगत स्तर पर रेखांकित करने की जरूरत है जिसमें प्रशासन स्कूल में अन्य विषयों के शिक्षक, स्वास्थ्य विभाग, अभिभावक और बच्चे भागीदारी कर सकते हैं। इस विषय को स्वास्थ्य और शारीरिक शिक्षा का आधार मानकर इसे अनिवार्य विषय

के रूप में प्राथमिक से लेकर माध्यमिक स्तर पर लागू किया जाना चाहिए और उच्चतर माध्यमिक स्तर पर एक वैकल्पिक विषय के रूप में। विषयों के समान इसे दर्जा दिए जाने की जरूरत है। इसके विषय क्षेत्रों में स्वास्थ्य शिक्षा, शारीरिक शिक्षा और योग को उपयुक्त ढंग से प्राथमिक और माध्यमिक स्तर के सेवा पूर्व शिक्षक प्रशिक्षण पाठ्यक्रम से जोड़ा जाना चाहिए। विद्यालय में योग की शिक्षा के लिए उचित पाठ्यक्रम तथा शिक्षक प्रशिक्षण की पद्धति कारगर रूप से अपनायी जानी चाहिए।

शिक्षा का राष्ट्रवादी सन्दर्भ

किसी भी देश की शिक्षा का प्रमुख लक्ष्य राष्ट्रप्रेम की भावना विकसित करना होता है। इस हेतु प्रत्येक राष्ट्र अपनी शिक्षा व्यवस्था में अपनी परम्परा एवं संस्कृति के महत्त्वपूर्ण तत्त्वों को पर्याप्त स्थान देता है। यदि हम भारतीय शिक्षा व्यवस्था का इस दृष्टि से मूल्यांकन करें तो यह प्रतीत होता है कि शिक्षा प्रणाली में ऐसे तथ्यों, तत्त्वों एवं घटकों की संख्या पर्याप्त नहीं है जो भावी पीढ़ी में देश की गौरवशाली परम्परा एवं संस्कृति की व्यापक समझ विकसित कर सके। विभिन्न विषयों में ऐसे तत्त्वों को महत्त्वपूर्ण स्थान देना होगा। ब्रिटिशकाल के दौरान भारत की शिक्षा व्यवस्था में आयी कमियों को पहचानकर बदलना होगा।

शिक्षा का समाजशास्त्रीय सन्दर्भ

वर्तमान में हो रही हत्या की घटनाओं का विश्लेषण करें तो यह तथ्य सामने आता है कि कुछ हत्याओं में हत्या के दौरान या हत्या के बाद व्यक्ति अथवा शव के साथ अमानवीय एवं निर्दयी व्यवहार किया गया। छोटी–छोटी बातों या द्वन्द्वों की स्थिति में भी लोग हत्या कर दे रहे हैं। घटनास्थल पर घटना से प्रभावित लोगों की मदद करने के स्थान पर सजीव तस्वीर व प्राथमिक वीडियो बनाने की बढ़ती प्रवृत्ति भी युवाओं में बढ़ी है जिसे आप विभिन्न समाचार चैनलों एवं सोशल मीडिया प्लेटफार्म पर देख सकते हैं। शिक्षित एवं आर्थिक रूप से सम्पन्न व्यक्ति द्वारा अपने माता–पिता की देखभाल में गैर–जिम्मेदाराना व्यवहार अथवा उदासीनता की घटनाएँ भी हो रही हैं। परिवारों में द्वन्द्व एवं विवाद की घटनाएँ बढ़ रही हैं। उपर्युक्त तथ्यों के आधार पर हम यह कह सकते हैं कि शिक्षा के द्वारा व्यक्ति का सर्वांगीण विकास करने में वर्तमान शिक्षा प्रणाली पूरी तरह

से सफल नहीं है। शिक्षा जीवन से कटी हुई है। वर्तमान शिक्षा प्रणाली द्वारा मनुष्य के भावात्मक पक्ष के विकास की ओर पर्याप्त ध्यान नहीं दिया जा रहा है जिस कारण भावी पीढ़ी में संवेगों, मूल्यों एवं उचित अभिवृत्तियों के विकास की सम्भावना छूटती जा रही है। वर्तमान शिक्षा प्रणाली का ध्यान मुख्य रूप से व्यावसायिक एवं कौशल विकास पर अत्यधिक केन्द्रित है। हमें व्यक्तित्व के सर्वांगीण विकास पर अनिवार्य रूप से बल देना होगा।

आज की शिक्षा प्रणाली युवाओं को श्रम के महत्त्व से परिचित कराने में भी कारगर साबित नहीं हो पा रही है। ऐसे युवाओं की संख्या में वृद्धि हुई है जो श्रम तथा मेहनत करने से कतराते हैं। बच्चों के मन में प्रमाण–पत्र प्राप्ति को महत्त्वपूर्ण दर्जा मिलने से परीक्षा में नकल की प्रवृत्ति बढ़ी है। अंकों व ग्रेडों के रूप में प्राप्त शैक्षिक उपलब्धियों ने युवाओं को अंदर से खोखला बना दिया है। नकल के कारण न ही वे ज्ञानवान हैं और न ही अब अच्छे अंक पाकर श्रम करके रोजी–रोटी की जुगाड़ करना पसन्द कर रहे हैं। हमारा देश कृषि प्रधान देश है। कृषि कार्यों के प्रति ग्रामीण युवाओं की अरुचि बढ़ी है। यह चिन्ता का विषय है।

शैक्षिक संस्थाओं में शिक्षकों के पद खाली होना सरकारों द्वारा शिक्षा के प्रति उसकी उदासीनता का प्रमाण है। शिक्षकों की अपेक्षित संख्या न होने के कारण शिक्षा की गुणवत्ता बढ़ाना चुनौतीपूर्ण है किन्तु वर्तमान शिक्षकों द्वारा यदि पूर्ण मनोयोग से अपने दायित्वों का निर्वहन शुरू कर दिया जाये तो निश्चित रूप से शिक्षा की गुणवत्ता में सुधार अवश्य होगा। कुछ शिक्षक जो अर्ह डिग्रियाँ और सरकारी परीक्षाएँ उत्तीर्ण करके सरकारी विद्यालयों में नियुक्त हुए हैं, अपने शिक्षण दायित्वों के प्रति उदासीन हो गये हैं। उनका यह दृढ़ विश्वास है कि सरकारी विद्यालयों में पढ़ने वाले ग्रामीण बच्चों की शैक्षिक उन्नति सम्भव नहीं है इसलिए इन्हें पढ़ाना निरर्थक है। विद्यार्थियों की निम्न गुणवत्ता हेतु सरकारी नीतियों को दोषी ठहराकर वे अपनी जिम्मेदारी से मुँह चुराते हैं और शिक्षकों की संख्या कम होने का भी बहाना बनाकर अपनी व्यक्तिगत जिम्मेदारियों का निर्वहन नहीं करते हैं। एक–दूसरे पर दोषारोपण की स्थिति बढ़ी है। मेरा मानना है कि इनमें से कुछ शिक्षक शिक्षण–कौशल में तो दक्ष हैं किन्तु विद्यार्थियों के प्रति जिम्मेदार व संवेदनशील नहीं हैं। सरकारी विद्यालयों एवं अन्य शिक्षा संस्थानों में शिक्षकों, कक्षा शिक्षण व प्रयोगशालाओं में प्रयोगों के अभाव के कारण शिक्षा की गुणवत्ता में तेजी से गिरावट आ रही है वहीं दूसरी

ओर गुणवत्तापूर्ण शिक्षा या तो चुनिन्दा सरकारी केन्द्रीय विश्वविद्यालयों या राज्य विश्वविद्यालयों या महाविद्यालयों में बची है या महँगी होकर निजी शिक्षा संस्थानों के हाथों में है। यह स्थिति हमारे देश की शिक्षक, शिक्षा व्यवस्था की दयनीय स्थिति का द्योतक है।

भारत की शिक्षक–शिक्षा व्यवस्था की हालत चिन्तनीय हो रही है। न ही शिक्षकों की माँग का कोई ठोस आकलन है और न ही आपूर्ति का पता जिम्मेदार संस्थाओं को है। शिक्षक–शिक्षा को बेहतर बनाने के लिए हमारे देश में राष्ट्रीय शिक्षक–शिक्षा परिषद का होना गौरव की बात है किन्तु राष्ट्रीय शिक्षक–शिक्षा परिषद में शिक्षक–शिक्षा से जुड़े लोगों को पर्याप्त स्थान नहीं दिया गया है। ऐसी परिषद द्वारा लिए गये निर्णयों पर सवाल उठ रहे हैं। शिक्षक–शिक्षा में कई नये प्रयोग बिना किसी शोध अध्ययन के जल्दबाजी में किये जा रहे हैं। शिक्षकों की तैयारी के महत्त्वपूर्ण पाठ्यक्रम बी.एड. को एक वर्षीय से द्वि–वर्षीय करने के बाद चार वर्षीय इंटीग्रेटेड टीचर एडुकेशन प्रोग्राम (आई.ई.टी.पी.) का प्रस्ताव है। आई.ई.टी.पी. के वर्तमान प्रारूप में कई खामियाँ हैं इसके लागू हो जाने से पूरी शिक्षा व्यवस्था पर नकारात्मक प्रभाव पड़ने की पूरी सम्भावना है। वर्तमान शिक्षा प्रणाली को सुदृढ़ बनाने के लिए हमें शिक्षक–शिक्षा की गुणवत्ता पर गम्भीरता से ध्यान देने की जरूरत है।

वर्तमान में अन्तरराष्ट्रीय परीक्षा : पीसा (PISA) द्वारा शैक्षिक रूप से अग्रणी घोषित देश फिनलैंड एवं अन्य (सिंगापुर, कनाडा, शंघाई आदि) का अध्ययन करने के बाद निष्कर्ष यह निकला कि इन देशों की शिक्षा प्रणाली में गुणवत्ता का प्रमुख कारक इनके उत्कृष्ट शिक्षक हैं जिनकी तैयारी इन देशों में अच्छे से की जा रही है। हमें भी प्रतिभाशाली युवाओं को न केवल शिक्षण व्यवसाय के प्रति आकर्षित करना होगा बल्कि उनका सेवा–पूर्व व सेवाकालीन प्रशिक्षण भी उच्च गुणवत्तायुक्त करना होगा। शिक्षकों की सेवा शर्तों को बेहतर बनाकर उन्हें अकादमिक मामलों में स्वायत्तता प्रदान करनी होगी। भारत में शिक्षक–शिक्षा को बेहतर बनाने की महती आवश्यकता है तभी विद्यालयों एवं अन्य शिक्षा संस्थानों की गुणवत्ता को उन्नत किया जा सकेगा। गुणवत्तापूर्ण शिक्षक–शिक्षा व्यवस्था, उत्कृष्ट शिक्षक, समावेशी विद्यालय, भारतीय समाज की आवश्यकताओं एवं सांस्कृतिक विशेषताओं पर आधारित परिवर्तनशील पाठ्यक्रम द्वारा ही हम शिक्षा के लक्ष्यों को प्राप्त करने में सफल हो सकते हैं।

भारत में गुणवत्तापूर्ण शिक्षा की चुनौतियाँ और प्रस्तावित शिक्षा-नीति

गिरीश्वर मिश्र

भारत सरकार द्वारा नयी शिक्षा नीति–2019 का बहुप्रतीक्षित मसौदा, इक्कीसवीं सदी के लिए 'भारतकेन्द्रित' और 'जीवन्त ज्ञान समाज' के निर्माण के दो महत्त्वपूर्ण संकल्पों के साथ, विचारार्थ जारी किया गया। साथ ही यह एक समावेशी दृष्टि अपनाते हुए भारत के भविष्य की रचना के लिए भी प्रतिश्रुत है। जहाँ एक ओर मनुष्य के विकास में शिक्षा की भूमिका निर्विवाद रूप से स्वीकृत है वहीं भारत में प्रचलित आधुनिक शिक्षा के असंतुलित विस्तार के साथ उपजती तमाम विसंगतियों से भी सभी परिचित हैं। मसलन मौलिक सोच का अभाव, मानसिक गुलामी, पश्चिम से विचारों का आयात और इन सबके चलते ऐसी व्यवस्था का संचालन जो समाज को पंगु बनाती चले क्योंकि वह कृषिप्रधान, गाँव की प्रमुखता वाले देश और समृद्ध सांस्कृतिक परम्पराओं वाले भारत के अनुकूल नहीं है, आदि प्रश्न उठाए जाते रहे हैं। अतः भारत को केन्द्र में रखकर शिक्षा पर विचार करना उन सभी लोगों के लिए सुखद समाचार है जो उसके विस्मरण, उपेक्षा , भ्रामक या अवांछित प्रस्तुति से खिन्न रहा करते थे। ऐसे ही 'ज्ञान (केन्द्रित!) समाज' का विचार भी भारतीयों के लिए हर्ष. जनक प्रतीत होता है जो ज्ञान को पवित्र, क्लेश दूर कर मुक्ति देने वाला मानते आये हैं। कहना न होगा कि भारतीय समाज की ज्ञान–केन्द्रिकता बड़ी सुदृढ़ परम्परा वाली है। इसके ठोस प्रमाण के रूप में सदियों पुराने, ज्ञान–विज्ञान के विभिन्न क्षेत्रों में उपलब्ध रचनाओं को लिया जा सकता है जो आततायी आक्रमणकारियों द्वारा नालंदा के पुस्तकालय को जला डालने जैसी घटनाओं के बाद भी शेष बची हुई हैं। अरण्य (जहाँ रण्य

अर्थात् कोलाहल न हो, शान्ति हो!) में विकसित यह परा और अपरा के ज्ञान और शोध की धारा गुरु–शिष्य की चेतना को माँजते हुए गुरुकुलों में विकसित होती रही। इसकी व्यापक अध्ययन–व्यवस्था के अन्तर्गत आत्मान्वेषण और आत्म–परिष्कार के साथ–साथ अभ्युदय अर्थात् लौकिक समृद्धि की भी व्यवस्था की गयी थी। धर्म, अर्थ, काम और मोक्ष के पुरुषार्थ बड़े ही समावेशी ढंग से जीवनचर्या को दिशा देने वाले थे। अंग्रेजों के आगमन के समय भारत में शिक्षा की एक व्यापक आधार संरचना मौजूद थी, ऐसा उन्हीं की रपटों से पता चलता है। अतः जब नयी शिक्षा नीति बन रही थी तो यह आशा थी कि यह पश्चिम से बिना आतंकित हुए निर्भय हो कर परम्परा और समकालीन प्रश्नों के साथ साहसपूर्ण उत्साह से संवाद करेगी और आध्यात्मिक और भौतिक रूप से समर्थ भारत के लिए एक प्रस्थान–बिन्दु साबित होगी।

यह बात स्पष्ट है कि पश्चिम को ही दुनिया का केन्द्र मानना और वहीं से ज्ञान का आयात करना प्रच्छन्न रूप से नव उपनिवेशवाद ही है। यह किसी भी तरह से श्रेयस्कर नहीं कहा जा सकता। स्वतन्त्र भारत में आधुनिक शिक्षा के विस्तार के साथ ज्ञान के विभिन्न क्षेत्रों में अवदान को लेकर नीति– नियामकों, बुद्धिजीवियों और शिक्षाशास्त्रियों सभी में सहमति है कि हमारी ज्ञान–यात्रा लीक पीटती रही और प्रायः निरुद्देश्य भटकती रही है। उसकी जो भी उपलब्धियाँ हो सकी हैं वे व्यवस्था के कारण न होकर उसके बावजूद हुई हैं। अतः प्रस्तावित शिक्षा–नीति से भारतीय जीवन–दृष्टि को ध्यान में रखकर अवधारणा, सर्जना और बौद्धिकता के स्तर पर रचनात्मक व्यापक पहल अपेक्षित थी जो आज की विमानवीय और सृष्टिविरोधी हिंसक प्रवृत्तियों का प्रतिरोध कर सके।

शिक्षा–नीति के मसौदे को देखकर यह अचरज जरूर हुआ कि वर्तमान नीति–प्रणेताओं को स्वामी विवेकानन्द के एक वक्तव्य (वह भी आधे–अधूरे!) के अलावा कोई सार्थक भारतीय विचार उल्लेख करने योग्य नहीं मिला। हालाँकि ज्ञानियों की और समृद्ध ज्ञान की शंकराचार्य, तिरुवल्लूर से लेकर कबीर तक शास्त्रीय और लोक–प्रचलित अनेक परम्पराएँ पूरे भारत में मौजूद हैं। साथ ही भारत में भी शिक्षा के बारे में निरन्तर सोचा जाता रहा है। पिछले शिक्षा–आयोगों के प्रतिवेदनों में बड़े ही सारगर्भित विचारों को प्रस्तुत किया जा चुका है। भारत में शिक्षा के प्रसंग में उसकी बृहत्तर मानवीय परिकल्पना को साकार करने वाले दो आधुनिक महापुरुषों का

स्मरण किये बिना मन नहीं मानता है, जो पश्चिम की शिक्षा से अवगत होते हुए भी भारत के लिए उसके स्वभाव के अनुसार विचार कर सके थे। एक तो पहले एशियाई जिन्हें नोबल मिला था, गुरुदेव रवींद्रनाथ टैगोर हैं जिन्होंने ऐसे भारत की कल्पना की थी 'जहाँ चित्त भयशून्य हो, जहाँ सिर उन्नत हो, जहाँ ज्ञान मुक्त हो'। गुरुदेव ने शिक्षा पर सोचा भी और उसका व्यावहारिक रूप यथार्थ के स्तर पर भी उतारा। उनके हिसाब से शिक्षा मनुष्य को मुक्त करती है और व्यक्ति को ज्ञान के आंतरिक प्रकाश से परिपूर्ण कर देती है। रचना और सृजन से भरी शिक्षा व्यक्ति को वासनाओं और पूर्वाग्रहों से मुक्त कर विश्व को स्वीकार करने का साहस देती है। वह विश्व का अनुभव करने के लिए सहानुभूति की शक्ति प्रदान करती है। उच्चतम शिक्षा सिर्फ सूचना नहीं देती है वह समस्त अस्तित्व के साथ समंजस बनने और बनाने का साहस और उपाय भी उपलब्ध कराती है। गुरुदेव के मुख्य विचार थे कि शिक्षा को प्रकृति के अनुकूल, मानवीय, अन्तरराष्ट्रीय और आदर्शोन्मुख होना चाहिए। श्रीनिकेतन और शान्तिनिकेतन जैसी शिक्षा–संस्थाओं को गुरुदेव ने इन्हीं सिद्धान्तों के अनुरूप रचा, गढ़ा और संचालित भी किया।

दूसरे महापुरुष हैं राष्ट्रपिता महात्मा गाँधी जो यह कहते हैं कि "शिक्षा बालक के शरीर, मन, तथा आत्मा की उत्तम क्षमताओं को उद्‌घाटित करती है और बाहर प्रकाश में लाती है।" उनके विचार में "शिक्षा का मूल उद्देश्य मनुष्य को सच्चे अर्थ में मनुष्य बनाना है। जो शिक्षा मानवीय सद्‌गुणों के विकास में योग नहीं देती और व्यक्ति के सर्वांगीण विकास का मार्ग नहीं प्रशस्त करती वह शिक्षा अनुपयोगी है।" उनका विचार है कि "बालक की आध्यात्मिक, मानसिक और शारीरिक क्षमताओं के पूर्ण विकास का दायित्व शिक्षा पर है।" जब तक शरीर, मस्तिष्क तथा आत्मा का विकास एक साथ नहीं हो जाता तब तक केवल बौद्धिक विकास एकांगी ही बना रहेगा। जैसा कि सबको ज्ञात है गाँधी जी ने 'नयी तालीम' नाम से शिक्षा–प्रणाली भी शुरू की और वर्धा में उसका उपक्रम भी शुरू किया। अभी भी 'आनन्द निकेतन' नामक विद्यालय गाँधी जी द्वारा स्थापित सेवाग्राम आश्रम में संचालित है और उनकी पद्धति के कई और विद्यालय भी देश में अन्यत्र चल रहे हैं।

कहना न होगा कि दोनों ही महापुरुष शिक्षा को भारत, ज्ञान और मनुष्यता के व्यापक परिप्रेक्ष्य में देख रहे थे। यह अलग दुखांतिका है कि शिक्षा की जो मुख्यधारा देश में स्थापित हुई उसकी नियति अंग्रेज शासकों

ने तय कर दी थी और हम उसी का पालन करते चले आये और विचार कर कुछ करने का कोई अवकाश ही नहीं मिला। आगे भी जो बदलाव लाये गये वे ज्यादातर पश्चिमी शिक्षा–संस्थानों की नकल थे (जैसे–सेमेस्टर व्यवस्था, सी.बी.सी.एस.) जिनको आज तक हम ठीक से लागू भी नहीं कर सके और जिनके कारण शिक्षा का कार्य प्रवेश और परीक्षा कराने तक सिमटता गया है। ऐसे में प्रस्तावित शिक्षा–नीति से शिक्षा–जगत को बड़ी आशाएँ हैं, पर मसौदे को देखकर यही लगता है कि उसके निर्माण में प्रकट रूप से भारत के बाहर का पाश्चात्य चिन्तन ही भारत को समझने का प्रमुख आधार बनाया गया है। उसे देखकर 2005 में सैम पित्रोदा महाशय की अगुवाई में बने 'नॉलेज कमीशन' की अवधारणा याद आती है और यह बहुत हद तक उसी की छाया और विस्तार दिखाई पड़ता है। पित्रोदा महोदय ज्ञानकेन्द्रित अर्थव्यवस्था (नॉलेज इकोनॉमी) में भारत की वैश्विक बढ़त बनाने के उद्यम को बढ़ावा देने के लिए तत्पर थे। जैसा कि सर्वविदित है वह आयोग चार वर्ष तक काम करता रहा और फिर आंतरिक विवादों के चलते उसके प्रयासों की कोई विशेष उपलब्धि नहीं हो सकी और अन्ततः वह निष्क्रिय हो गया। उसी के सूत्र को लेकर आगे बढ़ाते हुए 2015 से 2019 तक की अवधि की उपलब्धि के रूप में वर्तमान शिक्षा–नीति का यह मसौदा प्रस्तुत किया गया।

गाँधी और टैगोर जैसे चिंतक और मानवीय मूल्य जैसे प्रश्न और शिक्षा के लक्ष्य इस नीति के लिए वस्तुतः अप्रासंगिक हैं। भारत की शिक्षा की हकीकत क्या है? इसकी आज की कठिनाइयाँ क्या हैं? ये बेहद जरूरी प्रश्न भी इसमें उचित ढंग से सम्बोधित नहीं हो सके हैं। यह स्वीकार कर कि इक्कीसवीं सदी एक वैश्विक हो चुकी दुनिया है जो पश्चिम के अति. विकसित देशों के रूप में प्रस्तुत है और वहाँ खड़े होकर भारत–केन्द्रित विचार ही इस नीति का खाँचा और ढाँचा बन गये हैं। डेलोर्स समिति की 1996 की (बीसवीं सदी की प्राचीन!) रपट, 'इक्कीसवीं सदी की अवधारणा' और अन्तरराष्ट्रीय रपटों को आधार बनाकर पिछली शिक्षानीतियों को आगे बढ़ाते हुए इस मसौदे को तैयार किया गया है। यह भी उल्लेखनीय है 'इक्कीसवीं सदी' की अवधारणा सिर्फ वैश्वीकरण, प्रौद्योगिकीकरण विशेषतः डिजिटलीकरण के सीमित अर्थ में स्वीकार की गयी है जो भारत को एक बड़ी आर्थिक शक्ति के रूप रूपान्तरित करने के लिए जरूरी है। परन्तु समकालीनता की यह समझ आधी–अधूरी ही है। इक्कीसवीं सदी एकरूपी (होमोजेनस) नहीं है। कोई भी देख सकता है कि देश में ही नहीं वैश्विक

स्तर पर भी इसमें एक ही साथ कई समय चल रहे हैं। ऐसे ही 'ज्ञान–समाज' (नॉलेज सोसाइटी) जो इस मसौदे का बीज वाक्य है उसका आशय भी पश्चिम से ही उठा लिया गया है। इसमें ज्ञान की एक बड़ी ही सीमित अवधारणा स्वीकार की गयी है। वह निश्चय ही संकुचित और जीवन की गुणवत्ता की दृष्टि से एक हद तक कमजोर भी प्रतीत होती है। वही एक विकल्प नहीं है और बहुत अच्छा या श्रेयस्कर विकल्प तो नहीं ही है।

मसौदे में प्रयुक्त 'ज्ञान–केन्द्रित समाज' की ओर जाना उस सूचना और ज्ञान–आधृत सामाजिक–आर्थिक संगठन को न्योता दे रहा है जो सारे मानवीय सरोकारों को छोड़कर डिजिटल प्रौद्योगिकी पर टिका होता है। सूचना और ज्ञान के उत्पादन और प्रसार तथा तेजी से हो रही तकनीकी प्रगति से उपजे नवाचार को आत्मसात करने के लिए यह जरूरी है कि आर्थिक और सामाजिक विकास की संतुलित सार्वजनिक नीति का भी विकास हो, जरूरी है उसे लागू करना और उसे निरन्तर तरोताजा बनाये रखना। मसौदे में आशा व्यक्त की गयी है कि डिजिटल तकनीकी के उपयोग द्वारा पारदर्शिता आयेगी, व्यापार की क्षमता बढ़ेगी, और नागरिक सुविधाओं को बढ़ाना सम्भव होगा। यदि महानगरों को छोड़ पूरे भारत को नजर में रखें तो यहाँ का सामाजिक और आर्थिक यथार्थ इस तरह की स्थिति से अभी भी बड़ा दूर है और उसका स्वभाव भी भिन्न है। इन तकनीकों का आश्रय लेकर भारत में नित्यप्रति प्रकट हो रहे आर्थिक घोटालों के आयाम जिस तरह बढ़ते जा रहे हैं उन्हें देखकर नैतिकता के प्रश्न प्रखर रूप से सामने आ रहे हैं जिनका उत्तर मानवीय सामाजिक चरित्र को पुष्ट करने की जरूरत बता रहे हैं।

यह भी विचारणीय है कि पश्चिमी दुनिया में औद्योगिक क्रान्ति के बाद सूचना–युग आया और अब ज्ञान–युग घोषित हुआ है जो और कुछ नहीं उत्तर आधुनिकता की चिन्हारी है। सूचना–समाज इसलिए कहा गया कि कम्प्यूटर, डाटा–संसाधन और संचार में सूचनाओं का तीव्र आवागमन शुरू हुआ। ज्ञान–समाज में सूचना नहीं, ज्ञान सबसे बड़ी सम्पदा बनती है। दूसरे शब्दों में लोगों के मन–मस्तिष्क में क्या बसा है और क्या भौतिक रूप में आ सकता है वही अर्थव्यवस्था को आगे ले चलेगा। आज उच्च विकास की स्थिति में पहुँच रहे समाजों में ज्ञान के उत्पादन और उपयोग से समृद्धि और खुशहाली लाने का स्वप्न देखा जा रहा है। वस्तुतः 'ज्ञान–समाज' उन समाजों को व्यक्त करता है जो आर्थिक और सांस्कृतिक रूप से वैज्ञानिक

और तकनीकी ज्ञान पैदा करने की क्षमता पर निर्भर कर रहे हैं। ज्ञान अब बाजार में एक खास माल और व्यापारिक उत्पाद बन रहा है। ज्ञान–समाज में शिक्षा जीवनपर्यंत चलती रहेगी क्योंकि तकनीकी प्रगति के साथ सारा पुराना व्यर्थ होता रहेगा नया अर्जित करते रहना होगा। ज्ञान की जटिलता निरन्तर बढ़ती जायेगी। तीव्र गति से मिलती सूचना के अर्थ को ग्रहण करने और जटिल ज्ञान के प्रति एक नये दृष्टिकोण की जरूरत हमेशा बनी रहेगी। सीखने की व्यक्तिनिष्ठता या निजता और ज्ञान–वितरण के बढ़ते वैश्वीकरण के बीच अध्यापक की भूमिका को फिर से परिभाषित करना होगा।

ज्ञान और सूचना आज आम आदमी की जिंदगी पर तेज असर डाल रहे हैं। हम देख रहे हैं कि सूचना और संचार की प्रौद्योगिकी को साझा करना अर्थव्यवस्था और समाज दोनों को बदलने की शक्ति रखता है। समावेशी ज्ञान–समाजों के निर्माण के लिए सूचना तक सबकी पहुँच और उसे साझा करते रहना प्रमुख आधार बन रहे हैं। यह माना जा रहा है कि सूचना तक सार्वभौम पहुँच होने से शान्ति आयेगी और टिकाऊ आर्थिक विकास हो सकेगा। पर वास्तविकता कुछ और ही है। आज अमेरिका या कोई और सशक्त देश साइबर युद्ध छेड़ सकता है। मानवीय संवेदना और मूल्यों का विकल्प सूचना और उस पर आधृत ज्ञान कभी नहीं हो सकता। अतः भारत और मनुष्यता की वास्तविकताओं पर ध्यान देना होगा और शिक्षा के लक्ष्य यहाँ के सन्दर्भ में पहचानने होंगे। शिक्षा सूचना–साधक एक मशीनी तन्त्र मात्र नहीं हो सकती। यदि उसमें मूल्यवत्ता की स्थापना नहीं होगी तो और कहाँ होगी? इस दृष्टि से हमारी शिक्षा–नीति में सुधार की काफी गुंजाइश मौजूद है।

प्रकट रूप में शिक्षा–नीति का मसौदा भारत में शिक्षा की प्रचलित विसंगतियों का गहन विश्लेषण करने के उपरान्त भ्रष्टाचार मुक्त व्यवस्था की वकालत करता है। इसमें भविष्य की अपेक्षाओं का आकलन कर महत्त्वपूर्ण संस्तुतियाँ की गयी हैं। यह सन्तोष का विषय है कि इसमें भाषा और संस्कृति के महत्त्व को भी केन्द्रीय स्थान दिया गया है। शिक्षा की व्यवस्था से जुड़े कई व्यावहारिक प्रश्नों पर पहली बार विचार करते हुए उसके बहुस्तरीय पुनर्गठन और तदनुसार आवश्यक संसाधनों का प्रस्ताव भी इसमें शामिल किया गया है। इसमें उल्लिखित त्रिभाषा–सूत्र बहुभाषाभाषी भारतीय समाज के लिए सर्वथा उपयुक्त है। भाषा के संस्कार द्वारा ही संस्कृति और ज्ञान की समस्त विधाओं में प्रवेश मिलता है और विचार की दृष्टि मिलती है।

अंग्रेजी का भूत हमारे सिर पर सवार है और उसका खामियाजा पूरा देश भुगतता रहा है। अंग्रेजी की सामंती प्रवृत्ति से एक अभिजात वर्ग वर्चस्वशाली होता रहा और नब्बे प्रतिशत जनता पर अधिकार जमाता रहा। अंग्रेजी भरोसे की और प्रामाणिक भाषा मान ली गयी और उसका संजाल इतना विस्तृत हुआ कि हिन्दी समेत सभी भारतीय भाषाएँ हाशिए पर ढकेल दी गयीं। अभिव्यक्ति पर बंदिश लग गयी और कानून, शिक्षा तथा स्वास्थ्य जैसे आधारभूत विषय जनता जनार्दन की पहुँच से बाहर होते गये।

अतएव भारत के इस त्रिभाषा–सूत्र में अंग्रेजी की अनिवार्यता नहीं होनी चाहिए। उसके स्थान पर किसी भी भारतीय/विदेशी भाषा के चयन का अवसर मिलना चाहिए। कक्षा 6–8 तक प्राचीन (क्लासिकल) भाषा के अध्ययन का प्रस्ताव भी अत्यन्त उपयोगी है। सांस्कृतिक विस्मरण के दौर में भारतीय ज्ञान–परम्परा का परिचय अनिवार्य रूप से सभी छात्रों को दिया जाना उपयुक्त है।

आज की जमीनी हकीकत को देखते हुए नयी शिक्षा–नीति का यह मसौदा निश्चय ही एक बहुत बड़ी छलाँग है। एक महत्त्वाकांक्षी दृष्टि से आरम्भ से लेकर जीवनपर्यंत शिक्षा का जो वितान इसमें प्रस्तुत किया गया है वह सरकार द्वारा गहन विचार की अपेक्षा करता है। बहुत दिनों से भूखी तरसती शिक्षा के लिए राष्ट्रीय बजट में छूटा–छाटा कुछ शेष मिलता रहा है। पूर्व प्राथमिक से लेकर उच्च शिक्षा तक से जुड़े सभी मुद्दों पर कल्पनाशीलता के साथ आमूलचूल परिवर्तन का संकल्प लेकर उपस्थित यह दस्तावेज बड़ी आशावादिता के साथ संरचनात्मक परिवर्तनों, प्रक्रियाओं और विद्यार्थी की ज्ञान और कौशल की सभी सम्भव सम्भावनाओं के लिए अवसर का प्रावधान प्रस्तुत कर रहा है। साथ ही अध्यापकों की उपलब्धता की व्यवस्था, उनके प्रशिक्षण और उनकी जीवन–दशा को सुधारने के लिए आवश्यक सुझाव भी देता है। यह सब विकसित देशों के पैमानों को ध्यान में रखकर सोचा गया है। यह दस्तावेज एक तरह की सुनम्य व्यवस्था का पक्षधर है। यह अवश्य है कि स्वायत्तता देने की बात कहकर अनेक जटिल संरचनाएँ भी पेश हुई हैं जो उसे काटती हैं।

नयी शिक्षा नीति के मसौदे में 0–3 वर्ष से आरम्भ कर जीवनपर्यंत शिक्षा मुहैया कराने का एक महत्त्वाकांक्षी खाका रखा गया है। इसके अन्तर्गत सुधार के लिए सुझाव भी माँगे गये हैं परन्तु इसे लागू करने के लिए पर्याप्त संसाधन के प्रावधान करने के साथ ही प्रचलित व्यवस्था की

कठिनाइयों और प्रतिरोधों का भी व्यापक स्तर पर समाधान करना होगा। बिना जरूरी तैयारी के नेक नीयत से तैयार हुए नये भारत की संकल्पना वाले इस दस्तावेज का कार्यान्वयन असम्भव होगा। यह एक कटु सत्य है कि यदि आई.आई.एम., आई.एस.सी. बैंगलुरु और आई.आई.टी. जैसे थोड़े से शिक्षा के कुछ सुरम्य द्वीपों को छोड़ दें, जिन्हें अपने ढंग से जीने की छूट है, तो अधिकांश शिक्षा–केन्द्र मरुस्थल ही हुए जा रहे हैं। निरन्तर उपेक्षा के कारण सरकारी शिक्षा–व्यवस्था की बढ़ती मुश्किलों के बदौलत शिक्षा आज एक चक्रव्यूह में फँसी हुई है जिससे उसका उबरना जरूरी है। शिक्षा नीति के रूप में जो अवसर मिला है उसका देश हित में लाभ लेने के लिए कुछ आधारभूत व्यवस्थाएँ करनी होंगी। इतना साहसिक प्रस्ताव देख सारा शिक्षा जगत सुखद आश्चर्य और आशा के साथ नयी पहलों की प्रतीक्षा कर रहा है।

व्यावहारिक स्तर पर जिन समस्याओं से भारतीय शिक्षा–व्यवस्था आज जूझ रही है उनको अनदेखा नहीं किया जा सकता। इस दृष्टि से सर्वप्रथम शिक्षा के निजीकरण की नीति पर ध्यान देना होगा। आज निजीकरण एक महादैत्य की तरह बेरोक–टोक विस्तार पाता जा रहा है। निजी क्षेत्र की शिक्षा संस्थाएँ पूर्व प्राइमरी से लेकर उच्च स्तर तक निरंकुश भाव से फैलती जा रही हैं। इनमें से अधिकांश प्रतिष्ठित व्यवसाय के तर्ज पर चल रही हैं जिनके मालिक पैसे वाले और राजनीतिक रसूखदार होते हैं। शिक्षा जगत के माफिया बने ये संस्थान जिस तरह अधिकार जमा रहे हैं और शिक्षा–संस्थाओं की श्रृंखलाएँ संचालित कर रहे हैं वह शिक्षा की एक प्रतिसंस्कृति को जन्म दे रहा है। इनमें मनमानी दर पर फीस उगाही जाती है और शिक्षा की गुणवत्ता के साथ हर तरह के समझौते किये जाते हैं। विगत वर्षों में यह धन्धा बड़ा ही लोकप्रिय और कामयाब हुआ है। यह एक नीतिगत प्रश्न है कि इन संस्थाओं को किस तरह की और कितनी छूट दी जाय। प्रवेश, पाठ्यक्रम, परीक्षा और प्रमाण–पत्र जारी करने में इन संस्थाओं को मिली छूट शिक्षा के क्षेत्र में वर्गभेद और विषमताएँ पैदा कर रही है। उनकी गुणवत्ता को लेकर भी प्रश्नचिह्न खड़े हो रहे हैं। अतः निजी शिक्षा संस्थाओं के लिए प्रभावी नियामक और निगरानी की व्यवस्था की सख्त जरूरत है।

सरकारी संस्थान थोड़े हैं और उनकी विशेषज्ञता के क्षेत्र भी सीमित हैं, उनमें छात्रों का प्रवेश बड़ी सीमित संख्या में ही हो पाता है। वहाँ पर बड़ी कठिन प्रतिद्वन्द्विता है। आरक्षण आदि के कायदे–कानून को लागू करने के कारण इनमें सामान्य छात्रों का प्रवेश पाना और भी कठिन हो जाता है।

आज दिल्ली के कॉलेजों में 90 प्रतिशत अंक हों तो भी प्रवेश की गारंटी नहीं है। ऐसे में विद्यार्थियों और उनके पालकों को तरह–तरह की असुविधाओं का सामना करना पड़ता है। सरकारी संस्थानों की अपर्याप्तता के कारण लाचार होकर विद्यार्थियों को निजी संस्थाओं की ओर रुख करना पड़ता है। महँगी और कम गुणवत्ता के बावजूद बच्चों को निजी शिक्षण–संस्थाओं में प्रवेश दिलाना मजबूरी हो जाती है। अतः सरकारी शिक्षा–संस्थाओं की सामर्थ्य को बढ़ाने के प्रभावी उपाय करने होंगे। दुर्भाग्य से सरकारी तन्त्र, लाल फीताशाही और राजनीतिक हस्तक्षेप के कारण अधिकांश संस्थाएँ शिथिल होकर अपनी पूरी क्षमता से कार्य करने में अक्षम होती जा रही हैं। इसका एक ज्वलंत उदाहरण यही है कि आज प्राइमरी स्कूल से लेकर विश्वविद्यालय स्तर तक सभी संस्थाएँ पूरे देश में अध्यापकों के भीषण अकाल से जूझ रही हैं। यह स्थिति विगत कई वर्षों से लगातार बनी हुई है जिसका खामियाजा अध्यापन, पाठ्यचर्या और परीक्षा समेत पूरी–की–पूरी शिक्षण व्यवस्था उठाती आ रही है। छात्रों को अधकचरा प्रशिक्षण मिलता है और वे ज्ञान और कौशल के अभाव में डिग्री पा रहे हैं। बड़ी संख्या में विज्ञान और तकनीकी विषयों की पढ़ाई की खानापूरी बिना प्रयोगशाला का मुँह देखे की जा रही है। अन्य विषयों की स्थिति भी नाजुक है। विद्यार्थी अन्यमनस्क हैं, कक्षा में नहीं आ रहे हैं क्योंकि अध्ययन और ज्ञानार्जन की संस्कृति विद्या केन्द्रों से दूर होती जा रही है। सबका ध्यान सत्रांत की परीक्षा पर होता है जिसके लिए कुछ प्रश्न चाहिए जिन्हें पिछले वर्षों के प्रश्नपत्रों से सहज ही 'गेस' किया जा सकता है। परीक्षा आने पर छात्र 'मेड इजी' पढ़कर जैसे–तैसे परीक्षा पास कर लेते हैं। उत्तर पुस्तिकाओं का मूल्यांकन भी केन्द्रीय स्तर पर होता है जहाँ जो अध्यापक मिल जाय उससे मूल्यांकन की कार्रवाई थोक के भाव से करायी जाती है। इस तरह सारा का सारा शैक्षिक परिवेश स्थायी अध्यापकों के अभाव और आवश्यक व्यवस्था के अभाव में प्रदूषित हो रहा है। साथ ही जो अध्यापक कार्यरत हैं उनकी कार्यदशाओं पर भी समुचित ध्यान न देने से कार्य संस्कृति पर बुरा असर पड़ रहा है। केन्द्र और राज्य सरकारों के नीति–निर्माताओं को कानूनी और अन्य व्यवधान दूर कर शिक्षा के हर स्तर पर अविलम्ब शिक्षकों की भर्ती का काम वरीयता के साथ पूरा करना होगा। साथ ही अध्यापकीय जीवन के गतिरोधों को दूर करने की प्रभावी व्यवस्था करनी होगी ताकि उसकी गरिमा वापस मिल सके।

शिक्षा की सुविधाएँ बढ़ाने के लिए दूर शिक्षा प्रणाली शुरू की गयी

ताकि दूरदराज के विद्यार्थियों और नौकरी पेशे में लगे लोग भी सरलता से शिक्षा प्राप्त कर सकें। दूर शिक्षा का भी जिस तरह अनियंत्रित विस्तार हुआ है उससे शिक्षा की गुणवत्ता को ठेस पहुँच रही है। इसी तरह बिना आवश्यक व्यवस्था के सिर्फ राजनीतिक लाभ के लिए विश्वविद्यालयों की स्थापना की जाती रही है, पर सिर्फ कुलपति नियुक्त कर देने और एक कार्यालय बना देने से विश्वविद्यालय नहीं बनता है। इसका परिणाम भी शिक्षा की गुणवत्ता के ह्रास के रूप में परिलक्षित हो रहा है।

यह भी ध्यातव्य है कि शिक्षा की औपचारिक संस्थागत दुनिया के समानान्तर कोचिंग और ट्यूशन की एक जबरदस्त दुनिया भी बसती गयी है और आज हर शहर में इसका व्यापार परवान चढ़ रहा है। इसकी राजधानी बनी कोटा नगरी की कहानी सर्वविदित है। शिक्षा की अर्थव्यवस्था में कोचिंग क्लास चलाने वाले संस्थानों की आज बहुत बड़ी हिस्सेदारी हो गयी है। शिक्षा जगत में उदासी, अवसाद और आत्महत्या जैसी पीड़ादायी घटनाएँ भी सामने आ रही हैं जो शिक्षा के अनावश्यक और अस्वास्थ्यकर भार को द्योतित कर रही हैं। अधिकांश विश्वविद्यालय अपने पाठ्यक्रम में समय–समय पर ज़रूरी परिवर्तन नहीं कर पाते हैं। इसका प्रमुख कारण विश्वविद्यालयी प्रक्रिया की जटिलता और आलस्य है। साथ ही अकादमिक जगत में व्याप्त परिवर्तन के प्रतिरोध की मानसिकता भी यथास्थितिवाद को प्रश्रय देती है। राज्य स्तर के विश्वविद्यालयों में शासकीय हस्तक्षेप कुछ अधिक ही होता है। विभिन्न विश्वविद्यालयों को पाठ्यक्रम निर्माण में पूरी स्वायत्तता मिली हुई है जिसका लाभ लेते हुए वे अपने सुविधानुसार पठन–पाठन करते हैं। फलतः विभिन्न विश्वविद्यालयों के पाठ्यक्रमों की तुलना करने पर बड़ा अन्तर दिखता है। उनके छात्रों के ज्ञान के स्तर में बड़ा भेद होता है। स्थानीय जटिलताएँ और हस्तक्षेप के चलते शैक्षिक संस्कृति में मूल्यों का सतत ह्रास चिन्ता का विषय होता जा रहा है। प्रचलित पाठ्यक्रमों की पसन्द के पीछे पैकेजदार नौकरी की सम्भावना की ही निर्णायक भूमिका हो रही है। अप्रासंगिक और भारतीय ज्ञान–परम्परा से दूर पाठ्यक्रम ऐसे स्नातकों को पैदा कर रहा है जो धरती से कटे हुए हैं और जिनका मूल्यबोध वैश्विक अर्थात् आर्थिक कसौटियों को ही प्रासंगिक मानता है। नये भारत की शिक्षा–नीति को आज के यथार्थ के इन सन्दर्भों को ध्यान में रखना होगा। शिक्षा वर्तमान में होकर भी भविष्य की तैयारी होती है। इसलिए उसे नये भारत की संभावनाओं के लिए आधार बनाना ही होगा।

शिक्षा, समाज और दर्शन के अन्तःसम्बन्ध

ए.पी. शर्मा

मैं अमेरिका में एक पुस्तक की दूकान के पास से गुजर रहा था कि मेरी नजर वहाँ रखी एक पट्टिका पर गयी जिस पर सुन्दर अक्षरों में यह वाक्य अंकित था 'Teachers are a gift from God' यानी 'शिक्षक ईश्वरीय उपहार होते हैं'। मैंने इसे दुबारा पढ़ा और कुछ देर सोचता रहा। अन्ततः मैंने उसे खरीद लिया और घर ले आया। मैं इसे कभी–कभी देख लेता हूँ और जब भी मौका मिलता है इस बारे में सोचता हूँ। मेरे मन में कई विचार आते हैं। मुझे लगता है विचारवान और भले स्वभाव के शिक्षकों और समाज के बीच एक बड़ा ही गहरा रिश्ता है। किसी भी देश का सामाजिक परिवेश बिना योग्य और विचारशील अध्यापकों के विकसित नहीं हो सकता। वे ज्ञान देने के साथ ही अपने चरित्र और आचरण द्वारा छात्रों को समृद्ध करते हैं। हमें अपने पुराने अध्यापकों की बड़ी याद आती है जो जरूरी शिक्षा के साथ नैतिक मूल्यों को भी आत्मसात कराते, सिर्फ जबानी नहीं बल्कि उनके ईमानदार और शुद्ध आचरण में भी वह सब परिलक्षित होता था। प्राचीन और नये साहित्य में ऐसे गुरुओं के कई उदाहरण मिलते हैं। गुरु द्रोणाचार्य और शंकराचार्य की कथाएँ बताती हैं कि किस तरह गुरु आपने आचरण, हाव–भाव आदि से भी बहुत कुछ सिखाते रहते थे। इन सबका समाज पर प्रभाव पड़ता था।

यहाँ मैं पाश्चात्य जगत के कुछ ऐसे उदाहरणों की भी चर्चा करना चाहूँगा जो अनपढ़ होते हुए भी और बिना किसी औपचारिक कक्षा के सामान्य बातचीत द्वारा अपने शिष्यों में ज्ञान बाँटते थे। वे न केवल कोरी बात करते थे बल्कि उसे अभ्यास में भी लाते थे। मैं वस्तुतः सुकरात की बात कर रहा हूँ। एक दार्शनिक के रूप में सुकरात को समझने की

समस्या कुछ इस तरह रखी जा सकती है। जेनोफोन के 'सिम्पोजियम' में सुकरात यह कहते हुए मिलते हैं कि "वह उसके प्रति समर्पित हैं जिसे वह सबसे महत्त्वपूर्ण कला या व्यवसाय मानते हैं यानी दर्शन पर वाद–विवाद या विमर्श।"

सुकरात के जन्म का वर्ष अनुमानतः 469 से 470 ईसा पूर्व या 468 से 469 ईसा पूर्व माना जाता है। पुरानी परम्परा के अनुसार सुकरात एक मूर्तिकार थे, यद्यपि आधुनिक विद्वान ऐसा नहीं मानते। वह व्यापारियों के पास बात करने दूकानों में जाते थे। उनके सबसे खास थे जूता बनाने वाले।

सुकरात का दर्शन

सुकरात एक प्राचीन ग्रीक एथेनियन दार्शनिक थे जिनको पाश्चात्य दर्शन के संस्थापकों में से एक होने का गौरव प्राप्त है। प्लेटो के वार्तालाप में उनका जो विवरण मिलता है उससे पता चलता है कि सुकरात नैतिक ज्ञान आचारशास्त्र में योगदान के लिए प्रख्यात हुए। 'सुकरात की विधि' अनेक किस्म के विमर्शों में एक उपकरण है और एक प्रकार की शिक्षण विधि भी, जिसमें प्रश्नों की एक श्रृंखला प्रस्तुत की जाती है, हर एक का उत्तर देने के लिए नहीं बल्कि विवेचित विषय के बारे में मौलिक सूझ विकसित करने के लिए। सुकरात का एक प्रमुख विचार यह था कि झूठे या मिथ्या शब्द न केवल स्वयं में पाप हैं बल्कि वे आत्मा को भी पापग्रस्त कर देते हैं। सुकरात ने अपना कोई लेखन नहीं छोड़ा, अतः उनकी शिक्षाओं की जानकारी उन पुराने लेखकों के जरिये मिलती है जो अपनी रचनाओं में उसका सन्दर्भ देते हैं। सुकरात के शब्द जो प्लेटो की रचनाओं में उद्धृत हैं हमारे लिए सर्वाधिक महत्त्वपूर्ण स्रोत हैं :

"मेरी सिर्फ यही चाह है कि ज्ञान जैसी चीज का प्रवाह उस पात्र से जो उससे पूरा है उससे जो खाली है वहाँ पहुँचे। हममें से हर किसी में दो नियामक नियम हैं, हम जिनका निर्देश या पालन करते हैं, वे चाहे जहाँ भी ले जायें, एक जन्मजात सुख की इच्छा, दूसरा अर्जित निर्णय जो उत्कृष्टता की आकांक्षा रखता है।"

"ज्ञान और सद्गुण में बिना अनुभव के, जो हमेशा व्रत आदि करता है अधोगामी होता है और वहीं जीवन भर घूमता रहता है, न ऊपर स्थित सच्चाई को देख पाता है, न उसकी ओर उठता है, न ही स्थायी और

निर्मल ज्यादा दिनों तक मिलने वाले सुख का स्वाद ही पाता है। पशु की तरह वे नीचे सिर झुकाए धरती और भोजन की मेज पर झुके होते हैं, वे खाते हैं, मोटे होते हैं और व्यभिचार में लिप्त रहते हैं। अपनी सम्पदा को बढ़ाने के चक्कर में इतने लोलुप होते हैं कि वे इस्पात के सींग और खुरों से एक–दूसरे पर आक्रमण करते हुए मार डालते हैं।"

एक बार सुकरात ने सोचा, मुझे बुद्धिमान कहा जाता है, मेरे श्रोता हमेशा सोचते हैं कि मेरे पास ज्ञान है जिसे मैं दूसरों में देखना चाहता हूँ, पर सच्चाई यह है, हे एथेंसवासियो! केवल ईश्वर ही ज्ञानवान है।

"मैं दर्शन को पढ़ाना और प्रयोग में लाना कभी बन्द नहीं करूँगा, जो भी मुझसे मिलेगा, अपने तरीके से उसे समझाते हुए यह कहते हुए कि हे मेरे दोस्त, आप जो इस महान और शक्तिशाली और ज्ञान नगरी एथेंस के एक नागरिक हैं, क्यों धन, आदर और प्रतिष्ठा पर इतना ज्यादा ध्यान देते हैं और ज्ञान तथा सत्य और आत्मविकास को कभी तरजीह नहीं देते या ध्यान ही नहीं देते हैं ? क्या आप इस पर शर्मिंदा नहीं हैं? और मैं जिसके साथ बहस करता हूँ उसके कहे पर जरूर ध्यान रखता हूँ। मैं उसे तुरन्त नहीं जाने देता हूँ, प्रश्न पूछता हूँ और जाँचता हूँ, जिरह करता हूँ और अगर मुझे लगता है कि उसमें कोई सद्‌गुण नहीं है पर वह सिर्फ कहता है कि उसमें है, मैं उससे फिर कहता हूँ और उसे कम आँकता हूँ।"

सुकरात का मुकदमा तथा मृत्यु

वर्ष 399 ईसा पूर्व के एक दिन सुकरात पर मुकदमा हुआ और बाद में उसे एथेंस के युवाओं के मानस को भ्रष्ट करने और घोर पाप बढ़ाने, राज्य के देवताओं में विश्वास न करने के आरोपों के आधार पर विष पिलाकर मृत्युदण्ड का निर्णय हुआ। सुकरात की मृत्यु का वर्णन प्लेटो के यहाँ अन्त में है, यद्यपि प्लेटो स्वयं वहाँ मौजूद नहीं था। विषपान के बाद उसे चलने की हिदायत दी गयी थी जब तक उसके पाँव भारी न हो जायें। उसके बाद वह जमीन पर पड़कर लेट गया। जिस आदमी ने उसे विष पिलाया था उसने उसके पैर पर चोट की, सुकरात को अपने पैरों में कुछ भी महसूस नहीं हुआ। धीरे धीरे उसका पूरा शरीर सुन्न पड़ता गया और अन्त में यह असर हृदय तक पहुँच गया।

अन्तिम शब्द

सुकरात के अन्तिम शब्द व्यंग्यात्मक या गम्भीर माने जाते हैं। सुकरात क्रीटो को अन्तिम शब्द कहता है उसके कई अलग–अलग अनुवाद हैं, जैसे, क्रीटो, हम पर एस्लेपियस को मुर्गा भेंट करने का कर्ज है। कृपया उस कर्ज को उतारना न भूलो।

पलायन का अस्वीकार

सुकरात ने क्रीटो के द्वारा बनाये गये कैद से पलायन के प्रस्ताव को ठुकरा दिया। जेफोन और प्लेटो सहमत हैं कि सुकरात को भाग निकलने का अवसर था और उसके अनुयायी कारागार रक्षकों को घूस देने में सक्षम थे। उसने कैद में ही बने रहने को चुना। इसके पीछे कई कारण बताए जाते हैं।

1. वह इसलिए नहीं भागा कि वह यह मानता था कि इस पलायन का अर्थ होगा मृत्यु–भय, जिसके बारे में वह मानता था कि यह किसी भी सच्चे दार्शनिक को नहीं सताता है।

2. यदि वह एथेंस से भाग निकला तो उसकी शिक्षा किसी दूसरे देश में अच्छी नहीं मानी जायेगी, वह जो भी मिलेगा उससे प्रश्न पूछेगा और उसके लिए अप्रिय स्थिति पैदा करेगा।

3. जानबूझकर नगर के कानून में रहना स्वीकार कर उसने मन–ही–मन अपने को नागरिकों द्वारा अपराधों का आरोपी होने की बात सोची और जूरी द्वारा उसे दोषी ठहराया गया। किसी और ढंग से व्यवहार करना उसे राज्य के साथ 'सामाजिक करार' को तोड़ने जैसा होता, और उससे राज्य को हानि पहुँचती, जो एक नियम विरुद्ध कार्य होता।

4. यदि वह दोस्तों के बहकावे में भागता तो उसके दोस्त कानून की नजर में जिम्मेदार ठहराये जाते।

उसके भागने को मना करने के पूरे कारण क्रीटो का मुख्य विषय है। जहाँ तक सुकरात ने हेम्लॉक (एक प्रकार का जहर) को इच्छापूर्वक पिया बिना किसी शिकायत के (पलायन के विरुद्ध फैसला लेकर) आर.जी.फ्रे. (1978) ने जैसा सुझाया है वास्तव में सुकरात ने आत्महत्या करने की राह चुनी।

सुकरात की विधि

पश्चिमी विचारकों में सर्वाधिक योगदान डायलेक्टिकल विधि का है। जिसे सुकरात विधि कहते हैं जिसे उसने सत् या न्याय जैसे प्रमुख नैतिक सम्प्रत्ययों की परीक्षा के लिए प्रयुक्त किया। इसे प्लेटो ने सुकरात के संवादों में सर्वप्रथम वर्णित किया। एक समस्या को सुलझाने में उसे प्रश्नों की शृंखला में रखा जाता है, तोड़ा जाता है उनके उत्तर व्यक्ति जो पाना चाहता है उसमें सहायक होते हैं। इस विधि का विकास और अभ्यास सुकरात का महान योगदान है और उसे राजनीतिक दर्शन के जनक के रूप में स्वीकार किये जाने के पीछे मुख्य कारण है। पश्चिमी दर्शन में सभी मुख्य विचारक सुकरात की विधि को महत्त्व देते हैं। अमेरिकी शिक्षा में उसे परिभाषित करने वाला तत्त्व माना गया। इस तरह सुकरात ने न केवल समाज तथा एथेनियंस को प्रभावित किया बल्कि समस्त मानव जाति को अपने दर्शन, आचरण और विवेचन की पद्धति से सत्य तक पहुँचने का जो दर्शन का मुख्य उद्देश्य है, उसे उपकृत किया। मेरी दृष्टि में यद्यपि वह शिक्षित नहीं था पर विश्व के श्रेष्ठ अध्यापकों में एक था, जिसने न केवल अपने देश को सत्य को सिखाने की अतुल्य विधि बताई, बल्कि समस्त मानव समाज को सत्य तक पहुँचने की पद्धति बताई, वह पद्धति जिससे धीरे–धीरे, परन्तु निश्चित रूप से सत्य तक पहुँचा जा सकता है। इस तरह दर्शन का शिक्षित करने और लोगों को सज्ञान बनाने और कठिन प्रश्नों का उत्तर देने के साथ बड़ा गहरा रिश्ता है।

बुद्ध महान

मानव समाज को बहुत दूर तक प्रभावित करने वाले कुछ प्रमुख दार्शनिकों पर विचार करने के पहले मैं गौतम बुद्ध को याद करना चाहूँगा क्योंकि वह उनमें से एक थे जिन्होंने विश्व समाज को अपने असाधारण विचार और दर्शन से न केवल प्रभावित किया बल्कि विश्व में एक अलग समाज पैदा किया जो उत्तर भारत में बड़ी संख्या में है और जो बौद्ध धर्म का अभ्यास करते हैं। वस्तुतः यह एक लम्बी कहानी है कि बुद्ध निर्वाण की स्थिति तक तक कैसे पहुँचे। परन्तु यदि उनके मुख्य विचारों पर ध्यान देते हैं जो एक तत्वमीमांसा की विधि से पैदा हुए हैं, तो हम ठीक से देख सकेंगे कि वह उन सबसे क्या अर्थ लगाते थे और कहाँ तक वे विचार

मानव समाज के लिए अत्यन्त महत्त्व के हैं। उनका अष्टांगिक मार्ग सुखी और सद्गुणी जीवन जीने का एक अनोखा मार्ग है जिसमें सभी आनन्द तथा अति प्रसन्नता, सन्तुष्टि के साथ मिलते हैं। संक्षेप में महान बुद्ध द्वारा वर्णित अष्टांग मार्ग इस प्रकार हैं :

1. सम्यक् दृष्टि
2. सम्यक् संकल्प
3. सम्यक् वाचन
4. सम्यक् कर्मांत
5. सम्यक् आजीविका
6. सम्यक् व्यायाम
7. सम्यक् स्मृति
8. सम्यक् समाधि

यह अष्टांग मार्ग निश्चय ही मुक्ति का मार्ग है। ये मानवीय दुख के अन्त के लिए हैं। जहाँ तक प्रचलित दृष्टिकोण है वह मोक्ष के बारे में काफी भिन्न है। लोकप्रिय विश्वास यह था कि मुक्ति केवल अधिप्राकृतिक क्षेत्र में पहुँचकर भक्ति और उचित प्रार्थनाओं द्वारा मिलती है। बुद्ध ने जो सुझाया वह आदमी के बस की बात है। इस लक्ष्य तक पहुँचने में बुद्ध को जीवन के 45 वर्ष लगे थे। अकेली राह और सही राह पालन करने का अष्टांगिक मार्ग था। इसलिए केवल एक उपयुक्त अध्यापक ही अच्छी शिक्षा दे सकता है, न केवल विषयों का ध्यान रखकर जो पाठ्यक्रम से जुड़े हैं बल्कि अपने सर्वोत्कृष्ट आचरण, विचार, उत्पाद, कार्य तथा भाषा जिसका कक्षा में उपयोग करते हैं और एक बड़ा परिवेश रचते हैं। आइए कुछ और दार्शनिकों को देखें जिन्होंने अपने असामान्य दार्शनिक विचार प्रक्रियाओं से मानवता को प्रभावित किया और मानवता को एक अच्छा पाठ सिखाने के लिए मार्ग दिखाया है, यदि लोग उनके विचारों का पालन करें। इस अवसर पर मैं जिद्दू कृष्णमूर्ति को भी याद करूँगा जिन्होंने अपनी असाधारण विचार प्रक्रिया से विश्व के एक बड़े भाग को प्रभावित किया है।

जिद्दू कृष्णमूर्ति

1980 के दौरान पश्चिमी अफ्रीकी विश्वविद्यालय में होलरायड की लिखी 'क्वेस्ट ऑफ द क्वाइट माइंड' शीर्षक पुस्तक जब मैंने पढ़ी तो मैं व्याकुल

हो उठा। इसलिए नहीं कि उसमें कुछ व्यग्र करने वाली सामग्री थी बल्कि इसलिए कि उसमें कुछ असाधारण विचार थे जिन्हें मैंने अपने जीवनकाल में अब तक नहीं देखा सुना था, यद्यपि मैं नयी–नयी पुस्तकों को पढ़ने में हमेशा रुचि रखता था, रीडर्स डाइजेस्ट का नियमित पाठक था तथा कुछ महत्त्वपूर्ण अन्तरराष्ट्रीय शोध पत्रिकाओं को भी पढ़ता था। जिद्दू कृष्णमूर्ति ने अपनी विचार प्रक्रिया से जो खोला वह यह था 'अपने मन को कैसे शान्त रखा जाय? अपने मन को शान्त रखने की जो प्रक्रिया उन्होंने सुझायी वह बड़ी सरल थी। वह शान्त होकर मन में मौजूद सभी विचारों को बाहर निकाल देने की थी। इसमें कुछ समय लग सकता है पर धीरे–धीरे यदि कोई यह कर सके, यह मन को पूरी तरह शान्त रखने में मदद करेगी, यह वही गहन ध्यान का चरण है जो मोक्ष की ओर उन्मुख करता है। वस्तुतः यह शुरू में बहुत कठिन लग सकती है पर यदि इस विधि का पूरी तरह से पालन किया जाय तो व्यक्ति क्रमशः इसे करने लगता है। धीरे–धीरे व्यक्ति पूर्ण शान्ति की स्थिति को पा सकता है। यह बड़े सन्तोष की बात है कि कृष्णमूर्ति के विचारों का भारत में कम, पर पश्चिमी देशों में अधिक स्वागत हुआ है और उस पर अमल भी हो रहा है। वह विदेशी धरती पर काफी लोकप्रिय है और उनकी विचार–प्रक्रिया पर विदेशी विचारकों द्वारा अनेक पुस्तकें भी लिखी गयी हैं। इस तरह दार्शनिकों का समाज के साथ बड़ा गहरा रिश्ता है, वे आमजनों को सकारात्मक ढंग से प्रभावित करते हैं और उस रास्ते का जो उचित और अच्छा है उसका निर्देश करते हैं। कृष्णमूर्ति की विचार प्रक्रिया की असाधारणता और आकर्षण विचारों से ओत–प्रोत होकर मैंने अपनी डी.लिट. उनकी विचार प्रक्रिया पर ही पूरी की। मेरे शोध प्रबन्ध के स्वीकृत हो जाने पर एक अमेरिकी प्रकाशक ने मेरी पुस्तक 'फ्रीडम ऑफ माइंड' शीर्षक से प्रकाशित की।

कुछ अन्य दार्शनिक

अब मैं कुछ अन्य दार्शनिकों का भी उल्लेख करना चाहूँगा जिन्होंने न केवल कुछ देशों की शिक्षा व्यवस्था को प्रभावित किया है बल्कि सारी मानवता को बहुत हद तक अपने अनोखे विचारों और सोच से प्रभावित किया है। मैं अमेरिकी प्रयोजनवादियों (प्रागमेटिक) जैसे विलियम जेम्स, जान डुई, चार्ल्स सैंडर्स पीयर्स आदि के योगदान से चकित हूँ जिन्होंने अमेरिकी

समाज को बड़े व्यापक स्तर पर प्रभावित करते हुए प्रयोजनमूलक दिशा में ढाल दिया। शिक्षा के क्षेत्र में उनका प्रमुख योगदान था। वे कहते थे, "कोई विचार तभी सही ठहरेगा यदि वह काम करे अन्यथा वह सही नहीं है।" सिर्फ इसके बारे में और इसकी प्रामाणिकता के बारे में सोचिए। इसने अमेरिकी दुनिया में जबरदस्त क्रान्ति ला दी और उनके कार्य में पूरी तरह व्यावहारिकता को स्थापित किया।

एक दार्शनिक परम्परा के रूप में प्रयोजनवाद अमेरिका में 1870 में शुरू हुआ। इसका उद्गम प्रायः इस प्रयोजनमूलक सूक्ति से जोड़ा जाता है "अपनी अवधारणा के लक्ष्यों के व्यावहारिक परिणामों पर गौर कीजिए। फिर उन परिणामों के बारे में, आपके विचार लक्ष्यों की अवधारणा को परिभाषित करिए।"

प्रयोजनमूलकता विचार को पूर्वकथन, समस्या–समाधान तथा कार्रवाई का एक उपकरण मानती है और इस बात को अस्वीकार करती है कि विचार का कार्य–वर्णन, प्रस्तुति या यथार्थ की छवि उकेरना है। प्रयोजनमूलक विचारक यह मानते हैं कि अधिकांश दार्शनिक विषय जैसे ज्ञान की प्रकृति, भाषा, सम्प्रत्यय, अर्थ, विश्वास और विज्ञान इन सबको व्यावहारिक उपयोग और सफलताओं के रूप में ही लिया जाना चाहिए। प्रयोजनमूलक दर्शन इस बात पर जोर देता है कि विचारों का व्यावहारिक उपयोग उन पर चलकर मानवीय अनुभवों में वास्तविकता के धरातल पर परखना है। "प्रयोजनवाद बदलते हुए विश्व का विचार मानता है न कि एक स्थिर दुनिया का, जैसा कि पहले के यथार्थवादी लोग मानते थे। अतः सिर्फ उस व्यावहारिक दृष्टि के विचारों के बारे में सोचने की आवश्यकता है जिन्होंने न केवल अमेरिकी जीवन–शैली, काम के तरीके और परम्पराओं को बदला, बल्कि दुनिया को दिखाया कि विचारों की दुनिया में पड़े रहने से विचारों के अलावा कुछ नहीं निकलेगा। इसलिए सिर्फ अमेरिकी दुनिया ही नहीं बल्कि जो भी समाज या देश जिन्होंने प्रयोजनवादी विचारधारा अपनायी सामाजिक, वैज्ञानिक तथा भौतिक रूप से आगे बढ़े और अच्छे जीवन की दिशा में अग्रसर हुए। प्रयोजनवादी पद्धति की तुलना उस पद्धति से कीजिए जो सिर्फ मनन–चिन्तन और बड़ी–बड़ी बातों में विश्वास करती है और समाज को कुछ नहीं देती है।

इस तरह व्यावहारिक या अनुपयोगी हर तरह की दार्शनिक विचारधारा समाज को प्रभावित करती हैं जहाँ वे विकसित होती हैं और उनके अनुसार

जीने के लिए लोगों को निर्देशित करती हैं। मैं यहाँ अस्तित्ववादी या किसी अन्य दार्शनिक विचार की चर्चा न कर यह बताना चाहूँगा कि किस तरह शिक्षा और दर्शन द्वारा चीजें प्रभावित हो रही हैं और भारत की सामान्य चिन्तन धारा क्या है और वर्तमान में किस तरह लोग जीवनयापन कर रहे हैं।

भारत की वर्तमान सामाजिक दशा

आज भारत में काफी बड़ी संख्या में लोग गरीबी की रेखा के नीचे जी रहे हैं और अपनी कमियों और विफलताओं के लिए दूसरों को जिम्मेदार ठहरा रहे हैं। पर इसका असली कारण क्या है? ऐसी दायित्वहीन सामाजिक–भौतिक स्थिति का क्या कारण है? हमारे बच्चे विश्व स्तर पर अच्छा क्यों नहीं कर पा रहे हैं, यदि उन थोड़े से भाग्यशाली बच्चों को छोड़ दें जिनके माता–पिता विशेष ध्यान रखते हैं? मैं पिछले पन्द्रह–बीस वर्षों से देख रहा हूँ कि केवल नये ही नहीं पुराने अध्यापक प्रशिक्षण विद्यालय अच्छे अध्यापकों के निर्माण करने में बहुत कम योगदान कर रहे हैं जो अपने समाज का ठीक तरह से ध्यान रख सकें। असली गलती उनकी है जो इसकी देखभाल करते हैं और जिनका उद्देश्य रुपया कमाना है न कि ज्ञान और मूल्य केन्द्रित शिक्षा देना।

अधिकांश शिक्षक महाविद्यालय से सिर्फ रूपया कमा रहे हैं और अच्छे अध्यापक नहीं पैदा कर रहे हैं। नये महाविद्यालयों में जाने के हमारे अनुभव से कई बातों का पता चला, यह मालूम हुआ कि क्यों मानक खराब हैं और उनका परिणाम अच्छा नहीं है। वर्ष 2005–2015 के बीच सरकारी आदेश के तहत मैं भारत में उत्तर से दक्षिण सभी क्षेत्रों के अनेक शिक्षण महाविद्यालयों में गया। नये महाविद्यालयों में उपयुक्त मात्रा में योग्य अध्यापकों की कमी थी और संसाधनों की बेहद कमी थी। ज्यादातर महाविद्यालयों में निरीक्षण के दौरान जो भी स्टाफ था उसमें से कुछ को छोड़कर जो हर तरह से अच्छे थे, अधिकांश के पास अपेक्षित अनुभव और योग्यता नहीं थी। पुस्तकालय और सीखने की परिस्थितियाँ मानक के नीचे थीं। शिक्षण अभ्यास के दौरान छात्रों को कोई खास अनुभव नहीं हो पाता था। उनकी आधार संरचना बड़े ही निम्न स्तर की थी। इन सबका परिणाम है कि देश का शैक्षिक–सामाजिक स्तर गिर रहा है। न प्रबन्धन न अध्यापक ही उन छात्रों के वैचारिक स्तर को ऊपर उठा पाते हैं जो भविष्य के नागरिक होने वाले हैं। इनके परिणाम देश के लिए त्रासद होंगे।

सामाजिक दुरवस्था के कुछ कारण

मेरे विचार में देश में सामाजिक परिवेश की दुरवस्था का एक प्रमुख कारण देश के शिक्षा महाविद्यालयों द्वारा पैदा किया जाने वाला शिक्षण और सीखने का वातावरण है। अधकचरे अध्यापकों से क्या आशा की जा सकती है, जिनको न विषय की जानकारी है, न भाषा ज्ञान ही विषय को छात्रों तक पहुँचाने के लिए पर्याप्त है और जो छात्रों को वह देने के लिए सामाजिक रूप से तैयार ही नहीं हैं जो उन्हें चाहिए। इसलिए हमारे अध्यापक प्रशिक्षण महाविद्यालयों को अपने यहाँ श्रेष्ठ परिवेश बनाना होगा जो कुछ महत्त्वपूर्ण मानव मूल्यों को पोषित करें, जो कर्तव्यपरायण, अकादमिक दृष्टि से समृद्ध और नैतिक मनुष्य बना सकें जो हमारे नष्ट होते पर्यावरण को एक प्रयोजनमूलक तथा मूल्यपरक समाज में बदल सकें।

शिक्षा : चेतना का संस्कार

रजनीश कुमार शुक्ल

भारत में शिक्षा का तात्पर्य साक्षरता नहीं माना जाता है। शिक्षा का उद्देश्य मनुष्य निर्माण है। आन्तरिक पूर्णता की अभिव्यक्ति ही शिक्षा है। इसे उस प्रणाली के आधार पर नहीं समझा जा सकता जिसमें मनुष्य की पूर्णता की संकल्पना ही न हो। 19वीं, 20वीं शताब्दी के बाद, धर्मनिरपेक्षता और राष्ट्रवाद की अवधारणा के भी गुजर जाने के बाद से जो परिस्थितियाँ आती हैं उनमें 1947 के बाद भारत का नवनिर्माण हुआ है। उस आलोक में देखा जाय तो इंग्लैंड खुद अभी उस आधार पर अपना नवनिर्माण कर नहीं पाया। 19वीं सदी में जो राष्ट्रवाद की बहस चली थी उसमें भाषायी राष्ट्रवाद, धार्मिक राष्ट्रवाद तथा स्थानिक राष्ट्रवाद उभरे। अब यदि इंग्लैंड को हम मॉडल बनाते हैं तो जरा विचार करके देखें। यूके नामक देश इंग्लैंड, आयरलैण्ड तथा स्कॉटलैण्ड के रूप में है। वहाँ स्कॉटिश भाषा के अस्तित्व के लिए अभी भी संघर्ष किया जा रहा है। इंग्लिश भाषा आज भी स्कॉट लोगों के बीच जगह नहीं बना पायी है। लम्बे समय से राजकाज की भाषा होने के बावजूद इंग्लिश भाषा स्कॉटिक लोगों के बीच नहीं आ सकी है। आयरिश भाषा का जो माधुर्य बोध है उस बोध को 400 वर्षों में यूके नहीं खत्म कर सका। वहीं 150 वर्षों से हमको हमारे इतिहास, हमारी स्मृतियों, हमारे गौरव बोध, हमारी परम्परा से जो हमें सायास मुक्त किया गया उस मुक्ति के लिए जिम्मेदार शिक्षा–व्यवस्था को बताना कठिन कार्य है। कौशल मात्र का ज्ञान या कुशलता का अर्जन कर लेना भारत में शिक्षा का न तो आदर्श रहा है और न ही उद्देश्य। भारतीय समाज बोध का आधार चैतसिक अभिवृत्तियों के आधार पर संचालित होने वाला रहा है।

जाति के आधार पर श्रेष्ठता या रक्त शुद्धता की अवधारणाओं की बात करें तो भारत के इतिहास में शायद ही ऐसी जाति होगी जो किसी न किसी क्षेत्र में सत्तावान समूह नहीं रही हो। दलित राज से लेकर ब्राह्मण राज तक विविध प्रकार के राजाओं के प्रवाह भारतीय इतिहास में देखे जा सकते हैं। इसलिए वर्ग तो है नहीं, अब जाति को वर्ग समझने और भारत को कमजोर करने की जो साजिश की गयी उसकी जड़ें कहाँ हैं? इसके लिए याद करिए ब्रिटिश सरकार का कास्ट सर्वे, जिसमें ट्राइब किसे कहते हैं कहीं परिभाषित नहीं है। लेकिन अंग्रेजों ने पहचान लिया कि कुछ ट्राइब ऐसी हैं जो क्रिमिनल है। उन्हें पता था कि जो समाज के लिए अपराध के खिलाफ लड़ता था उस जाति को हटाए बिना समाज का स्वाभिमान या जो स्वनिर्भरता थी उससे मुक्ति नहीं हो सकती और सरकार प्रभावी नहीं हो सकती थी। इसलिए क्रिमिनल ट्राइब हो गया और ऐसे ही देश में लगभग 600 ट्राइब को उन्होंने क्रिमिनल ट्राइब घोषित कर दिया। इस तरह की बातें लिखने वाली शिक्षा–व्यवस्था खड़ी की जा रही थी। इसके आधार पर क्या कोई महामानव बन सकता है या किसी के मन में संवेदना आ सकती है? जिनमें कुछ अतिशय या अतिविशिष्ट था या उनमें कुल, परिवार, परिवेश से सर्व आत्मभाव की दृष्टि, भारतीय समाज व भारतीय जीवन के प्रति श्रद्धा थी–ऐसे ही कुछ लोग इससे बचे रह गये।

मैकाले की इस शिक्षा–प्रणाली ने विदेशी डिग्री और गोरी चमड़ी के प्रति स्वाभाविक आदर का भाव पैदा किया। अगर नोबल पुरस्कार को बड़ा पुरस्कार माना जाय तो मदर टेरेसा के अलावा भारत में कौन–सा व्यक्ति इस शिक्षा–प्रणाली से जुड़ा है? पिछले 200 वर्षों में भारतीय मेधा के योगदान की अगर चर्चा की जाय तो कुछ नाम हैं जिनमें–जगदीश चंद्र बसु हैं–जिन्होंने वनस्पतियों में प्राण का सिद्धान्त प्रस्तुत किया है; क्या प्रो. बसु मैकाले के साइंटिफिक एंड टेक्निकल एजुकेशन के परिणाम है? डॉ. हरगोविंद खुराना की जीन थ्यूरी क्या यूरोपियन दिमाग सोच भी सकता है? सुब्रह्मण्यम का कृष्ण विवर का सिद्धान्त, तमाम ऐसे उदाहरण हैं। पूरा का पूरा क्वांटम फिजिक्स वेदान्त के सूत्रों और वैदिक ऋचाओं में अपने सिद्धान्त के निर्वचन के रास्ते तलाश रहा है। भारत में शिक्षा प्राप्त करने और शिक्षा के स्वरूप, आदर्श और उद्देश्य को ही बदल दिया गया है। शिक्षा को नौकरी के नाम पर राजकीय सेवा के लिए बना दिया गया है। भारत में अंग्रेजी राज्य को भारतीयों के भाग्योदय के रूप में स्थापित

करने की कई कथाएँ लिखी गयीं–कथाएँ इसलिए प्रयोग कर रहा हूँ क्योंकि ये न तो सोशल रिपोर्ट है न ही ऐतिहासिक। मैकाले द्वारा उन कथाओं के आधार पर भारतीय समाज को समझने का पिछले 70 वर्षों में हमने जो रास्ता बनाया उस आधार पर क्या भारत खड़ा हो सकता है? आज पूरी दुनिया अपने मूल की ओर लौट रही है। लेकिन भारत अपने श्रेष्ठतम मूल की ओर लौटने की कोशिश कर रहा है तो उसे अपराध के रूप में दिखाने की चर्चा हो रही है। किस तरह से समाज और शिक्षा दृष्टि बदली जाती है इसके लिए एक सन्दर्भ है कि जब रूपर्ट मर्डोक भारत आया था तब तक ये विदेशी चैनल नहीं आये थे। सबसे पहले वही आया था तो यहाँ की मीडिया ने उससे पूछा यहाँ के लोगों का टेस्ट तो आपके चैनलों जैसा नहीं है, तो उसने बड़े विश्वास के साथ कहा कि "आई विल क्रिएट द मासेस"। और आज यह हो गया। आज जितने भी चैनल हैं उनका सामान्य विश्लेषण करने पर तो लगेगा कि मनुष्य को मनुष्य बनाने वाले चैनल भारत में कुछ सन्त महात्माओं द्वारा ही चलाये जा रहे हैं। लेकिन मनुष्य को आहार, निद्रा, भय, मैथुन वाला पशु बनाने वाले चैनल हजारों की संख्या में हैं। हमारा धर्म मानवीय आचार का था। हमारा आधार मनुष्य–निर्माण का धर्म था। हमारी पूरी शिक्षा–प्रणाली कहीं–न–कहीं ऐसी थी जो एक सार्थक मनुष्य बना रही थी। आज उस उद्देश्य का विस्थापन हुआ तो यह कोई अन्तिम बदलाव नहीं है। अगर 5000 वर्षों की शिक्षा–प्रणाली 200 वर्षों में बदली जा सकती है तो 200 वर्षों की शिक्षा–प्रणाली 2 वर्षों में बदली जा सकती है। तमाम देशों की विभिन्न संस्कृतियों ने ऐसा कर दिखाया। इस प्रकार के मनुष्य–निर्माण के यत्न का जो यज्ञ था वह आचार्य विद्यानिवास मिश्र जैसे आचार्यों द्वारा चलाया जा रहा था। भारतीय मूल्यों के आधार पर 'भारतीय जीवन–प्रणाली', सनातन दृष्टि के आधार पर मनुष्य–निर्माण की शिक्षा–प्रणाली स्थापित होनी चाहिए।

शैक्षिक संकल्पना में 'विनम्रता' की अवधारणा

चाँद किरण सलूजा

नमन्ति फलिनो वृक्षाः, नमन्ति गुणिनो जनाः।
शुष्कवृक्षाश्च मूर्खाश्च न नमन्ति कदाचन।।

'ज्ञान–प्राप्ति की प्रक्रिया एवं ज्ञान के प्रयोजन' को प्रकट करने वाले प्रस्तुत श्लोक में छिपे 'विनम्रता' के भाव को यदि प्रकृति के 'अंचल' में श्वास लेने वाले प्रत्येक प्राणी के जीवन जीने का आधार कहा जाये तो. सम्भवतः, कोई अतिशयोक्ति न होगी। यह अनुभूत तथ्य है कि वृक्षों की डालियों पर निरन्तर फलों व फूलों का लगना और फिर उन फलों व फूलों के गुरुत्व से डालियों का झुक जाना उन वृक्षों के जीने अथवा उनके श्वास लेने की जीवन्तता का प्रमाण है। प्रकृति के अभिन्न अंग के रूप में विराजित मनुष्य भी इस प्रक्रिया का अपवाद नहीं है। सच तो यह है कि 'नम्रता' ही किसी व्यक्ति के व्यक्तित्व के सौष्ठव एवं सौम्यत्व का आधार है। ग्रहण किये जाने की प्रक्रिया के अनेक गुण मूलरूप से इसी 'विनम्रता' पर ही निर्भर हैं। ज्ञान की प्रक्रिया का तो यही आधार है। उपनिषदों की वाणी तो पुनः पुनः इसी को उजागर करती–सी 'दीखती' है। 'उपनिषद्' शब्द में छिपा 'नि' उपसर्ग इसी नम्रता का ही द्योतक है। ग्रहण करने के लिए नीचे होना ही पड़ेगा। रामायण में दशानन के मृत्युशैय्या पर होने के समय श्रीराम द्वारा लक्ष्मण को यह कहना कि रावण यद्यपि इस समय अपनी अन्तिम गति के मोड़ पर है, परन्तु उसकी विद्वत्ता जगत् प्रसिद्ध है। वह जाकर उससे ज्ञान प्राप्त कर के आयें। लक्ष्मण नहीं तो नहीं कह सके परन्तु सम्भवतः जाने के इच्छुक नहीं थे। वे गये। पर, अनमने मन से। रावण के पास पहुँचते हैं, परन्तु, एक 'अहम्' को साथ लेकर। दशानन से 'ज्ञान' देने को कहते हैं, परन्तु अहम् भाव के

साथ। दशानन नहीं बोलते। वापिस आ जाते हैं। भाई को सूचित करते हैं कि रावण कुछ नहीं बोले। श्रीराम सब देख रहे थे, सब समझ रहे थे। समझाया कि ज्ञान प्राप्त करने की यह कोई 'रीति' नहीं है। जाओ, नम्रतापूर्वक शिष्यत्व ग्रहण करो। विनय करो। प्रार्थना करो। ज्ञान हेतु भिक्षा माँगो। लक्ष्मण ने सब किया और रावण बोले। अंग्रेजी में 'Down to Earth' में भी यही भाव छिपा है।

भारतीय ज्ञान परम्परा में ज्ञान प्राप्ति हेतु उल्लिखित विभिन्न तत्त्वों में से 'विनम्रता' का विशेष रूप से उल्लेख करते हुए श्रीमद्भगवद्गीता (434) के "तद्विद्धि प्रणिपातेन परिप्रश्नेन सेवया" कथन को उद्धृत करते हुए आचार्य विद्यानिवास मिश्र कहते हैं कि–"पहले तुम प्रण करो कि, पहले तुम विनीत हो, सीखने के लिए उत्सुक हो, यह जानो कि हम कुछ नहीं जानते, हम सीखने आये हैं। पहले से मानकर आये हो कि हम तो सब जानते हैं, तो आकर बैठ जाते हैं, लेकिन हम जानते कुछ नहीं हैं। अपने में विनय का भाव लेकर आओ और फिर तुम प्रश्न करो और प्रश्न ऐसे करो कि विषय के चारों ओर नाचते हों।" (अध्यापन : भारतीय दृष्टि, पृ. 37)

परिप्रश्न से क्या अभिप्राय है? इसका उल्लेख वे 'प्रश्न, प्रतिप्रश्न एवं परिप्रश्न' की चर्चा करते हुए अपने एक व्याख्यान में करते हैं :

'प्रश्न, प्रतिप्रश्न, परिप्रश्न...तीन प्रकार के प्रश्न होते हैं। सीधा प्रश्न होता है तो छात्र कहता है कि इसको फिर से हमें समझाइए कि इसका क्या अर्थ है। फिर प्रतिप्रश्न होता है, कि यह तो आपने कहा, इससे मुझे सन्तोष नहीं हुआ है, इसका अर्थ तो यह भी हो सकता है। फिर परिप्रश्न होता है कि हमने मान लिया यह अर्थ है, लेकिन क्या यही अर्थ वहाँ भी लागू होता है जहाँ इसका प्रयोग हुआ है, यह परिप्रश्न है। ...इन सभी प्रश्नों से अर्थ खुलता है।" (विद्यानिवास मिश्र रचना–संचयन, 655)

शिक्षा अर्थ खोलने की ही प्रक्रिया है। यह अर्थ खोलने की निरन्तर प्रक्रिया है। इन अर्थों को खोलने के लिए निरन्तर प्रश्न चाहिए। प्रश्नों के लिए निरन्तर संवाद चाहिए। और, संवाद के लिए जिस परिवेश, जिस वातावरण, जिस मानसिकता की आवश्यकता है, उसके लिए 'विनम्रता' चाहिए, उसके लिए 'नम्रता' चाहिए, उसके लिए 'विनय' चाहिए। सम्भवतः यही कारण है कि उनके हृदय में यह भाव इतनी गहराई से पैठा हुआ है कि बार–बार उभरकर सामने आने लगता है। वे भारतीय परम्परा के अनुसार, 'विनम्रता' को ज्ञान प्राप्ति के मार्ग के अधिष्ठान के रूप में स्वीकार

करते हैं। भारतीय परम्परा में लक्ष्मी के सार्थक्य को भी विनय सम्पन्नता के परिप्रेक्ष्य में ही परखा गया है :

विनयाभरणा लक्ष्मीः

भारतीय परम्परा में वस्तुतः विनम्रता को विद्या के लक्ष्य के रूप में स्वीकार करते हुए इसे ही सुख के आधार के रूप में देखा गया है :

विद्या ददाति विनयं, विनयात् याति पात्रताम्।
पात्रत्वात् धनमाप्नोति, धनात्धर्मः ततः सुखम्।।

यही 'विनय' आचार्य विद्यानिवास मिश्र जी के शैक्षिक चिन्तन का एक सशक्त मूल आधार है, यदि ऐसा कहा जाये तो कोई अतिशयोक्ति न होगी।

'राष्ट्रीय अध्यापक शिक्षा परिषद्' (नयी दिल्ली) द्वारा वर्ष 1998 में प्रकाशित उनकी एक पुस्तक 'अध्यापन : भारतीय दृष्टि' में विनम्रता का यह भाव पुनः पुनः जीवन्त–सा होता प्रतीत होने लगता है। इस सन्दर्भ में दिए गये व्याख्यान में वे कहते हैं कि :

"मैं अध्यापक तो रहा हूँ लेकिन शिक्षा का मैं क, ख, ग भी नहीं जानता। शिक्षा से सरोकार रहा है, वर्षों रहा, अभी भी है और आजीवन रहेगा। शिक्षक तो आजीवन शिक्षक रहता है, परन्तु शिक्षाशास्त्र के बारे में मेरा परिचय नहीं है..." (विद्यानिवास मिश्र रचना–संचयन, 650)

सच तो यह है कि वे बहुत ही ऊँचे स्तर के मूल रूप से शिक्षाशास्त्री ही हैं। वे ही वस्तुतः शिक्षाशास्त्र में 'पैठे' हुए हैं। उपरि उद्धृत व्याख्यान में भाषा, भाषा–शिक्षण के लक्ष्य, भाषा–शिक्षण की पद्धति, भाषा–शिक्षण की प्रक्रिया में रटने एवं स्मृति के स्थान, स्मृति एवं लेखन में परस्पर सम्बन्ध, नियमों के स्वरूप तथा नियमों की उपयोगिता, शिक्षण पद्धति में प्रश्नों का महत्त्व, प्रश्न, प्रतिप्रश्न एवं परिप्रश्न के रूप में प्रश्नों के विभिन्न स्वरूप एवं इनके लक्ष्य, शिक्षण पद्धति में विश्लेषण एवं संश्लेषण का स्वरूप तथा महत्त्व, शिक्षा से अभिप्राय, शिक्षक के कार्य, शिक्षा, शिक्षक एवं समाज में परस्पर सम्बन्ध, प्राथमिक शिक्षा का स्वरूप, प्राथमिक शिक्षा में भाषा एवं गणित का महत्त्व, आदि विषयों की जिस तरह से उन्होंने व्याख्या की है अथवा अपने विचार व्यक्त किये हैं, वे उन्हें एक शिक्षा विषय पर निरन्तर चिन्तन करने वाले, शिक्षा में पैठे हुए, एक वास्तविक रूप में शिक्षा को जीने वाले 'मूलगामी शिक्षा शास्त्री' के रूप में ही प्रतिष्ठित करते हैं। परम्परा में विद्या अथवा ज्ञान अथवा शिक्षा के परिवेश में प्रयुक्त होने वाले प्रत्येक शब्द का वे इतनी बारीकी एवं गहराई से विश्लेषणयुक्त अन्वेषण करते हैं

कि उसका मूल वास्तविक अर्थ ही स्पष्ट नहीं होने लगता अपितु उसका युगानुकूल इष्ट अर्थ भी सृष्ट होने लगता है :

"शिक्षा निश्चित रूप से संस्कार है, व्यक्ति का ऐसा संस्कार जो उसके समग्र भविष्यत् से जोड़े, उसकी समग्र सम्भावना से जोड़े और उसको समग्र देश के ज्ञान की धारा से जोड़े। इसीलिए हम स्नातक का प्रयोग करते थे कि उस धारा में प्रवाहित होने की शक्ति उसे दे। धारा में डूबने के लिए नहीं था स्नातक, धारा में तैरने के लिए था। धारा में तैरने की क्षमता मिल जाये, गहराई में जाकर के कुछ निकालने की क्षमता उसे मिल जाये, तब वह स्नातक होगा। ...उसमें डुबकी लगाये, तैरना जाने, पार जाना जाने तो स्नातक है..." (विद्यानिवास मिश्र रचना–संचयन, 657)

भारतीय वाङ्मय परम्परा में भाष्य–परम्परा अथवा टीका–परम्परा की दीर्घ परम्परा रही है। मूल ग्रन्थों के भावों को स्पष्ट करने में इनका विशिष्ट स्थान है। मूल ग्रन्थ के कथ्य को स्पष्ट करने हेतु रचित ये ग्रन्थ वस्तुतः मूल ग्रन्थों का ही रूप ले लेते हैं। तथापि, भाष्यकार अथवा टीकाकार अपने–आप को भाष्य अथवा टीका करने वाले के रूप में ही निहारते हैं न कि मौलिक ग्रन्थों के स्रष्टा के रूप में। इस सन्दर्भ में आचार्य शंकर की चर्चा करते हुए आचार्य विद्यानिवास मिश्र जी कहते हैं कि–"जो बात उपनिषदों में कही गयी है, उसको अर्थ शंकर ने प्रदान किया। जो टीकाकार हैं, वे अपने को टीकाकार कहते हैं यह उनकी विनम्रता है, लेकिन वे टीकाकार नहीं हैं। वे सभी आलोचक हैं। सभी, कोई–न–कोई नयी बात कहते हैं, लेकिन विनम्रता के साथ पिछली बात के साथ जोड़कर के नयी बात निकालते हैं।"

इसी पुस्तक के आभार के अन्तर्गत आयी ये पंक्तियाँ कि–"अपने को समझने के लिए मुझे यह यात्रा करनी पड़ी। यह पुस्तकों की ही यात्रा नहीं। यह तो चिन्तन के विभिन्न स्तरों की यात्रा है। मैं इन व्यक्तियों और इस चिन्तन पद्धति का ऋणी हूँ।"

आचार्य विद्यानिवास मिश्र जी जैसे चिन्तक का यह कथन विनम्रता की पराकाष्ठा ही मानी जा सकती है। आचार्य जी के गहन अध्ययन व चिन्तन की अनुभूति तथा वैविध्य के आयाम को अत्यन्त सहज रूप से उनके द्वारा सृष्ट साहित्य की व्यापकता व शैली में अनुभूत किया जा सकता है। भारतीयता को जानना व उसमें पैठना दोनों में भेद है। वस्तुतः जो किसी वस्तु में पैठ जाता है उसे जानता भी वही है, शेष तो केवल जानकारी

मात्र के रूप में ढो रहे होते हैं। आचार्य विद्यानिवास मिश्र जी भारतीयता में पैठे हुए थे। उसे वे जानते थे, उसे समझते थे तथा व्यवहार में लाते थे। यही भाव इस पुस्तक में प्रकान्तर से सहज रूप में पुनः पुनः उभरकर आता है। शिक्षा से अनुभूत होने वाले अभिप्राय को जानकारी को ढोने तक परिसीमित नहीं किया जा सकता। यह मत उनकी इस छोटी–सी रचना से बार–बार उभरता है।

"अध्ययन, इसलिए, एक निरन्तर सजग व्यापार है। आदमी अपनी बुद्धि को खुला रख, अपने को जीवित रख, विनीत होकर पढ़ता है और कहीं से भी कुछ पा जाता है।" (अध्यापन : भारतीय दृष्टि, पृ. 7)

इसी सन्दर्भ में एक प्रसंग का वर्णन करते हुए वे कहते हैं :

"मेरे एक गुरुवर थे पं. राहुल सांकृत्यायन! उन्होंने एक दिन एक गाँव के आदमी से लम्बी बातचीत की कि तुम्हारे यहाँ क्या रिवाज है, होली में क्या होता है, आदि। डेढ़–दो घंटे बातचीत करते रहे। हम लोगों ने पूछा, बाबा, आप इतनी देर उससे क्या बात करते रहे। उन्होंने कहा, देखिए हर मनुष्य के पास ज्ञान की एक अद्वितीय किरण, एक ज्योति होती है। वह उसी के पास होती है, दूसरे के पास नहीं। अत्यन्त विनीत होकर उसे प्राप्त करना चाहिए। ...उसको त्याज्य कहना, उसको हेय कहना गलत है।" (अध्यापन : भारतीय दृष्टि, पृ. 7)

यहाँ कुछ बातें बहुत ही स्पष्ट रूप से उभरती हैं :

– अध्ययन एक निरन्तर व सजग प्रक्रिया है।

– अध्ययन को किसी कालखण्ड विशेष अथवा व्यक्ति विशेष तक परिसीमित नहीं किया जा सकता।

– अध्ययन सर्वदेशीय अर्थात् समग्र होता है न कि केवल एकदेशीय।

– ज्ञान के स्रोत को केवल आक्षरिक ज्ञान तक परिसीमित नहीं किया जा सकता।

– ज्ञान का अनुभवों के साथ एक विशिष्ट एवं गहरा सम्बन्ध रहता है।

– यह ज्ञान किसी व्यक्ति का वस्तुओं को देखने के अपने विशिष्ट दृष्टिकोण से सम्बद्ध रहता है। अतः,

- हर व्यक्ति ज्ञान का अद्वितीय स्रोत है।
- ज्ञान के क्षेत्र में कोई अथवा कुछ त्याज्य नहीं होता। अतः,
- सब कुछ ज्ञेय है।
- ज्ञान केवल जानकारी नहीं, अपितु भीतरी चेतना भी है।

- जिज्ञासा अर्थात् जानने की निरन्तर इच्छा ही सीखने का लक्षण है।
- ज्ञान अर्जन हेतु खुली दृष्टि की आवश्यकता है।
- ज्ञान से बढ़कर और कुछ भी इस संसार में पवित्र नहीं है :

'नहि ज्ञानेन सदृशं पवित्रमिह विद्यते।'

यहाँ पवित्रता से अभिप्राय है 'राग–द्वेष आदि से विमुक्त' होना। इस सम्पूर्ण ज्ञानात्मक प्रक्रिया के मूल में आचार्य प्रवर 'विनम्रता' को ही निहारते हैं।

ज्ञान की इस परम्परा को 'गुरु परम्परा' के आलोक में देखते हुए वे मानते हैं कि : "गुरु परम्परा के कारण व्यक्ति झूठा अभिमान नहीं पालता कि मैं इतना जान गया हूँ। विनम्रता से कहता है मैंने तो कुछ नहीं जाना, जो कुछ जाना है गुरु परम्परा से जाना है।" (अध्यापन : भारतीय दृष्टि, पृ. 12)

इस गुरु परम्परा का आचार्य ब्रह्मचारी को शिष्य के रूप में ग्रहण करके उसे समस्त देवताओं तथा प्राणियों को सौंपता है, मानो, "गुरु अपने आचार्यत्व का अभिमान दिव्य शक्तियों को समर्पित करके शिष्य को दीक्षा देता है।"

वह कहना चाहता है : "यह एक ओर अभिमान का उत्सर्जन है तथा दूसरी ओर एक बड़े भारी उत्तरदायित्व को वहन करने की प्रेरणा है।" (अध्यापन : भारतीय दृष्टि, पृ. 14)

चरक संहिता के कथनों को उद्धृत करते हुए शिष्य के गुणों के सन्दर्भ में 'सम्यग्वर्तितव्यम्' के भाव को आचार्य जी 'विनीत भाव से' अभिव्यक्त करते हैं। आचार्य विद्यानिवास मिश्र जी मानकर चलते हैं कि देवता, अग्नि, ब्राह्मण, गुरु, वृद्धजन, सिद्ध और आचार्य के साथ विनयपूर्वक व्यवहार करने से ये सब मनुष्य का कल्याण करते हैं। (अध्यापन : भारतीय दृष्टि, पृ. 20–21)

स्पष्ट है कि ज्ञान परम्परा के नैरन्तर्य हेतु यदि संवाद अनिवार्य है, तो इनके बीच के परस्पर सम्बन्ध हेतु विश्वास एवं श्रद्धा भी अपरिहार्य हैं। ये दोनों तत्त्व 'विनम्रता' में अभिन्न रूप से समाये हुए हैं। अपने पक्ष को प्रस्तुत करने के लिए अन्य के पक्ष में अत्यन्त गहराई एवं बारीकी से 'पैठना' अनिवार्य है। यह अन्य की बौद्धिकता को सम्मान देने का प्रश्न है। यही ज्ञान की खुली दृष्टि है :

"आचार्य पूर्व पक्ष अर्थात् शंका पक्ष को रखता है बड़े आदर के साथ, कुछ तुच्छ समझ करके नहीं रखता। उसमें खूब डूबता है, अच्छी तरह समझाता है और छात्र से कहता है कि देखो, इस मत के प्रति भी आदर रखो। यह मेरा मत नहीं है, यह मत दूसरों का है। मैं इसका खण्डन

करना चाहता हूँ। लेकिन पहले इस मत को बड़ी ईमानदारी के साथ रखना चाहता हूँ।... यह ज्ञान की खुली दृष्टि है।" (अध्यापन : भारतीय दृष्टि, पृ. 24–25)

यह सच है कि इस सम्पूर्ण प्रक्रिया के लिए भाषा चाहिए। भाषा शिक्षण की सटीक विधि चाहिए। परन्तु स्वाधीन भारत की त्रासदी ही, आचार्य मिश्र जी की दृष्टि में, भाषाहीनता रही है–

"स्वाधीन भारत की सबसे बड़ी विडम्बना है भाषाहीनता। बच्चे के पास कोई भाषा नहीं है...भाषाहीन व्यक्ति कोई शिक्षा ग्रहण नहीं कर पाता। कोई बात उसके दिमाग में स्पष्ट रूप से गृहीत नहीं होती।" (विद्यानिवास मिश्र रचनासंचयन, 654 / 659)

अतः स्पष्ट ही है कि समुचित भाषा–शिक्षा के अभाव में वैचारिक आदान–प्रदान प्रभावित होने लगता है, परिणामतः अ–संवाद की परिस्थितियाँ उत्पन्न हो जाती हैं। वे अनेकशः इस तथ्य को उजागर–सा करते चलते हैं कि दूसरों के विचारों को सम्मान देना शिक्षा ग्रहण करने का 'विनम्र' साधन है। भारतीय शैक्षिक सिद्धान्तों के अन्तर्गत आचार्य विद्यानिवास मिश्र जी अध्यापन हेतु निम्नलिखित तीन आधारभूत तत्त्वों को स्वीकार करते हैं :

– ज्ञान में अभिरुचि
– अध्यापक चरित्र, एवं
– विनय–सम्पन्नता

चरित्र को बहुआयामी परिप्रेक्ष्य में देखते हुए वे मानते हैं कि : "वह चरित्रवान है जो दूसरों की उपेक्षा नहीं करता, निन्दा नहीं करता और न ही अभिमान रखता है।

"चरित्रवान में दूसरों के चरित्र को भी संचालित करने की क्षमता होनी चाहिए। वह क्षमता तभी आयेगी, जब वह विनीत हो। वह विनय से काम करता है।"

इसी प्रकार, तीसरा गुण है–"वह विनीत हो, उसे विद्या के क्षेत्र में कभी भी घमंड नहीं होता। वह विनीत अवश्य होगा परन्तु निरन्तर सीखने से भी वह सन्तुष्ट नहीं, उसमें विनय जरूर होगा कि हमने क्या सीखा है, अभी तो बहुत कुछ सीखना है।" (अध्यापन : भारतीय दृष्टि, पृ. 26–27)।

न्याय के एक श्रेष्ठ आचार्य उदयनाचार्य के निम्नलिखित श्लोक को :

ऐश्वर्यमदमत्तोसिमामवज्ञाय तिष्ठसि।
पुनर्बौद्धे समायते मदधीना तव स्थितिः।।

आचार्य विद्यानिवास मिश्र 'थोथी गर्वोक्ति' के रूप में न देखकर 'विद्या के मद' के रूप में देखते हैं। अन्ततः नम्रता क्यों अनिवार्य है? इसके उत्तर में वे कहते हैं : "जो यह मानकर चले कि यहाँ सब मूर्ख बैठे हैं, मैं अकेला यहाँ पण्डित हूँ, तो वह नहीं पढ़ा सकता। उसे चुनौती मानकर चलना है कि न जाने कितने प्रकाश के अप्रतिम पिण्ड हैं जो अभी ढके पड़े हैं, खुलेंगे तो शायद हम ही उनके आगे छोटे पड़ जायें।" (अध्यापन : भारतीय दृष्टि, पृ. 34)

प्राचीन विद्या केन्द्रों के प्रबन्धन के उत्तरदायित्व का निर्वहण करने वाले राजाओं की चर्चा करते हुए वे विशेषरूप से कहते हैं कि "वे हमेशा विनीत भाव से रहते थे।" प्राचीन विद्यालयों के वातावरण एवं अनुशासन करते हुए नैतिकता के परिप्रेक्ष्य में वे अत्यन्त स्पष्टता के साथ कहते हैं कि : "गुरु यह उपदेश देते थे कि विनम्रता ज्ञानी व्यक्ति का सब से बड़ा आभूषण है।" (अध्यापन : भारतीय दृष्टि, पृ. 63)

यह स्पष्ट है कि विनम्रता के साथ अनेकों अन्य भाव जुड़े रहते हैं। यथा, धैर्य, क्षमा, स्वयं नियन्त्रण, सत्यता, पवित्रता आदि। सामाजिकता हेतु इनमें से क्षमा अथवा धैर्य का एक विशिष्ट स्थान व महत्त्व है। अतः, उनका कहना है कि : "बदला न लेने एवं क्षमादान को सबसे बड़ा दान समझने पर भी विशेष बल दिया जाता था क्योंकि यह माना जाता था कि बदला एक दिन के लिए आनन्ददायी हो सकता है पर उससे उपजी परिस्थिति कालान्तर में बड़ी घातक होती है।"

यह सच है कि विनम्रता उन्मुक्त मन की डगर की अनुशासित दृष्टि है। यह किसी अन्य के व्यक्तित्व को स्वीकार करने की सृष्टि है, और फिर, किसी अन्य के व्यक्तित्व को स्वीकार करने या सृष्ट करने में ही सिमटा रहता है 'स्व' का विस्तार। अन्य के व्यक्तित्व को स्वीकार कर लेना या फिर, अपने में समेट लेना ही है खुले मन से जीवन जीने का अल्हड़पन, मनुष्य–मनुष्य के बीच आपसी साझेदारी का 'अपनापन' और यही है पारस्परिकता के भाव के साथ सम्बन्धों में भीगना, आत्मीय रिश्तों के साथ संवाद करना। आचार्य विद्यानिवास मिश्र जी के इस प्रकार के भावों को बहुत ही सुन्दर शब्दों में प्रो. गिरीश्वर मिश्र जी ने साहित्य अकादमी द्वारा वर्ष 2016 में प्रकाशित विद्यानिवास मिश्र रचनासंचयन के सम्पादक के रूप में बार–बार उकेरा है..."गाँव के परिवेश ने मिश्र जी को एक खुला मन दिया और साझेदारी, पारस्परिकता और रिश्तों में भीगने की ऐसी आदत

डाली जो जीवन में कभी न छूट सकी।" (विद्यानिवास मिश्र रचनासंचयन, साहित्य अकादमी, पृ. 7)

सच है कि विनम्रता की पंखुरियाँ साझेदारी, पारस्परिकता और रिश्तों में भीगने में ही खुलती हैं। वे जीने के लिए इन्हीं में श्वास लेती हैं।

आचार्य जी की दृष्टि में शिक्षा सशक्तीकरण की प्रक्रिया है। अतः यह 'विनम्रता' सबल होने का पर्याय है न कि 'अ–बल' होने का। यह मानव होने का 'निकष' है यानी यह 'मानवीय' होने का चिह्न है न कि 'अ–मानवीय' होने का। यदि शिक्षा और जीवन एक सिक्के के दो पहलू हैं, तो 'विनम्रता' जीवन के जीवन्त होने का प्रमाण है, न कि 'ठूँठ' होने का। अपने एक निबन्ध 'आस्था, विश्वास और श्रद्धा' में राहुल सांकृत्यायन जी से जुड़े एक प्रसंग को उद्धृत करते हुए बड़े ही सुन्दर रूप में वे लिखते हैं :

"...कहीं–न–कहीं मनुष्य झुकना चाहता है। वह ग्रन्थ के आगे झुके, किसी ढूह के आगे झुके, झुकता है। झुकने में उसकी हेठी नहीं होती। अपने गुरुजनों के पैर छूता है और मन से छूता है। उसमें उसकी हेठी नहीं होती। उसमें झुकने के कारण ही ऊंचे उठने का एक नया संकल्प होता है।"

इसके लिए उसे : '...कोई ठाकुर चाहिए, कोई अवलम्ब चाहिए, कोई टेक चाहिए, जहाँ माथा नवाया जा सके, और माथा नवाकर आश्वस्त हुआ जा सके।

आचार्य विद्यानिवास मिश्र जी के लिए यह विनम्रता वसन्त की अमराई है, जिसकी डालियों पर बैठकर 'वसन्ती कोयल' वीणा की तारों को झंकृत कर पंचम स्वर में गा उठती है। यह सच है कि 'विनम्रता' मानव में आस्था, विश्वास और श्रद्धा के इसी पंचम स्वर की कोकिल वाणी है। इसी पंचम स्वर का गीत है। इसी पंचम स्वर का संगीत है।

प्रस्तुत पुस्तक, पुस्तक से सम्बद्ध व्याख्यान तथा आचार्य जी की विभिन्न रचनाओं को पढ़ने के पश्चात यह बहुत ही स्पष्ट रूप से भासित होने लगता है कि आचार्य विद्यानिवास मिश्र जी की शैक्षिक संकल्पना की बुनियाद को मूल रूप से भारतीयता में पगी सामाजिकता के रस में आप्लावित होकर ही समझा जा सकता है। उनके लिए रस की यह आप्लाविता केवल भावप्रवणता भर नहीं है, अपितु सोच व तर्क का विषय है। शिक्षा, सोच एवं तर्क के बीच अन्ततः एक गहरा सम्बन्ध है :

"सोचने की क्षमता पैदा करना', यह शिक्षा का पहला काम है। लोग

यह भूल जाते हैं कि वे सोच सकते हैं, अपने निर्णय ले सकते हैं कि नहीं।' (विद्यानिवास मिश्र रचनासंचयन, पृ. 652)

इस सम्पूर्ण प्रकरण को वे कुछ कठोर शब्दों में, पर, पूरी सच्चाई के साथ इस प्रकार से अभिव्यक्त करते हैं : "वह व्यक्ति क्या सामाजिक होगा जो अपने लिए सोच नहीं सकता? जो स्वयं सोच ही नहीं सकता वह सामाजिक क्या होगा? ऐसे लोगों से समाज बनेगा कैसा?...जो स्वयं निर्णय ले सकता है, वह अगर दूसरों के साथ जुड़ेगा तो दूसरों की बात समझेगा और सब मिलकर निर्णय लेंगे, सबके विचार होंगे। क्योंकि वह सोचने में केवल अपनी ओर से नहीं सोचेगा, वह सोचेगा पूरी एक जाति परम्परा की ओर से। वह परम्परा है क्या? वह परम्परा ज्ञान की एक अमोघ धारा है भारतीय दृष्टि से अध्यापन की। यह ज्ञान मुझे गुरुजी से मिला है, अध्यापक यह कहते हैं। 'गुरुजी से मिला है' यह कहकर ही नयी बात कहते हैं। गुरुजी की बात को आगे बढ़ाते हुए ही बात करते हैं। कोई नयी शुरुआत करने का दम्भ नहीं पालते।"

यह सच है कि शिक्षा के लिए पहले सामाजिक होना आवश्यक है। अन्ततः शिक्षा समाज की ही वस्तु है, समाज के लिए ही है और फिर समाज के द्वारा ही इसके लेने–देने का प्रबन्ध किया जाता है और, इससे भी बड़ा सच यह है कि जब तक उस समाज के दर्शन में समझा व पैठान जाये जिस समाज के लिए व जिस समाज के बीच यह ली एवं दी जाती है तब तक शिक्षा अपने लक्ष्य को साधने में सफल नहीं हो पाती। वर्तमान भारतीय शिक्षा इसी 'भंवर' का 'भ्रमर' बनकर केवल गुंजन भर कर रही है न कि मधुरस की सृष्टि।

'विनम्रता' इसी सामाजिक भाव की अभिव्यक्ति की ही पृष्ठभूमि है। शिक्षा ग्रहण करने की 'नम, उपजाऊ' भूमि।

शिक्षा की परिभाषा

विद्यानिवास मिश्र

हमारी संस्कृति के आधार के रूप में दो शब्द हैं–विद्या और ज्ञान। ज्ञान का क्या अर्थ है? विद्या का क्या अर्थ है? यह समझना बहुत आवश्यक है। ज्ञान 'ज्ञाय' धातु से बनता है। इसके अन्तर्गत व्यापार सन्निहित होता है, एक प्रक्रिया होती है कि आपको कहाँ तक पहुँचना है और आपको जहाँ तक पहुँचना है उसका आपको पहले से अनुमान अथवा अनुभव कर लेना है कि हमें इतनी दूर तक पहुँचना है। अंग्रेजी में इस शब्द के समकक्ष शब्द 'नॉलेज' है लेकिन जो अर्थ ज्ञान में है वह इसमें नहीं। ज्ञान अनुभव तत्त्व से बहुत गहराई में जुड़ा है, इसीलिए कई प्रकार के ज्ञान हैं। एक ऐन्द्रिय ज्ञान होता है, जिसे इन्द्रियाँ जानती हैं। जैसे–आँख देखती है, वस्तुओं के रूप, रंग, आकार को जानती है। यह आँख का ज्ञान है। कान सुनता है और आवाज जहाँ तक पहुँचती है उसे पकड़ता है।

सीमा यह है कि आँख से देखते हैं, परन्तु आँख से हम केवल चेहरे देखते हैं, रंग–रूप देखते हैं। इन चेहरों के अलग–अलग नाम क्या हैं? यह आँख स्पष्ट नहीं करती। उसके लिए मन की सहायता लेनी पड़ती है। अगर मन सक्रिय नहीं होता है, तो आँख कुछ नहीं देखती। मन भी एक इन्द्रिय है। मन की सहायता से इन्द्रियों के द्वारा जानते हैं इसीलिए इन्द्रियों को एक औजार या 'करण' कहा गया है। इन्द्रिय ज्ञान की एक सीमा है। सुख–दुःख का ज्ञान मन से होता है, इन्द्रियों से नहीं, आँख से नहीं, कान से नहीं, त्वचा से नहीं। इसका ज्ञान होता है मन से। मुझे सुख मिल रहा है, अच्छा लग रहा है, दुःख है, अच्छा नहीं लग रहा है। अनुकूल और प्रतिकूल का ज्ञान मन से होता है। मन की भी एक सीमा है। मन में सुख–दुःख के कुछ संस्कार पड़े हुए हैं। ये संस्कार बुद्धि के कारण

पड़े हैं, अतः बुद्धि का स्थान मन से कहीं अधिक गहराई में है। गीता में भगवान श्रीकृष्ण ने इन्द्रियों को अश्व की उपमा दी है। इन्द्रियाँ घोड़ों की तरह से हैं और चलाये से चलती हैं। जिधर चलाई जायें, उधर चलती हैं, दौड़ती हैं और घोड़ों की लगाम मन है। जैसे लगाम खिंचती है, वैसे ही घोड़े दौड़ते हैं, चलते हैं, रुकते हैं। मन को चलाने वाली बुद्धि है। बुद्धि सारथी है–"इन्द्रियाणि रथान्याहुः मनः प्रग्रहमेव च, आत्मानं रथिनं विद्धि बुद्धिं सारथिमेव च"। रथ चलाने वाला, रथ का मालिक आत्मा है, बुद्धि सारथी है, मन लगाम है, इन्द्रियाँ घोड़े हैं। इस प्रकार एक क्रम है। इसीलिए जो केन्द्रित ज्ञान है, अकेले इन्द्रियाँ काम नहीं करतीं, उसमें मन का भी योग रहता है। मन का ज्ञान है, जो सुख–दुःख का अनुभव कराने वाला है। वही विशेष प्राणियों में होता है, पशुओं में होता है तथा पौधों में भी।

एक और गहरे स्तर का ज्ञान है जिसे बौद्धिक ज्ञान कहते हैं। वह केवल बुद्धि से सम्बन्धित होता है और बुद्धि से भाषा का सम्बन्ध होता है। भाषा का ज्ञान बुद्धि से होता है। भाषा का संस्कार बुद्धि में ढलता है। बुद्धि का काम है जो मन में ऐन्द्रिय अनुभव होते हैं, उनका संकलन करना। और इसकी प्रतीति कैसी होती है, इसकी व्यवस्था करना, इसकी छँटाई करना, माँजना, अलग कोटि में विभाजित करना। बुद्धि के विकास का ही प्रमाण है भाषा। मनुष्यों के अतिरिक्त अन्य प्राणियों में मन है, चेतना भी है, इन्द्रियाँ उनकी भी हैं। इनके पास भी बुद्धि है पर उतनी विकसित नहीं है जितनी मनुष्य के पास है। इसी बुद्धि के कारण मनुष्य जो जानता है, उसके बारे में कह सकता है। जितना वह कह सकता है, ज्ञान उतना ही नहीं है। मनुष्य के पास जितनी सीमित बुद्धि है उसी के हिसाब से कहता भी है, समझता भी है। पर कितनी ही अधिक बुद्धि उसके पास क्यों न हो, वह सब चीजें न कह सकता है, न समझ सकता है।

कुछ अनुभव ऐसे होते हैं जो अतीन्द्रिय होते हैं, जो मन और कल्पना से भी परे होते हैं। ऐसे अनुभव विशिष्ट व्यक्तियों को अधिक होते हैं। सामान्य व्यक्तियों को भी कभी–कभी ऐसे अनुभव होते हैं। माँ को कई बार लगता है कि उसका बच्चा बीमार है। इस प्रकार का अनुभवव कराने वाला जो कार्य है, उसमें भाषा समर्थ नहीं होती। यह एक चैतन्य अनुभव है। एक चेतना का अनुभव है। चेतना में एक संस्कार होता है और वह झंकारता है। कोई ऐसा प्रत्यक्ष कारण नहीं दिखता, प्रमाण नहीं दिखता। इन सब अनुभवों को समझने और जानने की प्रक्रिया ज्ञान है। जानने का

अर्थ यह सब है। इसीलिए जानने के जो पर्याय हैं, उनमें यह बात बहुत स्पष्ट होती है। एक पर्याय है बोध। यह बुद्धि से ही निकला हुआ है।

ज्ञान का एक दूसरा पर्याय है, अवगमन अर्थात् गहराई में जाना। ये सारे पर्याय यही सूचित करते हैं कि ज्ञान का व्यापार पहुँचने का द्योतक होता है और जो विशेष अन्तर पश्चिम के चिन्तन और हमारे चिन्तन में है, वह यह है कि पश्चिम का विशेष रूप से आधुनिक पश्चिम का, जो 16वीं, 17वीं शताब्दी से आरम्भ होता है, देकार्त की इस प्रतिज्ञा से 'आई नो, सो आई एम' अर्थात् मैं जानता हूँ, इसीलिए मैं हूँ। जानना है, तब अस्तित्व है। ज्ञान ही अस्तित्व का प्रमाण है। जिस समय आदमी नहीं जानता, उस समय वह नहीं होता। सुषुप्ति की अवस्था में आदमी नहीं जानता कि वह क्या है, क्या कर रहा है। जानने वाला ही अस्तित्ववान है। हमारी प्रतिज्ञा है कि 'मैं हूँ इसीलिए मैं जानता हूँ (अहमस्मि अहम् जानामि)। अर्थात् मुझे अपने अस्तित्व का बोध है तो ज्ञान है। मेरे अस्तित्व के बोध का यह अर्थ है कि मैं तुमसे, उससे सम्बद्ध हूँ। मैं, तुम, वह, ये सापेक्ष शब्द हैं। मैं का अर्थ हुआ, एक विशेष अस्तित्व वाला। अस्तित्व का अर्थ है, कई प्रकार के सम्बन्धों की राशि। आपके सामने कोई गुलदस्ता है। इस गुलदस्ते का अस्तित्व विशेष प्रकार के फूलों के संयोजन में निहित है। व्यक्ति भी एक संयोजन है। यहाँ आँख, यहाँ कान, यहाँ मुख, यहाँ नाक। लोग चर्चा करते हैं कि नाक का सम्बन्ध कान से तथा आँख का सम्बन्ध नाक से है।

अस्तित्व का अर्थ है सम्बद्धता। किसकी–किससे सम्बद्धता? इन्द्रियों की मन से सम्बद्धता। इसी प्रकार तमाम रिश्तों की जटिलता ही अस्तित्व है। जिस समय रिश्तों की जटिलता नहीं रहती, तब वह अस्तित्व नहीं रहता। इसीलिए जब अस्तित्व की बात करते हैं तो उसी के साथ स्मृति की बात आती है, पूर्व ज्ञान की बात आती है। अनेक पूर्व ज्ञानों का संकलन जब तक बुद्धि के साथ नहीं होता, तब तक आदमी कुछ नहीं कर पाता, पहचान भी नहीं पाता। पहचान में यह सम्मिलित है कि आपके पास कोई पूर्व ज्ञान है। मान लीजिए एक प्राणी है जिसके देश में घोड़ा नहीं होता। तो वह घोड़ा कैसे पहचानेगा? वह पहचानेगा पूर्व ज्ञान से कि घोड़ा तेज दौड़ने वाला प्राणी होता है, वह नाम नहीं ले पाता। उसी तरह से तेज दौड़ने वाले कुछ और जानवर देखे हैं उसने। उनकी स्मृति आती है तो कहता है कि यह तेज दौड़ने वाला है, पर नाम नहीं ले पाता। जहाँ हाथी नहीं होता, जहाँ उसके बारे में कोई स्मृति नहीं है, सुनी हुई स्मृति है,

पढ़ी हुई स्मृति है। हाथी बड़ा भारी जानवर होता है, क्या पता, सही–सही अनुमान नहीं कर पाता। छोटी–छोटी आँखें होती हैं, एक पूँछ होती है, बड़े मोटे–मोटे पैर होते हैं, सूँड़ होती है, उसका एक अतिरिक्त हाथ होता है। जिसने हाथी को पहले इस रूप में देखा, उसने कहा करिए, कर अर्थात् हाथ, हाथ वाला जानवर।

इसीलिए स्मृति का बड़ा भारी योगदान है किसी को नाम देने में, किसी पूर्व ज्ञान को पहचानने में। यह वही कमरा है, यह ज्ञान होता है कि जिस कमरे को मैंने पूर्व में देखा था, इसमें मैं बैठा था। स्मृति के साथ जुड़कर जो प्रत्यक्ष ज्ञान होता है, इन्द्रियों के द्वारा प्रत्यक्ष होता है, बुद्धि के द्वारा प्रत्यक्ष होता है, मन के द्वारा प्रत्यक्ष होता है। यह ज्ञान पूर्ण होता है। इसके बिना ज्ञान पूर्ण नहीं होता। इसलिए ज्ञान की प्रक्रिया में इन्द्रियों का विषयों के साथ सन्निकर्ष होने से भी ज्ञान होता है। विषयों की जो उपलब्धि होती है, उनके तत्त्वों की जो उपलब्धि होती है और मन के द्वारा जो अनुभव किये गये, मन में जो तरंगें उठती हैं, उनके नाम और बोध में जो छँटाई होती है, जो एक विशेष प्रकार से चयन होता है, उसके साथ जुड़कर अर्थात् स्मृति का सहारा लेकर ही ज्ञान पूर्ण होता है, ऐसा अनुमान किया जाता है। इसीलिए ज्ञान का अर्थ है जितना ही आप गहराई में जायें, उतना ही आप एक दूसरी दशा में पहुँचते हैं।

जिस विषय को आप गहराई से जानते हैं, उस विषय से आप एकाकार हो जाते हैं। कवि कविता में डूब जाते हैं, गणितज्ञ गणित में, तथा पाठक साहित्य में। डूबने का अर्थ क्या है? कहा जाता है–"साहित्य से एकाकार हो गये हैं।" इसका तात्पर्य यह है कि साहित्य का इतना गहरा अध्ययन किया है, साहित्य की प्रक्रिया को इतनी गहराई में समझा है कि उसके साथ उनका तादात्म्य हो गया है। तो ज्ञान का फल अन्त में जाकर तादात्म्य होता है। पश्चिम के दार्शनिक विचारक भी कहते हैं कि 'नोइंग इज बिकमिंग', अर्थात् जानने का अर्थ होना है और जब तक जानने का अर्थ होना नहीं होता, तब तक ज्ञान अधूरा रहता है, तब तक ज्ञान छिछला रहता है, तब तक ज्ञान भटकाव भी हो सकता है, भ्रम भी हो सकता है। लेकिन जब होने की स्थिति तक पहुँच जाता है, तब ज्ञान मनुष्य का संस्कार हो जाता है। ज्ञान ही मनुष्य हो जाता है, व्यक्ति हो जाता है। बड़े–बड़े ज्ञानियों के विषय में यही धारणा होती है कि वे साक्षात्कार कर चुके हैं। साक्षात्कार करने का अर्थ है कि वे जिस विषय

को जान गये हैं, उसके साथ पूरी तरह तादात्म्य स्थापित कर चुके हैं। यह ज्ञान, सम्यक् ज्ञान हुआ।

दूसरा शब्द है विद्या। यह शब्द विद् धातु से बना है। यह धातु किसी न किसी रूप में सभी भाषाओं में है। अंग्रेजी, लैटिन, ग्रीक आदि में भी किसी न किसी रूप में है। संस्कृत में इसके चार अर्थ हैं। एक अर्थ है जानना, एक अर्थ है पाना, एक है चलना व एक अर्थ है होना। संस्कृत में क्रिया के चार रूप हैं। वेत्ति अर्थात् जानना है, विन्दति अर्थात् प्राप्त करना है और विद्यते का अर्थ है होना जिससे विद्यमान शब्द बनता है। विद्यते होना है, विन्दति प्राप्त करना है और वेत्ति जानना है। ये सभी विद् में समाहित हैं। तो विद्या में भी ये सभी अर्थ समाहित हैं। विद्या जानना है, पहुँचना है चलना है। साथ ही साथ विद्या 'होना' है। इनसे सम्पन्न न हो तो वह विद्या नहीं है।

"सा विद्या या विमुक्तये"—विमुक्ति का आध्यात्मिक अर्थ है संसार से मुक्ति दिलाना। इसका दूसरा अर्थ भी है। सामान्य राग, द्वेष, ईर्ष्या, अहंकार, इन सबसे मुक्ति दिलाना। इसीलिए कहा जाता है कि विद्वान् तभी विद्वान् होगा, जब वह विनयी होगा : "विद्या विनयेन शोभते।" ज्ञानी जितना ही ज्ञान में उतरता चला जाता है, वह उतना ही अधिक अनुभव करता है कि अभी बहुत कुछ जानने को शेष है, अभी तो मैंने कुछ नहीं जाना। यह विद्या की गहराई का ही परिणाम है। विद्या सीमाओं को पहचानना सिखाती है कि तुम्हारी यह सीमा है, तुम यहाँ तक जान पाए, इसके परे भी कुछ है, इसके आगे भी कुछ है।

पतंजलि ने महाभाष्य में कहा है कि विद्या चार प्रकार से उपयुक्त एवं परिपक्त होती है। अध्ययन कालेन—विद्या अध्ययन से मिलती है, लेकिन वह परिपक्व नहीं हुई। हमने जो सीखा है, उसके बाद की स्थिति है—मनन कालेन—मनन करने से। तीसरी स्थिति है, प्रवचन कालेन—विद्या में निहित है कि हम दूसरों तक ज्ञान को पहुँचाएँ, जो हमने सीखा है, जाना है, जिस पर मनन किया है, उसे दूसरों तक पहुँचाएँ। लेकिन अगर पहुँचाने तक रह गये तो विद्या उपयुक्त नहीं हुई। प्रयोग—कालेन जो अन्तिम कसौटी है, उसका हम अपने जीवन में कितना प्रयोग कर पाते हैं। जीवन में प्रयोग करने का क्या अर्थ है? हमने जाना कि आग जलाती है तो उसके प्रयोग का अर्थ यह नहीं है कि हमने अपना हाथ आग में डाल दिया, तभी प्रयोग है। हमें ज्ञान है कि आग जलाती है, हमें यह भी ज्ञान है कि जलने से

कष्ट होता है, हमें यह भी ज्ञान है कि इसका बचाव होता है। हम इसका प्रयोग करके जानना चाहते हैं, अपने हाथ पर, तो यह जानना नहीं हुआ। यदि हमारे पास पूर्व ज्ञान प्राप्त है तो हम अपने हाथ पर उसका प्रयोग नहीं करेंगे। हम तृण को आग लगा देंगे, सूखी चीज आग में डालेंगे या ऐसा प्रयोग करेंगे जिससे प्रयोग करने वाला प्रयोग करने के लिए बचा रहे। ऐसा प्रयोग तो नहीं करेंगे कि हम प्रयोग करें और हम ही जल जायें। अतः चार प्रकार से विद्या सिद्ध होती है। प्रयोग करने का अर्थ है उसका अपने जीवन में उतारना, उसे सिद्धान्त और व्यवहार में उतारना, उसके अनुकूल होना, उसका हो जाना।

विद्या की चार ही अवस्थाएँ और चार ही गतियाँ हैं। इन चार अवस्थाओं और चार गतियों के साथ सम्पन्न होती है विद्या। इसमें अध्ययन का मूल्य सर्वप्रथम है। अध्ययन जिस धातु से बना है उसका अर्थ है अधि+ई, अधि उपसर्ग, पूर्व में ई.। अधि एक निश्चित लक्ष्य का द्योतन करना है अध्ययन का अर्थ है निश्चित लक्ष्य से चलना। वहाँ भी चलना, यात्रा ही करनी है। अध्ययन यात्रा है, जो कभी पूरी नहीं होती। अध्ययन का कोई काल नहीं होता। विद्यार्थी काल में अध्ययन करना है–ऐसा कुछ नहीं है, विशेष रूप से जो अध्यापक हैं, उनको तो निरन्तर अध्ययन करना है। अध्ययन गुरु से होता है, अध्ययन शास्त्र से होता है और अध्ययन सुजनों से होता है। ऐसे लोगों से भी जिनके पास कोई शास्त्र तो नहीं, लेकिन जानकारी है। कुछ गाँव के लोगों को नक्षत्रों से समय पहचानने का ज्ञान है। उनसे आप सीख सकते हैं, अमुक नक्षत्र यहाँ पर होगा तो समय इतना होगा। केवल नक्षत्रों की स्थिति आकाश में क्या है, उससे ही वे समय बता देते हैं। इसके लिए उनके पास कोई ग्रन्थ नहीं, कोई यन्त्र नहीं, सुना हुआ ज्ञान है। इसीलिए केवल पाठशाला में ही सीखना अध्ययन नहीं है। अध्ययन विद्या के लिए आवश्यक है और यह अध्ययन पुस्तकों से प्राप्त होता है, गुरु से प्राप्त होता है और विभिन्न प्रकार के प्राणियों से प्राप्त होता है।

जो आदमी ज्ञान की तलाश में घूमता है, उसे किसी को भी त्याज्य नहीं मानना चाहिए। ज्ञान के क्षेत्र में कोई त्याज्य नहीं, सब कुछ ज्ञेय है, सब कुछ जानने योग्य है। उससे जानने योग्य है, जिसके पास उसका एक लम्बा सजग अनुभव है। इसलिए अध्ययन जब तक समग्र नहीं होता, एक–दिशीय होता है, पुस्तकीय होता है, तब तक वह अध्ययन अधूरा

रहता है। इस अध्ययन को आप सूचना कह सकते हैं। उसे ज्ञान नहीं कह सकते। सूचना और ज्ञान में अन्तर है। आज सूचनाओं की राशि जमा हो गयी है, पहाड़ जैसी हो गयी है सूचनाओं की राशि। आप छोटे से बच्चे के पास जाइए, उसके पास सूचनाओं की राशि है, जबकि उसके माता–पिता के पास नहीं है, उसके दादा–दादी के पास नहीं है। असंख्य सूचनाएँ हैं, जो ज्वार की तरह से दूरदर्शन के माध्यम से आती हैं। वह जानता नहीं, केवल सूचना प्राप्त करता है, किसी दूसरे के द्वारा दी गयी सूचना। यह सूचना का स्वरूप रखने वाला ज्ञान उसका नहीं, दूसरों का दिया हुआ है। उसने स्वयं जानने की कोशिश नहीं की। उसने गणित नहीं किया है, कम्प्यूटर ने बताया है कि 2x2=4 है। उसने कम्प्यूटर चलाया है, गुणा का चिन्ह लगाया है और उसे सूचना प्राप्त हो गयी।

मनुष्य ने टेक्नोलॉजी या तकनीकी की आवश्यकतानुसार खोज की है। केवल अपना श्रम बचाने के लिए नहीं, बल्कि अनावश्यक श्रम बचाने के लिए। श्रम से यदि मनुष्य दूर रहेगा तो उसका बहुत बड़ा नाश होगा। अनावश्यक श्रम से बचने के लिए उसने यह सब कुछ किया है और इन सुविधाओं के कारण मनुष्य ने ज्ञान का विकास भी किया है और स्वयं को दूसरी चीजों के ज्ञान में लगाया है। पर यदि वह सूचनाओं के पीछे भागता रहेगा और सूचनाओं की विश्वसनीयता की परीक्षा नहीं करेगा, तो सूचनाएँ उसके लिए एक तरह से बोझ हो जायेंगी। उसके सिर पर छा जायेंगी। उसका हर काम सूचनाओं पर ही चलेगा। वह अपने मन से निर्णय लेने में असमर्थ रहेगा।

वस्तुतः विद्या की उपयोगिता क्या है अथवा शिक्षा का लक्ष्य क्या है? मोटे तौर पर कहते हैं कि शिक्षा का लक्ष्य है आदमी बनाना, मनुष्य बनाना, सम्पन्न मनुष्य बनाना, समर्थ मनुष्य बनाना। शिक्षा में धातु है शक्, शक् अर्थात् सकना, समर्थ होना। तो सकने की इच्छा ही शिक्षा है कि हम समर्थ हो सकें। इसीलिए शिक्षा का अर्थ समर्थ होना है अर्थात् हम जीवन में सबके साथ चल सकें। उसका अर्थ यह नहीं कि जीवन में सबके ऊपर शासन कर सकें। जीवन में सबके साथ कैसे चल सकें, कैसे सामरस्य के साथ, कैसे सामंजस्य के साथ चल सकें–यह लक्ष्य लेकर हम कुछ सीखते हैं, शिक्षा प्राप्त करते हैं।

शिक्षा हमें तमाम आघातों से बचने के लिए कवच देती है, सभी परिस्थितियों में अपने को अनुकूल बनाने के लिए क्षमता देती है और एक–सी

परिस्थितियों में जिनमें हम भटक जायें तो ठीक राह पर आने की सूझबूझ देती है। यदि शिक्षा यह नहीं है तो फिर शिक्षा एक पराधीनता है, केवल एक भटकाव है, दिशाहीनता है। शिक्षा में दिशा का ज्ञान होना आवश्यक है। दिशा का ज्ञान हो और दिशा के अनुसार अपने आपको समंजस बनाने की प्रक्रिया का ज्ञान हो तो शिक्षा पूरी होती है। वैसे तो शिक्षा कभी पूरी नहीं होती, वह हमेशा कुछ न कुछ अधूरी रहती है। आदमी को अनुभव होता है कि हम यह नहीं सीख पाए, वह नहीं सीख पाए। हमेशा ज्ञान की एक भूख सी लगी रहती है। अच्छी शिक्षा का लक्षण यही है कि भूख बनी रहे, जिज्ञासा बनी रहे, जानने की इच्छा बनी रहे, उत्सुकता बनी रहे। इसके लिए एक वातावरण तैयार करना ही हमारी शिक्षा संस्थाओं का काम है। यही सही अध्यापक का धर्म है। वह केवल सिखाता नहीं है, निरन्तर सिखाते रहने की प्रेरणा देता है। शिक्षा के द्वार खोलता है।

अध्यापन : भारतीय दृष्टि

विद्यानिवास मिश्र

मैं अध्यापक तो रहा हूँ लेकिन शिक्षा का मैं क, ख, ग भी नहीं जानता। शिक्षा से सरोकार रहा है, वर्षों रहा, अभी भी है और आजीवन रहेगा। शिक्षक तो आजीवन शिक्षक रहता है, परन्तु शिक्षाशास्त्र के बारे में मेरा परिचय नहीं है, क्योंकि उस समय शिक्षाशास्त्र था ही नहीं। शिक्षाशास्त्र नया बना है। शिक्षा की विधि तो थी और वह विधि बहुत कुछ मौखिक थी, लिखित विधि नहीं थी। उस विधि में भी निरन्तर परिवर्तन होता रहता था, प्रयोग होता रहता था, प्रयोग हुए हैं, बार–बार हुए हैं। उन्नीसवीं शताब्दी तक वह प्रयोग निरन्तर हो रहा था। एकाएक क्यों रुका मैं नहीं जानता और यदि जानता हूँ तो बहुत विस्तार में नहीं जाना चाहता।

हमारी एक समृद्ध परम्परा वाचिक विधि की रही है। जिसे हम अनपढ़ कहते हैं, वह भी शिक्षक था, शिक्षित भी था, तो भी शिक्षक था। इसके नाना उदाहरण हैं। आनन्द कुमार स्वामी ने एक बार श्रीनगर के पास ऊँची पहाड़ियों पर यात्रा करते हुए गड़रिये के मुँह से हाफिज़ के दीवान की कुछ पंक्तियाँ सुनीं। उन्हें आश्चर्य हुआ कि गड़रिये से हाफिज़ की फारसी में लिखी हुई पंक्तियों का क्या सरोकार। उन्होंने गड़रिये से पूछा तो वे चकित रह गये, क्योंकि जो उसके गूढ़ार्थ थे, वह उनसे परिचित था। उन्होंने टिप्पणी की कि क्या करें हम उस शिक्षा का, जो वर्षों में लिखित रूप से नहीं दी जा सकती; जबकि वाचिक शिक्षा के द्वारा एक अनपढ़ आदमी, जिसे अक्षर ज्ञान नहीं है, ऐसी शिक्षा प्राप्त कर रहा है। ये दोनों चीजें, जो बिछुड़ गयी हैं, शिक्षा और साक्षरता, उससे हमारी हानि हुई। हमारा देश वाचिक परम्परा पर आधारित था। अवलम्बित था।

हमारी सृजन परम्परा अधिकतर वाचिक थी और शिक्षा भी वाचिक

तरीके से दी जाती थी। कहीं कोई लिखित विधि किसी लोहार के पास नहीं थी कि कैसे लोहा गलाया जाता था। वह मौखिक बताता था जिसे वह गुरु कहता था। चित्रकार भी लिखित में नहीं बताता था कि कौन रंग कैसे मिला करके चित्र बनाया जाता है। संगीतकार भी मौखिक ही बताता था तथा क्रमशः सोपान–दर–सोपान चढ़ाता था और बहुत परिश्रम कराता था। यह विधि कहीं लिखित नहीं थी। क्या वे कहीं कम बड़े शिक्षक थे? क्या उनकी शिक्षा के संस्कार का कम महत्त्व है? जो लगन वे पैदा करते थे वही लगन आज क्यों नहीं पैदा की जा रही है?

एक साक्षात्कार हेतु चयन समिति के सदस्य के रूप में मुझे बैठने का मौका मिला था। एक आकाशवाणी केन्द्र के लिए संगीतज्ञ रखे जाने थे। उसमें संगीत के कुछ कलाकार आये थे। एक कलाकार से पूछा गया कि यह राग बजा सकते हो, खाँ साहब। वह बोला कि हाँ साहब। दूसरा राग भी बजा सकते हो, वह बोला कि हाँ दूसरा भी बजा सकते हैं साहब। लेकिन हुजूर मैं आपसे कहता हूँ कि यह जिन्दगी एक राग के लिए काफी है। चयन समिति के सदस्यों में से एक ने कहा कि तुम कुछ नहीं जानते हो। मैंने कहा कि यही जानता है। जिसने यह समझ लिया कि पूरी जिन्दगी एक राग को देने लायक है तो उसने समझ लिया है कि संगीत क्या है? उसे लगन है, उसे गहराइयों में जाने की साध है और यह साध जो पैदा कर सके, वही अध्यापक है।

अध्यापक का मूल अर्थ केवल ले जाने वाला नहीं है। 'अधि' लगा है उसमें, जिसका अर्थ है किसी विशेष जगह ले जाने वाला, किसी अधिष्ठान तक पहुँचाने वाला, एक निश्चित लक्ष्य तक ले जाने वाला, और ले जाने वाला नहीं उसे सम्पन्न करने वाला, प्रतिष्ठित करने वाला। अध्यापक का दायित्व है कि वह उससे भी आगे जाये और आगे जाकर अपने को प्रतिष्ठित करे। जहाँ तक वह पहुँचा है उससे आगे जाये। आगे जाने की विधि जो उसने पाई है उसके आधार पर अपने शिष्यों को कहे कि तुम्हारी विधि तुम्हारे द्वारा तय होगी। तुम कैसे आगे जाओगे या तुम कैसे राह बनाओगे, यह तुम्हारे ऊपर मैं छोड़ता हूँ। जो विधि मुझे मिली और जो विधि उसके अनुसार मैंने बनायी, तुम्हें मैंने बतायी है। तुम उसका अनुसरण करो।

सबसे बड़े द्रष्टा भगवान् बुद्ध कहे जाते हैं। उन्होंने बार–बार कहा कि आत्मदीप्त बनो। दूसरा आदमी तुम्हारे लिए एक मशाल लेकर के आगे–आगे चले, तुम पीछे चलो, ऐसा नहीं। तुम मशाल खुद बनाओ और

उस मशाल को लेकर आगे चलो। मशाल बनाने की प्रक्रिया तुम्हें समझा देंगे। मशाल तुम्हारे हाथ में नहीं देंगे। मशाल तुम्हारी अपनी बनायी हुई होगी। अध्यापक शास्त्र पढ़ाता था और वह शास्त्र भी मौखिक प्रक्रिया से पढ़ाता था। अधिकांश ऐसे हुनर वाले लोग थे जो हुनर की बात ऐसे सिखलाते थे कि सीखने वाले उनसे आगे चले जायें। ये सभी शिक्षक थे। आज हमने शिक्षा का तीन चौथाई हिस्सा काट दिया है। सबसे बड़ी क्षति शिक्षा के क्षेत्र में हुई है।

बहुत पहले एक समिति बनी थी। उसमें मैंने यही सुझाव दिया था कि प्राइमरी स्कूल के स्तर पर मौखिक शिक्षा का स्थान औपचारिक शिक्षा के स्थान पर होना चाहिए। यदि लड़का वहाँ जाये तो कम–से–कम एक कड़ी गीत की, गाने की सीख करके तो आये, फूल की माला बनाना सीखकर के तो आये कि माली कैसे फूल की माला बनाता व रचता है। छोटे–छोटे काम होते हैं जो देखने में मामूली लगते हैं, उनमें हुनर क्या है? बेंत से छोटी–छोटी डलियाँ बनायी जाती हैं, उसे सीखकर के आये उसमें क्या सौन्दर्य है, क्या सौष्ठव है, कितने प्रतिरूप हैं, कितने पैटर्न हैं, कैसे बनते हैं, कितने नये पैटर्नों की सम्भावनाएँ हैं, यह सीखकर के आये तो कम–से–कम अपने आसपास के जीवन से जुड़ा रहेगा। आज की शिक्षा आसपास के जीवन से काटती है, आसपास से अलग करती है, कम–से–कम कुछ पीढ़ियों की, बोली की नकल ही करके जाये। आज तो पीढ़ियों की पहचान तक नहीं, उनकी बोली की नकल क्या करेंगे। पौधों की पहचान नहीं है कि यह जौ है, यह गेहूँ है, यह बाजरा है। ऐसी पहचानहीन शिक्षा से क्या होगा?

सूचना दिमाग में संकलित हो तो यह शिक्षा नहीं, यह तो बोझ है। बस्तों का बोझ अलग है पीठ पर, और इन सूचनाओं का बोझ मन के ऊपर, दिमाग के ऊपर अलग है। पर शिक्षा बोझ नहीं है। शिक्षा का स्वभाव है सत्व और सत्व का स्वभाव है, हल्कापन, आदमी को जो हल्कापन दे। हल्कापन का अर्थ इस अर्थ में नहीं कि आदमी गम्भीर न हो, इस अर्थ में है कि जहाँ चाहे वहा जा सके, कहीं भी भार बनकर न रहे। जहाँ जाये वहाँ सबके लिए एक फूल की तरह शृंगार बनकर रहे। भार बनकर के न रहे। आक्रांत करने वाला न रहे। अपनी उपस्थिति से बोध कराने वाला रहे जैसे कुछ भी इसका हमारे ऊपर बोझ नहीं है। ये इतनी महक हमको दे रहे हैं, इतनी सुगन्ध दे रहे हैं, इतना पवित्र वातावरण दे रहे हैं कि

इनकी उपस्थिति मात्र से एक सुखद वातावरण बन रहा है। ये सूचना से नहीं होगा। ये सोचने की नयी–नयी प्रक्रियाओं से होता है। सोचना इसलिए नहीं होता कि हम सोचें कि इसका कोई दूसरा लाभ होगा या नहीं। सोचना सिर्फ सोचने के लिए होता है। सोचने की क्षमता पैदा करना, यह शिक्षा का पहला काम है। लोग यह भूल जाते हैं कि वे सोच सकते हैं, अपने निर्णय ले सकते हैं कि नहीं।

सामाजिकता की बात हम करते हैं, शायद कुछ लोग सोचेंगे कि मैं प्रतिगामी बात कर रहा हूँ। वह व्यक्ति सामाजिक होगा क्या जो अपने लिए सोच नहीं सकता? जो स्वयं सोच ही नहीं सकता वह सामाजिक क्या होगा? ऐसे लोगों से समाज बनेगा कैसा? भेड़ों का समाज बनेगा, वहाँ आदमियों का समाज नहीं बनेगा। जो स्वयं निर्णय ले सकता है, वह अगर दूसरों के साथ जुड़ेगा तो दूसरों की बात समझेगा और सब मिलकर निर्णय लेंगे, सबके विचार होंगे। क्योंकि वह सोचने में केवल अपनी ओर से नहीं सोचेगा, वह सोचेगा पूरी एक जाति परम्परा की ओर से। वह परम्परा है क्या? वह परम्परा ज्ञान की एक अमोघ धारा है। वह अमोघ धारा है भारतीय दृष्टि से अध्यापन की। यह ज्ञान मुझे गुरुजी से मिला है, अध्यापक यह कहते हैं। वे कोई नयी बात नहीं कहते, लेकिन गुरुजी से मिला है यह कहकर ही नयी बात कहते हैं। गुरुजी की बात को आगे बढ़ाते हुए बात करते हैं। कोई नयी शुरुआत करने का दम नहीं पालते।

अधिकतर लोग आज मौलिकता की बात करते हैं। मौलिकता मूल को भूलकर के नहीं होती। मूल से जुड़कर के ही मौलिकता होती है। मूल से कटकर के जो मौलिकता होती है वह केवल मूर्ख की होती है। पढ़े–लिखे आदमी की मौलिकता वह नहीं होती। जब तक आप जानेंगे नहीं कि कहां तक जानना है, कहां तक जाना जा चुका है, तो आप नयी बात करेंगे क्या? आप तो किंग लीअर के उस पात्र की तरह हैं जो कहता था कि "मैं किसी जीवन में गद्य बोलता हूँ, तो वह चमत्कार है।" लेकिन जो आदमी अपने पिछले जाने हुए ज्ञान को पूरी तरह ग्रहण कर लेता है, वह आदमी जब कोई बात करता है तो उसके ऊपर बड़ा दायित्व रहता है। वह समझता है कि हम नयी बात कहेंगे जो इन सबसे जुड़ी हुई हो और इन सबसे आगे जाने वाली हो, इन सबको कुछ अर्थ देने वाली हो। पिछली परम्परा का जो अतिक्रमण नहीं कर सकता है, बल्कि पिछली परम्परा को अर्थ देता है, उसमें से एक अर्थ निकाल करके उसकी सार्थकता निर्माण

करता है, सार्थकता के निर्माण की एक विधि है, प्रक्रिया है, यह हमारे यहाँ शताब्दियों से चली आ रही है। जो बात उपनिषदों में कही गयी है, उसको अर्थ शंकर ने प्रदान किया और शंकर के अर्थ से फैलाए गये भ्रम के कारण ऐसा हो रहा है। जो टीकाकार हैं, वे अपने को टीकाकार कहते हैं, ये उनकी विनम्रता है, लेकिन वे टीकाकार नहीं हैं। वे सभी आलोचक हैं। सभी, कोई न कोई बात निकालते हैं, लेकिन विनम्रता के साथ पिछली बात के साथ जोड़कर के नयी बात निकालते हैं।

अध्यापक का काम जितना पहले कहा जा चुका है, उसका सम्यक् ज्ञान, उसका सम्यक् मनन, ये दोनों चीजें बहुत जरूरी हैं। अध्यापन के पहले, प्रवचन के पहले, सम्यक् ज्ञान और सम्यक् मनन ज्यों का त्यों प्रस्तुत कर देना, उगल देना, यह तो प्रवचन नहीं है। प्रवचन और अध्ययन के बीच में मनन होना चाहिए और मनन का अर्थ है, स्वयं सीखो। क्या यह तर्क कसौटी पर खरा उतरता है। अगर नहीं उतरता है तो फिर से पूछो इसके बारे में। बार–बार पूछो। पढ़ने के समय जो हमने सीखा है, जाना है, उससे पढ़ाने का काम नहीं चलेगा। पढ़ाने के लिए तैयार होकर जाना पड़ेगा। तुमसे प्रश्न पूछे जायेंगे और जब तक तुम सोचोगे नहीं तुम उन सबके साथ तर्क नहीं करोगे, और तर्क करके कोई समाधान नहीं पाओगे, तब तक पढ़ाने क्या जाओगे। इसलिए इसके बीच में एक इंटरमीडिएट, एक अन्तरवर्ती सोपान है कि मनन करो। अध्यापक के रूप में जब पढ़ा लो तो एक बार विचार करो कि क्या यह जीवन में प्रयोग आ सकता है और कब तक प्रयोग आ सकता है? जब तक प्रयोग में आने की प्रक्रिया पूरी नहीं होती, विद्या पूरी नहीं होती।

विद्या के विषय में, ईसा से दो सौ वर्ष पूर्व, पतंजलि ने कहा था कि चार प्रकार से विद्या उपयुक्त होती है–अध्ययन कालेन, मनन कालेन, प्रवचन कालेन, प्रयोग कालेन। प्रयोग अत्यन्त आवश्यक है। आजकल ऐसा कहते हैं कि यह शिक्षा रटने वाली शिक्षा है, रटाने वाली शिक्षा है। लोग यह नहीं जानते कि इस रटाने की प्रक्रिया को कम करना है। बड़े दुर्भाग्य की बात है कि हमारे विद्यालयों में जहाँ संस्कृत सिखाई गयी, वहाँ रूप कैसे बनते हैं, उसकी प्रक्रिया समझाई जाती है। रूप आदमी स्वयं बनाये, इसकी अपेक्षा उससे की जाती है। जो रूप बन चुका है, जो भाषा के प्रयोग में मिलता है, उसको समझाने की प्रक्रिया उसको आनी चाहिए। वहाँ रटाया नहीं जाता, रटने को कम किया जाता है, नियम जरूर तरतीब से बताये जाते हैं और

तरतीब से नियमों को स्वीकार करना होता है, परन्तु नियमों को इसलिए बनाया जाता है कि रटने की प्रक्रिया कम हो, अपनी समझदारी के विकास की प्रक्रिया बढ़े। नियम भाषा को समझने के लिए हैं, भाषा की सम्भावनाओं को समझने के लिए हैं। भाषा शिक्षण में भाषा रचने का भी एक कार्य है। केवल भाषा का विश्लेषण न करें, भाषा रचने की क्षमता भी दें।

आज हम भाषा इस दृष्टि से नहीं पढ़ाते। यही कारण है भाषाहीन व्यक्ति कोई शिक्षा नहीं ग्रहण कर पाता। कोई बात उसके दिमाग में स्पष्ट रूप से गृहीत नहीं होती। या तो वह ज्यों का त्यों रटता है, किताबों से रटे, या जो अध्यापक लिखाते हैं उसे बोलकर के रटे। पश्चिमी देशों में आज भी ऐसे अध्यापक हैं जो कहते हैं कि जो मैं बोलता हूँ उसे लिखने की आवश्यकता नहीं है। उसे समझने की आवश्यकता है। उसे सुनें और समझें, बाद में लिख लें। लिखने से स्मृति ठीक रहेगी। यदि ज्यों का त्यों लिख लें तो सारा क्रम दिमाग से चला जायेगा। वह पूरा का पूरा वाक्य तो रहेगा, परन्तु वाक्य को समझने की प्रक्रिया नहीं रहेगी। यदि छात्र अध्यापक को देखेंगे, सुनेंगे, चेष्टाएँ देखेंगे तो निश्चित रूप से ध्यान देने पर अर्थ खुलता चला जायेगा और बाद में वे उसे ग्रहण कर लेंगे।

आज हम स्मृति पर अधिक जोर देते हैं जबकि स्मृति पर कम जोर देना चाहिए। उसका समय–समय पर ही उपयोग करना चाहिए, जैसे स्टोर में कोई चीज रिजर्व रखते हैं, सुरक्षित रखते हैं, उसे कभी–कभी निकालते हैं। ऐसा नहीं कि कुर्सी की जरूरत हो तो तुरन्त वहाँ से कुर्सी मँगवाएँ, ऐसा नहीं करना चाहिए। एकाध कुर्सी कहीं हो, उसी से काम चला लें, एक कुर्सी पर दो आदमी बैठकर काम चला लें, जल्दी भण्डार को नहीं खोलना चाहिए। समझदार आदमी यही करता है। हम लोग स्मृति का अधिक उपयोग करते हैं। स्मृति को हमने लिखकर कापी में बन्द कर दिया। फिर कहें कि अच्छा एक बार देख लें कापी में क्या लिखा है, ऐसी स्मृति का क्या उपयोग? स्मृति तो वह है जो सजग है, और ज्यों ही जगायें वह आ जाये और वह होगी मनन की प्रक्रिया से। आप मनन करते हुए सीखें और सिखायें। अध्यापक लड़कों को साथ लेकर सिखायें।

प्रश्न, प्रतिप्रश्न, परिप्रश्न–तीन प्रकार के प्रश्न होते हैं। सीधा प्रश्न होता है तो छात्र कहता है कि इसको फिर से समझाइए कि इसका क्या अर्थ है। फिर प्रतिप्रश्न होता है, कि यह तो आपने कहा, इससे मुझे सन्तोष नहीं हुआ है, इसका अर्थ तो यह भी हो सकता है। फिर परिप्रश्न होता है

कि हमने मान लिया यह अर्थ है, लेकिन क्या यही अर्थ वहाँ भी लागू होता है जहाँ इसका प्रयोग हुआ, यह परिप्रश्न है। इसको और व्यापक दायरा दें तो इन सभी प्रश्नों से अर्थ खुलता है और तब लिखने की आवश्यकता नहीं है। अब आप बाद में लिखें तो लिख लीजिए, सारा अर्थ खुल जाता है। जो इस प्रक्रिया से नहीं गुजरता, उसके लिए सबका सब लिखा रहता है, तो भी वह साफ हो जाता है, भूल जाता है। आज हम इस प्रक्रिया को कई दबावों में पड़कर या तो भूल चुके हैं या सोचते हैं कि बड़ा बोझ है। इतनी बड़ी कक्षा, इतनी बड़ी संख्या, इतना बड़ा उत्तरांश है, इसका कैसे उपयोग करेंगे?

आप सोचिए आपने कितने प्राइमरी स्कूल खोले हैं और कितना समय है। उस समय का कितना सदुपयोग किया जा रहा है और कितने अध्यापक अपने छात्रों को साथ लेकर के चल रहे हैं, इसमें कितना वेस्टेज है। तब आपको पता चलेगा कि यह बड़ी संख्या का तर्क केवल एक नकारात्मक तर्क है। जितना समय है अगर सचमुच उसके साथ–साथ सहयोग बनाकर चला जाये तो सारा का सारा शिक्षण अपने स्वरूप में बिल्कुल नया हो जाये।

अभी वह दिन दूर नहीं गया जब प्राइमरी शिक्षा से निकले हुए लोग बाद में भाषा सीखने की आवश्यकता नहीं समझते थे। भाषा का इतना मँजाव हो जाता था, मुझे स्वयं याद है कि मैंने दर्जा चार के बाद कभी वर्तनी नहीं सीखी है और वर्तनी की कोई गलती नहीं हुई है। अधिकतर यहाँ पर भी पूर्व के लोग हैं जो यदा–कदा प्रयोग में गलती करेंगे, लेकिन व्याकरण में कोई भूल नहीं होगी, क्योंकि इतनी मँजाई हुई है भाषा की, भाषा पर इतना अधिक ध्यान दिया गया है, प्राइमरी स्कूल में।

प्राइमरी स्कूल में भाषा और गणित यही दो विषय थे, और यही दो विषय आवश्यक हैं, वस्तुओं को नाम देने के लिए और वस्तुओं के कोटिकरण के लिए, राशिकरण करने के लिए। निष्पक्ष रूप से परिभाषित करने के लिए गणित की आवश्यकता है और ठीक–ठीक नाम देने के लिए, ठीक–ठीक बात का दायरा तय करने के लिए भाषा है। ये दो चीजें ठीक याद रहती हैं, ठीक संस्कार के रूप में याद रहती हैं, तो सारी चीजें बड़ी सरलता से गृहीत होती हैं और जब भाषा नहीं आती तो भले ही आप सुकरात का ज्ञान पढ़ाइए, कोई अन्तर नहीं पड़ता। जब भाषा ही नहीं जानते, तो आप सिर्फ उसे दोहरा देते हैं, नये सिरे से, नये उदाहरणों से,

नये प्रयोगों से समझा नहीं पाते। पहले बुनियादी शिक्षा में जो विश्लेषण और संश्लेषण दोनों की विधियाँ क्रमशः गणित और भाषा के द्वारा समझाई जाती थीं और नींव अच्छी तरह से पक्की की जाती थी, वह आज बिल्कुल ही एक बालू के रूप में उपस्थित हैं।

अध्यापक के बारे में आप सोचते हैं तो मैं निश्चय ही यही कहता हूँ कि बहुत समय तक संस्कृत पाठशालाओं में सबसे बूढ़े पंडित जी प्रथमा के विद्यार्थियों को पढ़ाते थे। आज सबसे नये लड़के प्राइमरी को पढ़ाते हैं, जिनके पास लड़कों को समझने के लिए मनोवैज्ञानिक अनुभूति नहीं है, जिनके बच्चे नहीं हैं, जिनकी शादी तक भी नहीं हुई है उनको अनुभव नहीं है कि बच्चे क्या होते हैं? बच्चों का संसार, बच्चों की कल्पना कैसी होती है, वे अपना बचपन ही भूल गये होते हैं। उन लोगों से आशा की जाती है कि ये बच्चों को साथ लेकर के चलेंगे। उनके बीच में बहुत दूरी है। एक बूढ़े अध्यापक और बच्चों के बीच में दूरी बिल्कुल नहीं है, बिल्कुल तादात्म्य है, एक इंटीमेसी है, अपनापन है। उन्हें बहुत विश्वास होता है कि बूढ़े पंडित जी जब पढ़ायेंगे तो निश्चित रूप से हृदयंगम हो जायेगा। ये बहुत प्यार से पढ़ाते हैं। प्यार से पढ़ाने का अर्थ ही एक दूसरा होता है।

आज बिल्कुल उल्टी बात है। बी.ए. क्लास पढ़ाने को कहो तो लोग कहते हैं कि बी.ए. को नहीं पढ़ायेंगे। वे सोचते ही नहीं कि हमारा काम दीक्षा देने का है। जितना ही योग्य व्यक्ति होगा, उसके दीक्षा देने का संस्कार भी उतना ही होना चाहिए। अनुभवी आदमी को दीक्षा देने का ही काम करना चाहिए। दीक्षा देने के बाद तो सारे रास्ते खुलने लगते हैं। लेकिन दीक्षा देने का काम आज अयोग्य व्यक्ति द्वारा कराया जाता है और यह प्रक्रिया नयी है। पहले यह प्रक्रिया नहीं थी।

मैं दूसरी बात आपके सामने रखना चाहता हूँ कि हमारे यहाँ, अध्यापक स्वयं में इंस्टीट्यूशन था, इंस्टीट्यूशन के अधीन नहीं था। सबसे बड़ी बात यह है कि पहले कोई इंस्टीट्यूशन था ही नहीं, विद्यालय थे, जिनमें दस–दस, बारह–बारह अध्यापक होते थे। सन् 1825 से पहले केवल पूर्वी भारत में बंगाल, उड़ीसा में लगभग एक लाख गाँवों में ऐसी पाठशालाएँ थीं। उनमें बहुत–सी पाठशालाएँ निरन्तर शिक्षा देने वाली थीं तो अध्यापकों की संख्या अधिक भी रही होगी। वे सभी अध्यापक जीविका के लिए अध्यापक नहीं थे। आज यह सबसे बड़ा अन्तर आ गया है। अध्यापन उनका धर्म था, उनका स्वभाव था, उनके बिना उनका काम नहीं चलता था।

मैंने 'अध्यापन : भारतीय दृष्टि' नामक पुस्तक में उदाहरण दिया है। संसार से एक ऐसे ही पंडित जी गये हैं। एक बार उनकी आँख का ऑपरेशन हुआ तो उनको सबसे बड़ी चिन्ता हुई। वे 80 वर्ष के हो गये थे, पढ़ाना उनका जारी था। लड़के और अध्यापक उनके पास आते थे। उन्होंने सोचा कि मैं कई दिनों तक पढ़ा नहीं पाऊँगा, इसका मुझे प्रायश्चित करना पड़ेगा। जब तक ऑपरेशन नहीं होता, पढ़ने और पढ़ाने की मनाही की गयी है तब तक मैं प्रायश्चित्त करूँगा। वे सोचते थे कि कैसे पढ़ाऊँ, क्योंकि ग्रन्थ कभी–कभी देखना पड़ेगा। ऑपरेशन के कारण उनका स्वाध्याय रुक जायेगा। उनकी दृष्टि में ग्रन्थ पढ़ा नहीं सकना पाप है। आज पढ़ाना ही पाप है। बड़ा अन्तर आ गया है। आज जो पढ़ाता है, वह समझता है कि वह मूर्ख है कि वह पढ़ा रहा है। उसे पढ़ाने की क्या जरूरत है, लड़के खुद पढ़ते हैं, पास होते हैं, इतनी सारी सुविधाएँ लड़कों को मिली हुई हैं। बाजार पटा हुआ है, सुविधाओं से। ये पढ़े हुए लड़के हैं। हमारा काम बस तनख्वाह लेना है।

उस अध्यापक का काम केवल तनख्वाह लेना नहीं था। समाज का दायित्व था कि वह उसकी व्यवस्था करे। कोई शासन उनकी व्यवस्था नहीं करता था, कोई सरकार उनकी व्यवस्था नहीं करती थी, लेकिन उनकी व्यवस्था हो जाती थी और उस व्यवस्था से वे सन्तुष्ट थे। उस व्यवस्था से उन्हें कोई भी शिकायत नहीं थी, जरा भी शिकायत नहीं थी। उनका काम कैसे चलता था? काम समाज चलाता था। समाज जानता था कि इनका काम हम नहीं चलायेंगे तो हम नहीं रहेंगे। यह हमारी आवश्यकता है। आज समाज सोचता है कि यह हमारे ऊपर एक बोझ है, यह अनप्रोडक्टिव है। यह पूरा का पूरा क्षेत्र ही अनप्रोडक्टिव क्षेत्र है, अनुत्पादक क्षेत्र है। इसमें कुछ पैदा ही नहीं होता। उधर परीक्षा विभाग में जो लिपिक बैठा है, वह सोचता है कि इस यूनिवर्सिटी में मैं ही उत्पादक हूँ, क्योंकि परीक्षा से पैसा आता है अर्थात् पैसा लाने वाला मैं हूँ, इसलिए मैं उत्पादक हूँ। अध्यापक लोग उत्पादक नहीं हैं। जहाँ उत्पादकता की यह परिभाषा है, वहाँ शिक्षा की बात करें तो कैसे करें। शिक्षा उत्पाद नहीं है।

शिक्षा निश्चित रूप से संस्कार है, व्यक्ति का ऐसा संस्कार जो उसे उसके समग्र भविष्यत् से जोड़े, उसकी समग्र सम्भावना से जोड़े और उसको समग्र देश के ज्ञान की धारा से जोड़े। इसीलिए हम स्नातक का प्रयोग करते थे कि उस धारा में प्रवाहित होने की शक्ति उसे दें। धारा में

डूबने के लिए नहीं था स्नातक, धारा में तैरने के लिए था। धारा में तैरने की क्षमता मिल जाये, गहराई में जाकर के कुछ निकालने की क्षमता उसे मिल जाये, तब वह स्नातक होगा। केवल दो–चार लोटे पानी उसमें से निकालकर सिर पर डाल लेने से वह स्नातक नहीं होगा। छींटों के डाल लेने से वह स्नातक नहीं होगा। उसमें डुबकी लगाये, तैरना जाने, पार जाना जान जाये तो स्नातक है, यह अपेक्षा की जाती थी उससे। यह अपेक्षा कैसे परीक्षित होती थी, उसकी प्रक्रिया बड़ी जटिल थी।

अभी उन्नीसवीं शताब्दी तक ऐसी जटिल परीक्षा थी कि जो लड़का आयुर्वेद पढ़ रहा है, उससे बजाय इसके कि शास्त्र की बात पूछें मामूली घास दिखाकर के पूछते थे कि बोलो इसके गुण क्या हैं, इसके दोष क्या हैं? इसका मूल लिया जाता है या इसकी पत्ती ली जाती है। इसका काम नहीं बतायेंगे, नाम बताइए, इसके क्या गुण हैं, बताइए। ऐसी कड़ी परीक्षा ली जाती थी। पूछने वाला नहीं जानता था कि हम तत्काल क्या पूछेंगे और जिससे पूछा जाता था वह भी नहीं जानता था। कहीं से प्रश्न पूछा जाता था और जब तक सही उत्तर नहीं दे ले, तब तक उसको अध्ययन करना होता था। अध्ययन करने में वह प्रसन्नता मानता था। वह जानता था कि यह राह हमने चुनी है, तो एक दूरी तक हमने जाना है और उसका फल यह नहीं कि हमको कोई वृत्ति मिलेगी, इसका फल यह है कि हमें गुरु का सन्तोष मिलेगा। अध्यापक के सन्तोष से बढ़कर शिक्षार्थी के लिए कोई भी दूसरा धन नहीं। सबसे बड़ा धन है अध्यापक की सन्तुष्टि और अध्यापक सन्तुष्ट होता है तो योग्यता का प्रमाण–पत्र नहीं देता कि यह व्यक्ति शास्त्र पढ़ सकता है, शास्त्र में प्रवीण हो गया है, शास्त्रज्ञ का प्रमाण–पत्र वह भी नहीं देता था।

जब परीक्षा में फार्म भरा जाता था तो उसमें किसके अन्तःवासी हो, किसके समीप में रहकर तुमने शिक्षा पाई है, उसका नाम भरा जाता था और वह प्रमाणित करता था कि हमारे पास रहकर इसने यह शास्त्र पढ़ा है और इसने पढ़ना सीख लिया है और पढ़ सकता है। यह कभी नहीं कहते थे कि पढ़ा सकता है। पढ़ सकता है, इतने ही प्रमाण–पत्र से वह सन्तुष्ट होता था कि उसने बहुत बड़ा काम कर लिया है कि गुरुजी को सन्तुष्ट किया है। तो ऐसे अध्यापक इतने कठोर होते थे कि कोई शॉटकर्ट उनके सामने नहीं चलता था, और इतने कृपालु भी कि उनकी उपमा माता से की जाती है। माता जैसे नौ महीने गर्भ में धारण करती है वैसे ही गुरु

अपने भीतर शिष्य को धारण करता है। वह तब तक पढ़ाता है और अपने पास जितना ज्ञान का रक्त है, उससे पोषित करता है फिर उसे बाहर निकालता है। उसको नया जन्म देता है और नया जन्म देकर, यह आशा करता है कि वह भी इसी प्रकार अपने रक्त से दूसरों का पोषण करेगा और एक अविच्छिन्न ज्ञान की परम्परा इससे आगे बढ़ेगी।

मैं निवेदन करना चाहता हूँ कि इस देश में वह अध्यापक व्यवहार में मरा नहीं है वह इस देश के संस्कार में है। वह विद्यार्थी भी मरा नहीं है, उसकी प्रतिष्ठा कुंठित नहीं हुई है। वह आज भी है। उसके प्रकाश का प्रमाण आज दूर–दूर तक मिलता है। शास्त्र भी लुप्त नहीं हुए हैं। हाँ, वाचिक शिक्षा की पद्धतियाँ बहुत लुप्त हो चुकी हैं, उनको वापस लाने की आवश्यकता है। उन लोगों को शरीक करने की आवश्यकता है, जिनको हम केवल निरक्षर समझते हैं, शिक्षित नहीं समझते। निरक्षर होने के नाते उनको अशिक्षित समझते हैं। उनको शिक्षा में शामिल करना चाहिए। कला की शिक्षा देने के लिए, विशेष रूप से कला शिक्षा और हुनर को सिखाने के लिए।

गाँधीजी ने इस बात पर बल दिया कि आँख जितनी महत्त्वपूर्ण है, हाथ भी उतना ही महत्त्वपूर्ण है। हाथ में कोई चेष्टा नहीं होती, कुछ भी काम हाथ नहीं करता सिवाय छूकर लिखने के। आँख, हाथ और मन तीनों का समन्वय होना चाहिए। कला की शिक्षा में मन और हाथ का योग बहुत आवश्यक होता है और सिखाया जाता था। इसलिए उस शिक्षा का कोई न कोई घटक, कोई न कोई उपादान आना चाहिए।

दूसरी बात मैं निवेदन करना चाहता हूँ कि दो शिक्षाएँ बहुत उपेक्षित हैं, भाषा की शिक्षा और गणित की शिक्षा। गणित की शिक्षा से हम लोग समझते हैं कि सेट्स की शिक्षा देने से काम चलेगा, ऐसा नहीं है। गणित की एक शिक्षा है, आप लीलावती के श्लोक पढ़िए और सुनिए, इनमें गणित ही की शिक्षा है। पूरा का पूरा वातावरण काव्य का है। एक सरोवर है, उसमें हंस हैं, कमल हैं और एक पूरा का पूरा जिसे विजुअल कहते हैं, वह कल्पना का संसार है। वह कल्पना का ऐसा संसार है, ऐसी परियों का संसार है, जिसके भीतर से संख्या का ज्ञान होता है। तो इतनी कल्पना के लोक में राशियों को अलग–अलग समझने का जो व्यापार है, वह बच्चे के मन में एकदम समा जाता है, और जिस तरह से हम लोग सिखाते हैं वह उसकी समझ में नहीं आता। तो गणित इस तरह से तरह–तरह के प्रयोग करता है। फलों की ढेरियाँ को लगाकर, जाने अन्य किस–किस

तरह की ढेरियां लगाकर। जो मूर्त से अमूर्त का ज्ञान होता है वह अधिक सटीक और अधिक हृदयंगम होता है। भाषा की शिक्षा, जो मैं समझता हूँ कि मृत्यु को तो नहीं प्राप्त हुई है लेकिन एकदम मुरझा गयी है।

स्वाधीन भारत की सबसे बड़ी विडम्बना है भाषाहीनता। बच्चे के पास कोई भाषा नहीं है; न हिन्दी है, न अंग्रेजी है, न संस्कृत है, कोई भाषा नहीं है। प्रथम श्रेणी में हिन्दी में एम.ए. करने वाले हिज्जे में गलती करते हैं, व्याकरण में गलती करते हैं। कोई शब्द आप बोल दीजिए तो कहेंगे, अच्छा साहब इसका ऐसा अर्थ भी होता है। ऐसा लगता है कि उन्हें एक ऐसे चिड़ियाघर में भेजा गया है जो उन्होंने देखा ही नहीं हो।

हमारे यहाँ अनुवाद पढ़ाया जाता था, तर्क की प्रक्रिया पढ़ाई जाती थी। वे आज भी आवश्यक हैं। आज लोग समझते हैं कि हमारी लॉजिक की कहीं–न–कहीं सीमा आ गयी है। हमारे पाठ्यक्रम में इसका कोई स्थान नहीं, फिलॉसफी तक में कोई स्थान नहीं है। यह एक अजूबा है, जो इसी देश में सम्भव है। चिकित्सा में चरक का स्थान नहीं है, सुश्रुत का स्थान नहीं, वाग्भट्ट का स्थान नहीं है, बड़ा आश्चर्य होता है। एक वैज्ञानिक अंधविश्वास से घिरे हुए हैं हम। अपने खिलाफ प्रयोग करना पड़े तो करो। लेकिन आज कोई पूर्वनिश्चित, पूर्वनिर्धारित स्थापनाएँ हैं, उनके बारे में प्रयोग करने के लिए तैयार ही नहीं हैं हम। यह प्रयोगहीनता, वैज्ञानिकता के नाम पर आयी है। यह सबसे अधिक खतरनाक है। मैं तो प्रयोग का हमेशा आदर करता हूँ। जीवन बिना प्रयोग के एकदम से ठूँठ हो जाता है। प्रयोग जानी हुई पद्धतियों से होता है तो खरा होता है और अनचीन्ही पद्धतियों से होता है तो प्रयोग खरा नहीं होता है। जो चीन्हीं हुई पद्धतियाँ हैं, उनकी फिर से पहचान कराने की आवश्यकता है।

मैं इतना निवेदन करने के बाद, अन्त में एक बात कहकर आप से विदा लेना चाहूँगा। वह यह कि मैं किसी आदर्श की बात नहीं कर रहा हूँ। यह नहीं समझिए कि ऐसे अध्यापक असम्भव हैं, असम्भव आज भी नहीं है। स्वाभिमान वाले अध्यापक आज भी असम्भव नहीं हैं। अपनी विद्या में सन्तुष्ट अध्यापक, आज भी असम्भव नहीं हैं। विद्या में सन्तुष्टि ही नहीं बल्कि अपनी उपलब्धि से सन्तुष्ट और विद्या के लिए सतत प्रयत्नशील और जागरूक अध्यापक आज भी हैं। परन्तु आज जो अध्यापक को चुनने की प्रक्रिया है, अध्यापक के प्रशिक्षण की जो प्रक्रिया है, वह एक ही डण्डे से हाँकने की प्रक्रिया है। सबकी अलग–अलग क्षमताएँ हैं, एप्टीट्यूड है, बैकग्राउंड है।

उन सबमें कितने तैयार हैं, कितने पक्के हैं कुछ भी नहीं परीक्षण होता। सबको एक ही प्रकार का प्रशिक्षण दिया जाता है। यह उचित नहीं है। यह जो समतलीकरण, ओवरसिम्पलीफिकेशन, ओवरजेनरलाइजेशन है, यह जो शिक्षा के क्षेत्र में प्रयोग का क्षेत्र है, जो ज्ञान सतत जागरूक बनाने का क्षेत्र है, जो ज्ञान सजग रखने का क्षेत्र है, उस पर ठीक नहीं है। आपको ऐसा लग सकता है कि ये प्रतिगामी हैं, लाई नहीं जा सकतीं। इतिहास तो यही बताता है, यही सत्य है। बीच में लाया हुआ तो क्षेपक है। क्षेपक इतिहास नहीं होता। जो आज भी हमें रस दे रहा है, वही इतिहास है।

गाँधीजी का पेड़ कैसे फिर रोपें?

विद्यानिवास मिश्र

महात्मा गाँधी राउंड टेबल कॉन्फ्रेंस के लिए 1931 में लंदन गये थे। वहीं उन्होंने चैथम हाउस में बीस अक्टूबर को व्याख्यान दिया था और उसमें भावी स्वतन्त्र भारत की परिकल्पना दी थी। शिक्षा के क्षेत्र में उन्होंने ललकारकर कहा था : "आज, भारत पचास वर्ष पहले या सौ वर्ष पहले जितना साक्षर था उतने हम नहीं रहे, इसका कारण यह है कि ब्रिटिश शासकों ने भारत में आने पर बजाय, इसके कि वे जैसी शिक्षा व्यवस्था चल रही थी, वैसी चलने देते, उन्होंने उस व्यवस्था को जड़ से उखाड़ फेंकना चाहा।

जड़ें बड़ी मजबूत थीं। नहीं उखड़ीं। उन्होंने आसपास की मिट्टी को खोदकर बाहर निकाल दी, जड़ों को ध्यान से देखा, उसका विश्लेषण भी किया और उसी तरह जड़ों को उघड़ी रहने दिया और खूबसूरत पेड़ सूख गया। गाँव की पाठशालाएँ इन मालिकों को अपने उपनिवेशी कार्यक्रमों के अनुकूल नहीं पड़ती थीं। धीरे–धीरे संस्थाओं को मान्यता नहीं मिली, वे समाप्त हो गयीं। यूरोपीय साँचे के स्कूल खर्चीले थे, उन्हें जनता नहीं चला सकी। मैं चुनौती दे रहा हूँ कि सौ वर्षों में भी यूरोपीय साँचे के कार्यक्रमों से कोई इस देश में पूर्ण साक्षरता ला दे। पर हमारा स्वतन्त्र भारत पुराने गाँव के अध्यापक को वापस लाएगा और हर गाँव के बच्चे–बच्चियों दोनों के लिए स्कूल दे देगा।"

गाँधीजी ने अपने वक्तव्य का आधार 1930 के पहले के अंग्रेज अधिकारियों की रिपोर्टों को लिया था। इनमें एडम की रिपोर्ट (बिहार–बंगाल के बारे में), लाइनटर की रिपोर्ट पंजाब के बारे में और मुनरो की रिपोर्ट मद्रास प्रेजीडेंसी के बारे में हमारे सामने है। इन सभी में यह स्पष्ट है कि–

1. शिक्षा की इंग्लैंड से बेहतर व्यवस्था यहाँ थी और उच्च शिक्षा के केंद्रों की संख्या वहाँ से अधिक थी।
2. शिक्षा का भार स्थानीय लोगों ने लिया था, सरकार पर वह बिल्कुल अवलंबित नहीं थी।
3. पाठ्यक्रम ऐसे थे कि शासन, लोक–व्यवहार, शिल्प, कला–कौशल, आयुर्वेद, ज्योतिष और हिसाब–किताब ये सब पूर्ण शिक्षा के अंग थे। ज्योतिष और आयुर्वेद के क्षेत्र में प्रयोग निरन्तर हो रहे थे।
4. शिक्षक और छात्र केवल ऊँची जातियों के नहीं थे जिन्हें आज पिछड़ी जाति कहा जाता है, उनके भी बहुत बड़ी संख्या में शिक्षक थे और छात्र थे।
5. शिक्षित व्यक्ति एक से अधिक भाषाओं का ज्ञान प्राप्त करता था। उस समय संस्कृत, फारसी और स्थानीय भाषा का ज्ञान प्राप्त करना शिक्षा का महत्त्वपूर्ण अंग होता था।
6. शिक्षक का बहुत सम्मान था।
7. शिक्षण का बहुत बड़ा हिस्सा वाचिक था। शुरू में लिखना बालू पर, पटिया पर, केले के पत्ते पर, बहुत बाद में तालपत्र और भोजपत्र पर, बहुत सीमित रूप में कागज का खर्च शिक्षण में होता था। आज की तरह कागज की और कागज के पीछे पेड़ों की बरबादी ज्ञान का अंग नहीं थी।

इन रिपोर्टों से बाहर जाकर भी हम देखें तो पायेंगे कि हिन्दुस्तानी शिक्षा पद्धति में एक ऐसी तेजस्विता थी, जिसे कम्पनी सरकार तो सह सकती थी, क्योंकि वह रोजगारी थी, वह अपने सरोकारी लोगों का दिल दुखाना कम–से–कम ऊपर से नहीं चाहती थी, पर जब मुकम्मल तौर पर भारत 1857 के बाद सीधे ब्रिटिश ताज की छत्रछाया में आया तब से हमारे स्कूल बाबू बनाने वाले कारखाने बने, हमारी तेजस्वी परम्परा जिन पारम्परिक पाठशालाओं और मदरसों में चल रही थी, उनको हाशिए में रखना शुरु हुआ। इसके बावजूद उन्नीसवीं सदी में ही पांडुलिपियों के भंडार अव्यवस्थित रूप से स्थापित हुए, इसी सदी में संस्कृत, फारसी और देशी भाषाओं के मध्ययुगीन साहित्य की पोथियाँ सबसे अधिक छपीं। इसी शताब्दी में बिना नयी शिक्षा पद्धति में अपने को ढाले संस्कृत कॉलेज, बनारस में डार्विन के विकासवाद पर खुली बहस हुई। बर्कले जैसे दार्शनिकों, न्यूटन जैसे गणितज्ञों के ग्रंथों के संस्कृत अनुवाद हुए, ज्योतिष के क्षेत्र में

ऐसे अनेक अद्भुत शोध हुए जिनकी चर्चा भी पश्चिम में नहीं थी। 1857 से पहले संस्कृत और फारसी में मुकदमों में बहस होती थी, फैसले होते थे। वे फैसले अंग्रेजी के दाँव–पेच वाले नानू नच वाले फैसलों से बिल्कुल अलग थे, भाषा पारदर्शी थी, संक्षिप्त थी। पर यह सब असुविधाजनक था। औपनिवेशिक लक्ष्य यह था कि अस्मिता टूट जाये, शिक्षा के क्षेत्र की आत्मनिर्भरता दासता में बदल जाये। स्वाधीन देसी चिन्तन आधुनिकीकरण के नाम पर बस संरक्षण की वस्तु बन जाये, ज्ञान की परम पवित्रता का आदर्श धूमिल पड़ जाये, शिक्षा उत्पाद हो जाये, शिक्षा संस्थान उद्योग हो जायें और समूह उत्पादन के नाम पर विशिष्टताओं का लोप हो जाये।

आज भारत को स्वतन्त्र हुए छियालीस वर्ष से अधिक बीत गये। आज भी क्या हम विचार कर सकेंगे कि गाँधीजी का यह खूबसूरत पेड़ फिर से रोपा जा सकता है या नहीं या हम प्रतीक्षा करेंगे कि उस पेड़ के फलों के बीज उन बीजों के जीवकोश (जीव) जब अमेरिका में, जापान में, जर्मनी में, कहीं गहरे शीतन के नीचे ले जाकर गाड़ दिए जायेंगे, हम निर्बीज हो जायेंगे, तब वहाँ से डुंकेल प्रस्ताव के अधीन उन नवविकसित चीजों का उनकी शर्तों पर आयात करेंगे? आज हमारे बहुत से विज्ञानवेत्ता देशसेवकों की कृपा से बहुत सारे बीज यहाँ से बिल्कुल गायब हो गये, वे कहीं कोने में विदेशों में सुरक्षित हैं। केवल यही नहीं, उन बीजों का पेटेंट भी उन्हीं का है। हम अपने बीजों के लिए उनके मुहताज होंगे। क्या यही दशा हमारी देशी शिक्षा की नहीं होगी?

पंडित जवाहरलाल नेहरु ने संस्कृत की महत्ता की बात बहुत की, पर स्वाधीन भारत में संस्कृत ही नहीं, फारसी की शिक्षा का भी उत्तरोत्तर ह्रास हुआ। अतिशय विज्ञानप्रियता ने शाश्वत या सनातन ज्ञान से हमको अलग कर दिया। क्लासिक भाषाओं का सामान्य शिक्षा में हाशिए में भी स्थान नहीं रह गया है और हम आशा करते हैं हमारे बच्चे संस्कारी होंगे, मन से उदार होंगे और प्रदेश, भाषा, जाति, मजहब से ऊपर उठने की क्षमता रखेंगे। पिछले दो वर्षों से व्यायाम हुआ संस्कृत और क्लासिक भाषा आयोग स्थापित करने का, उसकी रूपरेखा राजनीतिक आपाधापी में कहीं खोयी पड़ी है।

कृत्रिम मस्तिष्क के लिए कुछ सूत्र ढूँढ़ने की बात आती है तो हम पाणिनि की अष्टाध्यायी का स्मरण करते हैं। हम यह भूल जाते हैं कि पाणिनि का ग्रन्थ, ग्रन्थ नहीं है, शुद्ध ज्ञान की शताब्दियों से चली आ

रही और विवर्तमान होती हुई जीवन प्रक्रिया है। वही शब्द और अर्थ के सम्बन्ध को पहचानने का अभ्यास है, वह मूर्त के अमूर्तीकरण का अभ्यास है। इस देश के चिन्तन की भाषा है व्याकरण, जैसी पश्चिमी चिन्तन की भाषा है गणित। व्याकरण केवल राशियों का समूहन नहीं। वह सम्बन्धों का ताना–बाना भी है। भारतीय विवेक इकाइयों को महत्त्व नहीं देता, न उन इकाइयों के परस्पर विरोध और संघर्ष को, वह महत्त्व देता है परस्पर सम्बद्धता को। पश्चिम के प्रबुद्ध लोग भौतिकी के क्षेत्र में, जैविकी के क्षेत्र में इस सिद्धान्त का मर्म समझने लगे हैं।

कुछ ऊँचे स्तर के वैज्ञानिक यहाँ भी समझने लगे हैं, पर राजनीति के लिए पारम्परिक ज्ञान का महत्त्व आनुष्ठानिक मात्र है। राजनीति के लिए परम्परा जो है, जिसका विनिमय किया जा सकता है, जिसे बंधक रखा जा सकता है, जिसे नीलाम किया जा सकता है। क्या हम स्वयं सोच नहीं सकते? पारम्परिक देसी ज्ञान की बात करता हूँ तो यह मानकर चलता हूँ कि वह आधुनिकतम ज्ञान से समेकित हैं, इसी प्रकार आधुनिक ज्ञान को भी तब तक समग्र ज्ञान नहीं मान सकता जब तक देसी ज्ञान के साथ वह समेकित नहीं है। यदि आधुनिक शिक्षा में यह समेकन, यह दो प्रकार की ज्ञानधाराओं की अन्तःप्रक्रिया हुई होती तो हिन्दुस्तान में अपने ढंग की प्रयोगशीलता, अपने ढंग की तैयारी संकटों के झेलने की, समस्याओं के समाधान की इच्छा होती और खुलापन होता। चाहे दरवाजे पूर्व के बन्द करें या पश्चिम के, दोनों ही स्थितियाँ खतरनाक हैं। औपनिवेशिक शिक्षा की कमी यह नहीं है कि उसने देसी समझदारी का ध्यान नहीं रखा, उसने अपने ढंग से शोध कराये, पर कमी यह है कि उसने देसी मात्र को अलग रखा। पारम्परिक के नाम पर उनकी सुरक्षा की बात की, उसके अभिवर्धन–संशोधन की बात की ही नहीं। उसको चालू शिक्षा का अंग नहीं बनाया। आयुर्वेद की छौंक मात्र से चिकित्साशास्त्र की शिक्षा नहीं होगी। उसके सम्पूर्ण ज्ञान को चिकित्सा का पाठ्यक्रम बनाया जाये। दर्शन में दो पर्चे या विशेष अध्ययन के नाम पर भारतीय दर्शन रखने से काम नहीं चलेगा। शुरुआत भारतीय तर्क पद्धति से, भारतीय तत्त्वविद्या से हो और फिर उन्हें ग्रीक तर्क पद्धति और यूरोपीय, चीनी सभी चिन्तन के सामने–रखा जाये। गणित में भारतीय गणित से शुरु किया जाये, वास्तुशास्त्र अभियान्त्रिकी में भारतीय तकनीकी पद्धतियों का (जिनमें बहुत सारी शास्त्रबद्ध न रही हों, वाचिक गुरु परम्परा में सुरक्षित और परिवर्धमान हैं) समावेश हो, कला शिक्षा में भी इसी प्रकार

शास्त्र और प्रयोग की निरन्तर चली आ रही परम्परा को समुचित स्थान मिले। यह सब हो तभी शिक्षा सम्पूर्ण होगी।

बात विषय तक ही सीमित नहीं है। तौर–तरीके में आमूल परिवर्तन करना होगा। ईंट–पत्थर शिक्षा संस्थान नहीं बनाते, संबद्ध अधिकारियों का जो भी भविष्य बनाते हों। बनाते हैं अध्यापक और अध्यापक को भी तनख्वाह नहीं बनाती, बनाती है समाज से मिली हुई प्रतिष्ठा। समाज शिक्षक को, चाहे वह किसी कुल का हो, इसलिए प्रतिष्ठा देता था कि वह शिक्षक पर विश्वास करता था कि यह बच्चों को मनुष्यत्व की शिक्षा देगा, यह बच्चे को नया जन्म देगा। इसलिए यदि शिक्षा को जीवित रहना है तो उसे खर्चीले और सरकार के मुखापेक्षी स्वरूप को छोड़ना होगा। किसी समय विद्यार्थी की पहचान गुरु से होती थी और गुरु की सार्थकता शिष्य की योग्यता और गुरु के कार्य को आगे बढ़ाने से होती थी। इसी मोटी–सी बात को हृदयंगम करेंगे तो हम निश्चित ही महात्मा गाँधी का स्वप्न साकार कर सकेंगे। इतना ही नहीं, हम और भी समग्रतर दृष्टि से उस सपने का आकार बढ़ा सकेंगे। भवनों का काम कामचलाऊ छाजनों से चल सकता है। पुस्तकालयों को यान्त्रिक सहायता से कम स्थान में बहुत बड़ी पुस्तक राशि से भरा जा सकता है। शिक्षा को, विशेषतः उच्च शिक्षा को, भली–भाँति विकेन्द्रित किया जा सकता है। मानव के आग्रह के नाम पर प्रयोगों का जो गला घोंटा जा रहा है, उसका निवारण किया जा सकता है। कागज के अपव्यय को बहुत सीमित किया जा सकता है, संवाद शैली में शिक्षा होगी तो लिखना अपने आप कम होगा और समझदारी पुस्तकों को समर्पित न होकर अपने मस्तिष्क में रहेगी।

यह अभी भी सम्भव है, अभी भी असंख्य बीज सोये पड़े हैं पुराने पत्तों की ओट में। एक झटके से संकल्प लेना होगा कि शिक्षा समझदार आदमी, सहिष्णु आदमी और ग्रहिष्णु आदमी बनाये, नकलनवीस, परावलंबी और असहाय न बनाये। पहले अपने को प्रबुद्ध मानने वाले लोग अपने दिमागी मकड़जाल साफ करें और ज्ञान के विराट रूप के दर्शन के लिए अपने को तैयार करें।

रचनाकारों के पते

1. जगमोहन सिंह राजपूत, ए–16 सेक्टर पी–7, मित्रा सोसाइटी, ग्रेटर नोएडा– 201310
2. भारती बवेजा, 534, सेक्टर 31, गुड़गाँव (हरियाणा)।
3. पवन सिन्हा, पावन चिन्तन आश्रम, ग्राम हिसाली, पोस्ट–मुरादनगर, गाजियाबाद।
4. आरती स्मित, डी–136, गली नम्बर–5, गणेशबारा, पाण्डवनगर कॉम्प्लेक्स, दिल्ली–110092
5. राजशरण शाही, एसोसिएट प्रोफेसर, शिक्षाशास्त्र विभाग, दिग्विजयनाथ स्नातकोत्तर महाविद्यालय, गोरखपुर।
6. भारती गोरे, प्रोफेसर, हिन्दी विभाग, डॉ. बाबासाहेब अम्बेडकर मराठवाड़ा विश्वविद्यालय, औरंगाबाद (महाराष्ट्र)।
7. सुनील कुमार उपाध्याय, एसोसिएट प्रोफेसर, शिक्षा विभाग, डी. बी. एस. कॉलेज, कानपुर।
8. सुनील कुमार मानस, सम्पादक, आलोचन दृष्टि, आजाद नगर, बिन्दकी, फतेहपुर–212639
9. विद्या केशव चिटको, बंगला नं.–8, अक्षय सोसाइटी, समर्थ नगर, नासिक (महाराष्ट्र)।
10. आलोक कुमार मिश्र, हाउस नं. 280, भूतल, पॉकेट–9, सेक्टर–21, रोहिणी, दिल्ली–6
11. अनीता पंडा द्वारा श्री बी.के. पंडा, अर्बन अफेयर्स रेजिडेंशियल कॉम्प्लेक्स, 97, खार मलकी, शिलांग (मेघालय)–793001
12. ऋषभ कुमार मिश्र, सहायक प्रोफेसर, शिक्षा विभाग, महात्मा गाँधी अन्तरराष्ट्रीय हिन्दी विश्वविद्यालय, वर्धा (महाराष्ट्र)।
13. ललित कुमार, डी एल 33, छात्रामार्ग, दिल्ली–7

14. ऊषा शर्मा, प्रोफेसर, प्रारंभिक शिक्षा विभाग, एनसीईआरटी, नयी दिल्ली
15. गीता वर्मा, इन्दिरा गाँधी राष्ट्रीय जनजातीय विश्वविद्यालय, अमरकंटक, जिला अनूपपुर (म.प्र.)।
16. निरंजन सहाय, प्राफेसर, हिन्दी विभाग, म.गां. काशी विद्यापीठ, वाराणसी।
17. दिलीप सिंह, निदेशक, लुप्तप्राय भाषा–केन्द्र, इन्दिरा गाँधी राष्ट्रीय जनजातीय विश्वविद्यालय, अमरकंटक, जिला अनूपपुर (म.प्र.)।
18. सतीशप्रकाश एस. शुक्ल, प्रोफेसर, शिक्षाशास्त्र, गुजरात यूनिवर्सिटी, अहमदाबाद, (गुजरात) 380059
19. संजीव कुमार भारद्वाज, सहायक अध्यापक, केन्द्रीय शिक्षा संस्थान, दिल्ली विश्वविद्यालय, दिल्ली।
20. संगीता शर्मा, असिस्टेंट प्रोफेसर (संस्कृत) जामिया मिलिया इस्लामिया, दिल्ली।
21. अखिलेश कुमार गौतम, शिक्षा संकाय, दिल्ली विश्वविद्यालय, दिल्ली।
22. संजीव राय, बी–29, मानस नगर अपार्टमेंट, मयूर विहार एक्सटेंशन, दिल्ली–110091
23. सोमू सिंह, सहायक प्रोफेसर, शिक्षा संकाय, कमच्छा, काशी हिन्दू विश्वविद्यालय।
24. गिरीश्वर मिश्र, 307, टावर–1, पार्श्वनाथ मैजेस्टिक फ्लोर, वैभव खण्ड इंदिरापुरम, गाजियाबाद–201014
25. रजनीश कुमार शुक्ल, कुलपति, महात्मा गाँधी अंतरराष्ट्रीय हिन्दी विश्वविद्यालय, वर्धा (महाराष्ट्र)।
26. चाँद किरण सलूजा, संस्कृत प्रमोशन फाण्डेशन, आर्यसमाज मंदिर भवन, 11204/205 डोरीवालान, गौशाला मार्ग, करोल बाग, दिल्ली–6

□□